논어

하

공자 지음 박삼수 옮김

쉽고 바르게 읽는 고전

논어

하

論語 下

❀ 문예출판사

일러두기

1. 이 책의 『논어』 역해譯解는 고금古今의 통행본을 두루 참고하여 최대한 공자와 『논어』의 철학 사상에 부합토록 '쉽고 바르게' 하고자 했다. 또한 그 과정에서 발견된 국내의 기존 역해에 존재하는 오류와 왜곡은 새롭게 바로잡았으며, 그 근거를 일일이 '주석'과 '해설'을 통해 제시하고 설명함으로써 학문적 신뢰를 높였다.

2. 이 책의 역해와 편집은 한문에 관심과 조예가 있는 독자는 물론, 어려운 한문은 피하고 한글 위주로 읽고 이해하려는 독자도 아울러 염두에 둔 것이다.

3. 각 편篇은 먼저 첫머리에 편별篇別 대의大意 내지 요지를 개괄 설명했다. 그리고 각 장章의 역해는 한글 역문譯文을 정점으로 그 바로 아래에 한문 원문을 배치해, 한글 역문 위주로 읽거나 역문과 원문을 대조해 읽기에 두루 편리하도록 했다. 또한 원문에는 일일이 독음 (두음법칙 적용)을 달아 한자 학습에 편리를 도모했고, 필요한 경우 '주석'을 달아 원문 자구字句에 대한 이해를 도왔다. 또한 장마다 '해설'을 덧붙여 공자와 『논어』의 철학 사상에 대한 보다 심층적인 이해와 사색에 도움이 되게 했다.

4. 한문 원문의 번역은 충실한 축어역逐語譯, 즉 직역을 원칙으로 하여 독자의 한문 문리文理 터득에 도움이 되고자 했다. 다만 우리말 문맥의 자연스러움을 높이기 위해 적절히 신축성을 가미해 원문에 함축된 의미나 행간에 숨은 뜻을 드러내거나, 우리말 표현에 가능한 한 현대적 감각을 살리기도 했다.

5. 공자를 비롯한 여러 사람의 어록語錄인 『논어』는 모두 20편으로 구성되었으며, 각 편은 적게는 1장(이런 경우에는 다시 여러 절節로 나뉨)에서 많게는 40여 장으로 나뉘는 마디마디의 말들로 엮어져 있다. 이 책에서는 편의상 '편'·'장'·'절'의 표시를 '2-5'나 '20-1-2'와 같이 표기했는데, 전자는 '제2편 제5장' 즉 「위정편」 제5장이라는 말이고, 후자는 '제20편 제1장 제2절' 즉 「요왈편」 제1장 제2절이라는 말이다.

6. 책의 '머리말' 가운데 「공자와 『논어』」는 역자가 지은 『논어』 해설서인 『논어 읽기』(세창미디어, 2013)에서 발췌 요약한 내용이다.

7. 이 책의 주요 '참고 문헌'은 권말卷末에 열거했는데, 책의 서술 과정에 필요한 경우 문맥에 따라 참고 문헌의 저작자 이름을 밝히거나 해당 도서명을 밝혔다. 다만 전자의 경우에는 가능한 한 해당 도서명은 생략하고(단, 주자의 경우는 『논어집주』는 생략하고, 『사서혹문』 등 다른 도서는 밝힘), 후자의 경우는 가능한 한 권말 '참고 문헌'에 함께 열거한 해당 도서의 약칭으로 밝혔다.

차 례

상권 차례

제11편

선진

先進

「선진편」은 모두 26장으로 나뉜다. 다만 황간皇侃의『의소義疏』나 형병邢昺의『주소注疏』, 유보남劉寶楠의『정의正義』등에서는 하안何晏의『집해集解』에 의거해 제18·19장, 그리고 제20·21장을 각각 한 장으로 묶어 24장으로 엮었다. 또 주자朱子의『집주集註』에서는 제2·3장을 한 장으로 묶어 25장으로 엮었다. 이 편은 제자나 현인의 언행과 지향에 대한 공자의 논평이 주를 이룬다.

11-1

공자께서 말씀하셨다. "지난날의 선배들은 예악禮樂에 있어 시골 사람처럼 질박하였으나, 오늘날의 후배들은 예악에 있어 조정 대신처럼 진정眞情도 없이 겉만 화려하게 꾸미도다. 만약 예악을 써서 나라를 다스린다면, 나는 선배들의 질박함을 따르리라.

子曰: "先進¹於禮樂, 野人²也; 後進¹於禮樂, 君子³也. 如⁴用之,⁵ 則
자왈   선진 어예악 야인 야 후진 어예악 군자 야 여용지 즉
吾從⁶先進."
오 종 선 진

주석

1 先進(선진)·後進(후진): 주자는 이를 전배前輩(선배)·후배後輩와 같다고 함. 곧 지난날의 선배들·오늘날의 후배들을 일컬은 것으로, 대략 전자는 주나라 초기의 선왕先王과 선현先賢을, 후자는 공자 당시의 임금과 경대부卿大夫를 각각 은근히 가리키는 것으로 이해됨.
2 野人(야인): 시골 사람. 곧 질박한 사람을 비유함.

3 君子(군자): 이는 앞의 '야인野人'과 상대되는 개념으로, 조정朝廷의 대신을 일컬음. 곧 예악이 점차 허식虛飾으로 치닫는 사람을 비유함.

4 如(여): 만약.

5 用之(용지): 주자가 이른 대로, 이는 '용예악用禮樂', 즉 예악을 씀, 또한 곧 예악을 써서 나라를 다스림을 말함. 일설에는 앞에서 언급한 '선진'이나 '후진'을 등용함을 말한다고 하나, 적절치 않음.

6 從(종): 따름, 좇음.

해설

이 장의 의미에 대해서는 이설이 분분하다. 하지만 그 가운데에서도 주자의 견해가 문맥적 의미상 공자의 본의에 가장 합당하다는 생각이 들며, 따라서 기본적으로 그에 근거해 풀이했다.

소위 예악, 즉 예의와 음악의 기본 정신은 질서와 조화에 있다. 그 때문에 공자는 예악의 정치적 효용과 의의를 무한히 중시했다. 공자의 주장에 따르면, 예악은 물론 '문질빈빈文質彬彬'(6-16), 즉 외형적 문채文彩와 내면적 질박함이 조화를 이루는 것이 가장 이상적이다. 하지만 당시 위정자들은 왕왕 문채가 질박함을 능가하고, 심지어는 문식文飾이 지나쳐 부화浮華하기까지 했다. 그것은 왕조 초기의 선왕과 선현들이 보여준 모범적인 사례와는 거리가 멀었다. 공자는 바로 그처럼 예악의 본질적 의미가 퇴색 변질되어가는 당시의 세태를 강하게 질타한 것이다.

또한 공자는 당신이라면 '선배들의 질박함'을 따를 것임을 분명히 했다. 그것은 곧 하안이 포함의 말을 빌려 이른 대로, 공자가 "장차 겉치레만 번지르르한 낡은 풍속을 고쳐서 그 옛날의 순수·소박함으로 되돌아가게 하고파 하면서, '선배들'이 바로 그 옛날의 풍속에 가까웠기 때문에 '선배들의 질박함'을 따르겠다는 것이다(將移風易俗, 歸之純素, 先進猶近古風, 故從之).ˮ 공자는 「팔일편八佾篇」에서 "사람으로서 오히려 인仁하지 않다면 예의를 어떻게 행하며, 사람으로서 오히려 인하지 않다면 음악을 어떻게 행하겠는가?"(3-3)라고 했고, 「양화편陽貨篇」에서는 또 "예법이란 이런 것이니, 예법이란 저런 것이니 하지만, 예법이 어찌 단지 옥이나 비단 같은 예물만을 이르는 것이겠느냐? 음악이란 이런 것이니, 음악이란 저런 것이니 하지만, 음악이 어찌 단지 종이나 북 같은 악기 소리만을 이르는 것이겠느냐?"(17-11)라고 했다. 예악을 행함에 그 고귀한 내재적 정서와 정신, 즉 인심仁心과 인덕仁德은 결핍되고, 단지 진귀한 예물이나 주고받고, 아름다운 풍악이나 즐기는 데에 주력한다면 무슨 의미가 있겠느냐는 것이 공자의 생각이다. 「팔일편」에서 예禮의 본질이 무엇인지를 묻는 임방林放에게 공자가 "예란 사치하기보다는 차라리 검소한 것이 낫다. 특히 상례喪禮에 있어서는 예법에 치중하기보다는 차라리 슬픔을 다하는 것이 낫다"(3-4)고 했으니, 예악은 그 본질적 의미와 정신을 살리는 것이 무엇보다 중요함을 알아야 한다.

11-2

공자께서 말씀하셨다. "예전에 진나라와 채나라 사이에서 나를 따르며 고역을 치른 사람들이, 지금은 아무도 문하에 남아 있지 않구나."

子曰: "從我於陳蔡¹者, 皆不及門²也."
자왈   종아어진채 자   개불급문 야

주석

1 陳(진)·蔡(채): 나라 이름. 각각 지금의 하남河南·안휘安徽 일대에 있었음.
2 不及門(불급문): 문하門下에 이르지 않음. 곧 문하에 있지 않음을 이름.

해설

공자는 열국을 주유하던 노魯 애공哀公 6년(기원전 489년)에 대동帶同
한 자로子路·자공子貢·안연顏淵을 비롯한 여러 제자들과 함께 진나라
와 채나라 사이 들판에서 양국 군사들에게 포위되어 고통을 겪은 적
이 있다. 『사기史記』「공자세가孔子世家」에 따르면, 당시 공자 일행이 진
나라와 채나라 사이에 이르렀을 때, 초楚나라에서 사람을 보내 공자
를 초빙하려고 했다. 공자가 초나라로 가려고 하자, 진·채 두 나라의
대부들이 초나라 같은 대국大國이 현자賢者인 공자를 중용重用하게 되
면, 자신들에게 큰 위협이 될 것을 우려한 나머지 합세해 공자 일행을
포위하고 길을 막았다. 그 바람에 공자 일행은 양식도 떨어진 채 이레
동안 굶주림과 두려움의 고통으로 힘든 시간을 보냈는데, 많은 제자
들은 몸을 가누기도 힘들 지경으로 곤궁하기가 그지없었다.(15-2 참
조) 그야말로 하릴없어 공자는 자공을 초나라로 보내 도움을 요청했
다. 그렇게 하여 초나라 소왕昭王이 군대를 보내 포위를 뚫고 공자를
구출해 감으로써 가까스로 고비를 넘기게 되었다.

공자는 노 애공 11년(기원전 484년)에 고국으로 돌아옴으로써 14년

간의 주유열국周遊列國 생활을 마감했다. 한데 그 즈음을 전후해 자로와 자공을 비롯한 제자들이 스승의 곁을 떠나 다른 곳으로 갔고, 수제자 안회顔回는 그만 세상을 떠나고 말았다. 노년에 이른 공자는 불현듯 지난날 진·채나라 사이에서 환난을 힘께헀던 제지들이 모두 뿔뿔이 흩어지고 아무도 가까이에 남아 있지 않은 것을 떠올리며, 애달픈 감개를 이기지 못하고 있다.

11-3

덕행이 훌륭하기로는 안연·민자건·염백우·중궁이요, 언변이 뛰어나기로는 재아·자공이요, 정사政事에 능하기로는 염유·자로요, 옛 문헌에 밝기로는 자유·자하였다.

德行: 顔淵, 閔子騫, 冉伯牛, 仲弓. 言語: 宰我, 子貢. 政事: 冉有,
덕 행 안 연 민자건 염백우 중 궁 언 어 재 아 자 공 정 사 염 유
季路¹. 文學²: 子游, 子夏.
계 로   문 학   자 유 자 하

주석

1 季路(계로): 중유仲由, 즉 자로의 또 다른 자.
2 文學(문학): 육예六藝, 즉 『시경詩經』·『서경書經』·『역경易經』 등등의 고대 문헌에 통달함을 두고 이름. 이상의 '덕행德行', '언어言語', '정사政事', '문학'은 모두 본디 명사이나, 여기서는 형용사로 쓰임.

이는 아마도 공자가 생전에 말한 것을, 제자들이 전하여 기록한 것으로 보인다. 아무튼 공자는 여러 제자들의 특장을 훤히 꿰뚫고 있는데, 공자의 뛰어난 교육 방법인 '인재시교因材施敎', 즉 개인별 맞춤 교육은 바로 이 같은 제자에 대한 교육자적 관심과 애정이 있어서 가능했다.

여기서 공자는 각 분야에 두각을 나타내는 제자들을 열거하면서, '덕행'을 첫머리에 꼽고, '문학'을 가장 나중에 언급했는데, 이에는 깊은 뜻이 내포된 것으로 이해된다. 즉, 공자 교육의 지향과 방향은 덕행을 근본으로 하면서 문학은 부차副次로 했나니, 예컨대 공자가 「학이편學而篇」에서 "젊은이는 집 안에 들어가서는 부모에게 효도하고, 집 밖에 나가서는 어른을 공경하며, 말을 삼가서 신실하게 하고, 뭇사람을 두루 사랑하되 인한 사람을 특히 가까이해야 하나니, 이를 행하고도 여력이 있으면 그제야 옛 글을 공부하는 것이다"(1-6)라고 한 것과 같다.

한편 주자는 이 장과 앞 장을 묶어 한 장으로 엮었는데, 그 전제는 여기서 거론된 제자들이 모두 공자를 따라 진나라와 채나라 사이에서 고역을 치른 사람들이라는 것이다. 하지만 그것은 사실史實과 다르며, 주자의 인식에 착오가 있었던 듯하다.

11-4

공자께서 말씀하셨다. "안회는 나를 도와주는 사람이 아니로다. 그는 내가 하는 말에 기뻐하지 않는 경우가 없나니."

子曰: "回也, 非助我¹者也, 於吾言無所不說.²"
자왈   회야 비조아 자야 어오언무소불열

주석

1 **助我**(조아): 나를 도와줌. 곧 안회가 적극적으로 질의 토론을 해 공자 당신의 제
  자 교육에 일정한 계발啓發과 증익增益이 되는 것을 말함.
2 **說**(열): 「학이편」 "불역열호不亦說乎"(1-1)의 '열'과 마찬가지로 열悅과 같음. 이는
  곧 안회가 스승의 가르침을 듣는 대로 이해하며 마음 깊이 희열에 차 있음을 두
  고 이름.

해설

공자의 수제자 안회(안연)는 총오聰悟가 남다른 사람이었다. 그는 스승
의 어떤 가르침도 완전히 이해하고, 배우는 즐거움에 마냥 기쁨에 겨
워하곤 했다. 한데 말하는 대로 다 이해하고 전혀 질문을 하지 않는
안회를 두고, '나를 도와주는 사람'이 아니라고 한 것은 공자가 제자
에게 불만을 토로하고, 제자를 나무람이 아니다. 그건 넋두리 아닌 넋
두리요, 극한 찬사요, 감탄이다. 주자 역시 같은 견지로 말했다. "'나를
도와준다는 것'은 자하子夏가 '나를 일깨우는 것'(3-8)과 같나니, 제자
가 의문을 제기함으로써 사제師弟가 서로 학문적 성장이 있게 되는 것
이다. 한데 안자顏子(안회를 높여 일컬은 말)는 성인 공자의 말씀을 듣고
묵묵히 이해하고, 마음 깊이 깨달아서 전혀 의문하는 바가 없었다. 그
러므로 공자께서 그렇게 말씀하셨는데, 그 말씀에 일견 유감의 뜻이
있는 듯하나, 기실은 대단히 기뻐하신 것이다. 그리하여 호인胡寅이 말
했다. '공자께서 안회에게 어찌 당신을 도와주기를 바라셨겠는가? 무

릇 이는 성인 공자의 겸손한 덕이면서, 또한 안회를 크게 칭찬하신 것일 뿐이다'〔助我, 若子夏之起予, 因疑問而有以相長也. 顔子於聖人之言, 黙識心通, 無所疑問. 故夫子云然, 其辭若有憾焉, 其實乃深喜之. 胡氏曰: '夫子之於回, 豈眞以助我望之? 蓋聖人之謙德, 又以深贊顔氏云爾〕."

한편 명대明代 왕양명王陽明은 이렇게 말하였다. "도는 본디 그 끝이 없는 만큼, 질의 토론을 많이 하면 할수록 더욱 그 정밀하고 미묘함이 드러나게 되는 법이다. 그리고 성인의 말씀은 본디 여러 방면에 두루 미쳐 한껏 전면적이지만, 그 말씀에 의문하며 질의하는 이가 가슴속이 꽉 막혀 있으면, 성인이 곧 그로 인해 한바탕 곤란을 느끼면서 더욱 심혈을 기울여 보다 충분히 풀이하게 된다. 한데 안자는 하나를 들으면 열을 알아 가슴속으로 명확히 이해를 하니, 어찌 질의 토론을 하겠는가? 그런 만큼 성인 또한 잠잠히 별 움직임 없이 보다 충분히 풀이하는 바가 없게 되며, 그래서 나를 도와주는 사람이 아니라고 한 것이다〔道本無窮盡, 問難愈多, 則精微愈顯. 聖人之言本自周遍, 但有問難的人, 胸中窒碍, 聖人被他一難, 發揮得愈加精神. 若顔子聞一知十, 胸中了然, 如何得問難? 故聖人亦寂然不動, 無所發揮, 故曰'非助'〕." 배우는 이가 '퍼붓는' 질문과 적극적인 토론은, 가르치는 이에게는 학문적 증진과 계발을 촉진하는 데에 더할 나위 없이 좋은 자극이다. 그야말로 '교학상장敎學相長'(1-1 '해설' 참조)의 긍정적인 효과를 낳게 될 것이니, 어쩌면 공자 같은 성인도 안회처럼 비범한 제자와의 질의 토론을 통해 '교학상장'하고픈 마음이 있었는지도 모를 일이다.

11-5

공자께서 말씀하셨다. "효성스럽도다, 민자건이여! 다른 사람들도 그 부모, 형제가 그의 효성과 우애를 칭찬하는 말에 흠을 잡지 않는구나."

子曰: "孝哉閔子騫! 人不間¹於其父母昆弟之言.²"
자 왈   효 재 민 자 건   인 불 간 어 기 부 모 곤 제 지 언

주석

1 間(간): 간극間隙, 즉 (두 가지 생각이나 견해 사이의) 틈. 여기서는 전의되어 비난함, 나무람, 흠잡음, 이의異意를 제기함을 이름.

2 其父母昆弟之言(기부모곤제지언): 민자건의 부모, 형제가 그의 지극한 효성과 우애를 칭찬하는 말. '곤제'는 형제. 일설에는 이는 편의사偏義詞, 즉 서로 다른 뜻을 가진 두 글자로 이루어진 낱말에서 특정한 어느 한 글자의 뜻으로만 쓰이는 말로, '곤(형)'의 뜻은 없고 '제'의 뜻으로만 쓰인 것이라고 하는데, 그 까닭은 민자건은 맏이로, 이복 아우 두 사람이 있었기 때문임. 하지만 여기서는 예나 지금이나 흔히 이르듯이 '부모, 형제'라고 한 것으로 이해되며, 너무 천착할 필요는 없을 듯함.

해설

민자건閔子騫은 '공문칠십이현孔門七十二賢', 즉 공자의 현賢제자 72인의 한 사람으로, 공문에서는 안연 등과 함께 덕행이 뛰어나기로 이름이 났다.(11-3 참조) 전하는 바에 의하면 민자건은 일찍 어머니를 여의고, 계모 밑에서 자랐다. 계모는 자신이 낳은 두 아들만 편애해 추운 겨울에 그들에게는 따뜻한 솜옷을 입히고, 자건에게는 목화솜 대신 갈대

꽃의 솜털을 넣은 옷을 입혔다. 아버지가 나중에 그 사실을 알고, 계모를 쫓아내려고 하자, 자건이 사정하며 말했다. "어머니가 계시면 한 아들만 추위에 떨면 되지만, 어머니가 안 계시면 세 아들이 추위에 떨어야 합니다." 그 말에 감동한 아버지는 마음을 고쳐먹었고, 계모 또한 감격해 자애로운 어머니가 되었으며, 이복 아우들 역시 형을 진심으로 공경했다고 한다. 공자가 제자 민자건의 지극한 효성과 우애를 기쁜 마음으로 찬탄한 데에는 다 그만한 까닭이 있었던 것이다. 여기서 첫 구절 "효재민자건!孝哉閔子騫"은 곧 '민자건효재閔子騫孝哉'의 도치구로, 민자건의 효심을 한껏 칭송하기 위해 술어 '효재'를 주어 '민자건' 앞으로 도치시킨 것이니, 스승의 기꺼움이 한량없다.

11-6

남용이 '맑고 흰 옥의 티'를 노래한 시구를 외고 또 외고 다니자, 공자께서 형님의 딸을 그에게 시집보내셨다.

南容¹三復²白圭,³ 孔子以其兄之子⁴妻之.⁵
남 용 삼 복 백 규　공 자 이 기 형 지 자 처 지

주석

1 南容(남용): 공자의 제자. 5-2 주석 1 참조.
2 三復(삼복): 여러 차례 반복해서 소리 내어 읽거나 외움을 이름. 여기서 '삼'은 꼭 세 번이 아니라 여러 번이라는 말임. '복'은 반복, 즉 같은 일을 되풀이함.
3 白圭(백규): 『시경』「대아大雅·억抑」시에서 희고 맑은 옥의 티는 지워 없앨 수 있

어도, 사람이 하는 말의 티는 돌이킬 수가 없다는 뜻을 노래한 시구를 가리킴. '백규'는 맑고 흰 옥을 뜻함.

4 子(자): 여기서는 딸을 이름. 옛날에는 아들과 딸을 모두 '자'라고 함.

5 妻之(처지): 남용에게 시집보내 그의 아내가 되게 함. '처'는 동사로 쓰였고, '지'는 남용을 가리킴.

해설

『논어』에서는 '신언愼言', 즉 사람은 말을 삼가야 함을 거듭 강조했다. 「자로편子路篇」에서 공자는 '군주는 말 한 마디로 나라를 흥하게 할 수도 있고, 나라를 잃을 수도 있다'고 했고(13-15 참조), 「자장편子張篇」에서 자공은 "무릇 군자는 말 한 마디로 지혜롭다고 여겨지기도 하고, 또 말 한 마디로 지혜롭지 않다고 여겨지기도 하는 만큼, 말을 신중히 하지 않으면 아니 됩니다"(19-25)라고 했다. 「위정편爲政篇」에서 공자는 또 '사람이 언행을 삼가느냐 그렇지 못하느냐가 그 사람이 입신立身 처세處世할 수 있느냐 없느냐를 좌우하게 된다'는 주장(2-18 참조)을 펼치기도 했다.

남용은 언행을 각별히 삼갔던 인물이다. 『시경』의 '백규' 시는 곧 사람은 마땅히 말을 삼가야 함을 경계한 작품이니, 남용이 그 시를 여러 번 반복해 외움은 스스로 '신언'의 중요성을 깊이 새기며 경계로 삼았다는 것이다. 공자가 일찍이 그를 두고, "나라에 바른 도가 행해질 때는 버림받지 않을 것이요, 설령 나라에 바른 도가 행해지지 않을 때에도 형벌은 면할 것"(5-2)이라고 평가한 것 역시 같은 맥락으로 이해된다. 그리하여 공자가 조카사위로 삼을 만큼 남용에 대한 인간적 신뢰와 애호가 깊었던 것이다.

11-7

계강자가 물었다. "제자 가운데 누가 배우기를 좋아합니까?" 공자
께서 대답하셨다. "안회라는 제자가 배우기를 좋아했는데, 불행히도
단명하여 일찍 죽었습니다. 이제는 그처럼 배우기를 좋아하는 사람이
없습니다."

季康子問: "弟子孰爲好學?" 孔子對曰: "有顔回者好學, 不幸短命
계강자문   제자숙위호학   공자대왈   유안회자호학 불행단명
死矣, 今也則亡."
사의 금야즉무

해설

「옹야편雍也篇」을 보면 노 애공도 같은 질문을 한 적이 있는데, 당시
공자는 기본적으로는 이와 같은 맥락의 대답을 했다. 다만 공자는 애
공에게는 계강자季康子에게와는 달리 안회가 호학한 구체적 사실로
'불천노不遷怒'·'불이과不貳過'했음을 적시하는 등 보다 상세한 설명을
덧붙였다.(6-2 참조)

애공과 계강자가 같은 질문을 했는데 공자의 대답에 상략詳略의 차
이가 나타난 까닭을 두고, 황간은 두 가지 생각을 피력했다. 하나는
애공이 '천노遷怒'·'이과貳過'의 결함이 있었기 때문에 공자가 '불천노'·
'불이과'하는 안회의 장점을 빌려 규간規諫하고자 한 것이요, 다른 하
나는 애공은 임금인 반면 계강자는 신하이기 때문에 상략에 차이를
두었다는 것이다. 이 문제에 대해 주자는 황간의 두 번째 견해와 같은
주장을 했다. 한데 공자는 평소 '인재시교'에 주력한 만큼, 다른 사람

과의 문답에서 그 사람의 신분 여하를 막론하고 그의 과오나 결함을 염두에 두고 규간하는 경우가 다반사였다. 예를 들면 「위정편」을 보면, 맹의자孟懿子·맹무백孟武伯·자유子游·자하 네 사람이 똑같이 효에 대해 물었지만, 공자의 대답은 사람마다 나 달랐다. 바로 '인재시교'의 전형을 보여준 것이다.(2-5~8 참조) 이 같은 견지에서 볼 때, 여기서 황간의 두 견해 가운데에는 전자가 보다 설득력 있는 주장으로 보인다.

11-8

안연이 죽자, 그의 아버지 안로가 공자께 당신의 수레를 팔아 안연에게 외관外棺을 맞춰줄 것을 청하였다. 공자께서 말씀하셨다. "재주가 있든 없든, 사람은 누구나 자기 자식 말을 하게 마련이다. 내 아들 리鯉가 죽었을 때에도, 내관內棺만 있었지 외관은 없었다. 내가 걸어 다니고 수레를 팔아 죽은 아들에게 외관을 맞춰주면 될 것을, 그렇게 하지 않은 것은 나도 일찍이 대부를 지낸 까닭에 걸어서 다닐 수 없기 때문이다."

顏淵死, 顏路¹請子之車²以爲之椁.³ 子曰: "才不才,⁴ 亦各言其子
안 연 사　안 로 청 자 지 거　이 위 지 곽　　자 왈　　재 부 재　　역 각 언 기 자
也. 鯉⁵也死, 有棺⁶而無椁. 吾不徒行⁷以爲之椁, 以⁸吾從大夫之後,⁹
야　리 야 사　유 관 이 무 곽　오 부 도 행　이 위 지 곽　이　오 종 대 부 지 후
不可徒行也."
불 가 도 행 야

22

1 **顔路**(안로): 안연의 아버지. 이름은 무요無繇, 자는 로路로, 그 역시 공자의 제자 였음.

2 **子之車**(자지거): 공자가 타던 수레.

3 **爲之槨**(위지곽): 이는 '위지비곽爲之備槨'의 뜻으로 이해하거나 '곽'을 동사로 이 해해도 됨. 곧 그(안연)를 위해 외관을 맞춰줌을 이름. '지'는 안연을 가리킴. '곽' 은 외관, 즉 내관을 담는 곽槨.

4 **才不才**(재부재): 재주가 있든 없든. 곧 안연은 공자의 수제자로 재덕才德이 뛰어 난 반면, 공자의 아들 리는 재덕이 그에 미치지 못했기 때문에 이같이 말한 것임.

5 **鯉**(리): 공자의 아들 공리孔鯉. 자는 백어伯魚. 나이 50세에 죽었는데, 당시 공자 는 70세였음.

6 **棺**(관): 곧 내관을 이름.

7 **徒行**(도행): 도보徒步, 즉 걸어서 감·다님.

8 **以**(이): 인因과 같음. ~로 인하여, ~ 때문에.

9 **從大夫之後**(종대부지후): 대부의 행렬 뒤를 따라다님. 이는 곧 일찍이 대부를 지 낸 적이 있음을 겸손하게 이른 말임. 공자는 노나라 대부의 신분에 해당되는 대 사구大司寇 벼슬을 한 적이 있는데, 이때는 이미 퇴임한 지 여러 해가 지났음.

안로는 출중한 재덕을 꽃피우지 못하고 요절한 아들을 위해 조금이 라도 후하게 장례를 치러주고 싶었지만, 가정 형편상 여의치 않았다. 이에 자기 못지않게 안연(안회)을 아꼈던 스승 공자에게 어려운 청을 한 것이다. 하지만 공자는 당신의 아들에게도 수레를 팔아 외관을 마 련해주지 않았음을 상기시키며 완곡히 거절했다. 당시로서는 전·현 직 대부가 수레를 타지 않고 걸어서 다니는 것은 예법에 어긋나는 일 이었다. 그리하여 공자는 일찍이 대부를 지낸 이로서 걸어 다닐 수가 없다는 이유를 들었다. 대부의 수레는 분명 위엄의 상징물이었을지도 모른다. 아니 공자는 그보다는 무리를 감수하며 과분하게 예를 갖추기를 꺼렸을 것이고, 또 아들을 위해서도 하지 않은 것을 제자를 위해서 함은 의리에 어긋나는 일이라 수저했을 것이다. 무슨 일이든 직중適中하게 하는 것이 중요하다.

11-9

안연이 죽자, 공자께서 말씀하셨다. "아! 하늘이 나를 파멸시키는구나! 하늘이 나를 파멸시키는구나!"

顏淵死. 子曰: "噫¹! 天喪予²! 天喪予!"
안 연 사   자 왈   희   천 상 여   천 상 여

주석

1 **噫**(희): 슬픔과 괴로움이 극에 달해 깊이 탄식하는 소리.
2 **天喪予**(천상여): 하늘이 나를 파멸시킴. '상'은 상망喪亡, 즉 망하여 없어지게 함. '여'는 나(我).

해설

공자가 일흔한 살 만년에 수제자 안연을 잃은 슬픔은, 가슴이 미어지는 것이었다. 당시 공자는 주유열국을 소득 없이 마감하고 고국으로 돌아와 있었고, 평소의 이상과 포부를 오로지 믿을 만한 제자에게 맡

겨 이어가는 것이 마지막 희망이었다. 그런데 당신의 분신으로 여기 며 그토록 아끼던 제자 안연이 돌연히 세상을 떠난 것이었다. 결국 마지막 희망마저 물거품이 되면서 당신의 여생이 의미를 잃게 되었으니, 그야말로 "하늘이 나를 파멸시키는" 게 아니고 무엇이었겠는가?

11-10

안연이 죽자, 공자께서 통곡하며 너무나 슬퍼하셨다. 그러자 따라온 제자들이 말했다. "선생님께서 너무 슬퍼하시는구나!" 공자께서 말씀하셨다. "너무 슬퍼한다고? 내가 이 사람을 위해 슬퍼하지 않는다면, 누구를 위해 슬퍼한단 말이냐?"

顔淵死, 子哭之慟.[1] 從者[2]曰: "子慟矣!" 曰: "有慟乎? 非夫人之爲
안 연 사   자 곡 지 통   종 자 왈   자 통 의   왈   유 통 호   비 부 인 지 위
慟而誰爲[3]?"
통 이 수 위

주석

1 慟(통): 애통哀慟함. 곧 애상哀傷이 지나쳐 용모가 흐트러질 정도로 한없이 슬퍼하며 탄식함을 이름.

2 從者(종자): 수종자隨從者, 즉 따라다니며 곁에서 심부름 따위의 시중을 드는 사람. 여기서는 공자를 따라온 제자들을 가리킴.

3 非夫人之爲慟而誰爲(비부인지위통이수위): '비부인지위통'은 '비위부인통非爲夫人慟'의 도치로, '이 사람 때문에 애통하지 않으면'의 뜻을 나타냄. '부'는 차此와 같고, '부인'은 차인此人(이 사람)과 같으며, 곧 안연을 가리킴. '지'는 목적어를 전치하기 위해 쓰인 허사虛辭로, 특별한 뜻은 없음. '위'는 위하여, 때문에. '수위' 역시

'위수為誰'의 도치로, 그 아래에 '통慟' 자가 생략된 형태인 만큼 '위수통為誰慟', 즉 '누구를 위하여 애통하느냐'의 뜻으로 풀이해야 함.

해설

수제자 안연을 잃은 것은 공자에게는 실로 가슴을 저미는 극한 슬픔이었다. 여기서 우리는 '통慟' 자에 주목하게 된다. 이를 마융馬融은 "슬퍼함이 지나친 것〔哀過也〕"이라 하고, 정현鄭玄은 "(슬퍼함이 지나쳐) 용모와 용태容態가 흐트러질 정도〔變動容貌〕"라고 했다. 또한 "내가 이 사람을 위해 슬퍼하지 않는다면, 누구를 위해 슬퍼한단 말이냐?"라는 한마디는 그야말로 안연의 요절이 공자에게 가져다준 충격과 손실은 그 무엇으로도 덜거나 메울 수 없음을 웅변해준다.

11-11

안연이 죽자, 공자의 제자들이 그를 성대히 장례葬禮하려고 하였다. 공자께서 말씀하셨다. "아니 된다." 하지만 제자들은 고집스레 안연의 장례를 성대히 치렀다. 공자께서 말씀하셨다. "회야, 너는 생전에 나를 친아버지처럼 대했거늘, 나는 지금 너를 내 아들처럼 대하지 못했구나. 이 성대한 장례는 내 뜻이 아니라 너의 저 몇몇 친구들의 뜻이니라."

顏淵死, 門人[1]欲厚葬[2]之.[3] 子曰: "不可." 門人厚葬之. 子曰: "回也
안 연 사 문 인 욕 후 장 지   자 왈   불 가   문 인 후 장 지   자 왈   회 야
視[4]予猶父也, 予不得視猶子也. 非我也, 夫二三子[5]也."
시 여 유 부 야   여 부 득 시 유 자 야   비 아 야   부 이 삼 자 야

1 門人(문인): 공자의 제자를 일컬음. 형병은 안연의 제자를 일컬은 것이라고 하나, 따르기 어려움. 4-15 주석 6 참조.
2 厚葬(후장): 두터운 성의로 한껏 성대히 장례를 치름.
3 之(지): 안연을 가리킴.
4 視(시): 봄. 여기서는 여김(마음속으로 그렇다고 인정하거나 생각함), 대함(어떤 태도로 상대함)을 이름.
5 夫二三子(부이삼자): 너의 저 몇몇 친구들. '부'는 지시대명사로, 앞 장 '부인夫人'의 '부'와 같음. 여기서는 저 몇몇을 뜻함. '이삼자'는 공자가 당신의 제자들을 일컫는 말로, 앞의 '문인門人'을 일컬음. 곧 안연의 동학同學·학우들을 가리킴. 3-24 주석 8 참조.

해설

무릇 장례는 "가정 형편이 넉넉하거나 어렵거나 그에 걸맞게 치러야 하며(稱家之有亡)" "형편이 넉넉하더라도 예에 지나쳐서는 아니 되며, 정말 형편이 어렵다면 시신을 간소히 염해 바로 장사 지내되 관을 끈으로 달아 내려서 묻으면 된다(有, 毋過禮. 苟亡矣, 斂首足形, 還葬, 縣棺而封)"(『예기禮記』 「단궁 상檀弓上」)는 것이 공자의 주장이다. 그래서 유가에서는 전통적으로 장례는 예에 부합하는 범위 내에서 후하게 치를 것을 주장하는 한편, 장례의 후박厚薄은 가정 형편을 고려해야 함을 강조했다. 공자가 안연을 성대히 장례하겠다는 제자들의 생각을 막은 것은 바로 그 때문이다. 안연은 평생을 안빈낙도한 인인仁人이요 현자賢者였으니, 누구보다도 스승의 마음을 잘 알 것이다. 동학들은 평소의 정의情誼를 생각해 두터운 성의를 다했으나, 세상을 떠난 벗은 오히려 그것을 불편하고 부담스러워할지도 모를 일이다. 공자가 당신의 아들처럼 대하지 못했다고 자책하며, 제자들의 처사를 꾸짖은 것은 바로 그 같은 견지로 이해된다.

11-12

자로가 귀신을 어떻게 섬겨야 하는지를 여쭙자, 공자께서 말씀하셨다. "사람도 제대로 섬기지 못하거늘, 어떻게 귀신을 섬길 수 있겠느냐?" 자로가 또 말했다. "감히 여쭙건대 죽음이란 어떤 것입니까?" 공자께서 말씀하셨다. "삶도 제대로 알지 못하거늘, 어찌 죽음을 알겠느냐?"

季路問事鬼神.¹ 子曰: "未能事人, 焉²能事鬼?" 曰: "敢問死.³" 曰:
계 로 문 사 귀 신   자 왈   미 능 사 인 언 능 사 귀   왈   감 문 사   왈
"未知生, 焉知死?"
미 지 생 언 지 사

주석

1 事鬼神(사귀신): 귀신을 섬김, 귀신에게 제사를 드림. '사'는 섬김.
2 焉(언): 何如와 같음. 어찌, 어떻게.
3 死(사): 죽음. 여기서는 사람이 죽은 이후의 문제, 곧 사후死後 세계를 두고 이르는 것으로 이해됨.

해설

귀신을 섬기는 일이나 사후 세계에 관한 문제는 고대사회에서는 분명

사람들의 중요 관심사였을 것이다. 하지만 공자가 볼 때, 양자는 사람이 일상생활 속에서 절박하게 해결해야 하는 문제도 아닐뿐더러, 그 이치나 경지가 헤아릴 수 없이 미묘하고 모호해 사람이 제대로 갈피를 잡아 알기에는 상당한 어려움이 있다. 그래서 그보다는 오히려 사람을 섬기거나 현세에서 살아가는 문제를 충실히 그리고 원만히 실행함이 더욱 중요하다고 한 것이다. 귀신이나 죽음에 대한 공자의 관점은 인본주의人本主義와 현세주의現世主義의 기치를 내건 그 특유의 사상적 특징을 단적으로 말해준다. 공자의 사상은 어디까지나 인생 현실의 문제를 중시하는 데에 그 기반을 두고 있다. 또한 바로 그 같은 견지에서 사람은 현실의 삶에서 인사人事를 중시하며, 도덕 수양과 학문 증진에 최선의 노력을 다해야 함을 강조했다.

한편 여기서 자로의 질문에 대해 공자는 짧디짧은 반문反問으로 답변을 대신하고 있는데, 필시 당신의 냉담한 정서와 태도를 투영한 것으로 느껴진다. 공자는 통상적인 답변을 하지 않았을 뿐만 아니라, 그 '반문'은 또 다분히 책망하는 의미와 뉘앙스를 함축하고 있다.『논어』를 통해 볼 때, 사실 공자는 다른 사람의 질문에 대개 명확히 답변을 해주곤 했다. 심지어 "내가 아는 게 무엇이 있겠느냐? 아는 게 별로 없다"라고 겸양하면서도, "하지만 만약 어떤 비루한 사람이 나에게 질문을 한다면, 설령 머리가 텅 빈 듯 전혀 아는 게 없더라도, 나는 그 본말을 캐물어 최대한 내 나름의 생각을 자세히 일러줄 것이다"(9-8)라고 할 정도였다. 여기서 자로의 질문에 답변하는 공자의 모습은 분명 평소와는 판이하다. 그것은 물론 공자가 평소 그와 관련된 내용을 한두 번 말한 게 아니기 때문일 것이다. 예컨대 일찍이 번지樊遲가 어떻게 하는 것이 지혜로운 것인지를 물었을 때, 공자는 "사람의 마땅한 도리를 다하는 데에 힘쓰고, 귀신을 공경하면서도 멀리하면 지혜롭다고 할 수 있다"(6-20)고 한 바 있다. 이른바 '사람의 마땅한 도리를 다하는 데에 힘쓰는 것'은 바로 '사인事人', 즉 사람을 섬기는 자세이며, '귀신을 공경하면서도 멀리하는 것'은 바로 '사귀事鬼', 즉 귀신을 섬기는 태도이다. 아무튼 공자는 인본주의와 현세주의 사상을 주창하고 또 고취코자 한 만큼, '사귀'나 사후의 문제보다는 '사인'과 현세적 삶의 문제를 중시하며 극력 창도한 것은 너무나 당연한 일이리라.

11-13

민자건은 공자를 곁에서 모실 때 온화하고 기쁜 모습이었고, 자로는 굳세고 용맹한 모습이었으며, 염유와 자공은 강직한 모습이었다. 이에 공자께서는 매우 즐거워하셨다. 다만 "유(자로) 같은 사람은 타고난 수명을 다하지 못할까 걱정이다" 하고 말씀하셨다.

閔子¹侍側,² 誾誾如³也; 子路, 行行如⁴也; 冉有子貢, 侃侃如⁵也. 子
민 자 시 측   은 은 여 야   자 로   항 항 여 야   염 유 자 공   간 간 여 야   자
樂. 曰⁶: "若由也, 不得其死然.⁷"
락   왈   약 유 야   부 득 기 사 연

주석

1 閔子(민자): 민자건. 6-7 주석 2 참조.
2 侍側(시측): 곁에 있으면서 웃어른(여기서는 공자를 가리킴)을 모심. '시'는 모심. '측'

은 곁, 옆.

3 誾誾如(은은여): 온화하고 기쁘게 논변論辯하는 모양. 일설에는 중정中正한 모양. 10-2 주석 4 참조.

4 行行如(항항여): 굳세고 용맹한 모양.

5 侃侃如(간간여): 강직한 모양. 일설에는 온화하고 즐거운 모양. 10-2 주석 3 참조.

6 曰(왈): 하안의 『집해』에는 본디 없는 글자이나, 황간의 『의소』에 근거해 보충함.

7 不得其死然(부득기사연): 이는 공안국孔安國이 '부득이수종不得以壽終'이라고 풀이했듯이, 자연사自然死하지 못함, 곧 천수天壽를 다하지 못함을 이름. '기'는 관형사로, 적합함, 정상적임을 뜻함. '연'은 문장 끝에 쓰이는 어조사로, 언焉과 같음.

해설

공자는 당신 곁을 지키는 다양한 모습의 네 제자들과 함께 있으면서 매우 즐거워했다. 이는 평소 "온화하면서도 엄숙하시고, 위엄威嚴하지만 사납지 않으셨던"(7-38) 것과는 다른 모습이다. 필시 맹자가 이른 "천하의 영재를 얻어 가르치는(得天下英才而敎育之)"(『맹자孟子』 「진심 상盡心上」) '즐거움(樂)'으로 내심에 인 희열의 감정이 밖으로 표출된 것이리라.

한데 그런 가운데서도 공자는 자로를 걱정하는 마음을 숨기지 않았다. 왜냐하면 자로는 무척이나 용맹스러운 데다 승벽勝癖에 정의감까지 있었기 때문이다. 일찍이 공자는 정색하며 "유는 용기를 부리기를 좋아함이 나를 능가하지만, 그다지 취할 것은 못 되도다!"(5-7) 하고 질책하기도 했다. 그것은 곧 자로가 성품상의 결함으로 인해 화를 당하지나 않을까 하는 우려가 깊었던 탓이었는데, 실제로 자로는 훗날 위衛나라 정변의 소용돌이에 휘말려 죽임을 당하고 말았다. 『사기』 「중니제자열전仲尼弟子列傳」에 따르면, 위나라 출공出公 괴첩蒯輒이 그의 아버지 괴외蒯聵가 국외로 망명한 틈을 타 왕위에 오른 지(7-15 '해설' 참조) 열두 해가 되도록 괴외는 고국으로 돌아오지 못하고 있었다. 그즈음 자로는 위나라 대부 공회孔悝의 읍재(채읍采邑의 장)로 있었는데, 공교롭게도 그때 괴외가 공회와 결탁해 반란을 일으켜 출공을 몰아내고 왕위에 오르는 사태가 발생했다(그가 곧 장공莊公이다). 바로 그 정변의 소용돌이 속에서 자로는 "남의 녹을 먹고 있는 자가 그의 환난을 못 본 체할 수 없다〔食其食者不避其難〕"는 신념으로 달려들었다가 목숨을 잃고 말았다. 앞서 공자는 위나라에 내란이 일어났다는 소문을 듣고는 "아, 유(자로)가 죽겠구나!〔嗟乎, 由死矣〕" 하고 걱정하며 안타까워했는데, 불행하게도 공자의 예감이 적중한 것이다.

11-14

노나라의 높은 벼슬아치가 '장부長府'라는 국고國庫를 크게 다시 짓자, 민자건이 말했다. "원래의 국고를 그냥 보수하면 어땠을까? 굳이 크게 고쳐 다시 지을 게 뭐란 말인가?" 공자께서 말씀하셨다. "그 사람은 평소 말을 잘 안 하지만, 말을 했다 하면 반드시 이치에 맞도다."

魯人¹爲²長府.³ 閔子騫曰: "仍舊貫,⁴ 如之何? 何必改作?" 子曰:
노 인 위 장부 민자건왈 잉구관 여지하 하필개작 자왈
"夫人⁵不言, 言必有中.⁶"
부인 불언 언필유중

1 **魯人(노인)**: 이는 문맥상 노나라의 보통 사람이 아니라 집정執政 대신大臣을 두고
이름. 따라서 '노나라의 높은 벼슬아치'로 옮김. 여기서 '인' 자는 '민民' 자와 구별
해 이해해야 함.

2 **爲(위)**: 아래 '하필개작何必改作'이라는 말에 비춰 보면, 이는 곧 '개작', 즉 고쳐 다
시 짓는다는 뜻으로 이해됨.

3 **長府(장부)**: 노나라 창고 이름. '부'는 부고府庫, 즉 옛날에 나라의 재물이나 병
기兵器 등을 보관하던 창고를 이르며, '장부'라 함은 곧 이전보다 더 장대長大한
창고라는 뜻임.

4 **仍舊貫(잉구관)**: 예전의 국고(국가의 재물을 보관하는 창고)를 그대로 씀. 곧 원래 있
던 국고를 그냥 보수해서 씀을 이름. '잉'은 인因함, 인습因襲함, 인순因循함. 곧 예
전 것을 그대로 좇음, 따름을 이름. '구관'은 구식舊式. 곧 예전의 양식, 형식, 틀을
이름. '관'은 본디 돈꿰미, 즉 엽전을 꿰는 꿰미를 뜻하는데, 여기서는 전의되어
형식, 법식法式을 뜻함.

5 **夫人(부인)**: 이 사람, 그 사람. 11-10 주석 3 참조. 여기서 '그 사람'이라고 한 것
을 보면, 공자가 민자건이 한 말을 전해 들은 것으로 추측됨.

6 **中(중)**: 적중適中함, 맞음. 곧 이치나 도리道理에 합당함을 이름.

옛날에는 위정자들이 대역사大役事를 일으키면, 백성들은 노역에 시달
리며 때로는 재산까지 수탈당하곤 했다. 민자건이, 노나라 대신이 장
부를 크게 다시 짓는 일에 이의를 제기한 것은 곧 백성을 아끼는 인
심仁心의 발로다. 공자는 바로 그 점을 칭찬한 것이다.

민자건은 공문의 제자 중에서도 안연과 어깨를 나란히 할 정도로
덕행이 훌륭했던 인물이다.(11-3 참조) 무릇 덕행 수양이 높은 사람은
대개 과묵하지만, "말을 했다 하면 반드시 이치에 맞"는 말을 한다. 왜

냐하면 그런 사람이 하는 말은 깊은 생각과 높은 수양에서 우러나오는 것으로, 견식見識이 보통 사람과는 다르기 때문이다. 「헌문편憲問篇」에서 공자가 "덕이 있는 사람은 반드시 좋은 말을 한다"(14-5)고 한 것 또한 같은 맥락으로 이해된다. 아무튼 사람은 말을 많이 하기보나, 한 마디를 하더라도 사리에 합당한 말을 할 줄 알아야 한다.

11-15

공자께서 말씀하셨다. "유는 왜 비파를 내 문하에서 타느냐?" 문인들이 그 말을 들은 후로 자로를 공경하지 않자, 공자께서 말씀하셨다. "유의 학문은 비유컨대 이미 마루에 올랐으며, 다만 아직 방에는 들어가지 못했을 뿐이다."

子曰: "由之瑟¹奚²爲³於丘之門?" 門人不敬子路. 子曰: "由也升堂⁴
자왈   유지슬해 위 어구지문   문인불경자로 자왈   유야승당
矣, 未入於室⁵也."
의 미입어실 야

주석 ————

1 瑟(슬): 금琴과 유사한 고대 현악기로, 비파와 같은 부류로 알려짐.
2 奚(해): 하何와 같음. 왜, 어떻게.
3 爲(위): 여기서는 (악기를) 연주함을 이름.
4 升堂(승당): 마루에 오름. '당'은 몸채의 대청마루로, 섬돌 위·큰방 앞에 자리함.
5 入於室(입어실): 입실入室, 즉 (몸채의) 큰방에 들어감.

자로는 성격이 강하고 용맹을 좋아했던지라, 『공자가어孔子家語』에 따르면 그가 타는 비파 소리는 북쪽 변방 특유의 소리에 살벌한 기운마저 감돌았다고 한다. 그것은 공문孔門에서 늘 강조해온 중화中和의 기풍과는 상반된다. 그래서 공자가 심히 못마땅해 핀잔한 것이다. 다만 그것은 어디까지나 자로의 분발 향상을 촉구한 것일 뿐이다. 한데 다른 제자들이 스승의 핀잔이 있은 후부터는 자로를 공경하지 않자, 공자는 '승당입실升堂入室'의 비유로 오해를 풀어주고자 했다. 대개 집에 들어갈 때는 문으로 들어선 다음 마루에 오르고, 다시 방으로 들어간다. 이는 곧 학문의 단계를 비유하는 것이니, '입실'은 학문적 경지가 최고도에 달하고 절정에 이르렀음을 상징한다. 물론 '승당'도 그보다는 못하지만 만만한 단계가 아니요, 이미 상당한 경지에 이르렀음을 뜻한다. 자로를 함부로 대해서는 안 된다는 얘기다.

11-16

자공이 여쭈었다. "사와 상은 누가 더 현능賢能합니까?" 공자께서 말씀하셨다. "사는 지나친 면이 있고, 상은 모자란 면이 있다." 자공이 말했다. "그렇다면 사가 낫다는 말씀입니까?" 공자께서 말씀하셨다. "지나친 것도 모자란 것과 마찬가지로 좋지 않다."

子貢問: "師¹與商²也孰³賢?" 子曰: "師也過,⁴ 商也不及.⁵" 曰: "然
자 공 문   사 여 상 야 숙 현   자 왈   사 야 과   상 야 불 급   왈   연
則師愈⁶與⁷?" 子曰: "過猶⁸不及."
즉 사 유 여   자 왈   과 유 불 급

1 師(사): 자장의 이름. 2-18 주석 1 참조.

2 商(상): 자하의 이름. 1-7 주석 1 참조.

3 孰(숙): 누구.

4 過(과): 지나침. 곧 한 사람이 자신의 재능이나 품성稟性으로 인해 행위에 적정適
正 한도를 넘어섬이 있음을 이름.

5 不及(불급): 미치지 못함, 모자람. 곧 한 사람이 자신의 재능이나 품성으로 인해
행위에 적정 한도에 미치지 못함이 있음을 이름.

6 愈(유): 나음, 뛰어남.

7 與(여): 여歟와 같음. 의문의 어조사.

8 猶(유): 여如와 같음. ~와 같음.

해설 ─────────────────────────────────

이 장은 바로 우리가 익히 아는 '과유불급過猶不及'이라는 성어成語의
출처로, 인·예와 함께 공자 사상의 중심 개념인 중용中庸의 의의를 강
조한다.

주자가 이른 대로, 자장은 재기才器가 높고 의향意向이 넓어서 구차
하면서도 어려운 일 하기를 좋아했으므로 늘 중도中道를 지나쳤고, 자
하는 돈독히 믿으며 조심히 지켜서 행위의 규모가 좁고 제한적이었으
므로 늘 중도에 미치지 못했다. 이에 자공은 자장이 자하보다 나은 것
같다는 생각을 했다. 하지만 공자는 '과유불급'의 논리로 양자 모두
중도·중용에 부합치 않기 때문에 좋지 않다는 점을 분명히 지적했다.

이른바 중용은 지나침도 없고 모자람도 없으며, 대공무사大公無私(한
껏 공정·공평하고 사사로움이 없음)하여 어느 쪽으로도 치우침이 없는 것
이다. 한데 중용이나 중도는 결코 그저 둘 혹은 그 이상을 적절히 절

충하고 타협한 결과적 경지나 개념을 이르는 것은 아니다. 그렇다면 어떤 기준으로, 무엇을 준거準據로 그 같은 경지에 이르렀다고 평정評定하는 것인가?『예기』「중니연거편仲尼燕居篇」에 따르면, 자공이 일찍이 그 점에 대해 질의한 적이 있다. 당시 공자는 "그것은 예로다! 바로 그 예인 것이다! 무릇 예란 사람으로 하여금 처신處身·처사處事를 절제하여 중용에 이르게 하는 것이다(禮乎! 禮! 夫禮所以制中也)"라고 답했다.

공자 사상에서 예는 인의 표현 내지 실천 형식이요, 중용은 인의 표현 내지 실천 원칙이다. 요컨대 '애인愛人'(12-22), 즉 사람을 사랑한다는 본질적 의의를 띤 공자 사상의 핵심인 '인'의 실천은 바로 예를 통해서 표현되고, 예로써 절제됨으로써 궁극적으로 중용의 원칙에 부합해야 한다는 것이다.

11-17

계씨는 주공보다 부유한데도, 염구가 오히려 그를 위해 민재民財를 수탈해 그의 재물을 더욱 늘려주었다. 이에 공자께서 말씀하셨다. "염구는 내 제자가 아니다. 너희들은 크게 북을 쳐 그를 공박攻駁해도 좋다."

季氏¹富於周公,² 而³求⁴也爲之聚斂⁵而⁶附益之.⁷ 子曰: "非吾徒⁸也.
계 씨 부 어 주 공   이 구 야 위 지 취 렴 이 부 익 지   자 왈   비 오 도 야
小子⁹鳴鼓而攻之,¹⁰ 可也."
소 자 명 고 이 공 지   가 야

1 **季氏**(계씨): 노나라 3대大 권신權臣의 우두머리였던 계강자를 가리킴.

2 **周公**(주공): 7-5 주석 2 참조.

3 **而**(이): 역접의 접속사. 그러한데도, 그러나, 하지만. 이는 곧 염구에 대한 공자의 분노를 함축함.

4 **求**(구): 염구再求를 가리킴.

5 **聚斂**(취렴): 마구 거두어들임. 곧 백성의 재물을 수탈收奪·약탈掠奪함을 이름.

6 **而**(이): 순접의 접속사. 아래의 '이'도 이와 같음.

7 **附益之**(부익지): 계씨의 재물을 늘려줌. '부익'은 덧붙이거나 보탬. '지'는 계씨를 가리킴.

8 **徒**(도): 문도門徒, 도제徒弟. 곧 제자를 이름.

9 **小子**(소자): 5-22 주석 4 참조.

10 **鳴鼓而攻之**(명고이공지): 북을 울려 그(염구)를 공박함. 곧 널리 죄상을 밝혀 대대적으로 꾸짖고 나무람을 이름. '명고'는 북을 쳐 울림.

해설

공자가 일찍이 말했다. "부富가 만약 추구해서 되는 것이라면, 설령 채찍을 든 미천한 벼슬아치 노릇이라도 나는 하겠다. 하지만 만약 추구해서 되는 게 아니라면, 나는 내가 좋아하는 일을 할 것이다."(7-12) "거친 밥을 먹고 찬물을 마시며 팔베개하고 누워도 즐거움이 또한 그 가운데에 있나니, 의롭지 못하게 부유하고 또 존귀함은 나에게 있어서는 뜬구름과 같은 것이다."(7-16) 공자는 결코 사람이 정당하게 자신의 이익을 추구하는 것을 반대하지 않는다. 공자가 나무라는 것은 바로 도의에 어긋남에도 불구하고 갖은 수단과 방법을 다 동원해 사사로운 이익을 탐구貪求하는 것이다.

주공은 주周나라 무왕武王의 아우로, 조카인 성왕成王을 대신해 섭정하며 건국 초기에 나라의 기틀을 다지는 등 큰 공을 세운 인물이다. 한데 노나라의 세도가였던 계씨가 주공보다 더 부유했으니, 그의 축재 과정이 어떠했을지는 불문가지다. 이에 대해 주자는 이렇게 말했다. "주공은 왕실의 지친至親으로, 나라에 큰 공을 세우고, 총재家宰(태재太宰라고도 하며, 공경公卿의 우두머리로 천자를 보좌하는 벼슬)의 자리에까지 올랐으니, 그 부유함은 마땅한 것이다. 하지만 계씨는 단지 제후의 경卿에 지나지 않으면서도 그 부유함은 오히려 주공을 능가하였으니, 임금의 것을 빼앗거나 백성들을 가혹하게 착취한 게 아니라면 어찌 그 같은 부를 얻을 수 있었겠는가?(周公以王室至親, 有大功, 位家宰, 其富宜矣! 季氏以諸侯之卿, 而富過之, 非攘奪其君, 刻剝其民, 何以得此?)"

염구는 공자의 제자로, 한때 계씨의 가신家臣으로 있었다. 하지만 그는 당시 전횡을 일삼는 계씨를 충언으로 간諫해 저지하기는커녕 분별없는 행동으로 축재를 돕는 등 '소인 같은 선비(小人儒)'(6-11)에 불과했다. 공자의 분노가 폭발한 것은 바로 그 때문이다. 염구에 대한 공자의 질타와 견책은 또한 동시에 계씨를 겨냥하고 있다.

11-18

시는 우직하고, 삼은 노둔하고, 사는 재질才質에 치우침이 있고, 유는 품성이 거칠다.

柴¹也愚, 參²也魯,³ 師⁴也辟,⁵ 由⁶也喭.⁷
시 야 우   삼 야 로   사 야 벽   유 야 언

1 柴(시): 공자의 제자 고시高柴. 자는 자고子羔. 공자보다 서른 살이 적었음.

2 參(삼): 증자曾子의 이름.

3 魯(로): 노둔魯鈍/駑鈍함, 즉 둔하고 어리석어 미련함.

4 師(사): 자장의 이름.

5 辟(벽): 벽僻과 같음. 편벽偏僻함. 곧 재질이 한쪽으로 치우쳐 있음을 이름.

6 由(유): 자로의 이름.

7 喭(언): 거칢. 곧 경솔·경망함을 이름.

주자가 오역吳械의 말을 빌려, 이 장 첫머리에 '자왈子曰' 두 글자가 빠졌다고 했듯이, 이는 필시 공자가 네 제자의 단점을 평론한 것으로 보인다. 여기서 자고의 우직함은 지혜가 부족해 변통變通할 줄 모르는 따위를 말한다. 증자의 노둔함은 곧 민첩함과는 상반되고, 우둔함과는 유사한 자질이다. 사실 증자는 뜻을 돈독히 해 누구보다도 배우기를 즐기는 사람이었다. 그리하여 우둔한 면이 있기는 하지만, 결코 스스로 지치거나 포기하지 않고 끈기 있게 끝까지 파고들어 마침내 상당한 학문적 성취를 이룩했다. 자장의 재질상의 편향은 황식삼黃式三이 이른 대로, "그 뜻이 지나치게 높아 일편一偏으로 흐르는 것〔以其志過高而流於一偏也〕"으로, 곧 앞에서 공자가 "사는 지나친 면이 있다"(11-16)고 한 것과 부합한다. 자로의 품성상의 거칢은 행동이나 말이 가볍고 조심성이 없음을 이르는 것으로, 공자가 「자로편」에서 "경망스럽구나, 유야!"(13-3)라고 핀잔한 것과 부합한다. 공자가 제자들의 결함을 일일이 지적한 것은, 그들 모두가 자신의 부족한 점을 알고 바르게 고쳐나가 보다 현능한 인재로 성장하기를 바랐기 때문이다. 공자는 이처럼 제자들의 장단점을 잘 파악하고 있었기 때문에 인재시교(6-19 '해설' 참조)의 선진 교육을 할 수 있었다.

11-19

공자께서 말씀하셨다. "회는 도덕 수양이 높디높은 경지에 이르렀으나, 늘 궁핍하였다. 사는 나의 평소 가르침을 받아들이지 않고 장사하며 재물을 늘렸는데, 시세時勢 예측이 늘 잘 들어맞았다."

子曰: "回¹也²其³庶³乎,⁴ 屢⁵空.⁶ 賜⁷不受命⁸而貨殖⁹焉,¹⁰ 億¹¹則屢
자왈   회야기서호   누공   사불수명이화식언   억   즉루
中.¹²"
중

주석

1 回(회): 안연의 이름.

2 其(기): 발어사. 대개, 대체로. 일설에는 추측의 부사. 아마도.

3 庶(서): 서기庶幾, 즉 거의 되려 함, 가까움. 곧 어느 한도에 매우 가까이 다다른 정도임을 이름. 주자는 이를 두고 '도에 근접했음을 이른다'고 했으니, 곧 안회의 학덕學德이 대단히 높은 경지에 이르렀음을 칭송한 것이라는 말임.

4 乎(호): 감탄의 어조사.

5 屢(루): 여러, 자주. 여기서는 늘, 항상, 줄곧의 뜻을 나타냄.

6 空(공): 궁핍함, 곤궁함, 빈곤함.

7 賜(사): 자공의 이름.

8 命(명): 공자 당신의 평소 가르침을 이름. 이를 주자는 천명天命을 말한다고 하는

등 예로부터 다양한 풀이가 있어왔으나, 공자의 교명敎命, 즉 가르침의 뜻으로 풀이한 하안의 견해가 가장 따를 만함. 공자는 평소 제자들에게 "선비가 도에 뜻을 두었으면서 낡은 옷과 거친 음식을 부끄럽게 여긴다면, 아직은 그와 도를 논할 만하지 않음"(4-9)을 강조하곤 했으니, 필시 재물 늘리기를 권장하지는 않았을 것으로 생각됨.

9 貨殖(화식): 재화를 증식增殖, 즉 늘려서 많게 함.

10 焉(언): '어지於之'와 같음. 장사를 하는 가운데. '지'는 지시대명사로, 장사, 즉 이익을 얻으려고 물건을 사서 팖을 가리킴.

11 億(억): 헤아림, 추측함. 곧 시세를 예측함을 이름.

12 中(중): 적중的中, 즉 예상이나 추측 또는 목표 따위에 꼭 들어맞음.

해설

안연은 겨우 "한 대그릇의 밥을 먹고 한 바가지의 물을 마시며 누추한 거처에서 사는"(6-9) 정도였으나, 자공은 당시의 이름난 거상巨商으로 공자 제자 가운데 가장 부유했다. 한데 공자가 안연을 칭송하고, 자공을 핀잔한 까닭은 무엇일까? 대개 안연은 도덕 수양이 거의 최고 수준에 다다라 능히 안빈낙도하며 진리를 추구한 반면, 자공은 그런 면에서 안연에 미치지 못하면서도 스승의 가르침을 어기고 재물을 추구하는 데에 보다 열중했기 때문일 것이다. 다만 여기서 안연에 대한 공자의 칭송은 그윽한 연민의 정을 아울러 머금고 있으며, 자공에 대한 공자의 평가는 심한 나무람이라기보다는 아끼는 제자에 대한 욕심과 아쉬움을 아울러 내포하고 있는 것으로 보인다.

11-20

자장이 선한 사람이 가는 길에 대해 여쭙자, 공자께서 말씀하셨다.
"선한 사람은 다른 사람의 그릇된 자취를 밟지도 않지만, 학문 도덕이
최고도에 이르지도 못한다."

子張問善人¹之道. 子曰: "不踐迹,² 亦不入於室.³"
자 장 문 선 인   지 도   자 왈   불 천 적   역 불 입 어 실

주석

1 **善人**(선인): 천성天性이 선량한 사람.
2 **踐迹**(천적): 이를 정자程子는 '앞서 간 사람의 길과 수레의 바퀴 자국을 그대로 따
   라서 감循途守轍'을 말한다고 했으니, 곧 전철前轍을 밟음을 이름. 전철이나 전
   궤前軌는 앞에 지나간 수레바퀴의 자국이란 뜻으로, 이전 사람의 그릇된 일이나
   행동의 자취를 말함. 일설에는 이를 옛 성현의 발자취 내지 가르침을 따르는 것
   으로 풀이하나, 문맥상 무리가 있음.
3 **入於室**(입어실): 입실入室. 11-15 '해설' 참조.

해설

이른바 선인(선한 사람)이란 주자의 풀이에 따르면, 타고난 자질은 아
름다우나 아직 배우지 않은 사람을 일컫는다. 그들은 선천적 자질 덕
분에 일상의 처신·처사를 절로 바른 도에 가깝게 해서, 다른 사람의
그릇된 자취를 밟지 않고 나름의 길을 갈 수가 있다. 하지만 그 같은
특장에도 불구하고 그들에게는 분명한 한계가 있다. 곧 그들은 배움
을 등한시하는 결함 때문에, 자신들의 도덕적 수준을 '입실'의 경지까

지 끌어올릴 수는 없다는 게 공자의 생각이다.

장거정張居正이 이른 대로, 이전 사람의 그릇된 자취를 밟지 않아 스스로 악행을 하지 않는 것은 선인이 선인일 수 있는 까닭이요, 이전 사람의 그릇된 자취를 밟지 않으면서도 학덕이 최고도에 이르지 못하는 것은 선인이 선인에 그칠 수밖에 없는 까닭이다. 그러니 사람이 어찌 그 타고난 자질의 아름다움만 믿고 의지하며, 끊임없이 배우고 또 배워서 학덕의 부단한 향상과 발전을 추구하지 않을 수 있겠는가?

『논어』에서는 '선인'에 대해 모두 세 차례 언급하는데, 이 장을 「술이편述而篇」26장, 「자로편」 11장과 함께 읽어볼 만하다.

11-21

공자께서 말씀하셨다. "흔히, 하는 말이 도탑고 미더운 사람을 칭찬하지만, '그가 진실로 군자다운 사람일까? 아니면 얼굴빛만 무게 있고 점잖게 꾸민 사람일까?' 반드시 살펴보아야 한다.*"

子曰: "論篤是與,¹ 君子者²乎³? 色莊者⁴乎?"
자 왈   논 독 시 여   군 자 자 호   색 장 자 호

주석

1 論篤是與(논독시여): '여론독與論篤'의 도치. '시'는 목적어를 앞으로 이끌어내기 위해 쓰인 허사로, 특별한 의미는 없음. '여'는 허여許與, 즉 마음으로 허락해 칭찬함. '논독'은 논독자論篤者(언론이 독실한 사람)의 줄임말임.
2 君子者(군자자): 진실로 군자다운 사람. 여기서 '군자'는 진실로 군자답다는 뜻을

44

나타내는 형용사로 쓰임.

3 乎(호): 의문의 어조사.

4 色莊者(색장자): 기색氣色만 장중莊重하게 꾸민 사람. '색'은 기색, 안색, 풍모風貌. '장'은 장중함, 즉 무게 있고 점잖음.

* "반드시 살펴보아야 한다"라는 말은 원문에는 명시되지 않았으나, 그 같은 의미가 전후 문맥과 행간에 함축되어 있으므로 역문譯文에서 드러내어 옮김.

해설

사람은, 그가 하는 말이나 외모만을 가지고 섣불리 평가해서는 안 된다. 반드시 내실과 내재미를 따져봐야 한다. 한 사람을 제대로 알려면 그 사람의 외모를 관찰하거나 말을 들어보는 것 외에도, 반드시 그 사람의 행동을 자세히 살펴봐야 한다는 게 공자의 일관된 주장이다. 왜냐하면 사람의 외모나 말은 마음먹기에 따라 얼마든지 거짓으로 꾸밀 수 있기 때문이다. 공자가 「위정편」에서 '지인知人', 즉 사람의 됨됨이를 알아보는 방법을 일깨우며 "그 의도를 보고, 방법을 관찰하며, 편안히 여기는 바를 고찰한다면, 그 사람이 어떻게 자신의 사람됨을 숨길 수 있겠느냐? 그 사람이 어떻게 자신의 사람됨을 숨길 수 있겠느냐?"(2-10)라고 한 것 역시 같은 맥락의 가르침이다.

「공야장편公冶長篇」에서 공자는, 낮잠에 빠져 배우기를 게을리하는 재여宰予에게 실망하여 "처음에 나는 다른 사람에 대해 그의 말을 듣고 그의 행실을 믿었지만, 이제는 다른 사람에 대해 그의 말을 듣고도 그의 행실을 살펴보나니, 재여 때문에 그렇게 바꾸었다"(5-10)고 한 적이 있다. 추측컨대 재여가 필시 그전에 말로는 공부를 열심히 하겠다고 했을 것이다. 공자는 제자의 말과 다른 행동에 크게 충격을 받았고, 또 그로 인해 평소 견지해온 '지인'의 습관까지도 바꾸게 되었던 것이다. 공자 같은 성인도 시행착오를 겪으면서 깨달음에 이르렀다고 하니, 왠지 흥미롭기까지 하다. 또한 공자는 「위영공편」에서 "내가 사람들에 대해 누구를 비방하고 누구를 칭찬하더냐? 만약 내가 칭찬한 사람이 있다면, 필시 그를 실지로 증험해보았을 것이다"(15-25)라고 했다. 공자가 '지인'에 얼마나 신중과 철저를 기했는지 알고도 남음이 있다.

11-22

자로가 여쭈었다. "좋은 말을 들으면 바로 행동에 옮겨야 합니까?" 공자께서 말씀하셨다. "아버지와 형이 계시는데 어떻게 듣는 대로 바로 행하겠느냐?" 염유가 여쭈었다. "좋은 말을 들으면 바로 행동에 옮겨야 합니까?" 공자께서 말씀하셨다. "들으면 바로 행하여라." 공서화가 말했다. "유(자로)가 '좋은 말을 들으면 바로 행해야 합니까?' 하고 여쭈었을 때는 선생님께서 '아버지와 형이 계시는데'라고 하셨는데, 구(염유)가 '좋은 말을 들으면 바로 행해야 합니까?' 하고 여쭈었을 때는 선생님께서 '들으면 바로 행하라'고 하셨습니다. 저는 너무 의아하여 감히 그 까닭을 여쭙습니다." 공자께서 말씀하셨다. "구는 평소 소극적이라 좀 진취進取하도록 북돋운 것이고, 유는 본시 용맹이 넘치는지라 좀 신중하도록 억제시킨 것이다."

子路問: "聞斯行諸¹?" 子曰: "有²父兄在, 如之何³其⁴聞斯行之?"
자 로 문　문 사 행 저　　자 왈　유 부 형 재　여 지 하 기 문 사 행 지

冉有問: "聞斯行諸?" 子曰: "聞斯行之." 公西華曰: "由也問聞斯
염 유 문　　　문 사 행 저　　　자 왈　　　문 사 행 지　　　공 서 화 왈　　　유 야 문 문 사

行諸, 子曰, '有父兄在', 求也問聞斯行諸, 子曰, '聞斯行之'. 赤[5]
행 저　　자 왈　　유 부 형 재　　구 야 문 문 사 행 저　　자 왈　　　문 사 행 지　　적

也惑,[6] 敢問." 子曰: "求也退,[7] 故進之; 由也兼人,[8] 故退之."
야 혹　　감 문　　자 왈　　구 야 퇴　　고 진 지　　유 야 겸 인　　　고 퇴 지

주석

1 **聞斯行諸**(문사행저): '문즉행지호聞則行之乎'와 같음. 들으면 바로 그것을 행해야
　 하는가? 곧 '사'는 즉則과 같고, '저'는 지호之乎의 합음자임. '지호'의 '지'는 앞에
　 서 언급한 '들은(聞)' 말로, 곧 도의에 맞는 훌륭한 일에 관한 이야기를 가리키며,
　 '호'는 의문의 어조사임.

2 **有**(유): 여기서는 어구語句를 시작하는 작용을 하는 말로 쓰임.

3 **如之何**(여지하): 여하如何와 같음. 어찌, 어떻게.

4 **其**(기): 부사로, 부정문에 쓰여 반문反問의 어기를 강화함.

5 **赤**(적): 공서화公西華의 이름. 5-8 주석 12 참조.

6 **惑**(혹): 의혹함, 의아함.

7 **退**(퇴): 퇴축退縮, 즉 움츠리고 물러남. 곧 겁약怯弱, 즉 겁이 많고 마음이 약하여
　 매사에 몹시 소극적임을 이름.

8 **兼人**(겸인): 용맹이 보통 사람을 능가해 혼자서 두 사람 몫을 한다는 말. 곧 혼자
　 서 두 사람 또는 그 이상 몫의 일을 할 수 있다는 듯이 지나치게 적극적으로 용
　 맹을 부림을 이름. 일설에는 남을 이긴다는 뜻으로 풀이하나, 논리의 비약이 심
　 해 따르기 어려움.

해설

이는 공자가 실시한 '인재시교'(6-19 '해설' 참조)의 가장 전형적인 사례
다. 염유는 일찍이 "선생님의 학설을 좋아하지 않는 것은 아니지만,
재능이 부족합니다"(6-10)라고 할 정도로, 뭔가 위축되고 소심한 성격

의 소유자였다. 그 때문에 공자가 적절히 고무해 그의 성격상의 결함을 메우려고 한 것이다. 반면 자로는 "들은 것이 있는데도 그것을 미처 실행하지 못했을 때는, 새로운 것을 또 들을까 몹시 두려워할"(5-14) 정도로, 들은 것을 실천하는 데 누구보다도 적극적이었다. 하지만 공자가 일찍이 "유는 용기를 부리기를 좋아함이 나를 능가하지만, 그다지 취할 것은 못 되도다!"(5-7) 하고 질책할 만큼, 자로의 그 같은 성격은 때로는 경솔하고 무모한 면이 없지 않았다. 그 때문에 공자가 특별히 그 기세를 억제해, 먼저 부형父兄에게 아뢰어 의견을 들은 다음에 행함으로써 과오를 범하지 않도록 한 것이다. 이처럼 공자는 두 사람의 개성을 고려해, 각기 단점을 보완함으로써 보다 원만한 품성을 기를 수 있도록 훈육했다.

11-23

공자께서 광 땅에서 사람들에게 위협을 당하셨을 때, 안연이 낙오했다가 뒤늦게 쫓아왔다. 공자께서 말씀하셨다. "나는 네가 죽은 줄 알았다." 안연이 말했다. "선생님께서 계신데 제가 어떻게 감히 죽을 수가 있겠습니까?"

子畏於匡,¹ 顏淵後.² 子曰: "吾以女³爲⁴死矣." 曰: "子在, 回何敢
자 외 어 광   안 연 후   자 왈   오 이 여 위 사 의   왈   자 재 회 하 감
死?"
사

1 子畏於匡(자외어광): 9-5 주석 1 참조.
2 後(후): 안연이 스승 공자를 잃어버리고 뒤처져 있다가 뒤늦게 나타남을 이름.
3 女(여): 여汝와 같음. 제이인칭대명사. 너, 자네, 그대.
4 以A爲B(이A위B): A를 B라고 여김, 생각함.

해설

공자 일행은 당시, 광匡 땅 사람들의 포위망을 뚫기 위해 뿔뿔이 흩어
져 위험 지역을 벗어난 다음, 다시 모이기로 했다. 한데 안연이 한참을
지나서도 나타나지 않다가 나중에야 비로소 일행을 찾아오자, 공자
는 '네가 죽은 줄만 알았다'는 말로 반색했다. 공자는 안연이 광 땅 사
람들과 마주쳐 위험을 무릅쓰고 싸우다 변을 당하지나 않았을까 몹
시 걱정했던 것이다. 또한 "선생님께서 계신데……"라는 말에서, 안연
은 시종始終 스승을 안전하게 호위하고, 스승이 열망하는 구세救世의
대업大業을 완성하는 것을 필생의 사명으로 여겼음을 감지할 수 있다.
그야말로 "인한 사람은 반드시 용기가 있는"(14-5) 법이다.

11-24

계자연이 여쭈었다. "중유와 염구를 큰 신하라고 할 수 있습니까?"
공자께서 말씀하셨다. "나는 당신이 다른 사람에 대해서 물을 것이라
생각했는데, 뜻밖에도 유와 구에 대해 묻는군요. 이른바 큰 신하란 바
른 도로써 임금을 섬기며, 그러다가 만약 그렇게 할 수 없으면 벼슬을

그만두고 물러나지요. 지금 유와 구는 머릿수나 채우는 신하라고 할
수 있소이다." 계자연이 말했다. "그렇다면 그들은 그저 윗사람이 시
키는 대로 따르는 사람입니까?" 공자께서 말씀하셨다. "아비를 죽이
고, 임금을 죽이는 일은 그들도 따르지 않을 것입니다."

季子然¹問: "仲由冉求可謂大臣²與³?" 子曰: "吾以子⁴爲異之問,⁵
계 자 연 문   중 유 염 구 가 위 대 신 여   자 왈   오 이 자 위 이 지 문
曾⁶由與求之問. 所謂大臣者,⁷ 以道事君,⁸ 不可則止.⁹ 今由與求也,
증 유 여 구 지 문   소 위 대 신 자   이 도 사 군   불 가 즉 지   금 유 여 구 야
可謂具臣¹⁰矣." 曰: "然則從之者¹¹與?" 子曰: "弑¹²父與君, 亦不從
가 위 구 신 의   왈   연 즉 종 지 자 여   자 왈   시 부 여 군   역 부 종
也."
야

주석

1 季子然(계자연): 노나라 계씨(계손씨季孫氏)의 일가一家 사람으로 보임.

2 大臣(대신): 큰 신하. 여기서는 능히 정도正道로써 임금을 보좌하며 국가 발전에
   일익을 담당할 수 있는 신하를 이름.

3 與(여): 여歟와 같음. 의문의 어조사.

4 子(자): 상대방에 대한 존칭. 그대, 당신.

5 異之問(이지문): '문이問異'의 도치로, '문타인問他人'의 뜻임. 뒤의 '유여구지문由
   與求之問' 역시 '문유여구問由與求'의 도치로, 같은 용법임. '지'는 목적어를 앞으로
   이끌어내어 도치하기 위해 쓰인 허사.

6 曾(증): 뜻밖에, 의외로.

7 者(자): 3-2 주석 2 참조.

8 以道事君(이도사군): 정도로써 군주를 섬김. 이는 곧 주자가 이른 대로, 군주의 사
   사로운 욕망을 맹종하지 않는다는 말임.

9 不可則止(불가즉지): 그렇게 할 수 없으면 그만두고 물러남. 이는 곧 주자가 이른
   대로, 반드시 자신의 올바른 뜻을 실행한다는 말임. '지'는 정지함, 멈춤. 곧 벼슬

자리에서 물러남을 이름.

10 具臣(구신): 공안국이 "신하의 숫자만 채울 뿐이라는 말이다[言備臣數而已]"라고 했듯이, 머릿수만 채우는 신하를 일컬음.

11 從之者(종지자): 주군主君에게 순종하는 사람. '지'는 여기서는 계씨를 염두에 두고 한 말임. 왜냐하면 당시 중유와 염구는 모두 계씨의 가신이었기 때문임.

12 弑(시): 시해弑害함. 5-19 주석 7 참조.

해설

공자는 자로(중유)와 염유(염구)에 대한 혹평을 통해, 당시 세도가로서 참람하기 그지없던 계씨에 대한 불만을 토로했다. 자로와 염유에 대해 묻는 계자연에게, 공자가 "나는 당신이 다른 사람에 대해서 물을 것이라 생각했는데, 뜻밖에도 유와 구에 대해 묻는군요"라고 한 것을 두고, 주자는 "자로와 염유 두 사람을 경시함으로써 계자연을 억누른 것[輕二子以抑季然也]"이라고 했다. 당시 계씨의 가신이었던 자로와 염유는 주군을 바르게 보필하지 못했다. 두 사람은 노나라 부용국을 정벌하려는 계씨를 저지하기는커녕 변호까지 했고(16-1 참조), 특히 염유는 계씨가 태산에 제사 지내는 것을 막지 못했을(3-6 참조) 뿐만 아니라 그의 축재까지 도왔다.(11-17 참조) 그래서 공자는 급기야 두 사람을 "머릿수나 채우는 신하"라고 하며 불편한 심기를 드러냈다. 하지만 그런 가운데서도 공자는 두 사람이 결코 부자父子와 군신君臣의 도리를 어기는 일은 없을 것임을 분명히 하면서, 제자들에 대한 굳건한 신뢰를 확인시켜주었다.

한편 "이른바 큰 신하란 바른 도로써 임금을 섬기며, 그러다가 만약 그렇게 할 수 없으면 벼슬을 그만두고 물러나지요"라는 공자의 말은 바로 신하가 주군을 섬기는 기본 원칙을 천명한 것으로, 정도를 벗어난 맹목적인 우충愚忠, 즉 어리석은 충성은 결코 어떠한 의미나 가치도 없음을 일깨워줬다.

11-25

자로가 자고를 비 땅의 읍재로 삼자, 공자께서 말씀하셨다. "저 남의 자제子弟를 망치겠구나!" 자로가 말했다. "다스릴 백성이 있고, 받들 사직이 있는데, 어찌하여 꼭 옛글을 읽은 다음에야 비로소 배웠다고 할 수 있습니까?" 공자께서 말씀하셨다. "이래서 나는 저처럼 말재간이 좋은 사람을 미워하노라."

子路使子羔^{1}爲費宰.^{2} 子曰: "賊^{3}夫人之子.$^{4"}$ 子路曰: "有民人^{5}焉,^{6}
자로사자고 위비재   자왈   적 부인지자   자로왈   유민인언
有社稷^{7}焉, 何必讀書, 然後爲學?" 子曰: "是故^{8}惡^{9}夫佞者.$^{10"}$
유사직 언 하필독서 연후위학   자왈   시고 오 부녕자

주석

1 子羔(자고): 공자의 제자 고시.

2 費宰(비재): 비費 땅의 읍재. 6-7 주석 3 참조.

3 賊(적): 해침, 망침.

4 夫人之子(부인지자): 저 남의 자제. 곧 자고를 가리킴. '부'는 지시대명사. 이(此), 저(彼), 그(其). 뒤의 '부녕자夫佞者'의 '부'도 같은 지시대명사임.

5 民人(민인): 인민人民, 백성. 일설에는 '민'은 서민을, '인'은 인신人臣, 즉 신하를 일컫는다고 함.

6 焉(언): 어지於之의 합음자. 그곳에는. '지'는 비 땅을 가리킴.

7 社稷(사직): 토지신土地神과 곡신穀神에게 제사하는 사직단社稷壇. 옛날에는 도성
   을 비롯해 각지에 사직단을 설치하고, 임금과 지방장관들이 각각 제사를 지냈으
   며, 그 때문에 '사직'은 국가 정권의 상징이 됨.

8 是故(시고): 이 때문에, 이래서, 그래서.

9 惡(오): 증오함, 미워함, 싫어함.

10 佞者(녕자): 언변言辯·말재간이 좋은 사람. 여기서는 교묘한 말재간으로 억지
   논리를 펴며 우기는 사람을 이르는데, 곧 자로를 두고 한 말임.

해설

공자가 제자를 가르친 목적은 덕정德政을 펼 인재를 양성하는 것이었
다. 다만 공자는 제자들이 벼슬길에 오르기를 서두르기보다는, 먼저
배움을 부지런히 하여 진리와 사리에 두루 통달해 융통성이 절로 발
휘될 수 있도록 정진하기를 바랐다. 일찍이 공자가 칠조개漆彫開에게
벼슬하기를 권했을 때, 아직 자신이 없다며 정중히 사양하는 것을 보
고 기뻐한 것(5-6 참조)은 바로 그 때문이다. 한데 당시 계씨의 가신으
로 있던 자로가 나이 어린 친구 자고를 비읍(계씨의 식읍)의 읍재로 삼
았다. 자고는 아직 나이도 어리고, 배움도 부족한 상태였다. 그런 그가
서둘러 벼슬길에 오른다면, 훌륭한 인재로 성장해가는 과정에 득보다
는 실이 많으리라는 것이 공자의 판단이요 우려였다. 이에 자로는 백
성을 다스리고 사직을 받들며 정치를 하는 것도 또 다른 배움이 아니
냐는 논리로 항변하며 스승에게 맞섰다. 하지만 그것은 단지 말재주
꾼의 궤변과 억설에 지나지 않을 뿐이라고 공자가 핀잔하고 나무란
것이다.

　자로·증석·염유·공서화가 공자를 모시고 앉아 있는데, 공자께서 말씀하셨다. "내가 너희보다 나이가 몇 살 더 많긴 하지만, 어려워하지 말고 편하게 말해보아라. 너희는 평소 늘 '사람들이 나를 알아주지 않는다'라고 하는데, 만약 누가 너희를 알아준다면 어떻게 하겠느냐?"

　자로가 불쑥 대답하였다. "병거兵車 1,000대를 보유한 제후국이 큰 나라들 사이에 끼어 있으면서 걸핏하면 이웃 큰 나라 군대의 침략을 받고, 또 기근까지 든다고 하더라도, 제가 만약 그 나라를 다스린다면, 3년 정도면 백성들을 용기도 있고 도의도 알게 할 수가 있습니다." 공자께서 빙긋이 웃으셨다.

　"구(염유)야! 너는 어떡하겠느냐?" 염유가 대답했다. "사방 60~70리里 혹은 50~60리의 땅을 만약 제가 다스린다면, 3년 정도면 백성들의 삶을 풍족하게 할 수가 있습니다. 다만 예악으로 백성을 교화하는 그런 일들은, 현인군자가 나타나기를 기다리겠습니다."

　"적(공서화)아! 너는 어떻게 하겠느냐?" 공서화가 대답했다. "저는 제가 어떤 것을 할 수 있다고 하지는 못하지만, 어쨌든 뭔가를 많이 배울 수 있기를 바랍니다. 그래서 종묘 제사 때나 열국 제후의 회맹會盟 때, 예복과 예관禮冠을 갖추고 의식의 진행을 돕는 낮은 벼슬아치가 되기를 원합니다."

　"점(증석)아! 너는 어떡하겠느냐?" (증석은 마침 비파를 타고 있었는데) 비파 타는 소리가 점점 잦아드는가 싶더니 뚜둥 뚜드두둥 소리를 내며 곡曲을 마무리한 뒤, 비파를 내려놓고 일어서서 대답하였다. "저는 방금 세 사람이 말한 것과는 다릅니다." 공자께서 말씀하셨다. "그게 무슨 상관이 있느냐? 또한 각자 자신의 포부를 말하면 되느니라." 증석이 말했다. "저는 늦은 봄날에 이미 봄옷도 입었으니, 어른 대여섯 사람과 함께 동자 예닐곱 명을 데리고 기수에서 목욕을 한 뒤에, 무우대에서 바람을 쐬다가 노래를 부르며 돌아올까 합니다." 그러자 공자께서 서글피 탄식하며 말씀하셨다. "나는 증점의 생각에 찬동하노라!"

자로·염유·공서화 세 사람이 모두 나가고, 증석만 뒤에 남았다. 증석이 여쭈었다. "저 세 사람이 말한 것은 어떻습니까?" 공자께서 말씀하셨다. "그 또한 각자 자신의 포부를 말한 것일 따름이니라." 증석이 또 여쭈었다. "선생님께서는 왜 유(자로)의 말에 빙긋이 웃으셨습니까?" 공자께서 말씀하셨다. "나라를 다스리는 것은 예로써 해야 하거늘, 그의 말이 조금도 겸허하지가 않아 그저 빙그레 웃었느니라." "구가 말한 것은 나라를 다스리는 게 아닙니까?" "사방 60~70리나 50~60리의 땅을 어찌 나라가 아니라고 하겠느냐?" "적이 말한 것은 나라를 다스리는 게 아닙니까?" "종묘 제사와 열국 회맹이 제후의 일이 아니라면, 무엇이란 말이냐? 그리고 적이 다만 의식의 진행을 돕는 낮은 벼슬아치 노릇을 한다면, 누가 의식의 진행을 돕는 높은 벼슬아치 노릇을 할 수 있겠느냐?"

子路曾晳[1]冉有公西華侍[2]坐. 子曰: "以[3]吾一日長乎爾,[4] 毋吾以也.[5] 居[6]則[7]曰: '不吾知也[8]!' 如[9]或[10]知爾, 則何以哉[11]?" 子路率爾[12] 而對曰: "千乘之國,[13] 攝[14]乎[15]大國之間, 加之以師旅,[16] 因之[17]以饑饉[18]; 由也爲之,[19] 比及[20]三年, 可使有勇, 且知方[21]也." 夫子哂[22]

之.[23] "求! 爾何如?" 對曰: "方六七十, 如[24]五六十, 求也爲之, 比
지 구 이하여 대왈 방육칠십 여 오륙십 구야위지 비

及三年, 可使足民.[25] 如其禮樂,[26] 以俟[27]君子." "赤! 爾何如?" 對
급삼년 가사족민 여기예악 이사 군자 적 이하여 대

曰: "非曰能[28]之, 願學焉.[29] 宗廟之事,[30] 如會同,[31] 端章甫,[32] 願爲小
왈 비왈능 지 원학언 종묘지사 여회동 단장보 원위소

相[33]焉." "點! 爾何如?" 鼓瑟希,[34] 鏗爾,[35] 舍瑟而作,[36] 對曰: "異乎[37]
상 언 점 이하여 고슬희 갱이 사슬이작 대왈 이호

三子者之撰.[38]" 子曰: "何傷乎[39]? 亦各言其志也." 曰: "莫春者,[40]
삼자자지찬 자왈 하상호 역각언기지야 왈 모춘자

春服旣成,[41] 冠者[42]五六人, 童子[43]六七人, 浴乎沂,[44] 風乎舞雩,[45] 詠[46]
춘복기성 관자 오륙인 동자 육칠인 욕호기 풍호무우 영

而歸." 夫子喟然歎[47]曰: "吾與[48]點也!" 三子者出, 曾晳後. 曾晳曰:
이귀 부자위연탄 왈 오여 점야 삼자자출 증석후 증석왈

"夫[49]三子者之言何如?" 子曰: "亦各言其志也已矣.[50]" 曰: "夫子何
부 삼자자지언하여 자왈 역각언기지야이의 왈 부자하

哂由也?" 曰: "爲國[51]以禮, 其言不讓,[52] 是故哂之." "唯[53]求則非邦[54]
신유야 왈 위국 이례 기언불양 시고신지 유 구즉비방

也與[55]?" "安見[56]方六七十如五六十而非邦也者?" "唯赤則非邦也
야여 안견 방육칠십여오륙십이비방야자 유적즉비방야

與?" "宗廟會同, 非諸侯而何? 赤也爲之小,[57] 孰[58]能爲之大[59]?"
여 종묘회동 비제후이하 적야위지소 숙 능위지대

주석

1 曾晳(증석): 공자의 제자 증점曾點. 자는 자석子晳. 증자의 아버지.

2 侍(시): (아랫사람이 윗사람을 곁에서) 모심.

3 以(이): ~로 인因하여, ~ 때문에.

4 吾一日長乎爾(오일일장호이): '오장호이일일吾長乎爾一日'의 도치. 내가 너희보다 나이가 몇 살 더 많음. '장'은 연장年長, 즉 서로 비교하여 보아 나이가 많음. '호'는 어於와 같음. ~보다. '이'는 제이인칭대명사. 너, 자네, 그대. 여기서는 자로·증석·염유·공서화를 통틀어 일컫는 말로, 곧 너희를 이름. '일일'은 여기서는 하루라는 뜻이라기보다는 나이가 조금 많다는 말로, 곧 몇 살을 이름. 이는 물론 공자가 제자들 앞에서 스스로 겸손히 한 말임.

5 **毋吾以也**(무오이야): '무이오야毋以吾也'의 도치. 이는 사실상 '무이오일일장호이毋以吾一日長乎爾'의 생략으로, '내가 너희보다 나이가 몇 살 더 많다고 하여, 너희가 자기 생각을 말하기를 어려워하지 마라'라는 뜻을 표현함. '무'는 ~하지 마라.

6 **居**(거): 평거平居, 즉 특별한 일이 없는 보통 때. 곧 평소, 평상시를 이름.

7 **則**(즉): 곧, 바로. 여기서는 늘, 항상의 뜻으로 이해됨.

8 **不吾知也**(불오지야): '부지오야不知吾也'의 도치. 부정문에서 대명사 목적어를 전치한 형식. 사람들이 나를 알아주지 않음.

9 **如**(여): 만일, 만약.

10 **或**(혹): 혹자或者, 어떤 사람, 누가.

11 **何以哉**(하이재): 주자에 따르면 이는 '하이위용何以爲用'의 뜻으로 풀이됨. 무엇으로 쓰이겠느냐? 곧 어떤 능력을 펼쳐 보이겠느냐? 어떻게 하겠느냐? '하이'는 '이하以何'와 같음. 무엇으로, 어떻게. '재'는 의문사와 함께 쓰여 의문이나 반문의 어기를 나타내는 어조사.

12 **率爾**(솔이): 생각할 겨를도 없이 매우 급함, 말이나 행동이 신중하지 못하고 가벼움. 곧 불쑥, 대뜸. '솔'은 경솔함. '이'는 형용사형 어미로, ~한 모양을 뜻함.

13 **千乘之國**(천승지국): 1-5 주석 2 참조.

14 **攝**(섭): (양쪽 사이에) 낌.

15 **乎**(호): 어於와 같음. ~에, ~에서.

16 **加之以師旅**(가지이사려): '이사려가지以師旅加之'의 도치. (이웃의 큰 나라가) 군대를 움직여 침략해 옴. '이'는 용用과 같음. ~로써, ~를 써서. '사려'는 군대의 편제 단위. 여기서는 군대를 통칭함. '가'는 (무력을) 가함. 곧 (무력으로) 침공함을 이름. '지'는 '천승지국'을 가리킴.

17 **因之**(인지): 그것에 연이어서, 더해서. 또, 게다가(그러한 데다가).

18 **饑饉**(기근): 흉년으로 먹을 양식이 모자라 굶주림.

19 **爲之**(위지): 그 나라를 다스림. '위'는 여기서는 다스림을 이름. '지'는 앞에서 말한 '천승지국'을 가리킴.

20 **比及**(비급): ~의 때 가까이에 이름, ~의 때 가까이가 됨. '비'는 근近과 같음. '급'은 이름, 도달함.

21 **方**(방): 의방義方, 즉 도의의 방향. 곧 사람이 응당 지켜야 할 도리와 규범 따위

를 이름. 주자가 이를 '향의向義', 즉 도의·의리로 향한다는 뜻으로 풀이한 것도 같은 맥락으로 이해됨.

22 哂(신): 미소微笑함, 즉 소리 없이 빙긋이 웃음.

23 之(지): 자로가 불쑥 대답한 말을 가리킴.

24 如(여): 혹或과 같음. 혹은, 또는. 아래 '여회동如會同'의 '여'도 이와 같음. 한편 왕인지王引之는 여與와 같다고 함. ~와(과).

25 可使足民(가사족민): '가사민족可使民足'과 같음. 백성들로 하여금 풍족하게 살도록 할 수 있음.

26 如其禮樂(여기예악): 예악으로 백성을 교화하는 그런 일에 있어서는. '여'는 지여至如와 같음. 곧 화제를 바꾸며 새로운 화제를 제시할 때 쓰는 말. ~에 관해서는, ~에 있어서는.

27 俟(사): 기다림.

28 能(능): 능위能爲, 즉 능히 ~을(를) 할 수 있음.

29 願學焉(원학언): 뭔가 할 수 있는 것을 배우기를 바람. '언'은 지之와 같음. 곧 누군가 자신을 알아주면, 그 신뢰에 부응해 뭔가 해낼 수 있는 것을 가리킴.

30 宗廟之事(종묘지사): 종묘에 제사하는 일.

31 會同(회동): 열국 제후의 회맹, 즉 모여서 맹세함. 일설에는 '회'는 제후가 천자를 알현함을, '동'은 제후들이 서로 만남을 이른다고 함.

32 端章甫(단장보): 예복을 입고, 예모禮帽를 씀. '단'은 현단玄端으로, 옛날 제사나 조회 때 입던 예복의 명칭. '장보'는 현관玄冠으로, 옛날 제사나 조회 때 쓰던 예관의 명칭. 여기서 '단'과 '장보'는 모두 동사로 쓰임.

33 小相(소상): '상'은 옛날 제사나 조회, 회맹 때 의식의 진행을 맡은 벼슬아치. '소'는 공서화가 스스로 겸손하게 일컬은 말임.

34 鼓瑟希(고슬희): 비파 타는 소리가 점점 약해짐. '고'는 (악기를) 탐, 연주함. '슬'은 비파. '희'는 희稀와 같음. 드묾, 성김, 적음. 곧 (비파 소리가) 점점 약해짐, 잦아듦을 이름.

35 鏗爾(갱이): 갱연鏗然과 같음. 비파 같은 현악기 연주를 멈출 때 '뚜둥 뚜드두둥' 하며 곡조를 마무리하는 소리를 형용하는 말.

36 舍瑟而作(사슬이작): 비파를 내려놓고 일어남. '사'는 사捨와 같음. (잡고 있던 것을) 놓음. '작'은 (앉았다가) 일어남. 곧 경의敬意를 표함을 이름.

37 乎(호): 어於와 같음.

38 撰(찬): 찬술撰述, 즉 책이나 글을 지음. 여기서는 서술함, 말함을 이름. 공안국과 주자는 이를 '구具', 곧 구진具陳, 즉 모든 것을 갖추어 자세히 진술한다는 뜻으로 풀이했는데, 그 또한 같은 맥락으로 이해됨.

39 何傷乎(하상호): 무슨 상해傷害, 해害가 되겠느냐? 곧 무슨 상관이 있느냐? '호'는 의문의 어조사.

40 莫春者(모춘자): 모춘暮春, 즉 음력 3월 늦은 봄날에. '모'는 모暮와 같음.

41 春服旣成(춘복기성): 이미 봄옷도 입음. '기'는 이미, '성'은 확정되었다는 뜻으로, 이제 이미 날씨가 풀려서 봄옷을 입을 수 있게 되었음을 이름. 옛 노나라는 지금의 중국 산동성 지역으로, 초봄까지는 아직 날씨가 추워서 겨울옷을 그대로 입고, 늦봄이 되어서야 비로소 봄옷을 입을 수 있었다고 함.

42 冠者(관자): 성년자成年者, 성인成人. 이는 옛날에 스무 살이 되면 성년 의식으로 관례冠禮를 행해 상투를 틀고 관을 썼던 데서 유래한 말임.

43 童子(동자): 미성년의 남자.

44 沂(기): 강 이름. 기수沂水. 옛날 노나라의 동남쪽 이구산尼丘山에서 발원한 강이라고 함.

45 舞雩(무우): 무우대舞雩臺. 당시 노나라가 기우제를 지내던 제단을 이름.

46 詠(영): 가영歌詠. 곧 시가를 읊음, 노래를 부름을 이름.

47 喟然歎(위연탄): 서글피 탄식함. 이를 흔히 감탄한다는 뜻으로 풀이하나, 문맥상 적절치 않음.(아래 '해설' 참조) 주자 역시 탄식한다는 뜻으로 풀이함. '위'는 한숨 쉼, 탄식함. '위연'은 탄식하는 모양이 서글픔을 이름.

48 與(여): 허여, 즉 마음으로 허락해 칭찬함. 곧 찬동함을 이름.

49 夫(부): 저(彼), 그(其).

50 也已矣(야이의): 이이의而已矣와 같음. ~일 뿐임, 따름임.

51 爲國(위국): 치국治國.

52 讓(양): 겸양함, 겸허함.

53 唯(유): 문장 머리에 쓰이는 어조사로, 특별한 뜻은 없음. 일설에는 설마(~아닌가?).

54 邦(방): 나라. 여기서는 동사로 쓰여, 나라를 다스림을 이름.

55 也與(야여): 6-6 주석 4 참조.

56 安見(안견): 어찌 ~라고 보겠는가, (생각)하겠는가? '안'은 하何와 같음. 어찌, 어떻게.

57 爲之小(위지소): '위지소상爲之小相'의 생략. 곧 제후의 종묘와 회동의 의식을 돕는 낮은 벼슬아치 노릇을 함을 이름. '지'는 기其와 같음. 곧 종묘와 회동의 일을 가리킴. 아래 '위지대爲之大'의 '지'도 이와 같음.

58 孰(숙): 누구.

59 爲之大(위지대): '위지대상爲之大相'의 생략.

해설

공전空前의 난세를 산 공자의 숭고한 이상은, 인정仁政 덕치德治를 통해 '대동大同', 즉 한없이 평화롭고 안락한 이상 사회를 건설하는 것이었다. 또한 공자가 교육을 한 목적은 바로 당신이 꿈꾸는 이상 정치를 실행할 인재의 양성이었다. 여기서, 만약 누군가에 의해 발탁 등용된다면 어떻게 하겠느냐는 공자의 물음은, 곧 각기 평소의 포부를 말해보라는 것이다. 자로와 염유, 공서화 세 사람은 나름의 역량을 발휘해 성세盛世 건설에 일조하겠다고 했으니, 모두가 나라의 동량棟梁이라 할 것이다. 반면 증석은 자못 남달랐다. 사제師弟의 대화가 이어지는 가운데서 비파를 탄 것도 그렇고, 그 꿈과 이상도 그렇다. 그가 바라는 것은 기껍고 즐거우며 소탈하고 담박한 마음으로 유유자적하는 삶이다. 그는 이미 이 세상에 자신을 알아줄 사람이 있으리란 기대를 접은 듯하다.

공자는 시종 제세구민濟世救民, 즉 혼란에 빠진 세상과 도탄에 허덕이는 백성을 구제하겠다는 일념으로 열정을 불태웠다. 하지만 어느 나라 임금도 당신을 알아주지 않는 현실 앞에서, 답답한 가슴을 움켜

쥐고 이따금 세상을 떠나 자적의 삶을 살고파 하기도 했다. 여기서 공자가 증석의 말에 서글픈 탄식을 토하며 찬동한 것은 바로 시운時運을 만나지 못한 개탄이요, 하릴없는 현실을 벗어나고픈 공감의 표현이다. 이를 왜곡해서는 안 될 일이다.

공자는 평소 나라는 예양禮讓, 즉 예의·예법의 겸양 정신으로 다스려야 함을 역설했다.(4-13 참조) 장章 말미 공자와 증석의 대화에서 강조되는 것도 바로 그 점이다. 그 때문에 공자는 겸허할 줄 모르는 자로를 은근히 핀잔한 반면, 솔직함이 돋보이는 염유와 겸양이 넘치는 공서화에 대해서는 격려의 뜻을 피력했다.

제12편

안연

顔淵

「안연편」은 모두 24장으로 나뉘며, 대체로 도덕 수양의 문제를 중심으로 하면서 어떻게 인仁을 행하고, 사람 노릇을 하며, 정치를 하는지에 대한 공자의 가르침을 설파한다.

12-1

안연이 인을 어떻게 행해야 하는지를 여쭙자, 공자께서 말씀하셨다. "자신의 사사로운 욕망을 이기고, 모든 언행을 예의禮儀 규범에 맞게 하는 것이 바로 인을 행하는 것이다. 만일 누구든 장차 언젠가 자신의 사욕私慾을 이기고 모든 언행을 예에 맞게 하게 되면, 천하 사람들이 모두 그를 인하다고 칭송할 것이다. 또한 인을 행하는 것은 순전히 자기 자신에게 달린 것이거니, 어찌 다른 사람에게 의지하겠느냐?" 안연이 말했다. "그 구체적인 방법을 여쭙고 싶습니다." 공자께서 말씀하셨다. "예가 아니면 보지도 말고, 예가 아니면 듣지도 말며, 예가 아니면 말하지도 말고, 예가 아니면 행동하지도 말아야 한다." 안연이 말했다. "제가 비록 불민하지만, 선생님의 말씀을 받들어 행하겠습니다."

顏淵問仁.¹ 子曰: "克己復禮²爲仁.³ 一日⁴克己復禮, 天下歸仁焉.⁵
안연문인   자왈   극기복례위인   일일 극기복례 천하귀인언
爲仁由己,⁶ 而由人乎哉⁷?" 顏淵曰: "請問其目.⁸" 子曰: "非禮勿⁹
위인유기 이유인호재   안연왈   청문기목   자왈   비례물

視, 非禮勿聽, 非禮勿言, 非禮勿動." 顏淵曰: "回雖不敏,[10] 請事斯
시 비례물청 비례물언 비례물동 안연왈 회수불민 청사사
語[11]矣."
어 의

주석

1 仁(인): 문맥상 아래 '위인유기爲仁由己'의 '위인', 곧 행인行仁의 뜻으로 이해됨. 인
   을 행함, 인도仁道을 실행함.

2 克己復禮(극기복례): 자신의 사욕을 극복하고 모든 언행을 예에 맞게 함. '극기'는
   사람이 사욕을 이기는 것으로, 곧 자신의 마음을 정화淨化함을 이름. '복례'는 예
   의 규범으로 복귀한다는 것으로, 곧 모든 언행을 예의 법도와 규범에 부합하는
   수준으로 회복함을 이름.

3 爲仁(위인): 인을 행하는 것임. 여기서 '위'는 ~임. 아래 '위인유기爲仁由己'의 '위'
   와는 다름. '인'은 위 '문인問仁'의 '인'과 같음.

4 一日(일일): 장차 어느 하루, 언젠가. 곧 '(일상생활 속에서 꾸준히 노력해) 장차 어느
   날 마침내 ~하게 되면'을 이름. 이를 흔히 하루 동안이라도, 하루(만이)라도 등으
   로 풀이하나, 적절치 않음. 아래 주석 5 참조.

5 天下歸仁焉(천하귀인언): 천하가 인 혹은 인자仁者의 아름다운 이름을 그에게 귀
   속시킴. 곧 천하 사람들이 모두 그를 인하다고, 혹은 인자라고 칭송함을 이름. 주
   자가 '귀'를 '여與', 즉 허여함과 같다고 풀이한 것도 이와 같은 뜻임. 이를 흔히
   천하가 인에 귀의한다거나 인으로 돌아간다는 등의 뜻으로 풀이하나, 논리의 비
   약이 심해 이론異論의 여지가 다분함. 어떤 한 사람이 단 하루 동안 잠깐 '극기복
   례'한다고 해서, 어떻게 온 천하가 다 인에 귀의할 수 있겠는가? '언'은 어조사로,
   의矣·야也와 같이 문장 끝에서 긍정 내지 단정의 어기를 나타냄.

6 由己(유기): 자기 자신에게 달림. '유'는 ~로부터 말미암음, ~에게 달림·의지함.
   아래 '유인由人'의 '유'도 이와 같음.

7 乎哉(호재): 어조사를 연이어 써서 어기를 강화한 형식으로, 반문과 감탄의 어기
   를 나타냄.

8 目(목): 조목條目·세목細目, 즉 하나의 일을 구성하고 있는 낱낱의 부분이나 갈래.

곧 '행인'의 구체적인 요구와 방법을 이름.

9 勿(물): ~하지 마라.

10 不敏(불민): 총명하고 민첩하지 못함. '민'은 총민聰敏·명민明敏. 이는 물론 자겸自謙의 말임.

11 請事斯語(청사사어): 그 말을 실천하기를 청함. 곧 스승 공자의 말씀을 그대로 실행하겠다는 말. '사事'는 종사從事함, 일삼음(일로 생각하고 함). 곧 봉행奉行, 즉 뜻을 받들어 행함을 이름. '사斯'는 지시대명사. 이(此), 그(其). '사어'는 곧 공자가 일러준 그 말, 가르침을 가리킴.

해설

인은 공자 사상의 핵심이며 최고의 도덕적 표준이다. 한데 막상 이를 행하려고 들면, 실로 막연해 갈피를 잡기가 힘들다. 안연 같은 현賢제자도 그랬으니, 다른 사람은 오죽했을까? 하지만 공자의 설명은 한결 이해를 도우며 용기를 북돋워준다. 이른바 '극기복례克己復禮'와 '위인유기爲仁由己'가 바로 인을 행하는 양대兩大 강령綱領이다. 여기서 관건은 극기, 즉 스스로 사욕을 이기는 것이니, 행인行仁은 분명 남이 아닌 자기 자신에게 달린 문제임을 알 수 있다.

그렇다면 인과 예는 어떤 관계에 있는 걸까? 인이 내재적 핵심이라면 예는 외재적 표현이요, 인이 내용이라면 예는 형식이요, 인이 강령이라면 예는 세목이다. 요컨대 사람이 사사로운 욕망을 극복해서 보고, 듣고, 말하고, 행동하는 일체를 모두 예에 부합토록 한다면, 그것이 바로 인의 실행이라는 얘기다. 그러고 보니 행인의 어려움이 한결 덜한 느낌이다. 한편 이른바 "비례물시, 비례물청, 비례물언, 비례물동非禮勿視, 非禮勿聽, 非禮勿言, 非禮勿動"은 "비례물시, 물청, 물언, 물동非

禮勿視, 勿聽, 勿言, 勿動"으로 간략히 표현할 수도 있는 말이다. 하지만 공자는 굳이 어구마다 '비례'라는 말을 거듭 덧붙임으로써 예가 아닌, 즉 예에 어긋나는 일에 대한 극한 반감反感과 불용不容의 정서를 강력 토로하는가 하면, '극기복례'의 고귀한 의의를 한껏 강조하고 있어 이채롭기까지 하다.

12-2

중궁이 인을 어떻게 행해야 하는지를 여쭙자, 공자께서 말씀하셨다. "문밖에 나가 다른 사람을 만날 때는 귀한 손님을 뵙듯이 공경하고, 벼슬자리에서 백성을 부릴 때는 큰 제사를 받들듯이 정중하며, 또 자기가 하기 싫은 것은 다른 사람에게도 하게 하지 말아야 한다. 그리하면 제후국에서도 원망을 사지 않고, 경대부가에서도 원망을 사지 않을 것이다." 중궁이 말했다. "제가 비록 불민하지만, 선생님의 말씀을 받들어 행하겠습니다."

仲弓¹問仁. 子曰: "出門²如見大賓,³ 使民如承⁴大祭.⁵ 己所不欲, 勿
중궁 문인 자왈   출문 여견대빈   사민여승 대제   기소불욕 물
施⁶於人. 在邦⁷無怨, 在家⁷無怨." 仲弓曰: "雍雖不敏, 請事斯語
시 어인 재방 무원 재가 무원   중궁왈   옹수불민 청사사어
矣."
의

주석

1 仲弓(중궁): 공자의 제자 염옹冉雍. 5-5 주석 1 참조.

2 出門(출문): 문밖에 나감. 곧 집 밖에 나가서 다른 사람과 만나 교유交遊하거나 처 사함을 이름.

3 大賓(대빈): 귀빈貴賓.

4 承(승): 받듦. 여기서는 (제사를) 받들어 모심을 이름.

5 大祭(대제): 중대한 제사. 곧 종묘나 사직 등에서 시내는 나라의 큰 세사를 이름.

6 施(시): 加와 같음. 가함, 더함. 곧 「공야장편」"아불욕인지가저아야我不欲人之加 諸我也"(5-12)의 '가'와 같음. 5-12 주석 2 참조.

7 在邦(재방)·**在家**(재가): 유보남에 따르면 이는 각각 제후국과 경대부가卿大夫家에 서 벼슬함을 이르는 것으로 이해됨. '재'는 동사로 쓰임. '방'은 제후국. '가'는 경 대부가, 곧 경대부의 봉읍封邑을 이름. 한편 주자는 '가'와 '방'을 '내외內外'로 풀 이했는데, 그렇다면 '재방'은 곧 국내에서, '재가'는 곧 가내家內에서의 뜻으로 이 해됨. 하지만 앞에서 말한 "문밖에 나가…" 이하 세 가지가 모두 집안에서의 일 로 보기에는 무리가 있어 설득력이 떨어짐. 또한 편篇 후미의 "재방필달, 재가필 달在邦必達, 在家必達"(12-20)의 문의文義에 비춰 봐도 유보남의 풀이가 옳음을 알 수 있음.

해설 ――――

이는 인을 행하는 또 다른 방법이다. 사람을 대할 때는 기본적으로 공 경함과 정중함, 그리고 추기급인推己及人의 정신이 있어야 한다. 그 가 운데에서도 "기소불욕, 물시어인己所不欲, 勿施於人", 즉 자기가 하기 싫 은 것은 다른 사람에게도 하게 하지 않음은, 사람을 대하는 마음가짐 으로 공자가 특히 중시하고 강조한 가르침이다.(15-24 참조) 아무튼 사 람이 일상의 다양한 인간관계 속에서 공경함과 정중함, 그리고 남을 나처럼 생각하며 배려하는 성심 어린 인애仁愛를 실천한다면, 제후국 이나 경대부가는 물론 그 어디에서든 원망을 사는 일은 없을 것이다.

12-3

사마우가 인을 어떻게 행해야 하는지를 여쭙자, 공자께서 말씀하셨다. "인한 사람은 말을 절제하며 결코 함부로 하지 않는다." 사마우가 말했다. "말을 함부로 하지 않으면 곧 인을 행하는 것이라고 할 수 있습니까?" 공자께서 말씀하셨다. "사람은 무엇이든 행하기가 어렵거늘, 말을 함에 어찌 삼가지 않을 수 있겠느냐?"

司馬牛¹問仁. 子曰: "仁者, 其言也訒.²" 曰: "其言也訒, 斯³謂之仁
사 마 우 문 인　자 왈　인 자　기 언 야 인　　왈　　기 언 야 인　사 위 지 인
矣乎⁴?" 子曰: "爲之難,⁵ 言之得無⁶訒乎?"
의 호　　자 왈　위 지 난　언 지 득 무 인 호

주석

1 **司馬牛**(사마우): 공자의 제자. 송宋나라 사람으로, 환퇴桓魋(7-23 주석 4 참조)의 동생. 성이 '사마'이고, 이름은 경耕, 자는 자우子牛. 그리하여 흔히 '사마우'라고 일컬음. 한편 양보어쥔楊伯峻은 공안국의 말에 근거해 원래 두 명의 사마우가 있었으며, 한 사람은 이름이 경耕으로 공자의 제자이고, 다른 한 사람은 이름이 리犁로 환퇴의 동생이라는 새로운 주장을 제기함.

2 **訒**(인): 말을 삼가고 절제해 신중하게 함. 곧 말을 함부로 하지 않음을 이름.

3 **斯**(사): 즉則과 같음. ~하면 곧. 일설에는 지시대명사 '그(其)'의 뜻으로, 앞 말 '기언야인其言也訒'을 가리킨다고 함. 하지만 아래 '위지인의호謂之仁矣乎'의 '지'가 '기언야인'을 가리키는 말인 만큼 설득력이 떨어짐.

4 **矣乎**(의호): 판본에 따라 '이호已乎'나 '이의호已矣乎'로 되어 있기도 하나, 용법은 모두 같음. 곧 어조사를 연이어 쓴 형식으로, 앞의 '사斯'와 연결되어 의문 사항을 물음과 동시에 의아함을 더하는 어기를 나타냄.

5 **爲之難**(위지난): 어떤 일을 실행함이 어려움. '위'는 '언행言行'의 '행'과 같음. 곧 '말함'과 상대되는 개념으로 '행함'을 이름. '지'는 행하는 그 일을 가리킴. 일설에

는 '인仁'을 가리키는 것으로 보아, '위지난'을 '인을 행하는 것이 어렵다'는 뜻으로 풀이함. 하지만 여기서 공자는 사마우의 성품상 결함을 겨냥해 '인재시교'한 것임을 감안할 때(아래 '해설' 참조), 적절치 않음.

6 得無(득무): 능불能不과 같음. ~하지 않을 수 있는가? 이는 흔히 '호平'와 같은 어조사와 함께 쓰여, 반문의 어기를 띠면서 어떤 사실에 내한 긍정의 의미를 표현함.

해설

『사기』「중니제자열전」에 따르면, 사마우는 '말이 많고 성격이 조급했다(多言而躁)'고 한다. 공자는 여기서 바로 그 점을 염두에 두고 맞춤 교육을 한 것이니, 인을 추구함도 말을 삼가고 호언장담하지 않는데서 출발해야 한다는 가르침이다. 공자는 「학이편」에서 "듣기 좋은 말과 보기 좋은 얼굴빛을 꾸며 아첨하는 사람은 인한 이가 드물다!" (1-3)고 하고, 「자로편」에서는 또 "강직함과 과감함, 질박함, 어눌함은 모두 인에 가깝다"(13-27)고 했다. 결국 인후仁厚한 덕성을 갖춘 사람은 대개 말이 어눌하고 과묵하며, 결코 말재주를 부리지 않는다는 얘기다. 공자가 사마우에게 "인한 사람은 말을 절제하며 결코 함부로 하지 않는다"라는 말로 일깨움을 준 것은 바로 그 같은 맥락의 발로이다.

"말을 함부로 하지 않으면 곧 인을 행하는 것이라고 할 수 있습니까?" 사마우의 이 말은 곧 스승의 가르침에 선뜻 공감이 가지 않아 의아스럽다는 뉘앙스를 띠고 있다. 공자 사상에 있어 인은 학문 도덕의 최고 표준이자 이상이다. 또한 공자는 평소 어지간해서는 누군가를 인하다는 말로 칭찬하지 않았다.(5-5·8·19 참조) 그러니 제자들은 너나없이 인을 추구하고, 인에 이르는 길이 결코 쉽지 않다는 인식이 깊었다. 물론 사마우 역시 예외가 아니었다. 그런데 지금 공자가, 말을 삼가는 따위의 사소한 일로 고원高遠한 인의 이상을 추구할 수 있다고하니, 사마우로서는 심히 의아할 수밖에 없었던 것이다. 하지만 공자의 설명은 한결같다. 군자는 "일을 함에는 민첩하고 근면하나, 말을함에는 삼가고 조심하며"(1-14), "군자는 자신이 말하려는 것을 먼저행하고, 그다음에 비로소 그것을 말한다."(2-13) "군자는 자신이 하는말이 그 행동 범위를 넘어서는 것을 부끄럽게 여긴다."(14-28) 요컨대적게 말하고 많이 행하며, 먼저 행하고 나중에 말하는 것으로도, 얼마든지 선善을 쌓고 덕을 이루어 인에 이를 수 있다. 공자가 『중용中庸』에서 "도불원인道不遠人"이라 했듯이, '도는 결코 사람에게서 멀리 있지 않고, 또 사람을 멀리하지도 않는다.'

12-4

사마우가 어떠해야 군자인지를 여쭙자, 공자께서 말씀하셨다. "군자는 근심하지도 않고, 두려워하지도 않는다." 사마우가 말했다. "근심하지도 않고 두려워하지도 않으면 곧 군자라고 할 수 있습니까?"공자께서 말씀하셨다. "마음 깊이 자신을 돌이켜 보아 거리끼거나 부끄럽지 않거늘, 무엇을 근심하고, 무엇을 두려워하겠느냐?"

司馬牛問君子. 子曰: "君子不憂不懼.[1]" 曰: "不憂不懼, 斯謂之君
사 마 우 문 군 자   자 왈   군 자 불 우 불 구   왈   불 우 불 구 사 위 지 군
子矣乎?" 子曰: "內省[2]不疚,[3] 夫[4]何憂何懼?"
자 의 호   자 왈   내 성 불 구   부 하 우 하 구

1 懼(구): 두려워함.
2 內省(내성): 내심으로 반성함. 곧 마음 깊이 자신을 돌이켜 살펴봄.
3 疚(구): 꺼림함. 곧 거리끼거나 부끄러워 양심의 가책을 느낌을 이름.
4 夫(부): 발어사로, 특별한 뜻은 없음.

해설

군자는 일상의 처신·처사가 매양 공명정대하기에 항상 "마음이 평온하고 너그럽다."(7-37) 군자가 근심하지도, 두려워하지도 않을 수 있는 것은 바로 그 때문이다. 평소 근심과 두려움이 많은 사람들은 새겨볼 일이다.

12-5

사마우가 근심에 싸여 말했다. "다른 사람들은 다 형제가 있는데, 나만 유독 형제가 없다네." 자하가 말했다. "내가 듣기로 '죽고 삶은 운명에 달렸고, 부유하고 존귀함은 하늘에 달렸다'고 하네. 군자는 단지 언행을 삼가 과실을 범하지 아니하고, 다른 사람에게 공손하며 예의를 지키면, 온 세상 사람이 다 친형제나 다름이 없거늘, 군자가 어찌 형제 없음을 근심하겠는가?"

司馬牛憂曰: "人皆有兄弟, 我獨亡.¹" 子夏曰: "商聞之²矣: '死生
사마우우왈   인개유형제 아독무   자하왈   상문지의   사생
有命, 富貴在天.³ 君子敬而無失,⁴ 與人⁵恭而有禮, 四海之內,⁶ 皆
유명 부귀재천   군자경이무실   여인공이유례 사해지내   개

兄弟也. 君子何患乎無兄弟也?"
형 제 야   군 자 하 환 호 무 형 제 야

주석

1 **我獨亡**(아독무): 나만 유독 (형제가) 없음. 이는 정현이 이른 대로, "사마우의 형 환
퇴는 행실이 잔악하여 결국 죽음을 당할 날이 얼마 남지 않은 까닭에 '나만 유
독 형제가 없다'고 한 것이다(牛兄桓魋行惡, 死喪無日, 我獨爲無兄弟)." '무'는 무無와
같음.

2 **商聞之**(상문지): 내가 듣건대. '상'은 자하의 이름. 주자는 이를 두고 스승 공자에
게서 들었을 것이라고 추정함. 하지만 꼭 그렇다고 단정하기는 어려우며, 다른
사람에게서 듣거나 고서古書에서 보았을 가능성도 충분히 있음.

3 **死生有命, 富貴在天**(사생유명, 부귀재천): 죽고 삶은 운명에 달렸고, 부유하고 존
귀함은 하늘에 달림. 이는 이른바 호문互文, 즉 위아래 문의文義를 서로 보충하고
설명하는 표현 형식으로, 실제로는 '사생'도 '유명'·'재천'하고, '부귀'도 '유명'·'재
천'하다는 뜻으로 이해해야 함.

4 **敬而無失**(경이무실): 삼가고 경계하는 마음으로 심신을 닦아 언행에 과실이 없게
함. '경'은 경신敬愼·경계敬戒, 즉 삼가며 신중하고 경계함. 곧 마음가짐과 몸가짐
을 바르게 하며 언행을 삼감을 이름. 여기서 '경'은 공경한다는 뜻이 아니라 삼간
다는 뜻임. 한편 주자는 '무실'을 '불간단不間斷', 즉 끊임없이 한다는 뜻으로 풀이
했는데, 그 또한 참고할 만함.

5 **與人**(여인): 다른 사람과 더불어 왕래함.

6 **四海之内**(사해지내): 온 세상. 여기서는 온 세상 사람을 이름. 옛날 사람들은 자
신들이 사는 나라의 사방이 모두 바다로 둘러싸여 있다고 생각해 온 나라, 세상,
천하를 일컬어 '사해'나 '사해지내'라고 함.

해설

대개 형제 사이에 강조되는 것은 우애友愛요, 경애敬愛다. 아무리 혈연

으로 맺어진 사이라도 서로 사랑하고 공경하는 마음이 없다면, 형제로서의 정의情義나 의미가 있을 수 없다. 반면 아무리 혈연적 유대가 없을지라도, 사람이 스스로 품행을 방정히 해 과오를 줄이고, 상대방을 공손함과 예의로 대한다면, 다양한 인간관계 속에서 나른 사람들과 친형제나 다름없는 교분을 나눌 수가 있다.

한편 '사생死生은 유명有命하고, 부귀富貴는 재천在天이라' 함은 무슨 말인가? 여기서는 물론 행실이 잔악하여 언제 죽음을 당하게 될지 모르는 형 환퇴를 걱정하는 사마우를 위로하는 말이다. 이를 자칫 운명론·숙명론, 즉 모든 일은 미리 정해진 필연적인 법칙에 따라 일어나므로 인간의 의지로는 바꿀 수 없다는 이론으로 치부할 수 있다. 하지만 천명의 초월적인 힘을 부정하진 않더라도, 우리는 결코 인간의 의지와 노력을 간과해서는 안 된다. 그렇기 때문에 사람들은 또 '진인사대천명盡人事待天命'(사람이 할 일을 다하고 나서 천명을 기다림)이라고 되뇌곤 하는 것이다. 그리고 '사해지내四海之內가 개형제야皆兄弟也라' 함은 또 무슨 말인가? 여기서 '사해지내'는 장소와 지역을 뜻하는 말로 사람을 지칭한 것으로, 그 지역의 넓음과 숫자의 많음을 한껏 부각한다. 요컨대 사람은 천의天意와 운명 사이에서 결코 속수무책인 것만은 아니며, 하기에 따라서는 얼마든지 천명을 극복하고 상당한 성과를 거둘 수가 있다. 여기서 자하는 사마우에게 바로 이 같은 의미를 은근히 강조한 것으로 이해된다.

12-6

자장이 어떠해야 사리에 밝은 것인지를 여쭙자, 공자께서 말씀하셨다. "물이 스미듯 서서히 마음을 파고드는 간교한 참언과 살갗을 에듯 절실하기 그지없는 거짓 호소가 통하지 않는다면, 사리에 밝다고 할 수 있다. 물이 스미듯 서서히 마음을 파고드는 간교한 참언과 살갗을 에듯 절실하기 그지없는 거짓 호소가 통하지 않는다면, 또한 식견이 넓다고 할 수 있다."

子張問明.¹ 子曰: "浸潤之譖,² 膚受之愬,³ 不行⁴焉,⁵ 可謂明也已矣.⁶
자 장 문 명   자 왈   침 윤 지 참   부 수 지 소   불 행 언   가 위 명 야 이 의
浸潤之譖, 膚受之愬, 不行焉, 可謂遠⁷也已矣."
침 윤 지 참   부 수 지 소   불 행 언   가 위 원 야 이 의

주석

1 明(명): 이는 아래 공자의 설명에 의하면, 사리를 똑똑히 잘 살펴 남에게 기만欺瞞 당하지 않는 것으로, 곧 명찰明察함, 사리에 밝음을 이르는 것으로 이해됨. 이는 또한 곧 몽매함, 우매함과는 상반되는 것임.

2 浸潤之譖(침윤지참): '침윤'은 물기가 서서히 스며들어 젖음. '참'은 참소讒訴/譖訴, 참언讒言.

3 膚受之愬(부수지소): '부수'는 살갗을 에는 듯이 통절痛切함. '소'는 소訴와 같음. 여기서는 거짓된 소원訴冤이나 무함誣陷, 모함謀陷 따위를 이름.

4 行(행): 행해짐, 통함. 곧 간교한 참언과 거짓된 호소가 먹혀들어 소기의 목적을 달성함을 이름.

5 焉(언): 어지於之의 합음자. 그 사람에게 (있어). '지'는 간교한 참언과 거짓된 호소를 듣는, 그 사람을 가리킴.

6 也已矣(야이의): 문장 끝에 쓰이는 복합 어조사로, 보다 강한 긍정과 감탄의 어기를 나타냄.

遠(원): 멂, 넓음. 곧 식견이 고원함, 즉 높고 넓음을 이름.

해설

참언(거짓으로 꾸며서 남을 헐뜯어 윗사람에게 고해 바침)이나 무함(없는 사실을 그럴듯하게 꾸며서 남을 어려운 지경에 빠지게 함)은 진정 더없이 추악하고 비열한 행위임에도 불구하고, 예나 지금이나 치열한 생존 경쟁이 펼쳐지는 인간 사회 곳곳에서 심심찮게 들려온다. 한데 더 큰 문제는 엄청난 살상력殺傷力, 즉 사람을 죽이거나 상처를 입힐 수 있는 능력을 가진 참언과 무함은 그지없이 간악하고 교활하여 어지간해서는 그 진위眞僞를 가려 적절히 대처하기가 쉽지 않다는 것이다. 여기서 "어떠해야 사리에 밝은 것인지(明)"를 묻는 자장에게, 공자가 특별히 '간교한 참언'과 '거짓 호소'를 들어 설명한 것은 필시 그 같은 문제점을 깊이 인식해서였으리라. 사람이 몽매蒙昧해서는, 즉 어리석고 사리에 어두어서는 안 된다. 다시 말해 사람은 다른 사람의 간교하고 현란한 말솜씨에 휘둘리지 않고, 그 심중을 꿰뚫어 보고 시비곡직是非曲直을 분별할 수 있어야 한다. 그게 명찰이요, 사리에 밝음이다. 또한 높고 넓은 식견을 갖는 것은 명찰이 지극한 상태에서 비로소 가능하다. 우리 모두의 분발과 정진이 필요하다.

12-7

자공이 정치를 어떻게 해야 하는지를 여쭙자, 공자께서 말씀하셨다. "나라의 식량을 충족히 하고, 군비軍備를 충실히 하여, 백성들이 통치자를 신임하게 해야 한다." 자공이 말했다. "정말 만부득이하여 한 가지를 줄여야 한다면, 그 셋 가운데 어느 것을 먼저 줄여야 합니까?" 공자께서 말씀하셨다. "군비를 줄여야 한다." 자공이 말했다. "정말 만부득이하여 또 한 가지를 줄여야 한다면, 나머지 둘 가운데 어느 것을 먼저 줄여야 합니까?" 공자께서 말씀하셨다. "식량을 줄여야 한다. 예로부터 사람은 누구나 죽게 마련이지만, 백성들의 신임이 없으면 나라는 존립할 수가 없다."

子貢問政. 子曰: "足^{1}食, 足兵,^{2} 民信之^{3}矣." 子貢曰: "必^{4}不得已而
자공문정 자왈 족식 족병 민신지 의 자공왈 필부득이이
去,^{5} 於斯^{6}三者何先?" 曰: "去兵." 子貢曰: "必不得已而去, 於斯
거 어사 삼자하선 왈 거병 자공왈 필부득이이거 어사
二者何先?" 曰: "去食. 自古皆有死, 民無信不立."
이자하선 왈 거식 자고개유사 민무신불립

주석 ──────────

1 足(족): 사역동사로 쓰임. 곧 충족充足히 함.

2 兵(병): 병비兵備, 즉 군대나 병기 따위의 군사에 관한 준비. 곧 군비軍備, 군사력 내지 국방력을 이름.

3 之(지): 통치자 또는 조정朝廷·정부를 가리킴.

4 必(필): 부사로, 가정의 복문複文에서 앞 단문單文에 쓰여 정말로 마지못해 하는 수 없는 상황을 가정함. 곧 '반드시(정말로) 만부득이하여 ~한다면'의 뜻을 나타냄.

5 去(거): 제거함. 여기서는 덞, 줄임을 이름.

6 斯(사): 지시대명사. 이, 그.

한 나라가 융성 부강하기 위해서는 최소한 충분한 식량과 충실한 군비, 통치자와 조정에 대한 백성들의 전폭적인 신임과 지지가 있어야 한다. 그 가운데서도 국가의 존립을 좌우할 수 있는, 절대 필수 불가결한 요소는 바로 백성의 신임과 지지다. 그다음은 식량이고, 긴요함이 가장 덜한 것이 군비다. 다시 말해 만약 통치자가 민심을 잃어 백성들이 등을 돌린다면, 설령 식량이 아무리 충분하고, 군비가 아무리 충실하다고 하더라도 정권을 공고히 유지하기는 어렵다. 그렇기 때문에 위정자는 반드시 백성을 인애하는 마음으로 인정 덕치를 펴나가야 한다. 이야말로 공자의 인본人本 내지 민본民本 사상을 극명히 보여주는 대목이 아닐 수 없다. 한데 인간적 신임과 신뢰가 어찌 나라를 다스리는 데에만 요구되는 절대 필수 요건이겠는가?

12-8

극자성이 말했다. "군자는 내면에 질박함만 있으면 그만이지, 왜 굳이 외면에 문채를 더해야 하는가?" 자공이 말했다. "안타깝사외다! 대부께서 군자를 그렇게 말씀하시다니요. 한번 뱉은 말은 사두마차로도 따라잡을 수가 없나이다. 외면의 문채도 내면의 질박함과 마찬가지로 중요하고, 내면의 질박함도 외면의 문채와 마찬가지로 중요합니다. 그것은 이를테면 호랑이와 표범의 털 없는 가죽은 개와 양의 털 없는 가죽과 다를 바 없기 때문이지요."

棘子成¹曰: "君子質²而已矣,³ 何以文爲⁴?" 子貢曰: "惜乎, 夫子⁵之⁶
극 자 성 왈　군 자 질 이 이 의　하 이 문 위　　자 공 왈　석 호　부 자 지

說君子也! 駟不及舌.⁷ 文猶質也, 質猶文也.⁸ 虎豹之鞹,⁹ 猶犬羊
설 군 자 야!　사 불 급 설　문 유 질 야,　질 유 문 야.　호 표 지 곽,　유 견 양

之鞹."
지 곽

주석

1 棘子成(극자성): 衛위나라 대부.

2 質(질): 질박함, 순박함. 6-16 주석 1 참조.

3 而已矣(이이의): ~일 뿐임. 곧 ~이면 됨(괜찮거나 바람직함)·그만임(더할 나위 없이 좋음)을 이름.

4 何以文爲(하이문위): 어째서 문채를 더해야 하는가? '하'는 어째서, 왜, 무엇 때문에. '이'는 용用과 같은 뜻으로, 문채를 씀·더함·가미함을 이름. '문'은 문채. 6-16 주석 3 참조. '위'는 어조사로, 반문의 어기를 나타냄. 일설에 '하이'는 어째서, '문위'는 '위문爲文'의 도치라고 하나, 반문의 어기에 강렬함이 덜해 이론의 여지가 있음.

5 夫子(부자): 대부. 곧 극자성을 일컬음. 옛날에는 대부를 흔히 '부자'라고 높여 일컬음.

6 之(지): 어조사. 1-10 주석 8 참조. ~가(께서). 일설에는 지시대명사로, (극자성이 앞에서 말한 대로) '그렇게'라는 뜻을 나타낸다고 하나, 이 역시 이론의 여지가 있음.

7 駟不及舌(사불급설): 사두마차四頭馬車도 세 치 혀(舌)로 내뱉은 말(語)을 따라잡지 못함. 곧 한번 잘못 뱉은 말은 아무리 서둘러도 이미 돌이킬 수 없다는 뜻으로, 극자성의 실언을 은근히 꼬집은 것임. '사'는 사두마차, 즉 네 필의 말이 끄는 수레로, 쫓아가는 속도가 아주 빠름을 강조함.

8 "文猶(문유)…" 2구: 주자가 이른 대로, 이는 '문'과 '질'은 등가等價로, 피차간에 없어서는 안 되는 것이라는 말임. 곧 '문'과 '질'은 똑같이 중요함을 이름. '유'는 같음. 곧 같이 중요함.

9 鞹(곽): 곽鞹의 약자略字. 털을 제거한 짐승의 가죽을 이름.

세상만사가 다 그 실질과 내용이 중요함은 두말할 나위가 없다. 하지만 표현 형식 또한 그에 못지않음을 알아야 한다. 그 점에 있어서는 이상적인 군자의 형상도 예외가 아니다. 공자는 「옹야편」에서 무릇 군자라면 '내면의 질박함'과 '외면의 문채'를 조화롭게 겸비해야 하며 어느 것 하나 결핍되어서는 안 됨을 강조한 바 있다.(6-16 참조) 반면 극자성은 여기서 군자는 '내면의 질박함'만 있으면 족하며 '외면의 문채'는 그다지 필요치 않다는 견해를 피력했다. 이를 두고 주자는 그가 당시 사람들이 '외면의 문채'에 주력하는 병폐에 불만하여 한 말이라고 했는데, 그보다는 오히려 공자의 주장을 염두에 두고 반론을 제기한 것이라고 봄이 옳을 듯하다. 그래서겠지만 자공은 스승의 관점을 수호하기 위해 고관대작에게도 전혀 주눅 들지 않고, 오히려 어찌 그리 경솔하게 천박하고 무지한 말을 할 수가 있느냐는 듯이 핀잔하기까지 했다. 그뿐만 아니라 짐승의 털 없는 가죽 얘기를 덧붙이며 논리적으로 상대를 압도함으로써 반박이나 항변은 엄두도 내지 못하게 했다.

군자의 질박한 내실內實이 인덕이라면, 그 외형의 찬란한 문채는 예의禮儀라고 할 수 있다. 사람은 이 양자가 잘 어우러져야, 실로 아름답고 고귀한 기품이 넘치는 군자라 할 것이다.

12-9

애공이 유약에게 물었다. "흉년이 들어 나라 재정이 부족한데, 어떻게 해야 하오?" 유약이 대답했다. "왜 십일조十一租 세제稅制를 시행하지 않사옵니까?" 애공이 말했다. "현재 2할 과세로도 부족한데, 어떻게 1할 과세 정책을 시행한단 말이오?" 유약이 대답했다. "백성들의 살림살이가 넉넉하다면 임금님의 재정이 어떻게 부족하겠으며, 백성들의 살림살이가 가난하다면 임금님의 재정이 어떻게 풍족할 수가 있겠습니까?"

哀公¹問於有若²曰: "年饑,³ 用⁴不足, 如之何?" 有若對曰: "盍⁵徹⁶
애 공 문 어 유 약 왈   연 기   용 부 족 여 지 하   유 약 대 왈   합 철
乎?" 曰: "二,⁷ 吾猶不足, 如之何⁸其⁹徹也¹⁰?" 對曰: "百姓足, 君
호   왈   이   오 유 부 족   여 지 하   기 철 야   대 왈   백 성 족 군
孰與不足¹¹? 百姓不足, 君孰與足?"
숙 여 부 족   백 성 부 족   군 숙 여 족

주석

1 哀公(애공): 노나라 임금. 2-19 주석 1 참조.

2 有若(유약): 유자有子. 1-2 주석 1 참조.

3 年饑(연기): 곡식 농사가 흉년이 듦, 작황이 좋지 않음. '연'은 오곡의 수확, 작황. '기'는 흉년이 듦, 곧 오곡이 잘 여물지 않음.

4 用(용): 국가 경영經營의 비용, 국가 재정財政.

5 盍(합): 하불何不과 같음. 어찌·왜 ~하지 않는가?

6 徹(철): 주대의 전세田稅, 즉 농지세農地稅 제도. 곧 이른바 '십일조'로, 소득의 10분의 1, 즉 1할을 과세하는 조세법을 이름. 여기서는 동사로 쓰임.

7 二(이): 수사數詞를 동사로 쓴 형식으로, '10분의 2', 곧 2할을 과세함을 이름.

8 如之何(여지하): 여하如何와 같음. 어찌, 어떻게.

9 其(기): 어조사로, 반문의 어기를 강화함.

10 也(야): 어조사로, 역시 반문의 어기를 강화하는데, '여지하如之何'·'기其'와 함께 애공이 유약의 말에 크게 의혹하며 도저히 납득되지 않는다는 기색과 말투를

생생히 표현함.

11 **君孰與不足**(군숙여부족): 임금님께 어느 누가 부족함을 가져다주겠습니까? 곧 임금님이 걱정하는 나라 재정이 부족할 리 없음을 이름. '숙'은 누구, 어떻게. '여'는 (가져다)줌. 여기서 '숙여'는 곧 어떻게 ~하겠는가라는 말임.

해설

노나라 애공은 흉년으로 나빠진 국가 재정을 안정시키기 위해 본디 증세增稅를 통해 재정 수입을 늘리려는 복안을 가지고 있었다. 한데 유약이 뜻밖에도 애공의 생각에 공감하기는커녕 오히려 감세減稅 정책을 펼 것을 건의했으니, 애공이 어찌 의혹에 휩싸여 어이없어하지 않을 수 있겠는가? 애공이 국가 경제의 입장에서 보완과 개선 대책을 강구한 것이라면, 유약은 국민 경제의 입장에서 국민 경제의 발전이 곧 국가 경제의 초석임을 강조한 것이다. 다시 말해 국민 경제 역량의 충실함이 바로 국가 경제 역량의 든든한 자산이라는 얘기다.

공자는 위정자가 최우선적으로 힘써야 하는 것은 백성들의 살림살이를 넉넉하게 해주는 '부민富民' 정책임을 강력히 주장한 바 있다.(13-9 참조) 백성들의 삶이 풍족해야 나라도 부강해질 수 있다는 유약의 주장은, 곧 스승의 '부민' 관념에 대한 부연 설명이나 다름이 없다. 또한 그것은 곧 '군민일체君民一體', 즉 군주와 백성은 하나라는 사상으로도 해석이 될 수 있다. 오늘날에도 세계 모든 나라의 최고통치자에게 요구되는 것이 무엇보다 '경제 살리기'이니, 공자의 가르침이 그야말로 시공간을 초월하고 있어 그저 놀라울 따름이다.

12-10

자장이 어떻게 하면 덕성을 증진하고 미혹迷惑을 분별할 수 있는지를 여쭙자, 공자께서 말씀하셨다. "무릇 언행을 함에 충성과 신의를 위주로 하며 도의를 지향해 나아가면, 덕성을 증진할 수 있을 것이다. 흔히 어떤 사람을 사랑할 땐 그가 살기를 바라나, 미워할 땐 그가 죽기를 바란다. 이처럼 한 사람을 두고 그가 살기를 바라기도 하고, 또 그가 죽기를 바라기도 하는 것, 그것이 바로 미혹한 마음이다. 그러면 '진실로 스스로에게 이롭지 않을 뿐더러 / 또한 단지 사람들로 하여금 기이奇異히 여기게 할 뿐이다.'"

子張問崇德¹辨惑.² 子曰: "主忠信,³ 徙義,⁴ 崇德也. 愛之⁵欲其生, 惡⁶之欲其死. 旣欲其生, 又欲其死, 是惑也. '誠不以富, 亦祇以異.⁷'"

주석

1 崇德(숭덕): 덕성을 증진함. 여기서 '숭'은 숭상한다는 뜻이 아니라 높임(高), 곧 증진·제고한다는 뜻임.

2 辨惑(변혹): 미혹을 분별함. 곧 미혹한 심리를 잘 분별해 스스로 미혹에서 벗어나고, 또 미혹에 빠지지 않게 함을 이름. 또한 곧 시비是非·사리事理를 분별함을 이름. '변'은 변별함, 분별함. '혹'은 미혹. 곧 흐리멍덩함, 즉 옳고 그름의 구별이나 하는 일 따위가 아주 흐릿해 분명하지 아니함을 이름.

3 主忠信(주충신): 1-8 주석 4 참조.

4 徙義(사의): 정의와 도의를 지향해 나아감. '사'는 이사移徙함, 옮김, 옮겨 감. 곧 ~을 향해 나아감을 이름.

5 之(지): 부정不定 지시대명사로, 불특정의 어떤 사람을 가리킴.

6 惡(오): 증오함, 미워함.

7 "誠不(성불)…" 2구: 『시경』「소아小雅·아행기야편我行其野篇」의 시구. 공자가 여기서 이를 인용한 뜻을, 주자는 '구설舊說'을 빌려, 다른 사람이 살거나 죽기를 바란다고 하여 그 사람으로 하여금 살거나 죽게 힐 수 있는 게 아니며, 그것은 곧 이 구절에서 진실로 부유해지지도 못하면서 단지 사람들에게 기이히 여기게 할 뿐이라고 한 것과 같음을 밝히고자 한 것이라고 함. 한편 정자는 이를 착간錯簡, 즉 다른 장의 구절이 죽간竹簡의 순서가 뒤죽박죽이 되면서 이 장에 잘못 끼어든 것이라고 하나, 확실치 않으므로 일단 주자의 풀이를 따르기로 함. '성'은 진실로, 참으로. '부富'는 부귀·부유함. 여기서는 이롭다는 말로 이해됨. '지祗'는 다만, 단지. '이異'는 기이함.

해설

자장이 그 방법을 물은 '숭덕崇德' 즉 덕성을 증진함은 '행行'의 문제이고, '변혹辨惑' 즉 미혹을 분별함은 '지知'의 문제이다. 아무튼 사람이 도덕적 품성을 증진하기 위해서는, 항시 충성스럽고 신실한 마음가짐으로 도의와 정의를 추구해야 한다. 그리고 미혹한 마음을 명확히 분별해 사고와 생각을 단정히 하기 위해서는, 정서와 감정을 안정적으로 유지하며 사사로운 마음에 휘둘리지 않아야 한다.

한편 여기서 공자가 구체적인 예를 들어 '미혹한 마음'이 어떤 것인지를 설명했는데, 그에 대한 주자의 부연敷衍이 우리의 이해를 돕는다. 애오愛惡·애증愛憎, 즉 사랑하고 미워함은 인지상정이다. 하지만 사람의 생사生死는 천명에 달렸으니, 우리가 마음대로 어떻게 하고자 한다고 그렇게 할 수 있는 게 아니다. 그러니 어떤 사람을 사랑하거나 미워한 나머지 그 사람이 살거나 죽기를 바란다면, 그것은 곧 미혹한 마음이요, 더욱이 이미 그 사람이 살기를 바라다가 다시 또 그 사람이 죽기를 바란다면, 그것은 미혹한 마음이 극심한 것이다. 한데 공자도 또 주자도 사람이 '미혹'에 빠지는 근본 원인에 대해서는 설명을 하지 않아 조금은 아쉬움이 있다. '미혹'의 근본 원인, 그것은 분명 사심私心, 즉 사사로운 마음, 자기 욕심을 채우려는 마음이 아닐까? 요컨대 사람은 '극기克己', 즉 사사로운 욕망을 이길 수 있는 높은 덕성을 길러야 한다.

12-11

제나라 경공이 공자께 나라를 어떻게 다스려야 하는지를 묻자, 공자께서 대답하셨다. "임금은 임금답고 신하는 신하다우며, 부모는 부모답고 자식은 자식다워야 합니다." 경공이 말했다. "옳은 말씀입니다. 만약 진실로 임금이 임금답지 못하고 신하가 신하답지 못하며, 부모가 부모답지 못하고 자식이 자식답지 못하다면, 설사 양식이 있은들 내가 어찌 그것을 편안히 먹을 수가 있겠습니까?"

齊景公¹問政於孔子. 孔子對曰: "君君,² 臣臣, 父父, 子子." 公曰:
제 경 공   문 정 어 공 자   공 자 대 왈   군 군   신 신   부 부   자 자   공 왈

"善哉! 信如³君不君, 臣不臣, 父不父, 子不子, 雖⁴有粟,⁵ 吾得而食
선 재   신 여 군 불 군   신 불 신   부 불 부   자 부 자   수 유 속   오 득 이 식

諸⁶?"
저

1 **齊景公**(제경공): 춘추시대 제齊나라 임금으로, 성은 강姜, 이름은 저구杵臼이고, '경'은 시호임. 제나라 역사상 가장 긴 58년간 재위함.

2 **君君**(군군): 군주는 군주다움. 곧 군주는 군주의 본분과 도리를 다함을 이름. 앞의 '군' 자는 명사로, 군주의 명의·명분을 이르고, 뒤의 '군' 자는 동사로, 군주의 본분·도리를 두고 이름. 아래의 '신신臣臣'·'부부父父'·'자자子子'도 모두 이와 같은 맥락으로 풀이됨.

3 **信如**(신여): 진실로 만약 ~한다면. '신'은 진실로, 정말로.

4 **雖**(수): 비록. 여기서는 설사, 설령.

5 **粟**(속): 조, 곡식. 여기서는 이로써 양식을 이름.

6 **得而食諸**(득이식저): (어찌) 그것을 (편안히) 먹을 수 있겠는가? '득이'는 얻어서, 가져다. 일설에는 득이得以와 같음. ~할 수 있음. '저'는 지호之乎의 합음자. '지'는 '속粟'을 가리킴. '호'는 의문의 어조사.

노 소공昭公 25년에 공자(당시 나이는 서른다섯 살)는 제나라에 갔었는데, 제 경공의 '문정問政'은 바로 그때의 일로 추정된다. 당시 제나라는 대부 진씨陳氏 일가가 민심을 얻고 날로 국정의 실권을 장악해가고 있었다. 반면 경공은 오히려 군주로서의 본분과 도리를 잊은 채 그저 여러 명의 총희寵姬를 두고 황음 사치하는가 하면, 많은 대신들을 총애하면서 태자太子를 세우지 않아 나라가 날로 혼란으로 치닫고 있었다. 그야말로 "그 임금과 신하, 부모와 자식 사이에 모두 본분과 도리를 잃고 있었던 것이다(其君臣父子之間, 皆失其道)."(『집주』) 경공의 '문정'에 대한 공자의 대답은 바로 그 같은 정치 상황을 염두에 둔 것이다. 공자가 생각하는 치국의 근본은, 임금과 신하, 부모, 자식이 모두 그 이름

그대로 각기 사회적 명분과 도덕적 요구에 맞게 본분과 도리를 다하도록 함으로써, 사회질서와 정국 안정을 기하는 것이다. 이는 명분에 상응해 실질을 바르게 하여 명분과 실질이 서로 부합되게 한다는, 이른바 '정명正名' 관념의 일단이다.(13-3 참조)

한데 경공은 공자의 조언에 기쁘게 공감하며 찬탄을 금치 못했지만, 결코 스스로를 돌아보고 변화와 개선의 노력을 기울이지 않았다. 그 때문에 제나라의 권력은 결국 진씨 일가에 의해 좌지우지되는 지경에 이르렀다. "그저 기뻐하기만 하고 속뜻을 알아차리지 못하거나, 겉으로만 따르고 진실로 잘못을 고치지 않는다면, 그런 사람은 나도 어떻게 할 수가 없다"(9-24)는 공자의 안타까운 질타가 새삼 가슴에 와닿는다.

12-12

공자께서 말씀하셨다. "몇 마디 간단한 말로 송사訟事를 판결할 수 있는 사람은 아마도 유(자로)이겠지?" 자로는 평소 다른 사람에게 승낙한 일을 미루는 법이 없었다.

子曰: "片言¹可以折獄²者, 其³由也與⁴?" 子路無宿諾.⁵
자왈   편언 가이절옥 자 기 유야여   자로무숙락

주석

1 片言(편언): 척언隻言과 같음. 몇 마디 간단한 말. 이를 흔히 한쪽의 말 또는 반 마

디 말을 이르는 것으로 풀이하나, 이론의 여지가 있음. 소송 당사자 일방의 말만 듣고 사건을 판결한다거나 판결의 말을 절반만 듣고도 원고나 피고가 수긍한다는 것은 모두 상식적·논리적으로 모순이 있음.

2 折獄(절옥): 송사를 판결함. '절'은 판단함, 결단함, 처결함. '옥'은 옥송獄訟, 송사.

3 其(기): 추측의 부사. 대개, 아마(도).

4 也與(야여): 6-6 주석 4 참조.

5 子路無宿諾(자로무숙락): 이 구절을 흔히 공자가 한 말로 오인하기도 하나, 사실은 『논어』 편찬자가 공자의 앞 말과 관련이 있다고 생각해 자로의 평소 습성을 기록해놓은 것임. 『논어』에서 보면, 공자는 제자를 일컬을 때 반드시 그 이름을 부르지, 자를 부르지 않음. 또 이 구절이 앞 구절과 논리적 상관성이 약하다는 주장도 있으나, 확증이 없는 만큼 신중한 판단이 요구됨. '숙락'은 승낙한 말을 잠재움. 곧 그 이행을 미룬다는 말. '숙'은 묵힘. 곧 잠재움을 이름. '락'은 낙언諾言, 즉 승낙하는 말.

해설

공자는 자로가 '과감하고 결단력이 있다'(6-6)고 칭찬한 적이 있는데, 여기서 그 일단을 보게 된다. 자로가 소송 사건을 판결할 때는 단 몇 마디 말로도 간단히, 죄인이 억지 주장을 접고 깊이 뉘우치게 할 수가 있었다. 예나 지금이나 장황한 판결 설명에도 불구하고 소송 당사자들이 수긍하지 않는 경우가 적지 않음을 감안하면, 이는 분명 뛰어난 능력이다. 또한 승낙한 말을 잠재우는 일 없이 즉각 이행했다고 하니, 그 말에 얼마나 무게가 실려 있고, 신의가 두터웠는지를 짐작할 수 있다. 청쑤드어程樹德의 『집석集釋』에 수록된 『사서변의四書辨疑』의 풀이가 자로의 '편언절옥片言折獄'에 대한 우리의 진일보한 이해를 돕는다. 그에 따르면 '절옥'의 '절'은 좌절挫折, 즉 마음이나 기운을 꺾는다는 뜻으로, 항변하는 죄인의 예기銳氣를 꺾고, 그의 비행非行을 면전에서 질타한다는 말과 같다. 이는 사실 죄인의 예기를 꺾어서 복종하게 하는 만큼, 신복信服이 아니다. 결국 공자의 얘기는 능히 한두 마디 말로 죄인의 허위적인 항변을 좌절시켜 죄인이 더 이상 자신의 범죄 사실에서 벗어날 길이 없게 함은 오직 자로만이 할 수 있다는 것이다. 북송北宋 윤재尹材가 말했듯이, 자로는 말이 간결하면서도 이치에 맞았기 때문에 단 몇 마디 말로도 죄인을 순순히 따르게 할 수 있었다. 사람은 누구나 자신이 감당해야 할 일과 관련해 충분한 자질과 역량을 길러야 한다.

12-13

공자께서 말씀하셨다. "서로 다투어 송사하는 말을 듣고 판결하는 것은 나도 다른 사람만큼 하겠으나, 무엇보다 반드시 송사 자체가 없도록 해야 할 것이다!"

子曰: "聽訟,¹ 吾猶²人也, 必也³使無訟乎!"
자 왈　청 송　오 유 인 야　필 야 사 무 송 호

주석

1 聽訟(청송): 소송 당사자 쌍방의 주장을 들음. 곧 소송 안건을 심리해 판결함을 이름. 곧 '송'은 소송·쟁송爭訟함.
2 猶(유): 같음.
3 也(야): 일시 멈춤의 어조사.

공자는 노나라 대사구(사법부 장관)를 지낸 적이 있는데, 여기 이 말은 곧 당신의 직무 수행 방침으로 이해된다. 위정자가 예의 규범과 윤리 도덕으로 만백성을 교화하고 계도해, 백성들이 범죄를 저지르거나 분쟁을 일으키지 않아서 송사 자체가 발생하지 않도록 한다는 것이니, 진실로 아름답고 고귀한 이상이다.

이 장은 『대학大學』에도 보이는데, 공자의 뜻은 송사를 심리해 그 시비곡직을 분명하게 판결하는 것은 당신도 다른 사람들과 마찬가지로 별 어려움 없이 할 수가 있지만, 백성들이 송사 자체를 일으키지 않도록 하는 것은 참으로 어렵고 또 그래서 더 값진 일이라는 얘기다. 주자는 범조우范祖禹의 말을 빌려 "송사를 듣고 판결하는 것은 그 지엽枝葉을 다스리고, 그 지류支流를 막는 것이다. 하지만 그 본원本源을 바로잡고, 그 원천源泉을 맑게 한다면 곧 송사 자체가 일어나지 않을 것이다(聽訟者, 治其末塞其流也. 正其本淸其源, 則無訟矣)"라고 했다. 공자의 사상 관념은 시종 '지본知本(근본을 앎)'과 '무본務本(근본에 힘씀)'을 강조한다. 『대학』에서는 이 장을 인용하면서 "이는 곧 근본을 아는 것이라 할 것이다(此謂知本)"라고 했고, 「학이편」에서는 "군자는 근본에 힘쓰나니, 근본이 바로 서면 도는 저절로 살아난다"(1-2)고 했다. 여기서 '근본'이란 곧 '명덕明德'을 가리키고, '수신修身'을 가리키며, '효제孝弟/孝悌'를 가리킨다. 공자는 위정 치국의 정도正道는 바로 그 본원을 바로잡고, 그 원천을 맑게 함으로써 백성들을 교화하는 데서부터 시작해야 함을 일깨웠다.

「위정편」에서 "덕으로 이끌고 예로써 가지런히 하면, 백성들이 부끄러움을 알면서 잘못을 고치고 착해진다"(2-3)고 했다. 이처럼 도덕의 힘으로 백성들을 감화해 돈후한 덕행을 쌓게 하고, 예악의 향기로 백성들을 훈도해 선량한 품성을 갖게 하면, 백성들은 부끄러움이 뭔지 알게 되면서 자연히 나쁜 짓을 하거나 남을 해하며 다툼의 실마리를 만드는 일이 없을 것이니, 송사가 일어날 리는 더더욱 없을 것이다. 이는 곧 덕치와 예치禮治의 공효功效로, 능히 사람들로 하여금 바람직하지 못한 행위를 하기 전에 도덕적 감화를 받아 스스로 보다 바람직한 품성을 갖게 할 수가 있다. 반면 법치法治는 단지 악행을 한 이후에 처벌이나 금지의 작용만 할 수 있을 뿐으로, 예컨대 "정령政令으로 이끌고 형벌로 다스리면, 백성들이 형벌은 면하더라도 부끄러운 줄을 모른다"(2-3)는 것과 같다.

요컨대 '청송聽訟'은 단지 법치의 일일 뿐이요, '무송無訟'이야말로 진정 덕치와 예치의 극치이다. 또한 '청송'은 단지 말류末流이자 부차일 뿐이요, '무송'이야말로 진정 정치의 근본이자 핵심이다.

12-14

자장이 정치를 어떻게 해야 하는지를 여쭙자, 공자께서 말씀하셨다. "나랏일에 마음을 둠에 게으르지 않으리라 다짐하고, 나랏일을 실제로 집행함에 충심을 다해야 한다."

子張問政. 子曰: "居之¹無倦,² 行之以忠."
자 장 문 정   자 왈   거 지 무 권   행 지 이 충

1 **居之(거지)**: 나랏일에 마음을 둠. 이를 흔히 직위에 있음의 뜻으로 풀이하나, 뒤의 '행지行之' 또한 그 직위에 있으며 하는 것이니, 논리적 모순을 피하기 어려움. 주자가 '거'를 마음에 간직한다는 뜻이라고 풀이한 것이 옳음. '지'는 국사, 정사를 가리킴. 요컨대 '거지'는 위정의 마음 자세를, '행지'는 위정의 실제 행위를 이른 것임.

2 **無倦(무권)**: 게으름을 피우는 일이 없음. 주자는 이를 시종여일始終如一함이라고 함.

나랏일에 임하는 사람에게 요구되는 덕목은 분투와 충성이다. 우선은 시종 게으름 피우는 일 없이 분투노력하겠다는 마음가짐이 있어야 한다. 그리고 실제로 정사를 집행함에 있어서는 나라에 대한 충성스러움이 넘쳐나야 한다. 당연한 말이고, 또 말은 쉽지만, 그대로 행하기는 결코 쉽지 않다. 그렇기 때문에 무슨 일을 하든, 사람에게 요구되는 가장 기본적이고, 또 가장 중요한 품성과 덕목은 바로 인심仁心이요 인덕仁德이다. 정자가 "자장은 인심이 부족해 성심으로 백성을 사랑하지 못한 탓에 필시 게으름을 피우며 심력心力을 다하지 않을 것이므로, 공자께서 이 같은 이치를 일깨워주신 것이다(子張少仁, 無誠心愛民, 則必倦而不盡心, 故告之以此)"라고 한 것은 바로 그 같은 맥락의 설명이다.

12-15

공자께서 말씀하셨다. "옛 문헌을 통해 널리 배우고, 그것을 예로써 단속한다면, 또한 바른 도에서 벗어나지 않을 수 있을 것이다."

子曰: "博學於文, 約之以禮, 亦可以弗畔矣夫."
자왈   박학어문 약지이례 역가이불반의부

해설

이는 「옹야편」 25장에도 보이니, 여기서는 중언부언하지 않기로 한
다. 대개 제자들이 각기 공자에게 들은 바를 기록하는 과정에 미처 가
려내지 못해 중복된 것으로 보인다.

12-16

공자께서 말씀하셨다. "군자는 남의 좋은 일은 이루어지게 하고, 남
의 나쁜 일은 이루어지지 않게 하지만, 소인은 그와 정반대이다."

子曰: "君子成¹人之美, 不成人之惡. 小人反是.²"
자왈   군자성 인지미 불성인지악 소인반시

주석

1 成(성): 조성助成, 즉 도와서 이루게 함, 이루어지게 함.
2 是(시): 지시대명사. 이〔此〕, 그〔其〕. 곧 앞의 두 마디 말을 가리킴.

이는 곧 공자가 강조한 "자기가 입신하고자 하면 남도 입신하게 하고, 자기가 통달하고자 하면 남도 통달하게 한다(己欲立而立人, 己欲達而達人)"(6-28)와 "자기가 하기 싫은 것은 다른 사람에게도 하게 하지 말아야 한다(己所不欲, 勿施於人)"(12-2, 15-24)라는 사상 관념의 구현이나 다름이 없다. 군자는 심성이 어질고 자애로워, 마냥 남을 돕기를 좋아한다. 남에게 좋은 일이 있으면, 어떻게든 성사될 수 있도록 성심으로 이끌고 도와준다. 또 나쁜 일이 있으면, 어떻게든 악하고 그릇된 길에서 벗어나 선하고 바른 길로 돌아올 수 있도록 진심으로 훈도하고 계도한다. 반면 소인은 본시 시기와 질투가 심해, 남의 성공을 막고 재앙을 즐긴다. 그러니 우리가 어찌 지인지명知人之明(다른 사람의 사람됨을 알아보는 현명과 혜안)을 길러 다양한 인간관계 속에서 똑똑히 살피며 신중을 기하지 않을 수 있겠는가?

12-17

계강자가 공자께 정치를 어떻게 해야 하는지를 여쭙자, 공자께서 대답하셨다. "정치 '정政' 자는 바르게 한다는 뜻이니, 대부께서 바르게 하기를 솔선수범하면 누가 감히 바르게 하지 않겠습니까?"

季康子¹問政於孔子. 孔子對曰: "政者, 正²也. 子³帥⁴以正, 孰⁵敢不
正?"

1 **季康子**(계강자): 2-20 주석 1 참조.
2 **正**(정): 바름, 바르고 곧음, 올바름. 또 그렇게 함. 곧 중정中正·방정方正·단정端正
  하게 처신·처사함을 이름. 이는 물론 공정무사公正無私함과도 맥락이 닿아 있는
  것으로 이해됨.
3 **子**(자): 제이인칭대명사. 상대방에 대한 존칭으로 많이 쓰이는데, 곧 계강자를 가
  리킴.
4 **帥**(솔): 솔率과 같음. 거느림, 이끎. 곧 솔선수범함을 이름.
5 **孰**(숙): 누구.

해설

공자는 위정자의 솔선수범이 얼마나 중요하고, 또 얼마나 효과가 큰
지를 일깨웠다. 모름지기 위정자는 스스로 덕성을 함양하고 품행을
단정히 하여, 백성들에게 모범을 보여야 한다. 왜냐하면 윗물이 맑으
면 아랫물은 절로 맑아지게 마련이기 때문이다. 공자는 「자로편」에서
도 같은 견지로, "위정자 자신이 바르면 백성들은 영令을 내리지 않아
도 알아서 잘하지만, 위정자 자신이 바르지 않으면 백성들은 설령 영
을 내린다 해도 따르지 않을 것이다"(13-6), "위정자가 자신의 언행을
바르게 한다면, 정치를 하는 데 무슨 어려움이 있겠는가? 하지만 위정
자가 자신의 언행을 바르게 하지 못한다면, 어떻게 다른 사람을 바로
잡을 수 있겠는가?"(13-13) 하고 목청을 높였다.

옛날 위정자들은 흔히 '정인正人', 즉 다른 사람의 생각과 언행을 바
로잡는 데에만 주력하여, 번다하고 가혹한 정령과 형벌로 백성들을
옥죄며 힘들게 했다. 하지만 공자는 '정기正己', 즉 자기 자신을 바로잡

는 것이 바로 정치의 기본 방향이어야 한다는 전제 아래, 위정자가 자기 자신의 품행을 방정히 하기만 하면 복잡하게 얽히고설킨 국가 사회 문제가 어렵지 않게 풀릴 수 있음을 강조했다. 공자가 「헌문편」에서 "자기 자신을 수양해 진지하고도 성실히 자신의 본분을 다해야 한다", "자기 자신을 수양해 가까운 사람들을 편안하게 해주어야 한다", "자기 자신을 수양해 천하 만백성을 편안하게 해주어야 한다"(14-43)라고 했듯이, 무릇 위정자는 먼저 '정기'한 다음에 '정인'하도록 해야 한다. 이는 물론 지금도 마찬가지다.

12-18

계강자가 나라에 도둑이 많은 것을 걱정하여 공자께 대책을 여쭙자, 공자께서 대답하셨다. "만약 대부께서 탐욕을 부리지 않는다면, 설령 상을 준대도 백성들은 도둑질을 하지 않을 것입니다."

季康子患盜,¹ 問於孔子. 孔子對曰: "苟²子之³不欲, 雖賞之⁴不竊."
계 강 자 환 도　　문 어 공 자　공 자 대 왈　　구 자 지 불 욕　수 상 지 부 절

주석

1 患盜(환도): 도둑·도적이 성행함을 걱정함. '환'은 근심함, 걱정함. '도'는 여기서는 형용사로, 도둑이 많다는 뜻임.

2 苟(구): 만약, 만일.

3 之(지): 어조사. 1-10 주석 8 참조.

4 之(지): 지시대명사. 곧 백성, 뭇사람을 가리킴.

해설

나라에 도둑이 기승을 부리는 것도, 따지고 보면 탐욕에 찬 통치자들이 헐벗고 주린 백성들의 고혈을 짜낸 탓에 그들이 위험을 무릅쓰는 것이다. 그러므로 도둑 없는 나라를 만들기 위해서는 위정자가 솔선해 사욕을 억제하고, 청렴함으로 사회를 정화하며, 민중을 감화해야 한다. 이 또한 위정자의 솔선수범에 대한 요구요, '먼저 스스로를 다스린 다음에 다른 사람을 다스려야 한다(先自治而後治人)'(양웅揚雄, 『법언法言』「선지先知」)는 가르침이다.

12-19

계강자가 공자께 정치를 어떻게 해야 하는지를 여쭈며 말했다. "무도한 자를 죽여서 백성들로 하여금 올바른 길로 나아가게 하면 어떻습니까?" 공자께서 말씀하셨다. "대부께서는 정치를 하며 어찌 사람을 죽이는 방법을 쓰려고 합니까? 대부 스스로 먼저 선해지려고 하면, 백성들은 절로 선해질 것입니다. 높은 벼슬아치의 덕은 흡사 바람과 같고, 일반 백성의 덕은 흡사 풀과 같나니, 풀은 그 위로 바람이 불면 반드시 바람 부는 대로 눕게 마련입니다."

季康子問政於孔子曰: "如殺無道,[1] 以就[2]有道,[3] 何如?" 孔子對曰: "子爲政, 焉[4]用殺? 子欲善而民善矣. 君子[5]之德風,[6] 小人[7]之德草.[8] 草上之風,[9] 必偃.[10]"

제12편 안연 **99**

1 **無道**(무도): 말이나 행동이 사람으로서 지켜야 할 도리에 어긋나서 막됨. 여기서
  는 그런 사람을 이름.
2 **就**(취): 나아감.
3 **有道**(유도): 도덕적으로 올바른 품성을 갖춤.
4 **焉**(언): 어찌, 어째서, 어떻게.
5 **君子**(군자): 신분 지위가 높은 사람, 높은 벼슬아치.
6 **風**(풍): 여기서는 동사로 쓰여, 바람과 같다는 뜻을 나타냄.
7 **小人**(소인): 신분 지위가 낮은 사람, 일반 백성.
8 **草**(초): 여기서는 동사로 쓰여, 풀과 같다는 뜻을 나타냄.
9 **草上之風**(초상지풍): 주자는 여기서 '상'은 어떤 판본에는 '상尙'으로 되어 있으니,
  곧 '가加', 즉 더한다는 뜻이라고 함. 그렇다면 이 구절은 곧 '초가지이풍草加之以
  風'의 뜻으로 이해됨. 풀은 그 위에 바람을 더하면, 바람이 불면. '지'는 지시대명
  사로, 풀을 가리킴. 일설에는 어조사로, '이以'와 같다고 함. 하지만 '이'는 생략된
  것으로 볼 수 있어 이론의 여지가 있음.
10 **偃**(언): 누움, 쓰러짐.

해설

공자는, 나라를 다스리며 무엇보다 형벌을 엄격히 시행해 일벌백계—
罰百戒의 효과를 노리겠다는 계강자의 생각에 단호하게 제동을 걸었
다. 그리고 위정자가 선덕善德으로 백성들을 이끌면, 백성들은 너나없
이 선량한 삶을 살게 된다는 논리를 들어, 아무쪼록 선정을 펴 인덕으
로 백성을 감화해나갈 것을 주문했다. 그 과정에 공자는 특히 바람과
풀의 비유로 일반 백성에 대한 높은 벼슬아치의 감화 작용과, 높은 벼
슬아치의 수범垂範 감화에 대한 일반 백성의 흡수 능력을 일깨움으
써 설득력을 더한 것이 이채롭다. 아무튼 이는 위정자는 너그럽고 후

덕해야 한다는 공자 정치사상의 일단이다.

12-20

자장이 여쭈었다. "선비는 어떻게 해야 통달했다고 할 수 있습니까?" 공자께서 말씀하셨다. "네가 말하는 통달이란 어떤 것이냐?" 자장이 대답했다. "제후국에서 벼슬할 때도 반드시 명성이 자자하고, 경대부가에서 벼슬할 때도 반드시 명성이 자자한 것입니다." 공자께서 말씀하셨다. "그것은 명성을 떨치는 것이지 통달하는 게 아니다. 무릇 통달한다는 것은 사람이 질박하고 올곧아 매사에 도의를 추구하기를 좋아하며, 다른 사람의 말을 잘 헤아리고 안색을 잘 살피며, 늘 자신을 낮추어 다른 사람의 아래에 있기를 생각하는 것이다. 그러면 제후국에서도 반드시 통달하고, 경대부가에서도 반드시 통달할 것이다. 반면 명성을 떨치는 것은 겉으로는 인을 표방하지만 행실은 오히려 인에 어긋나는 데도, 거리낌 없이 인인仁人이라 자처하며 조금도 의심치 않는 것이다. 그러면 제후국에서도 반드시 명성을 얻고, 경대부가에서도 반드시 명성을 얻게 될 것이다."

子張問: "士何如斯¹可謂之達²矣?" 子曰: "何哉, 爾所謂達者³?"
자 장 문　사 하 여 사 가 위 지 달 의　자 왈　하 재　이 소 위 달 자

子張對曰: "在邦⁴必聞,⁵ 在家⁶必聞." 子曰: "是聞也, 非達也. 夫⁷達
자 장 대 왈　재 방 필 문 　재 가 필 문　자 왈　시 문 야　비 달 야　부 달

也者, 質直⁸而好義, 察言而觀色, 慮以下人.⁹ 在邦必達, 在家必達.
야 자　질 직 이 호 의　찰 언 이 관 색　여 이 하 인　재 방 필 달　재 가 필 달

夫聞也者, 色取仁¹⁰而行違, 居之不疑.¹¹ 在邦必聞, 在家必聞."
부 문 야 자　색 취 인 이 행 위　거 지 불 의　재 방 필 문　재 가 필 문

1 斯(사): 즉則과 같음. 곧, 바로. 다만 여기서는 비로소의 뜻으로 이해함이 가可함.

2 達(달): 통달함. 주자에 따르면, 이는 "그 덕행이 사람들에게 신뢰를 얻어, 그 행위가 얻지 못하는 바가 없음을 이름(德孚於人, 而行無不得之謂)."(아래 '해설' 참조)

3 "何哉(하재)…" 2구: 술어 '하재'를 주어 '이소위달자爾所謂達者' 앞으로 도치시킨 형식으로, 의문의 어기를 강화하기 위한 것임. '이'는 제이인칭대명사. 너, 그대.

4 在邦(재방): 12-2 주석 7 참조.

5 聞(문): 주자가 명예가 널리 드러나고 알려짐을 말한다고 했듯이, 곧 명성을 얻음, 떨침을 이름.

6 在家(재가): 12-2 주석 7 참조.

7 夫(부): 발어사.

8 質直(질직): 질박하면서 진실하고 정직하면서 사사로움이 없음.

9 下人(하인): 다른 사람의 아래에 처함. 곧 겸손한 마음과 태도로 다른 사람을 공경함을 이름. '하'는 동사로 쓰임.

10 色取仁(색취인): 얼굴빛에는 인을 취함, 표방함. 곧 겉으로는 짐짓 인인인 척함을 이름.

11 居之不疑(거지불의): 주자가 스스로 옳다고 여기며 꺼리는 바가 없음을 말한다고 했듯이, 곧 거리낌 없이 인인이라 자처하며 조금도 의혹하지 않음을 이름. '거'는 자거自居, 즉 자처함이고, '지'는 앞에서 말한 인 또는 인인을 가리킴.

여기서 공자가 말하는 통달함은, 주자의 설명에 의하면 곧 높은 도덕 수양으로 사람들의 신뢰를 얻어 그가 하는 행위가 막힘없이 두루 통해, 가는 곳마다 뭇사람들로부터 환영과 존경을 받는 것을 말한다. 이를 좀 더 구체적으로 말하면, 곧 「위영공편」에서 공자가 직접 이른 대로, "말이 충성스럽고 신실하며 행동이 돈독하고 정중하면, 설사 오랑캐의 나라에서도 두루 통할 것이다"(15-6)라는 얘기이다. 그렇기 때문에 진실로 통달한 이의 덕망과 명성은 그야말로 명실名實이 상부相符한 것이다. 반면 인을 표방하고 인인을 자처해 명성을 얻지만, 말과 행동, 앎과 행함이 일치하지 않는, 표리가 부동한 이가 얻는 명성은 명실이 상부하지 않으니, 단지 허명虛名에 지나지 않는다. 한데 자장은 "실질에 힘쓰지 않고〔不務實〕"(『집주』) 허명을 좇는 병폐가 있었던 듯하다. 「자장편」에서 자유子游가 "내 친구 자장은 그 풍모나 재능이 대단하기는 하나, 아직 인하지는 못하다"(19-15)고 하고, 또 증자가 "위풍당당하구나, 자장이여! 하지만 그대와 함께 인을 행하기는 어렵도다"(19-16)라고 한 것은 모두 학우인 자장의 병폐에 대한 우정 어린 아쉬움과 질책의 뜻을 표명한 것이다. 여기 이 공자의 가르침 또한 같은 맥락의 '인재시교'임은 두말할 나위가 없나니, 모름지기 사람은 헛된 명성의 공허함과 부질없음을 알아야 한다.

12-21

번지가 무우대 아래에서 공자를 따라 한가로이 노닐다가 말했다. "감히 여쭙겠습니다. 어떻게 하면 덕성을 증진하고, 간특한 마음을 없애며, 미혹을 분별할 수 있습니까?" 공자께서 말씀하셨다. "참 좋은 질문이로다! 할 일을 하는 것을 우선시하고 그 이득을 취하는 것은 뒷전이라면, 그게 바로 덕성을 증진하는 것이 아니겠느냐? 자신의 나쁜 점은 비판하되 다른 사람의 나쁜 점은 비판하지 않는다면, 그게 바로 간특한 마음을 없애는 것이 아니겠느냐? 느닷없이 욱하는 분노로 자신의 안위安危도 돌보지 못하고, 또 그 화禍가 부모에게까지 미치게 한다면, 그게 바로 미혹이 아니겠느냐?"

樊遲從¹遊於舞雩²之下, 曰: "敢問崇德,³ 修慝,⁴ 辨惑.⁵" 子曰: "善
번지종유어무우지하 왈   감문숭덕 수특 변혹   자왈 선
哉問! 先事後得,⁶ 非崇德與⁷? 攻⁸其⁹惡, 無攻人之惡, 非修慝與?
재문 선사후득 비숭덕여 공기악 무공인지악 비수특여
一朝之忿,¹⁰ 忘其身, 以及其親,¹¹ 非惑與?"
일조지분 망기신 이급기친   비혹여

주석

1 從(종): 곧 '종자從子'의 뜻으로, 목적어 '자', 즉 '공자'를 생략한 형식임. 선생님(공자)을 따라서.

2 舞雩(무우): 무우대. 11-26 주석 45 참조.

3 崇德(숭덕): 12-10 주석 1 참조.

4 修慝(수특): 사특邪慝한 마음을 없앰. '수'는 닦음, 고침. 곧 깨끗이 함, 제거함을 이름. '특'은 사특함, 간특함.

5 辨惑(변혹): 12-10 주석 2 참조.

6 先事後得(선사후득): '선의후리先義後利'와 같은 뜻으로, 곧 마땅히 할 일을 하는 것이 우선이고, 그 이득을 취하는 것은 뒷전임을 이름. 이 구절을 흔히 할 일을 먼저 하고, 이득을 취함은 그다음에 한다는 뜻으로 옮기기도 하지만, 그것은 어쨌든 나중에라도 이득을 취하려는 마음을 가지고 있다는 말임. 반면에 '그 이득을 취하는 것은 뒷전'이라 함은 곧 이득에 대해 보다 초연한 마음을 갖고 있다는 말임. 따라서 후자의 의미가 공자의 본의에 더욱 부합할 것으로 생각됨.

7 與(여): 여歟와 같음. 의문의 어조사.

8 攻(공): 공격함. 곧 비판함, 책망함, 견책함을 이름.

9 其(기): 자기 자신을 가리킴.

10 一朝之忿(일조지분): 일시적인 분노, 갑자기 이는 분노. '일조'는 하루아침, 즉 갑작스러울 정도의 짧은 시간. 곧 갑작스러움, 느닷없음을 이름. '분'은 분노憤怒/忿怒, 분개憤慨.

11 親(친): 지친至親, 즉 매우 가까운 친족. 흔히 부모를 두고 이름.

해설

사람이 스스로 마땅히 할 일을 찾아서 할 뿐 그 대가나 이득을 염두에 두지 않음은, 곧 "인한 사람은 어렵고 힘든 일은 남보다 앞장서 하지만, 공로와 이익을 얻어 누림은 남보다 나중에 하는"(6-20) 것이다. 그러면 분명 "덕성이 날로 쌓이는 데도 스스로는 알지도 못할 것이다(德日積而不自知矣)."(『집주』) 자신의 불미不美함은 적극적으로 반성하며 비판하지만, 남의 불미함은 대놓고 비판하기보다는 오히려 너그럽고 속 깊은 마음으로 관용할 줄 알아야 한다. 공자는 「위영공편」에서도 "자신의 과오는 엄하게 질책하고, 남의 과오는 가볍게 추궁하"(15-15)여야 함을 강조했다. 그렇게 해서 그 스스로 뉘우치며 고쳐가도록 이끄는가 하면, 나 자신은 또 그를 거울로 삼아 스스로를 돌아보고 경계로 삼는다면, 내심의 간특함이 사라질 것이 자명하다. 느닷없이 분노가 솟구치는 상황에서도 이성적 자제력을 발휘해, 위난危難을 자초하거나 그 화가 부모와 형제에게까지 미치게 하지 않는다면, 진정 미혹에 빠지지 않은 것이다. 공자가 「계씨편季氏篇」에서 "장년기에는 혈기가 바야흐로 왕성해지니 다툼을 경계해야 하며"(16-7) "화가 치밀 때는 그로 인해 초래될 환난을 생각"(16-10)해야 함을 강조한 것 또한 같은 맥락의 가르침이다. 세 가지 문제에 대해 갈피를 못 잡고 어려워하던 번지도, 이 같은 스승의 명쾌한 설명에 절로 고개를 끄덕이며 가일층 분발할 것을 다짐했으리라.

12-22

번지가 인仁이 무엇인지를 여쭙자, 공자께서 말씀하셨다. "사람을
사랑하는 것이다." 번지가 또 어떻게 하는 것이 지혜로운 것인지를 여
쭙자, 공자께서 말씀하셨다. "사람의 됨됨이를 알아보는 것이다." 번
지가 아직 충분히 이해하지 못하자, 공자께서 말씀하셨다. "올곧은 사
람을 등용해 올곧지 못한 사람 위에 두면, 올곧지 못한 사람을 올곧게
변화시킬 수가 있느니라." 번지가 물러나서 자하를 만나 말했다. "방
금 선생님을 뵙고 지혜로운 게 어떤 것인지를 여쭸더니, 선생님께서
말씀하시기를, '올곧은 사람을 등용해 올곧지 못한 사람 위에 두면, 올
곧지 못한 사람을 올곧게 변화시킬 수 있는 것'이라고 하시던데, 그게
무슨 말씀이신가?" 자하가 말했다. "참 의미심장한 말씀이로다! 옛날
에 순임금이 천하를 차지한 후 뭇사람들 가운데서 고르고 골라 고요
를 등용하자, 인하지 않은 사람들이 사라졌다네. 또 탕임금이 천하를
차지한 후 뭇사람들 가운데서 고르고 골라 이윤을 등용하자, 인하지
않은 사람들이 사라졌다네."

樊遲問仁. 子曰: "愛人." 問知,[1] 子曰: "知人." 樊遲未達.[2] 子曰:
번지문인 자왈 애인 문지 자왈 지인 번지미달 자왈
"擧直錯諸枉,[3] 能使枉者直." 樊遲退, 見子夏曰: "鄕[4]也吾見[5]於夫
거직조저왕 능사왕자직 번지퇴 견자하왈 향 야오현 어부
子而問知, 子曰, '擧直錯諸枉, 能使枉者直', 何謂也?" 子夏曰:
자이문지 자왈 거직조저왕 능사왕자직 하위야 자하왈
"富[6]哉言乎! 舜有天下, 選於衆, 擧皐陶,[7] 不仁者遠矣.[8] 湯[9]有天下,
부 재언호 순유천하 선어중 거고요 불인자원 의 탕 유천하
選於衆, 擧伊尹,[10] 不仁者遠矣."
선어중 거이윤 불인자원 의

1 知(지): 지智와 같음. 『논어』에서는 '지智', 즉 지혜롭다는 뜻을 표현할 때 모두 '지知'로 씀.

2 達(달): 통달通達·달통達通, 즉 훤히 앎, 충분히 이해함.

3 擧直錯諸枉(거직조저왕): 2-19 주석 5 참조.

4 鄕(향): 향嚮과 같음. 접때, 지난번, 방금.

5 見(현): 알현, 즉 지체가 높고 귀한 사람을 찾아가 뵘.

6 富(부): 함의含意가 매우 풍부하다는 말. 곧 의미심장함을 이름.

7 臯陶(고요): 순舜임금 때의 현신賢臣.

8 不仁者遠矣(불인자원의): 불인한 사람들이 사라짐. 곧 불인한 사람들이 모두 천선遷善해 인한 사람으로 바뀌었음을 이름. '원'은 동사로, 멀어짐, 멀리 사라짐.

9 湯(탕): 상商/은殷나라의 개국 군주. 하夏나라 폭군 걸왕桀王을 정벌하고 천하를 차지해 새 나라를 엶.

10 伊尹(이윤): 탕湯임금 때의 재상. 탕임금을 보좌해 하나라를 멸함.

해설

공자는 여기서 '인'과 '지智' 각각의 함의와 양자의 관계에 대해 설명하고 있다. '인'이란 사람을 사랑하는 것이다. 번지도 이는 쉽게 이해했다. 하지만 '지'에 대한 공자의 설명에는 고개가 갸우뚱했다. 대개 사람됨, 즉 한 사람의 현우賢愚나 선악을 알게 되면, 자연히 그 사람에 대해 가까이하거나 멀리하는 입장을 취하게 된다. 한데 이는 뭇사람을 사랑한다는 '인'과 상치된다. 이 점이 번지의 이해를 어렵게 했을 것이다. 공자의 부연 설명에도 번지는 여전히 감을 잡지 못하고, 다시 자하에게 물을 수밖에 없었다. 올곧은지 어떤지를 아는 것은 사람됨을 아는 것이니, 곧 '지'이다. 그리고 올곧은 사람을 등용해 올곧지 못한 사람 위에 둠으로써 올곧지 못한 사람을 올곧게 변화시킴은 사람에 대한 사랑의 발로이니, 곧 '인'이다. 순임금과 탕임금은 이처럼 '인'과 '지'를 겸비한 성군이었다.

12-23

자공이 벗을 사귀는 이치를 여쭙자, 공자께서 말씀하셨다. "만약 벗에게 허물이 있으면, 진심으로 타이르고 선의善意로 인도하되, 벗이 따르지 않아 어떻게 할 수가 없거든 일단 그만두고, 모욕을 자초하지는 마라."

子貢問友.¹ 子曰: "忠告²而善道³之,⁴ 不可⁵則止, 毋⁶自辱⁷焉."
자공문우   자왈   충고 이선도 지   불가 즉지 무 자욕 언

주석

1 友(우): 동사로, 벗을 사귐.
2 忠告(충고): 남의 결함이나 잘못을 진심으로 타이름. '충'은 충심으로·진심으로.
3 道(도): 도導와 같음. 인도함, 개도開導함, 이끎.
4 之(지): 벗을 가리킴.
5 不可(불가): 「선진편」 "이도사군, 불가즉지以道事君, 不可則止"(11-24)의 '불가'와 같음. 그렇게 할 수 없음. 곧 '충고'와 '선도'로 벗을 바른 길로 나아가게 할 수 없음, 진심과 선의가 벗에게 통하지 않음을 이름. 이는 결국 벗이 나의 충고와 선도를 따르지 않는다는 말임.
6 毋(무): ~하지 마라.
7 自辱(자욕): 스스로를 욕되게 함. 곧 모욕을 자초함을 이름.

참된 친구라면 서로 도의로 사귀고, 진심으로 책선責善하는 것이 마땅하다. 하지만 벗의 도리를 다하되, '충고'와 '선도'가 지나치지 않도록 해야 한다. 아무리 친한 벗 사이라도 책선이 정도程度를 넘으면, 오히려 반감을 사면서 모욕을 당하고, 급기야 우의友誼에 금이 가는 지경에 이를 수 있다. 그 때문에 자유子游도 "벗을 사귀면서 지나치게 자주 충고를 하면 서로 사이가 멀어지게 됨"(4-26)을 일깨운 바 있다. 만사는 '과유불급'이다.

12-24

증자가 말했다. "군자는 학문과 문예로 벗을 사귀고, 또 벗을 거울로 삼아 자신의 인덕을 기른다."

曾子曰: "君子以文¹會友,² 以友輔仁.³"
증 자 왈   군 자 이 문 회 우   이 우 보 인

1 文(문): 시詩·서書·예禮·악樂 등의 학문學問·문예文藝를 이름.
2 會友(회우): 벗을 사귐. '회'는 회합會合함, 모음. 곧 (벗을) 모아 사귐을 이름.
3 以友輔仁(이우보인): 벗의 학문과 도덕에 의지해 자신의 인덕을 증진함. '보'는 도움, 보탬.

이는 '교우지도交友之道', 즉 벗을 사귀는 이치, 좀 더 구체적으로 말하면 벗을 사귀는 수단과 방법·지향과 목적에 대한 증자의 탁견이다. 우선 이른바 '이문회우以文會友'에서 '문'은, 왕시위엔王熙元의 설명에 따르면, 옛날 사람들의 관념 속에서 그 함의가 매우 넓어서 문자로 기록되거나 서책으로 전해지는 모든 학문과 문예를 통틀어 일컫는다. 학문은 이지理智에 의지하고, 문예는 정감에 의거한다. 무릇 인생의 철리哲理나 지식의 깊은 뜻은 모두 학문의 범주요, 정서를 묘사한 시가詩歌와 기사記事의 문장은 모두 문예의 범주이다. 그리고 학문과 문예에는 공히 도덕의 지취旨趣와 향기가 배어 있다. 따라서 모름지기 군자라면 학문 수양이 풍부하고, 시문詩文 조예가 뛰어난 이를 벗하며 서로 절차탁마切磋琢磨(부지런히 학문과 덕행을 닦음)하고 권선규과勸善規過(선행을 권장하고 비행을 규제함)하여 인덕을 증진하고, 품성을 도야해야 한다. 사람이 "홀로 배우며 벗이 없으면, 고루하고 과문해지기〔獨學而無友, 則孤陋而寡聞〕"(『예기』「학기學記」) 쉽다. 그 때문에 유가에서는 전통적으로 벗과 함께 절차탁마하는 것을 중요하게 생각했다. 그러니 "벗이 먼 곳에서 찾아오면 어찌 즐겁지 아니하겠는가?"(1-1) 여기서 증자가 말한 벗을 사귀는 이치 또한 같은 맥락과 취지임은 두말할 나위가 없다.

요컨대 이 같은 군자의 '교우지도'는, 주육酒肉과 재물을 수단으로 서로 결탁해 사리私利를 꾀함을 목적으로 하는 소인의 '교우지도'와는 극명히 구별된다. 훗날 장자가 "군자의 사귐은 물같이 담백하고 소인의 사귐은 단술처럼 감미롭나니, 군자는 담백하지만 한껏 친근하고 소인은 감미롭지만 쉬 헤어진다(君子之交淡若水, 小人之交甘若醴, 君子淡以親, 小人甘以絶)"(『장자莊子』「산목山木」)고 한 것 역시 같은 얘기이다. 군자의 교우는 그야말로 한껏 순결하고 고상한 우정을 나누는 가운데 피차가 서로 아름답고 고결한 품성을 함양해나가는 것이다. 한데 옛말에 유유상종類類相從, 즉 같은 부류끼리 서로 사귄다고 하지 않았던가? 사람이 보다 훌륭하고 이로운 벗을 사귀고자 한다면, 무엇보다 자기 자신부터 먼저 훌륭한 인성과 지성知性을 갖춰야 한다.

제13편

자
로

子
路

「자로편」은 모두 30장으로 나뉘며, 정치를 어떻게 해야 할 것인가의 문제에 대한 논술이 중심 내용이다. 그 때문에 「위정편」의 후속으로, 덕으로 정치를 하고 예로써 나라를 다스려야 한다는 공자의 인정仁政 사상에 대한 부연이라는 견해도 있다. 이 편에는 또 도덕과 품성의 수양에 관한 언급도 보이는데, 그 역시 위정 치국과 맥락이 닿아 있다.

13-1

자로가 정치를 어떻게 해야 하는지를 여쭙자, 공자께서 말씀하셨다. "위정자가 먼저 솔선수범하고, 그런 다음에 백성들로 하여금 열심히 일하게 하여라." 자로가 다른 가르침을 더 주실 것을 청하자, 공자께서 말씀하셨다. "매사에 게으름을 피우지 않도록 하여라."

子路問政. 子曰: "先之¹勞之.²" 請益.³ 曰: "無倦.⁴"
자 로 문 정   자 왈   선 지 로 지   청 익   왈   무 권

주석

1 先之(선지): 위정자가 백성들보다 먼저 함. 곧 솔선수범함을 이름. '선'은 동사로, 먼저·앞장서 함을 뜻함. '지'는 백성을 가리킴.

2 勞之(로지): 「자장편」 "군자신이후로기민君子信而後勞其民"(19-10)의 '로기민'과 같은 뜻으로, 백성들을 열심히 일하게 함을 이름. 여기서 '로'는 사역동사로 쓰였고, '지'는 앞 '선지先之'의 '지'와 마찬가지로 백성을 가리킴. 한편 주자는 소식蘇軾의 말을 빌려 '백성들이 할 일을 위정자가 몸소 열심히 한다[凡民之事, 以身勞之]'

116

는 뜻으로 풀이함. 하지만 그것은 결국 '선지'의 의미와 중복되는 데다 백성의 일을 위정자가 시종 직접 한다는 것은 논리적으로 모순이 있어 납득하기 어려움.

3 請益(청익): 더하기를 청함. 곧 뭔가 부족한 감이 있어 다른 가르침을 더 줄 것을 요청함을 이름.

4 無倦(무권): 게으름을 피우지 마라. 이는 곧 '선지'와 '노지' 두 가지 일을 두고 이른 것으로 이해됨. '무'는 무毋와 같음. ~하지 마라.

해설

윗물이 맑아야 아랫물이 맑다. 윗사람이 잘하면 아랫사람도 따라서 잘하게 된다는 말이다. 정치를 잘하는 방법도 마찬가지다. '선지先之', 즉 위정자가 먼저 솔선수범해야 한다. 그런 다음에 '노지勞之', 즉 백성들로 하여금 열심히 일하도록 독려하면, 별다른 원망 없이 잘 따를 것이다. 위정자의 수범垂範은 능히 백성들을 감화시켜 그들이 기꺼이 정령을 따르도록 하는 힘이 있다. 한마디로 '선지'는 곧 '노지'에 직접적이고 긍정적인 영향을 주게 마련이다. 공자가 자로에게 이 두 가지를 위정 치국의 핵심 원칙으로 강조한 것은 바로 그 같은 맥락으로 이해된다.

한데 자로는 정치를 하며 명심해야 할 것이 단지 그 두 가지만은 아니리라는 생각에 거듭 가르침을 청했다. 이에 공자가 덧붙인 말은 '무권無倦', 즉 매사에 게으름을 피우지 말라는 것이었다. 이는 곧 달리 보충할 것은 없고, 정무政務에 임함에 있어 무엇보다 나태懶怠와 권태倦怠에 빠져 일을 제대로 진척시키지 못하는 경우가 없도록 하라는 말이다. 이는 또한 곧 단지 앞서 강조한 '선지'·'노지'를 진득하게 부지런히 실천하기만 하면 족하다는 말이니, 그 두 가지야말로 진정 정치의 핵심임을 재차 일깨운 것이다. 자로는 누구보다도 용맹 전진하는 적극적인 성격의 소유자였다. 대개 그런 사람은 근면함과 진득함이 부족한 법이다. 주자가 오역의 말을 빌려 이른 대로, 용맹한 이는 뭔가 하기를 좋아하지만 오래도록 버텨나가지는 못하므로 공자가 자로에게 이 같은 가르침을 준 것이다.

13-2

중궁이 계씨의 가신이 되어 정치하는 법을 여쭙자, 공자께서 말씀하셨다. "부하 관리들에게 솔선수범하고, 아랫사람의 작은 잘못을 관용하며, 어질고 유능한 인재를 등용하여라." 중궁이 말했다. "어질고 유능한 인재를 어떻게 알아보고 등용합니까?" 공자께서 말씀하셨다. "우선 네가 아는 인재를 발탁해 등용하여라. 그러면 네가 모르는 인재를, 다른 사람들이 설마 그냥 내버려두겠느냐?"

仲弓爲季氏宰,[1] 問政. 子曰: "先有司,[2] 赦[3]小過, 擧[4]賢才." 曰: "焉[5]
중 궁 위 계 씨 재   문 정 자 왈   선 유 사   사 소 과   거 현 재   왈   언
知賢才而擧之?" 子曰: "擧爾[6]所知, 爾所不知, 人其舍諸[7]?"
지 현 재 이 거 지   자 왈   거 이 소 지   이 소 부 지   인 기 사 저

주석

1 季氏宰(계씨재): 계씨의 가신. '재'는 대부의 가신이나 읍재의 통칭.
2 先有司(선유사): 부하 관리들에게 솔선수범함. 이를 흔히 먼저 각각의 직무를 해당 관리들에게 분담시켜 수행하게 한다는 뜻으로 풀이하나, 공자가 과연 그처럼 너무나 당연한 말을 했을까? 이 말은 앞 장의 '선지先之'와 같은 용법으로 이해해

야 하며, 그것이 윗사람의 솔선수범을 강조한 두 장을 나란히 배열한『논어』편
찬자의 의도일 것임. '유사'는 부하 관리를 이름. 8-4 주석 18 참조.

3 赦(사): 사면赦免, 즉 죄를 용서하여 형벌을 면제함. 곧 관용함을 이름.

4 擧(거): 거용擧用함, 등용함. 곧 인재를 뽑아서 씀을 이름.

5 焉(언): 어찌, 어떻게.

6 爾(이): 너.

7 人其舍諸(인기사저): 사람들이 설마 내버려두겠느냐? '기'는 기豈와 같음. 어찌,
   설마. '사'는 사捨와 같음. 버림, 버려둠. 곧 천거하지 않음을 이름. '저'는 지호之乎
   의 합음자. '지'는 '이소부지爾所不知'를 가리키고, '호'는 의문의 어조사임.

해설

윗사람이 철저한 자기 관리에서부터 효율적인 업무 처리에 이르기까
지 두루 솔선수범하면, 아랫사람은 절로 감화되어 그 모범적인 형상
을 본받아 매사에 한껏 근면·성실할 것이다. 윗사람이 작은 잘못을 관
용하면, 아랫사람은 잘못에 대한 두려움으로 위축되어 복지부동伏地
不動(땅에 엎드려 움직이지 않는다는 뜻으로, 주어진 일이나 업무를 처리하는 데 몸
을 사림을 비유함)하기보다는 적극 진취적인 자세로 업무의 효율을 높
이고, 성과를 향상하는 데 열과 성을 다할 것이다. 「위영공편」에서 공
자가 "작은 일을 참지 못하면 큰일을 그르친다"(15-27)고 한 가르침도
함께 새겨볼 일이다. 다만 '작은 잘못을 관용한다' 함은 곧 큰 잘못은
관용해서는 안 된다는 뜻이니, 업무와 공직의 기강이 무너져 심대한
후과後果를 낳는 일은 철저히 경계해야 한다.

정치를 함에 있어서 위정자의 솔선이나 관용보다 더 중요한 것은
현능한 인재의 등용이다. 왜냐하면 백성을 위한 어진 정치는 결국 현
능한 인재를 통해서 이룩될 수밖에 없기 때문이다. 공자가 이른 대로,

"정치의 성패는 현능한 인재를 얻느냐 못 얻느냐에 달려 있다〔爲政在人〕."(『중용』) "어질고 유능한 인재를 어떻게 알아보고 등용합니까?"라는 중궁의 근심 어린 의문에, 공자는 우선 주변의 아는 인재를 등용하라고 주문했다. 그것은 곧 그렇게 해서 훌륭한 인재를 아끼고 존중한다는 소문이 나면, 사람들이 앞 다투어 현재賢才를 천거할 것이라는 말이다. 오늘날에도 흔히 '인사만사人事萬事', 즉 알맞은 인재를 알맞은 자리에 써야 모든 일이 잘 풀린다고 하지 않는가? 그러니 많고 많은 인재 중에서도 특히 현능한 인재를 등용해 최적의 임무를 맡긴다면, 국가 사회에 크게 이바지할 것은 두말할 나위가 없다.

13-3

자로가 여쭈었다. "위나라 임금께서 선생님이 오시기를 기다렸다가 국정을 맡기면, 선생님께서는 장차 어떤 일을 먼저 하시겠습니까?" 공자께서 말씀하셨다. "나는 반드시 먼저 정명正名, 즉 명분을 바로잡을 것이다!" 자로가 말했다. "그런 게 있습니까? 선생님께서는 참 현실에 어두우시군요. 하필 무슨 명분을 바로잡으려 하십니까?" 공자께서 말씀하셨다. "경망스럽구나, 유야! 군자는 자기가 알지 못하는 것에 대해서는 함부로 이러쿵저러쿵하지 않아야 하느니라. 무릇 명분이 바르지 않으면 말이 이치에 맞지 않게 되고, 말이 이치에 맞지 않으면 일이 제대로 이루어지지 않게 된다. 일이 제대로 이루어지지 않으면 예악 제도가 바르게 시행되지 않고, 예악 제도가 바르게 시행되지 않으면 형벌이 공정하게 집행되지 않게 된다. 형벌이 공정하게 집행되지 않으면 백성들은 늘 불안에 떨며 안절부절못하게 된다. 그러므로 군자가 명분을 내세우면 반드시 그것을 이치에 맞게 말할 수 있고, 이치에 맞게 말을 하면 반드시 그것을 실행할 수가 있다. 한마디로 군자는 그 말을 결코 함부로 하는 일이 없느니라."

子路曰: "衛君¹待子而爲政, 子將奚先²?" 子曰: "必也正名³乎!"
자로왈   위군 대자이위정   자장해선   자왈   필야정명호

子路曰: "有是⁴哉? 子之迂⁵也! 奚其正⁶?" 子曰: "野⁷哉! 由也. 君
자로왈   유시재 자지우야 해기정   자왈   야재 유야 군

子於其所不知, 蓋⁸闕如⁹也. 名不正, 則言不順; 言不順, 則事不成;
자어기소부지 개 궐여 야 명부정 즉언불순 언불순 즉사불성

事不成, 則禮樂不興; 禮樂不興, 則刑罰不中¹⁰; 刑罰不中, 則民無
사불성 즉예악불흥 예악불흥 즉형벌부중   형벌부중 즉민무

所措手足.¹¹ 故君子名之必可言也, 言之必可行也. 君子於其言, 無
소조수족   고군자명지필가언야 언지필가행야 군자어기언 무

所苟¹²而已矣.¹³"
소구 이이의

주석

1 衛君(위군): 위衛나라 임금. 곧 위 출공出公 괴첩을 가리킴. 출공은 위 영공靈公의 태자 괴외의 아들이나, 괴외가 부왕父王의 총희 남자南子를 죽이려다 실패하고 진晉나라로 망명하는 바람에 영공이 죽은 후 왕위에 오름. 그리고 당시 진나라의 힘을 빌려 왕위를 되찾으려는 아버지 괴외의 귀국을 막고 있었음. 7-15 '해설' 참조.

2 奚先(해선): 무엇을 먼저 하나? '해'는 하何와 같음. 무엇, 무슨 일. '선'은 동사로 쓰임.

3 正名(정명): 명분을 바로잡음. '정'은 동사로, 바로잡음, 바르게 함. '명'은 명의상 마땅히 있어야 하는 바, 곧 명분(각각의 이름이나 신분에 따라 마땅히 지켜야 할 도리)으로, 실실과 상대되는 개념임. 흔히 말하는 '명실상부名實相符'는 곧 겉에 드러난

명분과 속에 있는 실질이 서로 꼭 맞음을 이름.

4 是(시): 지시대명사. 이(此), 그(其).

5 迂(우): 멂. 우활迂闊함, 즉 사리에 어둡고 세상 물정을 모름. 곧 주자가 이른 대로, 사정事情과 거리가 멀다는 것으로, ('정명'은) 현재 상황에서의 급선무가 아니라는 말임.

6 奚其正(해기정): 왜 굳이 명분을 바로잡으려 하나? '해'는 하何와 같음. 어째서, 왜, 하필. '기'는 문장 가운데 쓰이는 어조사로, 반문의 어기를 나타냄. 일설에는 특별한 뜻은 없다고 함. '정'은 '정명正名'을 줄여 이른 것임.

7 野(야): 조야粗野함, 즉 천하고 상스러움. 여기서는 경망스러움을 이름.

8 蓋(개): 이는 흔히 대개大槪, 대체로, 일반적으로 등의 뜻으로 풀이함. 하지만 여기서는 문맥적 의미상 대개大蓋, 즉 일의 큰 원칙으로 말하건대의 뜻으로 이해함이 옳음. 곧 응당, 마땅히 등의 뜻으로 풀이됨.

9 闕如(궐여): 빠뜨림. 여기서는 놓아둠, 내버려둠. 곧 의문으로 남겨두고 함부로 말하지 않음을 이름. '궐'은 결缺과 같음.

10 中(중): 적중適中함, 즉 지나치거나 부족함이 없이 꼭 알맞음. 곧 적당함, 합리合理함, 공정함을 이름.

11 無所措手足(무소조수족): 손발을 편안히 둘 곳이 없음. 곧 불안하고 당황하여 어떻게 해야 할지를 모르는 모양을 형용함. '조'는 (편안히) 놓음, 둠.

12 苟(구): 구차苟且. 여기서는 곧 데면데면함, 건성건성 함, 대충대충 함, 아무렇게나 함, 주의하지 않고 함부로 함 따위를 이름.

13 而已矣(이이의): 복합 어조사로, 어기를 강화함. ~일 뿐임. 여기서는 엄숙한 어기를 부각함.

해설

이는 공자가 주유열국 말기에 초나라를 떠나 위나라로 가던 도중의 대화로, 필시 당시 위나라 왕위를 둘러싸고 빚어지던 갈등(7-15 '해설' 참조)을 겨냥한 것으로 보인다. 이른바 '정명'은 만사만물의 명칭과 명분이 그 실질과 실상에 맞게 올바로 규정되고 이해되며 사용되도록 함을 이른다. 공자의 생각에 따르면, 인생사는 무엇보다 명실이 상부해야만 비로소 호소력과 결속력을 갖고, 또 하는 말에 설득력을 띠게된다. 그러면 일마다 성공적으로 이뤄지면서 결국 일련의 국가 사회문제들 또한 순조롭게 풀리게 된다. 예컨대 "임금은 임금답고 신하는신하다우며, 부모는 부모답고 자식은 자식답다"(12-11)면, 사회는 절로 질서가 잡히고, 국가는 안정과 번영을 이룩할 것이다. 공자가 명분이 바르면 궁극적으로 백성들이 안락한 삶을 살 수 있게 된다는 점을강조한 것은 바로 이 같은 맥락이다. 이렇듯 정치사상에서 '정명'의 중요성은 특히 두드러진다.

13-4

번지가 곡식 농사짓는 법을 가르쳐주십사 하자, 공자께서 말씀하셨다. "나는 늙은 농부만 못하다." 또 채소 농사짓는 법을 가르쳐주십사하자, 공자께서 말씀하셨다. "나는 늙은 채소 농사꾼만 못하다." 번지가 나가자, 공자께서 말씀하셨다. "소인이로고, 번수여! 위정자가 예의禮儀를 좋아하면 백성들이 감히 공경하지 않을 리 없고, 위정자가도의를 좋아하면 백성들이 감히 복종하지 않을 리 없으며, 위정자가신실信實을 좋아하면 백성들이 감히 성실하지 않을 리 없다. 그렇게되면 사방의 백성들이 모두 자기 자식을 포대기에 싸서 둘러업고 달려올 터인데, 굳이 직접 농사를 지을 필요가 어디 있겠느냐?"

樊遲請學稼.[1] 子曰: "吾不如老農." 請學爲圃.[2] 子曰[3]: "吾不如老
번 지 청 학 가   자 왈   오 불 여 노 농   청 학 위 포   자 왈   오 불 여 노

圃." 樊遲出. 子曰: "小人⁴哉! 樊須⁵也. 上好禮, 則民莫敢不敬; 上
포   번지출 자왈 소인재 번수야 상호례 즉민막감불경 상

好義, 則民莫敢不服; 上好信, 則民莫敢不用情.⁶ 夫如是,⁷ 則四方
호의 즉민막감불복 상호신 즉민막감불용정 부여시 즉사방

之民襁負⁸其子而至矣, 焉⁹用¹⁰稼?"
지민강부 기자이지의 언 용 가

주석

1 稼(가): 곡식을 심음. 곧 곡식 농사를 이름.

2 爲圃(위포): 채소밭을 일굼. 곧 채소 농사를 이름. '포'는 채소밭, 남새밭.

3 子曰(자왈): 하안의 『집해』를 비롯한 고본古本에는 '자' 자가 빠져 있으나, 황간의
『의소』 등의 판본에 근거해 보충함.

4 小人(소인): 소민小民, 상민常民. 곧 경세經世의 대체大體를 모르는, 식견이 천박하
고 범속한 상민을 이름.

5 樊須(번수): 번지. '번'은 성, '수'는 이름. 2-5 주석 3 참조.

6 用情(용정): 진정眞情을 씀, 발휘함, 다함. 이는 곧 주자가 이른 대로, 성실함을
이름.

7 夫如是(부여시): 무릇 그렇게만 할 수 있으면, 그렇게 되면. '부'는 발어사로, 여기
서는 특히 의론의 어기를 강화함. '여'는 만일, 만약. '시'는 이러함, 그러함.

8 襁負(강부): (아기를) 포대기에 싸서 업음. '강'은 강보襁褓, 즉 덮고 깔거나 어린아
이를 업을 때 쓰는 포대기. 여기서는 동사로 쓰임. '부'는 (짐을) 등에 짐, (아이를)
업음.

9 焉(언): 하何와 같음. 어찌, 왜.

10 用(용): ~할 필요가 있음.

해설

고대사회는 여러 면에서 당연히 오늘날과는 많이 달랐다. 모든 백성
은 기본적으로 사농공상士農工商 사민四民의 신분 계급으로 나뉘어 각

기 그에 따른 업무에 종사했다. 그 가운데에서도 지식인인 선비(士) 계층은 비록 소수였으나, 그들의 국가 사회적 책무는 진정 중차대했다. 그렇기 때문에 공자는 제자 교육에 심혈을 기울여 인애의 마음으로 위정 치국에 진력해 사람다운 삶을 살 수 있는 이상 사회를 건설할 인재를 양성하고자 했다. 공자가 「헌문편」에서 자로에게, 진정한 군자는 "자기 자신을 수양해 진지하고도 성실히 자신의 본분을 다"하며 궁극적으로 "천하 만백성을 편안하게 해주어야 한다"(14-43)는 점을 강조한 것은 바로 그 같은 염원의 표현이다. 요컨대 선비라면 이왕이면 많은 사람을 이끌고 아우르는, 보다 큰 꿈을 키워가야 한다. 훗날 맹자가 "마음(머리)을 써서 일하는 이는 다른 사람을 다스리고, 힘을 써서 일하는 이는 다른 사람에게 다스림을 받는다(勞心者治人, 勞力者治於人)"(『맹자』 「등문공 상滕文公上」)라고 한 것도 같은 맥락으로 이해된다. 한데 번지가 농사짓는 법을 배우겠다고 나섰으니, 공자가 어찌 '소인'이라 탄식하지 않을 수 있었겠는가? 그것은 물론 농사를 경시해서가 아니다. 그야말로 경세제민經世濟民, 즉 세상을 다스리고 백성을 구제해야 한다는 사명감이 너무나 강했기 때문이다. 그런 만큼 시대적 의의와 국한성局限性을 감안해 이해해야 할 것이다.

공자는 시종 인정 덕치의 정치 이상을 역설해왔다. 여기서 역시 같은 맥락에서 번지에 대한 아쉬움과 실망의 정을 토로함과 동시에, 위정자가 갖춰 구현해나가야 할 바람직한 덕목으로 예禮·의義·신信, 즉 예의와 도의와 신실을 강조했다. 공자에 따르면, 이 삼덕三德은 위정자가 백성을 감화시킬 수 있는 가장 좋은 도덕 수양이다. 따라서 만약 위정자가 이 같은 덕성을 좋아한다면, "높은 벼슬아치의 덕은 흡사 바람과 같고, 일반 백성의 덕은 흡사 풀과 같나니, 풀은 그 위로 바람이 불면 반드시 바람 부는 대로 눕게 마련"(12-19)이듯이, 백성들은 필시 깊이 감화되어 위정자를 공경하고, 위정자에게 복종하며, 성실을 다할 것이다. 그리고 그렇게 되면 "가까이 있는 사람들은 기뻐하고, 멀리 있는 사람들은 달려와 붙좇게"(13-16) 된다. 무슨 일이든 역시 사람의 마음을 움직여야 한다.

13-5

공자께서 말씀하셨다. "『시경』의 시 300편을 다 외운다 해도 정사를 맡겼을 때 제대로 처리하지 못하고, 사방 각국에 사신으로 보냈을 때 독자적으로 응대하지 못한다면, 설사 왼 시편이 많다고 한들 무슨 소용이 있겠느냐?"

子曰: "誦詩三百,¹ 授之以政,² 不達³; 使⁴於四方, 不能專對⁵; 雖多,
자왈   송시삼백   수지이정   부달   사 어사방   불능전대   수다
亦奚以爲⁶?"
역해이위

주석

1 詩三百(시삼백): 2-2 주석 1 참조.
2 授之以政(수지이정): 정사·정무를 맡김. '수'는 (임무를) 줌, 맡김. '지'는 지시대명사로, 어떤 사람을 가리킴. '이'는 ~로써, ~을.
3 達(달): 통달함. 여기서는 원활히, 제대로, 훌륭히 적용·활용·운용함을 이름.
4 使(사): 출사出使, 즉 사신으로 나감.

5 專對(전대): 독자적으로 응대함. '전'은 독전獨專, 즉 남과 상의하지 않고 혼자서 판단하거나 결정함. 곧 홀로, 혼자서. '대'는 응대함. 여기서는 다른 나라와의 외교에 있어서 비굴하지도 거만하지도 않으면서 원만히 잘 응대해 국위를 선양하면서 국익을 확보함을 이름.

6 亦奚以爲(역해이위): 그 어디·무엇에다 쓰겠는가? '역'은 부사로, 의문문에서 반문의 어기를 강화함. '해'는 하何와 같음. 무엇, 어디. '이'는 동사로, 용用과 같음. '위'는 반문의 어조사. 다만 이는 '해'나 '하何' 등의 의문사와 함께 쓰인 경우에 한함. 12-8 주석 4 참조.

해설

춘추시대에 『시경』은 '정치 교과서'로서의 효용 가치가 막대했다. 심지어 외교 회합에서는 대부분 『시경』의 시를 인용해 대화하고 소통할 정도였다. 여기서 공자는 『시경』을 읽고 활용하는 문제에 대한 견해를 통해 학이치용學以致用(배움은 실용을 위한 것이어야 함)이나 경세치용經世致用(학문은 세상을 다스리는 데에 실질적인 이익을 줄 수 있는 것이어야 함)의 중요성을 강조하고 있는데, 구세의 일념으로 평생을 헌신한 공자의 실용적인 의식 관념의 단면을 보게 된다.

13-6

공자께서 말씀하셨다. "위정자 자신이 바르면 백성들은 영令을 내리지 않아도 알아서 잘하지만, 위정자 자신이 바르지 않으면 백성들은 설령 영을 내린다 해도 따르지 않을 것이다."

子曰: "其¹身正, 不令²而行; 其身不正, 雖令不從."
자왈 기 신 정 불 령 이 행 기 신 부 정 수 령 부 종

주석

1 其(기): 그. 여기서는 곧 위정자 내지 높은 벼슬아치를 가리킴.
2 令(령): 영·법령·정령을 발發함, 즉 세상에 널리 펴서 알림.

해설

무릇 윗사람이 매사에 솔선수범하면, 아랫사람은 기꺼운 마음으로 따르며 더욱 분발할 것이다. 윗물이 맑으면 아랫물은 절로 맑아지는 법이다. 공자는 「안연편」에서 계강자에게 "정치 '정政' 자는 바르게 한다는 뜻이니, 대부께서 바르게 하기를 솔선수범하면 누가 감히 바르게 하지 않겠습니까?"(12-17)라고 했고, 이 편에서는 또 "위정자가 자신의 언행을 바르게 한다면, 정치를 하는 데 무슨 어려움이 있겠는가? 하지만 위정자가 자신의 언행을 바르게 하지 못한다면, 어떻게 다른 사람을 바로잡을 수 있겠는가?"(13-13)라고 했다. 그리고 『대학』에서도 말했다. "요堯임금과 순舜임금은 인덕으로 천하 만민을 영도領導하였으므로 백성들은 그런 임금들을 따라 인의仁義로 나아갔고, 걸왕과 주왕紂王은 포학함으로 천하 만민을 호령하였으므로 백성들은 그런 군왕들을 따라 흉포해졌다. 폭군들도 백성들에게는 선하고 바르게 살라는 영을 내리지만, 그것은 폭군 자신들이 좋아하는 포학함과는 상반되는 것이므로 백성들은 그런 영은 따르지 않는다. 그러므로 군자는 자신이 선한 덕성을 갖춘 다음에 다른 사람에게 선할 것을 요구하

며, 자신이 악한 습성을 버린 다음에 다른 사람의 악습을 질책한다(堯舜帥天下以仁, 而民從之; 桀紂帥天下以暴, 而民從之. 其所令反其所好, 而民不從. 是故君子有諸己, 而後求諸人; 無諸己, 而後非諸人)." 이는 모두 위정자가 자기 자신을 엄격히 단속하며 솔선수범하는 것이야말로, 진정 가장 강력한 감화와 교화의 효과를 낳으면서 긍정적으로 작용한다는 점을 일깨운다.

13-7

공자께서 말씀하셨다. "노나라와 위나라의 정치 상황은 마치 형제처럼 비슷하다."

子曰: "魯¹衛²之政, 兄弟³也."
자왈   노 위 지정 형 제 야

주석

1 魯(노): 노나라. 주 무왕의 아우인 주공의 봉국封國.
2 衛(위): 위나라. 주 무왕의 아우인 강숙康叔의 봉국.
3 兄弟(형제): 이는 노·위 양국의 정치 상황을 비유해 이르는 말임.

해설

노나라와 위나라는 각각 주 문왕文王의 아들이자 무왕의 아우인 주공과 강숙의 봉지封地였다. 그런 만큼 두 나라는 본시 형제의 나라임은 물론, 윤리 도덕을 중시하는 주 왕조의 정치 문화적 전통을 다른 어느 나라보다 적극적으로 수용해 국가 사회적 발전과 번영에 박차를 가했다. 하지만 춘추시대에 이르러 노나라에서는 대부 계씨가 국가 권력을 틀어쥐고 전횡을 일삼았고, 위나라에서는 부자父子가 왕위를 다투는 상황이 연출되었다. 그야말로 하나는 임금이 임금답지 못하고, 신하가 신하답지 못했으며, 다른 하나는 아버지가 아버지답지 못하고, 아들이 아들답지 못했던 탓에 두 나라 모두 쇠란衰亂과 위난에 직면해 있었다. 그처럼 당시 두 나라는 혼란 상황도 형제의 나라답게 흡사해 우려를 자아냈는데, 주자는 바로 "그 때문에 공자께서 탄식하셨다(故孔子嘆之)"고 했다. 물론 옳은 얘기다. 한데 공자의 본의가 과연 그게 전부일까?

춘추시대에는 사실 노·위 두 나라뿐만 아니라 그 밖의 다른 나라들도 혼란하기는 마찬가지였다. 다만 노나라와 위나라는 다른 나라들과 다른 점이 있었으니, 각각 주공과 강숙의 유풍遺風이 아직 여전해, 국운 부흥에 대한 희망을 가질 수가 있었다는 것이다. 요컨대 다케조에 고코竹添光鴻가 이른 대로, "공자의 본의는 바로 노나라는 주 왕조의 예악을 지키고 있고, 위나라는 군자들이 많아서 각각 주공과 강숙의 유풍이 아직 그대로 남아 있었으나, 아무도 그것을 다시 일으키려고 하지 않았으므로 이같이 탄식을 발한 것인데, '두 나라의 정치 상황이 형제처럼 비슷하다'는 공자의 탄식에는 안타까움과 기대 그리고 우려의 뜻이 교차하고 있다(夫子本義, 正爲魯秉周禮, 衛多君子, 周公康叔之遺風猶在, 而無人振起之, 故發此歎, 有惜之意, 有望之意, 亦有憂之意)." 실제로 공자가 일찍이 "노나라가 일단 변혁을 하면 바른 도가 행해지는 이상적인 상태에 이를 것이다"(6-22)라고 하고, 또 위나라 정국을 두고는 "1년이면 변화가 나타날 것이요, 3년이면 상당한 성과가 있을 것이다"(13-10)라고 한 것을 보면, 다케조에의 이해와 풀이가 한결 설득력 있게 다가온다. 사람이 어떠한 위난 속에서도 희망의 불씨를 찾을 수만 있다면, 그래도 괜찮지 않은가?

13-8

공자께서 위나라 공자公子 형荊에 대해 말씀하셨다. "그는 집에서 지내기를 즐겨했는데, 처음에 가재家財가 겨우 마련되자 '그런대로 충분하다'고 하였고, 나중에 조금 더 늘어나자 '그런대로 다 갖춰졌다'고 하였으며, 다시 더 풍부해지자 '그런대로 화려하다'고 하였다."

子謂¹衛公子荊,² "善³居室.⁴ 始有,⁵ 曰: '苟⁶合⁷矣.' 少有, 曰: '苟完⁸
자 위 위 공 자 형   선 거 실   시 유 왈   구 합 의   소 유 왈   구 완
矣.' 富有, 曰: '苟美⁹矣.'"
의   부 유 왈   구 미 의

주석

1 謂(위): ~에 대해 말함. 곧 여기서는 평한다는 뜻을 내포함.
2 衛公子荊(위공자형): 위나라 공자(제후의 아들) 형荊. 위 헌공獻公의 아들로, 대부이고, 당시 '위나라의 군자'로 일컬어질 만큼 어질었음. 춘추시대 말엽 노나라에도 애공의 아들인 '공자 형'이 있었으므로, 여기서 굳이 나라 이름을 밝혀 구별코자 한 것임.
3 善(선): 잘함. 여기서는 즐거한다는 뜻을 내포함.

4 居室(거실): 거가居家와 같음. 일설에는 집안을 다스린다거나 재산을 모으며 산다는 뜻으로 풀이하나, 이론의 여지가 있음.

5 有(유): 이는 세간살이를 비롯한 일반적인 가재를 두고 이르는 것으로 이해됨.

6 苟(구): 구차함. 여기서는 거의, 그런대로의 뜻으로 이해됨.

7 合(합): 적합함. 여기서는 쓰기에 부족하지 않다는 뜻으로 이해됨.

8 完(완): 완비됨.

9 美(미): 화미華美함, 화려함, 완미完美함.

해설 ———

위나라 공자 형은 고관高官 귀족이었지만 집에서 지내기를 즐겼고, 특히 검소한 삶을 살며 큰 욕심을 부리지 않고 만족할 줄 안 현자賢者였다. 공자가 그의 현덕賢德을 찬미한 이면에는, 당시 사리사욕을 채우기에 급급하며 호화 사치를 일삼은 위나라 통치 계급에 대한 풍자와 견책이 깔려 있다.

13-9

공자께서 위나라에 가시는데, 염유가 수레를 몰았다. 공자께서 말씀하셨다. "사람이 참 많구나!" 염유가 말했다. "한 나라에 백성이 많아진 다음에는 또 무엇을 해야 합니까?" 공자께서 말씀하셨다. "그들을 살림이 넉넉하도록 해주어야 한다." 염유가 말했다. "살림이 넉넉해진 다음에는 또 무엇을 해야 합니까?" 공자께서 말씀하셨다. "그들을 가르쳐야 한다."

子適¹衛, 冉有僕.² 子曰: "庶³矣哉⁴!" 冉有曰: "旣⁵庶矣, 又何加焉⁶?"
자 적 위 염 유 복 자 왈 서 의 재 염 유 왈 기 서 의 우 하 가 언

曰: "富之.⁷" 曰: "旣富矣, 又何加焉?" 曰: "敎之.⁸"
왈 부 지 왈 기 부 의 우 하 가 언 왈 교 지

주석

1 適(적): 감〔往〕.

2 僕(복): 명사로는 마부馬夫, 동사로는 수레를 몲을 이름. 여기서는 후자.

3 庶(서): 많음. 여기서는 특히 사람, 인구가 많음을 이름.

4 矣哉(의재): 복합 어조사. '의'는 상황이나 변화의 완료를 나타냄. '재'는 감탄의
어기를 나타냄.

5 旣(기): 이미 ~함. 곧 ~한 후後·다음을 이름.

6 焉(언): 어조사로, 어지於之의 합음자.

7 富之(부지): 그들을 부富하게 해줌. 곧 백성들의 살림이 넉넉하게 해줌. '부'는 사
역동사로 쓰임. '지'는 백성을 가리킴.

8 敎之(교지): 그들을 가르침. 곧 교육함을 이름.

해설

예나 지금이나 나라는 인구가 어느 정도는 되어야 한다. 그리고 위정
자는 무엇보다 그 사람들이 넉넉한 살림을 꾸려갈 수 있도록 해줘야
한다. 그런 다음에 그들을 가르쳐 문명한 삶을 살도록 이끌어야 한다.
주자가 이른 대로, 백성들이 물질적으로 풍족하게 되었는데도 그들을
가르치지 않으면 자칫 금수禽獸와 다름없는—사치 방탕하며 타락 문
란한—삶을 살 우려가 있기 때문에, 반드시 학교를 세워 예의禮儀와
도의를 드러내 밝혀서 그들을 가르쳐야 한다. 사람은 결국 사람다운
삶을 살아야 한다. 이는 곧 이른바 '선부후교先富後敎', 즉 먼저 물질적

인 삶을 일정한 궤도에 올려놓은 다음에, 도덕 교육을 강화해 참된 삶을 살도록 이끄는 치국 방법이다. 공자의 이 같은 가르침은 물론 오늘날에도 여전히 유효하다.

13-10

공자께서 말씀하셨다. "만약 누가 나를 써준다면, 불과 1년이면 변화가 나타날 것이요, 3년이면 상당한 성과가 있을 것이다."

子曰: "苟¹有用我者,² 朞月而已³可⁴也, 三年有成.⁵"
자왈   구 유 용 아 자   기 월 이 이   가 야   삼 년 유 성

주석 ────────────

1 苟(구): 만일, 만약. 4-4 주석 1 참조.

2 有用我者(유용아자): 나를 등용하는 이가 있음. 곧 누가 나를 등용함을 이름.

3 朞月而已(기월이이): 불과 1년이면. '기월'은 주자에 따르면, 일주년이 되는 달을 이름. 곧 1년의 시간을 말함. '기'는 『집해』 등에는 '기期'로 되어 있는데, 그 뜻은 같으며, 돌 즉 일주년을 이름. '이이'는 ~일 뿐임. 곧 불과 ~이면, 단지 ~이면을 이름.

4 可(가): 주자가 기강紀綱을 널리 세우는 것이라고 했듯이, 이는 나라의 기강이 잡히면서 국가 사회적으로 긍정적인 변화가 일어나기 시작함을 이르는 것으로 이해됨.

5 有成(유성): 성취·성과가 있음. 곧 성공적인 치적治績을 낳게 됨을 이름.

이 장은 공자의 정치적 소신의 일반론이 아니라, 공자가 위衛나라의 정국을 염두에 두고 한 말로, 앞 13-7·9장과의 연속선상에서 이해해야 한다. 『사기』「공자세가」에 따르면, 이는 늙고 정사에 태만했던 위나라 영공이 공자를 등용해주지 않아 공자가 깊이 탄식하며 한 말이다. 당시 공자는 위나라에 머무르고 있었는데, 노나라와 형제처럼 닮은 점이 많은 위나라의 혼란 상황을 보면서도 희망의 끈을 놓지 않고, 기회가 주어진다면 기필코 국운 중흥의 성과를 이뤄내리라는 의욕을 불태운 것이다. 천하무도天下無道의 난세를 산 공자가 이처럼 능히 국정을 쇄신하고 백성을 교화해 성세盛世로 나아가게 할 수 있다는 강한 자신감을 드러낸 것은, 물론 당시 도탄에 빠져 허덕이는 만백성을 구제하고픈 열망의 발로이다.

13-11

공자께서 말씀하셨다. "선한 사람이 줄곧 100년 동안 나라를 다스리면, 잔악한 이들을 교화하고, 사람을 죽이는 극형을 없앨 수가 있다'고 하는데, 참으로 맞는 말이로다!"

子曰: "'善人爲邦[1]百年, 亦可以勝殘[2]去殺[3]矣.' 誠哉[4]是[5]言也!"
자 왈　　선 인 위 방 백 년　역 가 이 승 잔 거 살 의　성 재 시 언 야

1 爲邦(위방): 치국治國과 같음.

2 勝殘(승잔): 주자가 이른 대로, 잔인하고 포학한 사람을 교화해 악한 짓을 하지
않도록 함을 이름. '승'은 극승克勝, 즉 이기기 어려운 것을 능히 이겨냄.

3 去殺(거살): 주자가 이른 대로, 백성들이 모두 선량하게 감화되어 사람을 죽이는
형벌을 폐지해도 됨을 이름. '거'는 제거함, 폐지함. '살'은 살육殺戮, 즉 사람을 마
구 죽이는 형벌을 이름.

4 誠哉(성재): 진실로, 참으로 맞도다! 옳도다! '재'는 감탄의 어조사.

5 是(시): 이(此).

'선한 사람'이란 인인仁人도 아니요, 성인聖人도 아니다. 단지 백성을
진심으로 사랑하는 선량한 심성의 소유자일 뿐이다. 도덕군자가 아
니라도 좋다. 예나 지금이나 훌륭한 위정자란 '선한 사람'이면 족하다.
다만 여기서 '줄곧 100년 동안 나라를 다스려야만 비로소 승잔勝殘·
거살去殺의 치적이 나타날 수 있다'고 함은, 당시에 만연한 잔포殘暴와
살육의 사회 분위기를 일소하고 새바람을 불러일으키기가 실로 지극
히 어려운 일임을 극단적으로 말한 것이다.

13-12

공자께서 말씀하셨다. "만일 성군이 나타나 천하를 다스린다고 하
더라도, 반드시 한 세대는 지나야 인도仁道가 크게 행해질 것이다."

子曰: "如有王者,¹ 必世²而後仁.³"
자 왈   여 유 왕 자   필 세 이 후 인

주석

1 **王者**(왕자): 왕도王道로써 천하를 다스리는 사람, 곧 성군. 또한 주자가 성인聖人 이 천명을 받아 일어남을 이른다고 풀이한 데에 따르면, 이는 곧 성군이 나타나 천하를 다스린다는 뜻으로 이해됨.
2 **世**(세): 세대世代. 예로부터 30년을 일세一世, 즉 한 세대라고 함.
3 **仁**(인): 여기서는 동사로, 인정仁政·인도仁道가 천하에 널리 행해짐을 이름.

해설

성군이란 그야말로 거룩한 덕과 슬기로운 지혜를 가진 임금이다. 하지만 그런 임금도 전대前代의 혼란과 적폐積弊를 일소하고 국정과 민풍을 일신해 인정 덕치가 크게 행해지게 하자면, 적어도 한 세대 30년의 시간은 필요하다. 앞 장에서 본 것처럼 선인이 나라를 다스리는 경우보다는 짧은 시간이지만, 성세를 이룩하는 것은 그만큼 어려운 일이라는 얘기다.

13-13

공자께서 말씀하셨다. "위정자가 자신의 언행을 바르게 한다면, 정치를 하는 데 무슨 어려움이 있겠는가? 하지만 위정자가 자신의 언행을 바르게 하지 못한다면, 어떻게 다른 사람을 바로잡을 수 있겠는가?"

子曰: "苟正其身¹矣, 於從政乎何有²? 不能正其身, 如正人何³?"
자 왈   구 정 기 신 의   어 종 정 호 하 유   불 능 정 기 신   여 정 인 하

주석

1 **正其身**(정기신): 자기 자신을 바로잡음. 곧 위정자가 자신의 품행·언행을 방정히
  함을 이름.
2 **何有**(하유): 무슨 어려움이 있겠는가? 4-13 주석 4 참조.
3 **如正人何**(여정인하): '여하정인如何正人'의 도치로, '여하如何' 사이에 그 목적어를
  넣어 '여如~하何'의 형식으로 표현하여 '~을 어떻게 하랴?'라는 뜻을 나타냄. 여
  기서 목적어 '정인'은 다른 사람을 바로잡는다는 뜻의 동사구임. 이 구절은 곧
  '다른 사람을 바로잡는 것을 어떻게 하겠는가?' '어떻게 다른 사람의 언행을 바
  르게 할 수 있겠는가?'라는 뜻임.

해설

이는 형병이 이른 대로, "정치 '정政' 자는 바르게 한다는 뜻이니, 위정
자가 다른 사람의 품행을 바로잡고자 한다면 먼저 자기 자신의 품행
을 바르게 하여야 한다(政者, 正也. 欲正他人, 在先正其身也)"는 점을 역설
한 것이다. 무릇 솔선수범은 예나 지금이나 모든 지도자의 필수 덕목
이다.

13-14

염유가 계씨의 자가自家 조정에서 퇴근해 돌아오자, 공자께서 말씀
하셨다. "왜 이렇게 늦었느냐?" 염유가 대답했다. "국정國政에 대한 논

의가 있었습니다." 공자께서 말씀하셨다. "대부가大夫家의 일이었겠지. 만일 국정에 대한 논의가 있었다면, 비록 내가 나라에 등용되어 있지는 않지만, 아마 나도 그 일을 전해 들었을 것이다."

冉子¹退朝.² 子曰: "何晏³也?" 對曰: "有政.⁴" 子曰: "其⁵事⁶也. 如
염 자 퇴 조   자 왈   하 안 야   대 왈   유 정   자 왈   기 사 야   여
有政, 雖不吾以,⁷ 吾其與聞⁸之."
유 정   수 불 오 이   오 기 여 문 지

주석

1 冉子(염자): 염유(3-6 주석 4 참조)를 일컬음. 이는 염유의 제자가 스승을 높여 일컬은 것으로 보이나, 뒤에 공자를 지칭하는 '자子'를 감안할 때 어울리지 않음.

2 朝(조): 계씨의 자가 조정. 곧 노나라 조정이 아니라 계씨의 사조私朝를 가리킴. 이때 염유는 공자의 문하에 있으면서, 계씨의 가신으로 있었음.

3 晏(안): (시간이) 늦음〔晚〕.

4 政(정): 주자가 국정이라 했으니, 곧 나라의 정사, 정무를 이름.

5 其(기): 추측의 부사. 아마. 아래의 '기'도 이와 같음.

6 事(사): 주자가 가사家事라 했으니, 곧 대부가의 사무를 이름.

7 雖不吾以(수불오이): '수불이오雖不以吾'의 도치. 비록 조정에서 나를 임용하지 않았지만. '이'는 용用의 뜻임.

8 與聞(여문): 참여해 들음, 앎. 여기서는 곧 전해 들음을 이르는 것으로 이해됨.

해설

당시 염유는 공자의 문하에 있으면서 계씨의 가신 노릇을 하고 있었는데, 이날따라 퇴근이 늦었고, 그 까닭은 국정 논의 때문이라 했다. 그러자 공자는 '정政'과 '사事', 즉 나라의 정사와 대부가의 사무를 엄

격히 구분하며 불편한 심기를 토로했다. 왜냐하면 당시 노나라 정권은 대부인 계씨가 쥐락펴락하고 있었고, 국가 대사를 조정의 중신重臣들은 배제한 채 자신의 사조에서 가신들과 논의하는 작태를 보였기 때문이다. 진정 "그처럼 명분을 바로잡으면서 계씨의 전횡을 억제하는 가운데 염유를 가르쳐 일깨운 뜻이 깊도다(其所以正名分, 抑季氏, 而教冉有之意深矣)."(『집주』)

13-15

정공이 물었다. "말 한 마디로 나라를 흥하게 할 수 있는 경우가 있습니까?" 공자께서 대답하셨다. "사람의 말은 그처럼 반드시 그 효과를 기대할 수는 없습니다. 하지만 사람들이 하는 말에, '임금 노릇 하기도 어렵고, 신하 노릇 하기도 쉽지 않다'고 하는데, 만일 임금 된 이가 임금 노릇 하기가 어렵다는 것을 안다면, 말 한 마디로 나라를 흥하게 하기를 기대할 수 있지 않겠습니까?" 정공이 또 물었다. "말 한 마디로 나라를 잃는 경우가 있습니까?" 공자께서 대답하셨다. "사람의 말은 그처럼 반드시 그 효과를 기대할 수는 없습니다. 하지만 사람들이 하는 말에, '나는 임금 노릇 하는 데 다른 즐거움은 없지만, 그래도 내가 하는 말을 아무도 거스르지 않도다'라고 하는데, 만약 그 말이 선해서 거스르는 사람이 없다면 어찌 좋은 일이 아니겠습니까? 그러나 그 말이 선하지 않은데도 거스르는 사람이 없다면, 말 한 마디로 나라를 잃는 것을 예상할 수 있지 않겠습니까?"

定公¹問: "一言而可以興邦,² 有諸³?" 孔子對曰: "言不可以若是⁴其
정공 문　　일언이가이흥방　유저　　공자대왈　　언불가이약시기

幾⁵也. 人之言曰: '爲君難, 爲臣不易.'⁶ 如知爲君之難也,⁷ 不幾乎⁸
기 야　인지언왈　위군난　위신불이　　여지위군지난야　　불기호

一言而興邦乎⁹?" 曰: "一言而可以¹⁰喪邦, 有諸?" 孔子對曰: "言不
일언이흥방호　　왈　일언이가이　상방　유저　　공자대왈　언불

可以若是其幾也. 人之言曰: '予無樂乎爲君,¹¹ 唯其言¹²而莫予違¹³
가이약시기기야　인지언왈　　여무락호위군　　유기언　이막여위

也.' 如其¹⁴善而莫之違¹⁵也, 不亦善乎? 如不善而莫之違也, 不幾乎
야　여기　선이막지위　야　불역선호　여불선이막지위야　불기호

一言而喪邦乎?"
일언이상방호

주석

1 定公(정공): 노나라 임금. 3-19 주석 1 참조.

2 興邦(흥방): 나라를 흥(盛)하게 함. '흥'은 사역동사로, 흥성·융성케 함을 이름.

3 諸(저): 지호之乎의 합음자. '지'는 지시대명사로, '일언이가이흥방一言而可以興邦'
을 가리키고, '호'는 의문의 어조사임.

4 若是(약시): 여차如此. 곧 이·그와 같이, 이·그처럼.

5 幾(기): 주자가 '기期'의 뜻으로 풀이했듯이, 예기豫期·예상·기대함을 이름. 하안
의 『집해』에 따르면 왕숙王肅과 공안국은 모두 '근近', 즉 거의 ~에 근접함, 가까
움의 뜻으로 풀이했는데, 그 까닭은 단 한 마디 말로써 나라를 바르게 다스려 흥
성케 할 수는 없기 때문에 그저 '흥방'의 상태에 근접할 수 있을 뿐이라는 논리
임. 한데 주자가 말한 '기' 역시 절대적이고 필연적인 의미가 아니라, 그럴 것을
기대할 수 있다는 정도의 의미인 만큼, '기'와 '근'은 사실상 일맥상통한 의미로
이해됨.

6 "爲君難(위군난)…" 2구: 이는 군주와 신하의 말투를 모방해 이른 말인데, 뒷말
'위신불이爲臣不易'는 그저 앞말 '위군난'에 곁달아 덧붙인 것일 뿐, 앞에서 말한
'일언흥방一言興邦'과는 별 관계가 없음.

7 如知爲君之難也(여지위군지난야): 이는 곧 임금 노릇하기가 어렵다는 것을 아는
임금이라면 분명히 더욱 언행을 삼가고, 더욱 열심히 정사를 돌볼 것이라는 뜻

을 내포함.

8 乎(호): 어於와 같음.

9 乎(호): 의문의 어조사.

10 可以(가이): 『집해』나 『집주』 등 대부분의 판본에는 없는 말이나, 황간의 『의소』에 근거해 보충함.

11 予無樂乎爲君(여무락호위군): 주자가 달리 즐거운 바는 없고 오로지 이런 것(곧 아래에서 말한 '나의 말을 아무도 거스르지 않는 것')이 즐거울 뿐이라는 말이라고 했듯이, 이는 곧 나는 임금 노릇을 하는 데 다른 즐거움은 없음을 이름. '여'는 나〔我〕, '호'는 어於와 같음. ~(하는 데)에.

12 其言(기언): 그 말, 곧 군주 자신이 한 말을 이름.

13 莫予違(막여위): '막위여莫違予'의 도치. 나(의 말)를 거스르는 사람이 없음.

14 其(기): 앞의 '기언其言'과 같은 뜻으로, 군주가 한 말을 가리킴.

15 莫之違(막지위): '막위지莫違之'의 도치. 그를 거역하는 사람이 없음. '지'는 군주 내지 군주의 말을 가리킴.

해설

사람의 말엔 그 사람의 됨됨이와 생각이 묻어난다. 한 나라의 최고 통치자가 하는 말은 국가의 흥망성쇠와 연관될 수 있다. 주자가 사양左謝良佐의 말을 빌려 이른 대로, 임금 된 이가 임금 노릇하기가 어렵다는 것을 알면, 필시 공경하고 삼가며 그 마음을 시종 견지해나갈 것이다. 반면에 오직 그 하는 말을 아무도 거스르지 않는 것을 즐거워하면, 참소하고 아첨하며 면전에서 굽실거리며 알랑거리는 사람들이 모일 것이다. 나라가 꼭 갑자기 흥하거나 망하는 것은 아니지만, 그 흥망의 근원은 바로 이 같은 데에서 나뉘는 법이다. 아무튼 사람은 지위가 높고 책무가 클수록, 그 말을 더욱 삼가야 한다.

13-16

섭공이 정치를 어떻게 해야 하는지를 여쭙자, 공자께서 말씀하셨다. "가까이 있는 사람들은 기뻐하고, 멀리 있는 사람들은 달려와 붙좇게 하면 됩니다."

葉公¹問政. 子曰: "近者²說,³ 遠者⁴來.⁵"
섭 공 문 정 자 왈   근 자 열   원 자 래

주석

1 葉公(섭공): 초나라 대부. 7-19 주석 1 참조.
2 近者(근자): 가까운 곳, 곧 본국 내지 관할 지역 안 사람들.
3 說(열): 悅열과 같음. 기쁨, 기뻐함. 여기서는 사역동사로 쓰임.
4 遠者(원자): 먼 곳, 곧 타국 내지 관할 지역 밖 사람들.
5 來(래): 달려와 붙좇음. 곧 스스로 달려와서 섬기며 따름을 이름. 여기서는 사역동사로 쓰임.

해설

'근자열近者說하며, 원자래遠者來니라.' 일견 평범해 보이는 말이나, 그 함의는 결코 평범하지 않으며 오히려 더없이 심장深長하다. 위정자는 무엇보다 선정善政을 베풀어 관할 백성들이 그 은택을 몸과 마음으로 깊이 느끼며 기뻐하게 해야 한다. 그러면 다른 지역 백성들도 그 소문을 듣고 앞다퉈 달려와 붙좇을 것이다. 지금도 그렇지만 옛날에는 특히 우선은 인구가 많아야 강성한 국가를 건설할 수가 있었다. 아무튼 예나 지금이나 정치는 민심을 얻는 것이 요체이다.

13-17

자하가 거보의 읍재가 되어 정치를 어떻게 해야 하는지를 여쭙자, 공자께서 말씀하셨다. "일의 성과를 서두르지 말고, 작은 이익에 연연하지 마라. 성과를 서두르면 일을 제대로 이루지 못하고, 작은 이익에 연연하면 큰일을 이루지 못한다."

子夏爲莒父¹宰,² 問政. 子曰: "無³欲速,⁴ 無見小利.⁵ 欲速, 則不達⁶;
자하위거보재 문정 자왈   무욕속   무견소리   욕속 즉부달
見小利, 則大事不成."
견소리   즉대사불성

주석

1 莒父(거보): 노나라 서부의 작은 읍 이름.
2 宰(재): 읍재. 곧 읍장邑長을 이름.
3 無(무): 무毋와 같음. ~하지 마라.
4 欲速(욕속): 빨리하고자 함. 곧 일의 성과를 서두름을 이름.
5 見小利(견소리): 작은 이익을 봄. 곧 작은 이익에 연연하며 대사大事를 그르치고, 대의大義를 저버림을 이름.
6 達(달): 도달함, 다다름. 곧 소기의 목표, 이상적인 목표를 달성함을 이름.

해설

어떤 일을 하든 일정한 절차와 단계를 거쳐야 하고, 필수必需 시간이 걸려야 한다. 그러나 이를 무시하고 서둘러 성과만 내려고 한다면, 어찌 그 일을 소기의 목표대로 이뤄낼 수 있겠는가? 또한 어떤 일에 임하든 원대한 안목과 식견으로 그 본연의 의의意義와 이상理想을 향해

나아가야 한다. 그러나 천단淺短한 안목과 식견으로 작은 이익과 소절小節에 연연하며 대의와 대절大節을 홀시한다면, 어찌 큰일을 유의미하게 이뤄낼 수 있겠는가? 특히 예나 지금이나 위정자가 행하는 일체의 정치 행위는 백성들의 삶에 직접적인 영향을 미치는 만큼, 공자의 이러한 가르침은 반드시 명심해야 한다. 만약 정사를 행하는 일정한 원칙과 정사에 임하는 이상적인 자세에 유의하지 않고 데면데면한다면, 그로 인한 후과와 폐해가 실로 막대함은 물론, 때로는 자칫 나라와 백성을 큰 재앙에 빠뜨릴 수도 있음을 알아야 한다.

13-18

섭공이 공자께 아뢰었다. "우리 마을에 올곧은 사람이 있는데, 그의 아버지가 남의 양을 훔치자 아들인 그가 관가에 아버지를 고발하였습니다." 공자께서 말씀하셨다. "우리 마을의 올곧은 사람은 그와는 다릅니다. 그런 경우에도 부모는 자식을 위해 숨기고, 자식은 부모를 위해 숨깁니다. 올곧음이란 바로 그 가운데에 있는 것이지요."

葉公語孔子曰: "吾黨[1]有直躬者,[2] 其父攘[3]羊, 而子證[4]之." 孔子曰:
섭 공 어 공 자 왈   오 당 유 직 궁 자   기 부 양 양   이 자 증 지   공 자 왈
"吾黨之直者異於是[5]: 父爲子隱,[6] 子爲父隱, 直在其中矣."
오 당 지 직 자 이 어 시   부 위 자 은   자 위 부 은   직 재 기 중 의

주석

1 黨(당): 향당鄕黨, 즉 향리鄕里, 고향.

2 直躬者(직궁자): 정직한, 즉 바르고 곧은 사람. 곧 올곧은 사람을 이름.

3 攘(양): 훔침. 이는 형병이 이른 대로, "남의 집 양이 '직궁자' 자기 집으로 들어왔
는데, 아버지가 그것을 취하였다는 말인데〔言因羊來入己家, 父卽取之〕," 다케조에는
그렇게 훔치는 '양攘' 행위는 남한테서 도둑질하는 '도盜'보다는 조금은 가벼운
죄라고 함.

4 證(증): 『설문해자說文解字』에 따르면, 이는 고告, 즉 고발한다는 뜻임. 왕시위엔
에 따르면, 고서에서 증명하다·실증하다의 뜻으로는 일반적으로 '징徵' 자를 씀.

5 是(시): 지시대명사. 이, 그. 곧 섭공 마을의 '직궁자'의 올곧음을 가리킴.

6 隱(은): 숨김, 즉 숨겨줌.

해설

부모와 자식은 천륜으로 맺어진 사이다. 그 때문에 법이나 원칙보다
는 정情과 윤리가 우선이다. 섭공 마을의 경우에, 아들의 고발은 아버
지의 절도 행위가 법적 처벌을 받음으로써 일단락되게 할 수는 있다.
하지만 결국 부자 사이에 가늠할 수 없는 대립과 갈등을 야기하게 될
것이다. 부모에게 허물이 있다면, 자식은 완곡하게 간해(4-18 참조) 부
모가 불의에서 벗어나게 해야 한다. 세상 어느 부모가 자식의 간절한
간언諫言에 자신의 행위를 돌이켜 보지 않겠는가? 그렇게 해서 부모
가 스스로 뉘우치고, 피해자에게 진심 어린 사과와 손해 배상을 한다
면, 부모와 자식은 물론 피해자까지도 큰 불만 없이 원만히 마무리될
수가 있다. 그뿐만이 아니다. 비 온 뒤에 땅이 굳어지는, 더할 나위 없
이 좋은 결과까지 낳을 수도 있다. 올곧음이란 바로 그러한 가운데에
있다는 것이 공자의 뜻깊은 가르침이다.

사실 '부모는 자식을 위해 숨기고, 자식은 부모를 위해 숨기는 것'은
결코 올곧은 행동이 아니다. 그런데도 그 가운데에 올곧음이 있다는

것은 무슨 얘기인가? 예컨대 공자가 「술이편」에서 "거친 밥을 먹고 찬물을 마시며 팔베개하고 누워도 즐거움이 또한 그 가운데에 있나니"(7-16)라고 했는데, '거친 밥을 먹고 찬물을 마시며 팔베개하고 눕는 것'은 결코 즐거운 일이 아니다. 그러니 그것은 본시 즐거움을 추구하고자 한 일이 아니다. 그런데 오히려 그 가운데에 즐거움이 넘친다고 하니, 그 심층적 이치와 논리를 이해할 수 있을 것이다. 주자가 "부자가 서로 숨겨주는 것은 천리天理와 인정人情이 지극함이기 때문에, 올곧음을 추구하지 아니하였는데도 올곧음이 바로 그 가운데에 있게 된 것이다"라고 한 것은 바로 그 같은 맥락의 부연 설명이다.

13-19

번지가 어떻게 해야 인한 것인지를 여쭙자, 공자께서 말씀하셨다. "평소 일상의 용모와 태도는 공손하고 단정하며, 일을 할 때는 삼가고 성실하며, 다른 사람을 대할 때는 충심과 성심을 다하는 것이니, 이는 설령 오랑캐 땅에 가더라도 그대로 하지 않으면 안 된다."

樊遲問仁. 子曰: "居處¹恭,² 執事³敬,⁴ 與人⁵忠, 雖之⁶夷狄,⁷ 不可棄⁸
번지문인 자왈   거처공 집사경 여인충 수지이적 불가기
也."
야

주석

1 居處(거처): 평거平居·연처燕處(연거燕居·한거閑居와 같은 말로, 집에서 편안하고 한가롭게

거처함을 이름). 곧 평상시의 기거起居, 즉 일상생활을 이름.

2 恭(공): 공손恭遜. 주자가 이는 용모를 두고 한 말이라고 함. 곧 용모와 태도가 공손하고 단정함을 이르는 것으로 이해됨.

3 執事(집사): 사무를 집행함, 곧 일을 함.

4 敬(경): 경신敬愼. 주자가 이는 일을 두고 한 말이라고 함. 곧 일을 할 때 삼가고 성실함을 이르는 것으로 이해됨.

5 與人(여인): 대인접물待人接物과 같은 말로, 다른 사람과 교유함, 다른 사람을 대함을 이름.

6 之(지): 감(往).

7 夷狄(이적): 옛날에 각각 동쪽과 북쪽의 이민족을 얕잡아 일컫던 말. 여기서는 이로써 예의禮義를 모르고 문화가 뒤떨어진 오랑캐 지역을 통칭함.

8 棄(기): 버림, 폐기함. 곧 할 일을 하지 않는다는 말로, 앞에서 말한 행인行仁의 세 가지 원칙을 지키지 않음을 이름. '기' 뒤에는 목적어 지之가 생략되어 있음.

해설

『논어』에서 보면, 번지가 공자에게 '문인問仁'한 것은 모두 세 차례로, 이 장 외에는 「옹야편」 20장과 「안연편」 22장에 보인다. 다만 공자의 대답은 모두 달랐는데, 아마도 번지가 질문한 때의 상황과 경우에 맞춰 보다 적합한 설명을 한 것으로 짐작된다.

인은 어떻게 행해야 하는 것일까? 참 막연하다. 하지만 '공恭'·'경敬'·'충忠'의 3대 원칙을 강조한 공자의 가르침은, 누구나 진정으로 하고자 한다면 충분히 할 수 있다는 자신감을 갖게 한다. 일상의 몸가짐이 공손함은 거만하지 않음이요, 처사에 성실함은 태만하지 않음이며, 다른 사람에게 충성함은 심력을 다함이다. 이는 자못 평범한 듯하지만 그 고귀한 의의는 분명 지극하며, '인'의 핵심인 '애인', 즉 사람을 사랑함을 실천하고 구현하는 데에 조금도 부족함이 없다. 따라서 우리는 이 세 가지 행인行仁의 원칙을 "굳게 지켜 실천하며 잊어버리지 않도록(固守而勿失)"(『집주』) 해야 할 것이다.

13-20

자공이 여쭈었다. "어떤 사람이라야 비로소 선비라고 할 수 있습니까?" 공자께서 말씀하셨다. "평소 자신의 행동에 염치를 차리고, 사방 여러 나라에 사신으로 가서도 임금의 명命을 욕되게 하지 않는다면, 진정 선비라고 할 수 있다." 자공이 말했다. "감히 여쭙건대, 그 아래 등급은 어떤 사람입니까?" 공자께서 말씀하셨다. "일가친척들이 모두 그가 부모에게 효성스럽다고 칭찬하고, 마을 사람들이 모두 그가 형제간에 우애한다고 칭찬하는 사람이다." 자공이 또 말했다. "감히 여쭙건대, 다시 그 아래 등급은 어떤 사람입니까?" 공자께서 말씀하셨다. "말은 반드시 신의를 지키려 하고, 행동은 반드시 성과를 내려 하는 사람인데, 그런 이는 외곬으로 고지식한 소인이로다! 하지만 그래도 그다음 등급의 선비라고 할 수 있다." 자공이 다시 여쭈었다. "요즈음 정치인들은 어떻습니까?" 공자께서 말씀하셨다. "아아! 식견도 얕고 도량도 좁은 사람들이 어떻게 그런 축에나 들 수 있겠느냐?"

子貢問曰: "何如斯¹可謂之士²矣?" 子曰: "行己有恥,³ 使⁴於四方,
자 공 문 왈   하 여 사 가 위 지 사 의   자 왈   행 기 유 치   사 어 사 방
不辱君命, 可謂士矣." 曰: "敢問其次." 曰: "宗族⁵稱孝焉,⁶ 鄉黨稱
불 욕 군 명 가 위 사 의   왈   감 문 기 차   왈   종 족 칭 효 언   향 당 칭
弟⁷焉." 曰: "敢問其次." 曰: "言必信, 行必果, 硜硜然⁸小人⁹哉! 抑¹⁰
제 언   왈   감 문 기 차   왈   언 필 신 행 필 과 갱 갱 연 소 인 재 억

亦可以爲次矣." 曰: "今之從政者[11]何如?" 子曰: "噫[12]! 斗筲之
역 가 이 위 차 의   왈   금 지 종 정 자 하 여   자 왈   희   두 소 지

人,[13] 何足[14]算[15]也?"
인   하 족   산   야

주석

1 斯(사): (~해야) 비로소.

2 士(사): 선비. 글공부를 많이 하고 사리事理에 밝아 학식과 덕행을 겸비한 사람으로, 곧 당시의 지식인을 일컬음.

3 行己有恥(행기유치): 자기 행위에 염치를 차림. '행기'는 자신의 행위, 행동. 일설에는 행동을 함에 자기 자신에게의 뜻으로 풀이하는데, 참고할 만함. '유치'는 염치가 있음 또는 염치를 차림. 즉 체면을 차릴 줄 알며 부끄러움을 아는 마음이 있음, 또는 염치를 알아 부끄럽지 않게 행동한다는 뜻으로 이해됨. 여기서 '치'는 염치를 이름.

4 使(사): 출사出使, 즉 사신·사자使者로 나감.

5 宗族(종족): 성姓과 본本이 같은 겨레붙이, 곧 일가친척을 이름.

6 焉(언): 어조사로, 어지於之의 합음자. 그 (사람)에 대해서, 그를 두고.

7 弟(제): 제悌와 같음. 이는 본디 아우가 형을 경애한다는 뜻이나, 형이 아우를 우애한다는 뜻도 아울러 내포한다고 할 수 있음. 따라서 이는 곧 형제간에 우애함을 이르는 것으로 이해됨.

8 硜硜然(갱갱연): 고지식한, 즉 성질이 외곬으로 곧아 융통성이 없는 모양. 완고한, 즉 융통성이 없이 올곧고 고집이 센 모양.

9 小人(소인): 식견과 도량이 얕고 좁아 고지식한 사람을 일컬음.

10 抑(억): 그러나, 그렇지만.

11 從政者(종정자): 정치에 종사하는 사람, 곧 정치인 내지 집정자.

12 噫(희): 탄식하는 소리. 희噫라! 곧 '아아 슬프도다!'라는 뜻으로 매우 애통할 때 하는 말임.

13 斗筲之人(두소지인): 식견이 얕고 도량이 좁은 사람을 비유함. '두'·'소'는 모두 곡식을 담아 그 양을 재는 용기로, 용량이 작은 편임. '두'는 10되들이이고, '소'

는 12되들이임.

14 足(족): 能能과 같음.

15 算(산): 헤아림. 곧 ~라고 침·간주함, ~ 축에 듦을 이름.

해설

『논어』를 통해 볼 때, 공자가 생각하는 진정한 '선비'는 물질적 욕망은 기꺼이 떨쳐버린 채, 오로지 인도仁道의 추구와 구현에 뜻을 두고 일로매진하는 사람이다. 예컨대 공자가 「이인편里仁篇」에서 말한 "선비가 도에 뜻을 두었으면서 낡은 옷과 거친 음식을 부끄럽게 여긴다면, 아직은 그와 도를 논할 만하지 않다"(4-9)거나, 「헌문편」에서 말한 "선비로서 안락한 삶에 연연한다면 선비라고 하기에는 부족함이 있다"(14-3)는 것과 같다. 또한 증자가 「태백편泰伯篇」에서 "선비는 포부가 크고 의지가 굳세지 않으면 안 되나니, 맡은 책임은 무겁고 갈 길은 멀기 때문이다. 선비는 인도의 실행을 자신의 임무로 삼거니, 그 책임이 어찌 무겁지 않겠는가? 또한 죽은 뒤에야 맡은 바 임무를 그만두거니, 그 길이 어찌 멀지 않겠는가?"(8-7)라 함은 선비의 일생 최대의 염원과 포부는 인도를 널리 발양·고양함에 있음을 더욱 잘 말해준다.

공자는 여기서는 또 선비가 반드시 갖춰야 할 품성과 자질을 보다 구체적으로 제시하며 강조했다. 이른바 선비의 이상 형상은, 높은 도덕 수양 위에 재학才學을 겸비한 사람이다. 덕성은 갖췄으나 재능이 부족한 사람은 그다음이요, 언행에 뛰어난 면은 있으나 작은 신의와 작은 충성에 집착하는 사람은 다시 그다음 등급의 선비다. 하지만 노나라 '삼환三桓'(3-2 주석 1 참조) 같은 세도勢道 정치가들은 실로 비루한 무리들로, 감히 어떤 유형의 선비 축에도 들지 못한다는 게 공자의 평가이다. 이렇듯 공자는 당시 무도하고 무례한 집정자에 대해 신랄한 비판과 엄중한 경고를 서슴지 않았다. 한 나라에서 정치인들의 역할과 책무는 그야말로 중차대하다. 하지만 예나 지금이나 그들의 품성과 자질에 문제가 너무 많으니, 어찌 통탄하지 않을 수 있겠는가?

13-21

공자께서 말씀하셨다. "만약 중용의 도를 받들어 행하는 인재를 얻어 도를 전수하지 못한다면, 반드시 과격한 인재나 고집 센 인재에게 도를 전수하리라! 왜냐하면 과격한 사람은 진취적인 데가 있고, 고집 센 사람은 도의에 어긋나는 일은 하지 않기 때문이다."

子曰: "不得中行¹而與之,² 必也狂狷³乎! 狂者進取, 狷者有所不爲⁴
자 왈   부 득 중 행 이 여 지   필 야 광 견 호   광 자 진 취   견 자 유 소 불 위
也."
야

주석

1 中行(중행): 중용의 도를 받들어 행하여 처신·처사에 지나치거나 미치지 못함이 없는 사람.

2 與之(여지): 그에게 줌. 곧 그에게 도를 전수함을 이름. '여'는 수여授與함, 줌(予). 이는 또 더불어 하다, 함께하다의 뜻으로도 이해할 수 있으나, "대개 성인은 본디 중도를 행하는 인재를 얻어 가르치려고 한다(蓋聖人本欲得中道之人而敎之)"는 주자의 설명에서 드러나듯이, 위와 같이 이해함이 옳음.

3 狂狷(광견): 광자狂者와 견자狷者. 주자가 이르기를, '광자'는 뜻은 지극히 높으나 행동이 그에 미치지 못하고, '견자'는 지견知見·식견은 부족한데 그것을 지킴은 아주 확고하다고 함. 다시 말하면 '광자'는 지향이 높고 크지만 하는 행동이 왕왕 광망狂妄하고 얽매이거나 거침이 없는 사람이고, '견자'는 사고思考와 절조가 강직한 데다 그것을 고지식하게 지키는 사람이라 할 것임. 결국 전자는 과격한 인재요, 후자는 고집 센 인재라고 할 수 있음.

4 有所不爲(유소불위): 하지 않는 바가 있음. 곧 도의에 벗어나는 일은 하지 않는다는 말임.

해설 ───────────────────────────

중용의 덕을 갖춘 이는 그 심성이나 언행이 편향되지 않고, 지나치거나 모자람이 없는 아주 훌륭한 인재다. 공자는 평소 그 같은 제자에게 고대 성군의 뜻을 계승한 당신의 도통道統을 전수해, 후세에 길이길이 전해지고 또 더욱 창성할 수 있기를 바랐다. 하지만 현실 사회에서 그러한 인재를 만나기는 대단히 어려웠다(공자 제자 가운데에는 안회만이 그런 인재라고 할 수 있었으나, 안타깝게도 요절함). 그래서 공자가 차선의 인재 형상으로 과격한 이와 고집 센 이를 거론한 것이다. '과격한 인재(狂者)'는 포부가 높고 크며 진취적인 기상이 강해 왕왕 중용을 넘어서고, '고집 센 인재(狷者)'는 절개가 곧고 굳으며 완고히 자존自尊해 왕왕 중용에 미치지 못한다. 하지만 전자는 일정한 성취가 있고, 후자는 꿋꿋이 지킴이 있으므로, 여전히 유용한 인재로서 손색이 없다는 것이다. 공자의 현실 인식과 지인지명知人之明에 감탄이 절로 난다.

13-22

공자께서 말씀하셨다. "남방 사람들이 하는 말에, '사람이 한결같은 마음이 없으면, 무술巫術로 병을 고치는 의원 노릇도 할 수가 없다'고 했는데, 참으로 맞는 말이로다!" 『수역』에서도 말했다. "사람이 그 덕행이 늘 한결같지 않으면, 혹여 그로 인해 치욕을 당할지도 모른다." 공자께서 다시 말씀하셨다. "한결같은 마음이 없는 사람은 분명 흉凶할 수밖에 없으니, 굳이 점을 쳐볼 필요도 없도다."

子曰: "南人¹有言曰: '人而²無恒,³ 不可以作巫醫.⁴ 善夫⁵!" "不恒
자 왈   남 인 유 언 왈   인 이 무 항   불 가 이 작 무 의   선 부   불 항
其德, 或承之羞.⁶" 子曰: "不占而已矣.⁷"
기 덕   혹 승 지 수   자 왈   부 점 이 이 의

주석 ────────────────────────────────────

1 南人(남인): 남방南方 사람, 남쪽 나라 사람.
2 而(이): 2-22 주석 1 참조.
3 恒(항): 항심恒心, 즉 한결같은 마음.
4 巫醫(무의): 고대에는 매우 천한 신분이었던 의원醫員은 대개 무술(무당의 술법)로 병을 치료했으며, 그런 사람을 일컬어 '무의'라고 함. 따라서 이를 흔히 무당과 의원 두 부류의 사람을 지칭하는 것으로 풀이하는 것은 잘못임.
5 夫(부): 감탄의 어조사.
6 "不恒(불항)…" 2구: 이는 『주역周易』 「항괘恒卦」의 구삼九三 효사爻辭임. '불항기덕不恒其德'은 '기덕불항其德不恒'의 도치로 이해하거나, '항'을 사역동사로 보아 '사기덕항使其德恒', 즉 그 덕행을 한결같게 함의 뜻으로 이해할 수 있음. '혹승지수或承之羞'에서 '혹'은 혹여或如, 어쩌면, 아마도의 뜻이고, '승지'는 그것을 이어받아서, 곧 그로 인해서의 뜻이며, '수'는 동사로, 수치·치욕을 당한다는 뜻임.
7 不占而已矣(부점이이의): 이는 『주역』에서는 "혹여 그로 인해 치욕을 당할지도

154

모른다"고 했지만, 공자의 생각으로는 항심이 없는 사람은 흉할 게 분명하므로, '굳이 점을 쳐볼 필요도 없다'는 말임. 따라서 원문에는 명시적으로 표현되어 있지 않으나 행간에 함축된 "항심이 없는 사람은 분명 흉할 수밖에 없으니"라는 의미를 드러내어 역문에 보충함. '이이의'는 ~뿐임, 따름임의 뜻으로, 여기서는 앞말의 단정적인 어조를 강화함.

해설

사람은 항심과 항덕恒德이 있어야 한다. 그래야 일정한 성취도 있고, 또 치욕을 당하는 일도 없을 것이다. 이는 인생의 자명한 이치다.

13-23

공자께서 말씀하셨다. "군자는 다른 사람과 잘 조화하지만, 부화뇌동하지는 않는다. 반면 소인은 다른 사람과 부화뇌동하지만, 잘 조화하지는 않는다.

子曰: "君子和¹而不同,² 小人同而不和."
자 왈   군 자 화 이 부 동   소 인 동 이 불 화

주석

1 和(화): 이를 주자는 어그러지고 틀어진 마음이 없는 것이라고 함. 곧 성품과 행실이 중정中正하고 온화해 다른 사람과 잘 조화(서로 잘 어울림)·융화(서로 어울려 갈등이 없이 화목하게 됨)함을 이름.
2 同(동): 이를 주자는 남에게 아첨하며 따르는 뜻이 있는 것이라고 함. 곧 성품과 행실이 편파偏頗하고 사리私利를 탐하여 왕왕 다른 사람의 말과 뜻에 맞장구치

는 것으로, 흔히 말하는 부화뇌동함을 이름.

이 장은 「위정편」의 "군자는 두루 융화하나 사사로이 결탁하지 않고, 소인은 사사로이 결탁하나 두루 융화하지 않는다"(2-14)나 이 편의 "군자는 편안하고 여유로우나 교만 방자하지 않고, 소인은 교만 방자하나 편안하고 여유롭지 못하다"(13-26)와 그 어세語勢가 흡사하다.

　여기서 이른바 '화和'는 간단히 말해 다른 사람과 잘 조화함을 이른다. 이는 곧 사람의 생각과 견해의 다양성, 즉 사람은 어떤 문제에 대해 서로 다른 생각을 할 수 있음을 긍정하는 데에서 출발한다. 그리하여 피차간 서로 다른 생각의 균형과 상보相補를 추구함으로써 궁극적으로 다양성의 조화와 통일을 이룩하는 것이다. 그렇게 되면 사람들의 생각과 견해는 더욱 부단히 발전하고, 더욱 무성히 분출해 보다 나은 지향을 향해 나아갈 수 있는 중지衆智를 모으고 동력을 기르게 된다. 반면 이른바 '동同'은 간단히 말해 다른 사람과 부화뇌동함을 이른다. 이는 곧 사람의 생각과 견해의 다양성을 부정하는 데에서 출발한다. 그리하여 피차간 생각과 견해가 꼭 같기를 강요함으로써 궁극적으로 다양성이 무시된 무조건적 옹호와 지지를 달성하는 것이다. 그렇게 되면 사람들의 보다 다양하고, 보다 참신한 생각과 견해는 근본적으로 차단되고 오로지 사사로운 독단과 아집으로 점철된 탐욕의 길로 치달을 뿐이다.

　형병이 말했다. "군자는 마음이 조화롭지만 그 생각과 견해는 각기 다르기 때문에, 공자께서 군자는 다른 사람과 부화뇌동하지는 않는다고 한 것이요, 소인은 즐기고 좋아하는 것이 다 같지만 그들은 각기 사사로운 이익을 다투기 때문에, 공자께서 소인은 다른 사람과 잘 조화하지는 않는다고 한 것이다(君子心和, 然其所見各異, 故曰不同. 小人所嗜好者則同, 然各爭利, 故曰不和)." 군자는 조화로운 마음의 소유자로서 "어그러지고 틀어진 마음이 없기(無乖戾之心)"(『집주』) 때문에 항시 다른 사람과 보다 조화롭고 우호적인 관계를 유지해나간다. 하지만 그 처신·처사는 분명한 원칙에 입각하며 결코 자신이 다른 사람에게 부화뇌동하지 않을 뿐만 아니라, 특정한 문제에 대해 다른 사람에게 자신의 견해와 같기를 강구强求하지도, 강요하지도 않는다. 반면 소인은 특정한 문제에 대해, 타인의 심리에 영합하거나 타인의 생각에 부화附和하며 겉으로는 대단히 친밀하다. 하지만 내심으론 오히려 각기 꿍꿍이가 따로 있으며 심지어 "상대방에 대한 원한을 감추고 그 사람과 벗하"(5-25)기도 한다. 그러니 그들은 결코 진정으로 상대방에 대해 조화롭거나 우호적인 의식이나 태도를 유지하지는 않는다. 군자와 소인의 위인爲人은 이처럼 천양지차天壤之差이다. 따라서 우리는 반드시 사람의 됨됨이를 알아보는 혜안을 길러야 한다.

13-24

자공이 여쭈었다. "온 마을 사람들이 다 어떤 이를 좋아한다면, 그 사람은 어떻습니까?" 공자께서 말씀하셨다. "그것만으론 그가 좋은 사람이라고 할 수 없다." "온 마을 사람들이 다 어떤 이를 미워한다면, 그 사람은 어떻습니까?" 공자께서 말씀하셨다. "그것만으론 그가 나쁜 사람이라고 할 수 없다. 차라리 온 마을의 선한 사람들이 다 그를 좋아하고, 온 마을의 선하지 않은 사람들이 다 그를 미워한다면, 오히려 그는 분명 좋은 사람이라고 할 수 있을 것이다."

子貢問曰: "鄉人皆好之,¹ 何如?" 子曰: "未可也." "鄉人皆惡之,²
자 공 문 왈   향 인 개 호 지   하 여   자 왈   미 가 야   향 인 개 오 지

何如?" 子曰: "未可也. 不如³鄉人之善者好之, 其不善者惡之."
하 여   자 왈   미 가 야   불 여   향 인 지 선 자 호 지   기 불 선 자 오 지

주석

1 好之(호지): 어떤 사람을 좋은 사람이라고 함, 좋은 사람이라고 좋아함. '호'는 동사로 쓰임. '지'는 어떤 사람을 가리킴.
2 惡之(오지): 어떤 사람을 나쁜 사람이라고 함, 나쁜 사람이라고 미워함.
3 不如(불여): ~하는 것만 못함. 이는 차라리 ~하면 오히려 판단하기가 낫다는 말로, 곧 ~하는 경우라면 오히려 그는 분명 좋은 사람이라고 할 수 있음을 이름. 그러므로 원문에 명시되어 있지는 않으나, 행간에 함축된 이 같은 뜻을 역문에 드러내어 덧붙임.

해설

사람에 대한 평가는 신중해야 한다. 특히 여론을 맹종해서는 안 된다. 공자가 「위영공편」에서 "뭇사람이 다 그를 미워한다고 해도 반드시 자세히 살펴볼 것이요, 뭇사람이 다 그를 좋아한다고 해도 반드시 자세히 살펴볼 것이다"(15-28)라고 한 것은 바로 그 때문이다. 공자는 또 「이인편」에서 "오직 인한 사람만이 사람을 좋아하고, 또 사람을 미워할 수 있다"(4-3)고 했다. '온 마을 사람들'이든 '뭇사람'이든 그 모두

가 인한 사람일 리는 없다. 그러니 그 모든 사람들의 호오好惡로는 한 사람의 선악 여부를 공정무사하게 판명하기가 어렵다. 그래서 공자는 "차라리 온 마을의 선한 사람들이 다 그를 좋아하고, 온 마을의 선하지 않은 사람들이 다 그를 미워한다면" 오히려 판단하기가 낫다는 뜻을 표명했다. 왜냐하면 전자라면 그는 필시 좋은 사람일 것이고, 후자라면 그는 아마도 나쁜 사람은 아닐 것이기 때문이다. 아무튼 누구나 사람을 평가할 때는 각기 나름의 기준에 따른다. 하지만 사람에 대한 평가는 개인적인 기준이 아니라 대상자의 선악 여부 그 자체를 공정무사하게 판별할 수 있는 보다 객관적인 기준과 안목에 의거하도록 해야 한다.

13-25

공자께서 말씀하셨다. "군자는 섬기기는 쉬우나, 기쁘게 하기는 어렵다. 군자를 기쁘게 할 때는 올바른 방식으로 하지 않으면 기뻐하지 않는다. 또한 군자가 사람을 부릴 때는, 그 사람의 기량을 헤아려 알맞은 일을 맡긴다. 소인은 섬기기는 어려우나, 기쁘게 하기는 쉽다. 소인을 기쁘게 할 때는 설사 올바른 방식으로 하지 않더라도 기뻐한다. 또한 소인이 사람을 부릴 때는, 누구에게나 만능이기를 바란다."

子曰: "君子易事¹而難說²也. 說之不以道,³ 不說也; 及⁴其⁵使人⁶也,
자왈   군자이사 이난열 야 열지불이도 불열야 급 기 사인 야
器之.⁷ 小人難事而易說也. 說之雖⁸不以道, 說也; 及其⁹使人也, 求
기지   소인난사이이열야 열지수 불이도 열야 급기 사인야 구

備¹⁰焉.¹¹"
비   언

주석

1 事(사): 봉사奉事, 즉 (웃어른을) 받들어 섬김. 일설에는 이를 (군자 밑에서 함께) 일한 다는 뜻으로 풀이하나, 그 의미는 '섬긴다'는 말에 본디 내포되므로 적절치 않음.

2 說(열): 열悅과 같음. 기쁨. 여기서는 사역동사로, 기쁘게 함.

3 道(도): 정도正道, 정당한·올바른 방식.

4 及(급): ~에 이름. 곧 ~할 때는, ~함에 있어서는의 뜻을 나타냄.

5 其(기): 군자를 가리킴.

6 使人(사인): 사람을 부림, 사람에게 일을 시킴.

7 器之(기지): 그 사람의 기량을 헤아려 일을 시킴. '기'는 여기서는 동사로, 그릇을 쓸 때 그 크기나 용도에 맞추듯이, 사람을 부릴 때 그 재능과 특장에 맞게 적절 한 임무를 맡긴다는 뜻을 나타냄. '지'는 부림을 받는 사람을 가리킴.

8 雖(수): 설사, 설령.

9 其(기): 소인을 가리킴.

10 求備(구비): 완비完備·완벽完璧을 요구함. 곧 만능, 즉 모든 일에 다 능통하거나 모든 일을 다 할 수 있기를 바람을 이름.

11 焉(언): 어지於之의 합음자. 그 사람에 대해, 그 사람에게.

해설

군자는 마음가짐이 한껏 공정해 처신·처사에 사사로움이나 그릇됨 이 없다. 또한 사람은 완전한 존재가 아니며 사람마다 기량의 차이가 있음을 아는 까닭에, 각기 제 기량을 마음껏 발휘할 수 있도록 이끌어 주는 등 사람을 대함에 관대함이 넘친다. 그렇기 때문에 윗사람이 군 자이면 섬기기가 쉽다. 하지만 군자는 교언영색巧言令色하며 아첨하는 사람을 몹시 싫어한다. 군자가 좋아하는 것은 진심이요, 충정忠情이요, 도의이니, 군자를 기쁘게 하기는 쉽지 않다. 소인은 이와 정반대로, 식견이 천단하고, 도량이 협소한 데다 견리망의見利忘義, 즉 이로운 것을 보면 사리사욕에 눈이 어두워 도의도 쉬이 저버리고, 정의도 나 몰라라 하는 인물이다. 그러니 "섬기기는 어려우나, 기쁘게 하기는 쉽다"는 데에 절로 고개가 끄덕여진다.

13-26

공자께서 말씀하셨다. "군자는 편안하고 여유로우나 교만 방자하지 않고, 소인은 교만 방자하나 편안하고 여유롭지 못하다."

子曰: "君子泰¹而不驕,² 小人驕而不泰."
자 왈   군자태 이불교   소인교이불태

주석

1 泰(태): 태연자약泰然自若함. 여기서는 곧 태도가 편안하고 여유로움을 이름.
2 驕(교): 교오驕傲, 즉 태도가 교만하고 방자함.

해설

군자는 사사로운 욕망보다는 도리와 순리를 따르며 사람을 인애하니, 하늘을 우러르고 땅을 굽어보아 부끄럽거나 두려울 게 없다. 반면에 소인은 무도한, 즉 말이나 행동이 인간으로서 지켜야 할 도리에 어

굿나서 막된 데다, 내심에는 사욕으로 가득 차 환득환실患得患失, 즉 명리名利 따위를 얻기 전에는 그것을 얻으려고 걱정하고, 얻은 후에는 그것을 잃지 않으려고 걱정하며 전전긍긍한다. 공자의 이 말은 물론이거니와 「술이편」에서 "군자는 마음이 평온하고 너그럽지만, 소인은 늘 불안하고 근심 걱정에 싸여 있다"(7-37)라고 한 것 역시 같은 견지의 일깨움이다.

13-27

공자께서 말씀하셨다. "강직함과 과감함, 질박함, 어눌함은 모두 인에 가깝다."

子曰: "剛¹毅²木³訥⁴近仁."
자 왈   강 의 목 눌 근 인

주석

1 剛(강): 강직함.
2 毅(의): 과의果毅함, 즉 굳세고 결단성이 있음. 곧 과감함을 이름. 이를 흔히 의연함, 즉 의지가 굳세어서 끄떡없다는 뜻으로 풀이하나, 의미상 거리가 있음.
3 木(목): 이는 나무의 속성을 들어 사람의 성정이 질박하고 돈후함을 비유해 이름.
4 訥(눌): 말이 어눌하지만 한없이 신실함을 이름.

해설

강직함은 마음이나 의지가 굳세고 곧아서 흔들리거나 굽힘이 없는 것이니, 곧 사사로운 욕심이 없음이다. 과감함은 행동에 과단성이 있고 용감한 것이니, 곧 견의용위見義勇爲, 즉 의로운 일을 보면 용감히 나서서 행함이다. 질박함은 성정이 꾸밈없이 수수하면서도 돈후한 것이요, 어눌함은 말을 유창하게 하지는 못하나 신실한 것이다. 그러니 이 네 가지가 모두 인덕의 실질이라는 데에 이론의 여지가 없다.

13-28

자로가 여쭈었다. "어떤 사람이라야 선비라고 할 수 있습니까?" 공자께서 말씀하셨다. "친구 간에 서로 더불어 절차탁마하며 진심으로 면려勉勵하고, 형제간에 서로 화목하며 즐겁게 지내면 진정 선비라고 할 수 있다. 사람은 친구 간에는 서로 절차하며 면려하고, 형제간에는 서로 화목하며 즐겁게 지내야 한다."

子路問曰: "何如斯可謂之士矣?" 子曰: "切切偲偲,¹ 怡怡如²也,
자 로 문 왈   하 여 사 가 위 지 사 의   자 왈   절 절 시 시   이 이 여 야
可謂士矣. 朋友切切偲偲, 兄弟怡怡."
가 위 사 의   붕 우 절 절 시 시   형 제 이 이

주석

1 切切偲偲(절절시시): 친구 사이에 서로 진심으로 절차切磋하고 면려함을 이름. 주자는 호인의 말을 빌려 '절절'은 간곡히 이르는 것이요, '시시'는 자상히 권면하는 것이라고 함.
2 怡怡如(이이여): 화열和悅, 즉 화목하고 즐거운 모양.

앞 13-20장에서 자공이 같은 질문을 했을 때, 공자는 높은 도덕 수양 위에 재학을 겸비한 사람이야말로 진정 이상적인 선비임을 천명했다. 무릇 선비란 중대한 국가 사회적 책무와 역사적 사명을 감당해야 하며, 따라서 스스로 견인불발堅忍不拔, 즉 굳게 참고 견뎌 마음이 전혀 흔들리지 않는 노력을 기울여야 함은 물론, 의기투합하는 동지同志와도 함께 분투해야 하며, 또한 가족과 친지의 적극적인 이해와 지지가 있어야 한다. 공자는 필시 바로 그 같은 견지에서, '자로에게 부족한 점을 겨냥해'(호인의 말) 형제나 벗은 인생 역정에 있어서 누구보다도 각별한 사이인 만큼, 특히 서로가 서로에게 힘이 되고 의지가 되면서 매양 화목하고 즐겁게 교유해야 함을 역설한 것으로 이해된다.

13-29

공자께서 말씀하셨다. "선한 사람이 7년 정도 백성을 교화하면, 나라를 지키는 전쟁에 기꺼이 나가게 할 수 있다."

子曰: "善人敎民七年, 亦可以卽戎¹矣."
자 왈　 선 인 교 민 칠 년　 역 가 이 즉 융 의

주석

1 卽戎(즉융): 종융從戎, 종군從軍, 즉 군대에 나가 전쟁에 참여함. '즉'은 나아감. '융'은 군대, 무기. 또 전쟁을 이름.

위정 치국의 일은 성인군자가 아니라도, 최소한 심성이 선한 사람이 해야 한다. 여기서 '백성을 교화함'을 주자는 효제충신孝悌忠信(부모에 대한 효도, 형제끼리의 우애, 나라에 대한 충성, 벗 사이의 믿음)의 행실과 농사에 힘쓰고, 무예를 강마講磨하는 법을 가르치는 것이라고 했다. 아무튼 백성들이 일정 기간 그러한 교화를 받으면, 기본적인 윤리와 도의를 알게 되어 국가 사회적 책임과 임무까지도 인식할 수 있을 것이다. 오늘날 우리 사회에는 개인주의를 넘어 이기주의가 만연해가는 가운데, 진정 공정무사한 선인 군자 같은 지도자를 찾아보기 어렵다. 하지만 그럼에도 불구하고 우리는 희망의 끈을 놓아서는 안 될 것이다.

13-30

공자께서 말씀하셨다. "가르치지도 않은 백성들을 동원해 전쟁을 하는 것은 곧 그들을 버리는 것이나 마찬가지다."

子曰: "以¹不敎民²戰, 是謂棄之.³"
자 왈   이 불 교 민 전 시 위 기 지

주석

1 以(이): 용用과 같은 뜻으로, 씀. 곧 (전쟁에 백성들을) 동원함을 이름.

2 不敎民(불교민): '불교지민不敎之民'의 뜻으로, 가르치지 않은·훈련하지 않은 백성을 이름.

3 棄之(기지): 그들을 버림. 곧 백성들을 애호하거나 긍휼하지 않음을 이름. '기'는

버림, 포기함. '지'는 백성을 가리킴.

이 장과 앞 장은 모두 공자의 인심仁心·인덕 사상이 군사·전쟁 방면에 나타내는 공효를 강조했다. 전쟁은 인명의 대량 살상이 불가피한, 잔혹하기 그지없는 정치·외교적 행위다. 따라서 공자는 각국 사이의 모순과 갈등을 가능한 한 전쟁이 아닌 다른 방식으로 해결할 것을 권고했다. 「위영공편」에서 위衛나라 영공이 전쟁터에서 진陣을 치는 방법을 물었을 때, 공자는 제례祭禮라면 몰라도 군사 문제에 관해서는 아는 바가 없다는 말로 언짢은 반응을 보였고, 이튿날 바로 위나라를 떠났다.(15-1 참조) 그것은 물론 당신의 소신과 맞지 않았기 때문이다.

사실 현실 사회에서 전쟁을 완전히 피할 수만도 없는 노릇이다. 그러므로 공자도 나라를 지키기 위한 '정의로운 전쟁正義之戰'은 반대하지 않았다. 다만 통치자는 전쟁을 함부로 해서는 안 된다. 부득이 전쟁을 해야 한다면, 반드시 백성들을 미리 잘 교화하고 훈련해 고귀한 생명을 헛되게 잃지 않도록 해야 한다. 공자가 여기서 분노에 찬 어조로, 통치자가 사람 목숨을 초개草芥같이 여겨 숙련되지 않은 백성들을 마구 전쟁에 투입함은, 곧 그들을 버리는 것이나 마찬가지라며 목청을 높인 것은 바로 그 같은 인심과 인덕의 발로이다.

제14편

헌문

憲問

「헌문편」은 모두 45장으로 나뉘며(주자의 『집주』에서는 47장으로 나눴고, 유보남의 『정의』에서는 44장으로 나눔), 대체로 제후와 대부 등 일단의 역사 인물에 대한 공자의 평론을 비롯해, 덕행·재능·수신修身 등의 방면에 대한 논술, 그리고 공자에 대한 당시 사람들의 비평을 수록했다.

14-1

원헌이 어떤 것이 수치스러운 일인지를 여쭙자, 공자께서 말씀하셨다. "나라에 바른 도가 행해질 때에도 하는 일 없이 녹봉만 받아먹고, 나라에 바른 도가 행해지지 않을 때에도 하는 일 없이 녹봉만 받아먹는 것은 모두 수치스러운 일이다."

憲¹問恥. 子曰: "邦有道, 穀²; 邦無道, 穀, 恥也."
헌 문 치 자 왈   방 유 도 곡   방 무 도 곡 치 야

주석 ────

1 憲(헌): 원헌原憲. 공자의 제자 원사原思. 6-3 주석 16 참조.
2 穀(곡): 곡식. 곧 녹봉을 이름. 옛날에는 벼슬아치에게 녹봉으로 곡식·미곡米穀을 주었기 때문에 이같이 이른 것임.

공자는 「태백편」에서도 이렇게 말했다. "천하에 바른 도가 행해지면 세상에 나와 벼슬하고, 천하에 바른 도가 행해지지 않으면 세상을 피해 몸을 숨겨야 한다. 나라에 바른 도가 행해지는데도 빈천한 것은 부끄러운 일이고, 나라에 바른 도가 행해지지 않는데도 부귀한 것 또한 부끄러운 일이다."(8-13) 모름지기 벼슬아치는 그 직분을 다해 나라의 번영과 백성의 행복에 공헌해야 한다. 특히 '방유도邦有道'의 치세治世에는 더더욱 세상에 나와 벼슬을 하며 유의미한 역할과 기여를 하도록 최선을 다해야 한다. 또한 천하무도天下無道의 난세에는 각고의 노력으로 국가 사회가 바른 길로 나아갈 수 있도록 계도하며 헌신해야 한다. 만약 그것이 여의치 않다면 차라리 물러나 은거하며 홀로 덕성을 닦으면서 때를 기다려야 한다. 절대로 무도한 군주나 그 일당에게 동조하고 협조하면서 자리를 지키고 있어서는 안 된다. 결국 치세든 난세든 제대로 된 역할은 하지도 않으면서 자리만 차지하고 녹봉만 받아먹는 것은 더없이 부끄러운 일이다.

14-2

누군가가 말했다. "어떻게든 남을 이기려 하고, 자신을 과시하며, 남을 원망하고, 스스로 탐욕을 부리는 마음이 일어나지 않게 한다면 인하다고 할 수 있다." 공자께서 말씀하셨다. "그것은 분명 하기 어려운 것이라고 할 수 있다. 하지만 그게 인한 것인지 아닌지는 나도 잘 모르겠다."

"克¹伐²怨³欲⁴不行⁵焉,⁶ 可以爲仁矣.⁷" 子曰: "可以爲難⁸矣, 仁則吾
극 벌 원 욕 불 행 언   가 이 위 인 의   자 왈   가 이 위 난 의   인 즉 오

不知也."
부 지 야

주석

1 克(극): 이를 주자는 '호승好勝', 즉 남과 겨루어 이기기를 좋아하는 것이라고 함.
   곧 호승지벽好勝之癖·승벽이 강함을 이름.

2 伐(벌): 이를 주자는 '자긍自矜', 즉 스스로 자랑하는 것이라고 함. 곧 자신을 과시
   함을 이름.

3 怨(원): 이를 주자는 '분한忿恨', 즉 성을 내며 원망하는 것이라고 함.

4 欲(욕): 이를 주자는 '탐욕貪欲', 즉 탐욕을 부리는 것이라고 함.

5 不行(불행): '극벌원욕克伐怨欲'의 마음을 억제하고 극복해 실제 행동으로 표출되
   지 않게 함을 이름.

6 焉(언): 어지於之의 합음자. (어떤 사람) 그에게 (있어).

7 "克伐(극벌)…" 2구: 황간의 『의소』에서는 이 또한 원헌의 질문이라는 판단하에
   이 장과 앞 장을 합쳐 한 장으로 묶음. 주자의 『집주』에서는 이 장과 앞 장을 두
   장으로 나누었으나, 이 구절이 원헌의 질문이라는 견해를 덧붙임. 하지만 다케
   조에의 『회전會箋』에 보이는 일설에서는 "'극벌원욕克伐怨欲' 2구는 당시에 있던
   말인데, 공자가 그 말을 평한 것이다. 그러므로 『논어』를 기록 편찬한 사람이 먼
   저 그 두 구절을 거론한 것이다. '의矣' 자를 보면, 이 두 구절이 결코 원헌이 질문
   한 말이 아니라는 것을 알 수 있다(克伐怨欲二句, 當時有斯言, 而夫子評之. 故記者先擧是
   二句也. 看矣字可知決非憲之問辭)"라고 했는데, 아주 일리가 있는 견해로 따를 만함.
   사실 '가이위인의可以爲仁矣'와 '가이위난의可以爲難矣'는 똑같은 문형으로 의문문
   이 아니라 긍정문임. 또한 『논어』에서 당시 사람들의 말을 먼저 거론한 다음, 공
   자의 논평을 덧붙인 예는 이뿐만이 아님.

8 難(난): 어려움. 또 어려운 일. 여기서는 곧 참으로 하기 어려워 매우 값진 일이라
   는 말임.

대개 남을 이기기를 좋아하거나 스스로 자랑하고 과시함은 자신을 타인과 비교하는 심리의 표출이요, 남을 원망하고 탐욕을 부림은 득과 실을 따지는 심리의 표출이다. 그런 사사로운 감정과 욕심은 내심에 깊이 자리하고 있다가 급작스럽게 분출되는 경우가 많다. 따라서 그 같은 마음을 억제해 분출되지 않게 함은 분명 하기 어렵고, 또 그래서 값진 일이다. 하지만 그렇다고 그것을 "자기가 입신하고자 하면 남도 입신하게 하고, 자기가 통달하고자 하면 남도 통달하게 하며"(6-28) "자기가 하기 싫은 것은 다른 사람에게도 하게 하지 않는"(12-2, 15-24) 인자仁者의 마음가짐이라고 하기에는 미흡하다는 게 공자의 생각이다. 우리 모두가 인덕을 닦는 데에 쉼 없이 정진 또 정진해야 하리라.

14-3

공자께서 말씀하셨다. "선비로서 안락한 삶에 연연한다면 선비라고 하기에는 부족함이 있다."

子曰: "士而懷居,¹ 不足以爲士矣."
자 왈   사 이 회 거   부 족 이 위 사 의

1 懷居(회거): 안락한 삶의 향유에 연연함. 곧 적극적이고 진취적인 기상과 원대한

포부가 없음을 두고 이름. '회'는 생각함, 그리워함. 곧 연연함을 이름. '거'는 안거安居, 즉 (집에서) 아무 탈 없이 평안히 지냄.

공자는 「이인편」에서도 이렇게 말했다. "선비가 도에 뜻을 두었으면서 낡은 옷과 거친 음식을 부끄럽게 여긴다면, 아직은 그와 도를 논할 만하지 않다(士志於道, 而恥惡衣惡食者, 未足與議也)."(4-9) 참된 선비라면 응당 가슴에 높고 원대한 이상과 포부를 품고 그 실현을 위해 일로매진해야 한다. 「이인편」에서 말한 악의악식惡衣惡食', 즉 낡은 옷에 거친 음식으로 궁핍한 삶을 사는 것과 상반되는 것은 곧 '호의호식好衣好食' 내지 '금의옥식錦衣玉食', 즉 비단 옷에 흰쌀밥으로 호화스럽고 사치스러운 삶을 사는 것이리라. 하지만 선비가 제세구민의 막중한 책무는 저버린 채 그저 안락한 삶의 향유에 연연하며 개인적인 부귀영화만을 좇는다면, 어찌 명실상부한 선비라 할 수 있겠는가? 오늘날 우리의 가정교육과 학교교육의 지향은 과연 무엇인지 너나없이 깊이 되돌아볼 일이다.

14-4

공자께서 말씀하셨다. "나라에 바른 도가 행해질 때는 말도 바르고 지조 있게 하고 행동도 바르고 지조 있게 하며, 나라에 바른 도가 행해지지 않을 때는 행동은 바르고 지조 있게 하되 말은 겸손하고 신중하게 해야 한다."

子曰: "邦有道, 危言¹危行²; 邦無道, 危行言孫.³"
자 왈   방유도 위 언 위 행   방무도 위 행 언 손

주석

1 **危言**(위언): 말을 곧고 바르게 함, 지조 있게 함. '위'를 주자는 '고준高峻', 즉 높고
  험함이라 했으니, '위언'은 곧 말을 일반적인 수준보다 높은 격조를 띠고 지조 있
  게 함을 이르는 것으로 이해됨. 또 『광아廣雅』에서는 '정正', 즉 바름이라 했으니,
  '위언'은 곧 말을 올곧게 함을 이르는 것으로 이해됨.
2 **危行**(위행): 행동을 올곧고 지조 있게 함.
3 **孫**(손): 손遜과 같음. 주자는 '비순卑順', 즉 낮추고 유순柔順함이라고 함. 곧 겸손
  하고 삼감(신중함)을 이르는 것으로 이해됨.

해설

사람은 정국의 변화에 따라 처세를 달리해야 한다. 정치 청명淸明의
시대에는 올곧고 지조 있는 말과 행동을 하며 마음껏 재능과 지혜를
펼쳐야 한다. 반면 정치 암흑의 시대에는 행동은 올곧고 지조가 있되
말은 겸손과 신중을 기함으로써 명철보신明哲保身해야 한다. 주자가
윤돈尹焞의 말을 빌려 이른 대로, 군자의 처신은 변해서는 안 되지만,
그 말은 때로는 감히 다하지 않는 바가 있어 화를 초래하지 않도록 해
야 한다. 공자가 "호랑이에게 맨손으로 달려들고 큰 강을 맨몸으로 건
너다가 목숨을 잃더라도 후회하지 않는 사람"은 부정적으로 평가한
반면, "반드시 어떤 일에 임하면서 신중을 기하고, 사전에 도모하기를
좋아하여 일을 제대로 이루어내는 사람"(7-11)을 긍정적으로 높게 평
가한 까닭 또한 같은 맥락으로 이해된다. 사람은 누구나 그 고귀한 생

명을 보다 뜻깊고 보람되게 바쳐야 하며, 절대로 의미 없이 헛되게 해서는 안 된다.

14-5

공자께서 말씀하셨다. "덕이 있는 사람은 반드시 좋은 말을 하지만, 좋은 말을 하는 사람이라고 반드시 덕이 있는 것은 아니다. 인한 사람은 반드시 용기가 있지만, 용기가 있는 사람이라고 반드시 인함이 있는 것은 아니다."

子曰: "有德者必有言,[1] 有言者不必有德. 仁者必有勇,[2] 勇者不必有
자 왈   유 덕 자 필 유 언   유 언 자 불 필 유 덕   인 자 필 유 용   용 자 불 필 유
仁."
인

주석

1 言(언): 언론, 즉 개인이 말이나 글로 자기 생각을 발표하는 일. 또는 그 말이나 글. 여기서는 특히 선언善言, 즉 좋은, 훌륭한, 가치 있고 의미 있는 말을 이름.
2 勇(용): 용기. 여기서는 특히 의용義勇, 즉 도의와 정의를 위해 일어나는 용기를 이름.

해설

유덕有德한 사람은 반드시 보다 뜻있고 가치 있는 좋은 말을 하고, 좋은 글을 써서 사람들에게 유익한 삶의 지침을 준다. 예컨대 공자처럼

176

말이다. 하지만 좋은 말을 하고, 좋은 글을 쓴 사람이라고 반드시 유덕한 것은 아니다. 말과 글은 그 사람의 됨됨이에 따라서 얼마든지 조작할 수 있는 것이다. 역사 속에서 또 현실 속에서 그러한 사람을 수없이 봐오지 않았던가? 따라서 우리는, 공자가 "간사한 언변의 소인을 멀리해야 하나니"(15-11) "언변은 뛰어나나 내실이 없는 이를 벗하면 해롭다"(16-4)고 하고, 노자가 "진실한 말은 화려하지 않고, 화려한 말은 진실하지 않다. 선한 사람은 그 선함을 교묘히 꾸며 떠벌리지 않고, 그 선함을 교묘히 꾸며 떠벌리는 사람은 선하지 않다〔信言不美, 美言不信. 善者不辯, 辯者不善〕"(『노자』 제81장)라고 한 일깨움을 아울러 새기며 현란하고 화려한 말에 현혹되지 않도록 유의해야 한다.

인덕을 갖춘 사람에게는 어김없이 정의와 도의를 지키기 위해 누구보다도 앞장서는 용기가 있다. 그들은 그야말로 '견의용위見義勇爲'하는가 하면, 대지大智(큰 지혜)·대용大勇(큰 용기)으로 악언惡言·악행惡行을 무찌른다. 인덕이 있는 사람의 용기는, 시비와 선악보다는 사사로운 감정과 일로 다툼을 일삼는 필부匹夫의 용기와는 차원이 다르다. 그것은 인덕의 용기요, 지모智謀의 용기이니, 그야말로 지용智勇을 겸비한 것이다.

공자 사상의 핵심인 인은 사람이 갖춰야 할 근본 덕목이다. 반면 말이나 용기는 그 근본에서 파생된 부차다. 근본을 갖춘 사람은 어김없이 부차를 아우르지만, 부차를 행하는 사람이 반드시 근본을 갖추고 있지는 않다. 그러므로 '군자무본君子務本'(1-2), 즉 군자는 근본에 힘쓴다고 했나니, 우리 모두가 반드시 본받아야 할 것이다.

14-6

남궁괄이 공자께 여쭈었다. "예羿는 활을 잘 쏘았고, 오奡는 수전水
戰에 뛰어났지만, 두 사람 모두 제명을 다하지 못했습니다. 반면 우임
금과 직稷은 몸소 농사를 지었는데도 천하를 차지했습니다." 공자께
서는 아무런 대답을 하지 않으셨다. 남궁괄이 밖으로 나가자, 공자께
서 말씀하셨다. "저 사람은 진정 군자로다! 저 사람은 진정 도덕을 숭
상하누나!"

南宮适¹問於孔子曰: "羿²善射, 奡³盪舟,⁴ 俱不得其死然.⁵ 禹⁶稷⁷躬
남 궁 괄 문 어 공 자 왈   예 선 사 오 탕 주 구 부 득 기 사 연 우 직 궁
稼⁸而有天下." 夫子不答. 南宮适出. 子曰: "君子哉若人⁹! 尚德哉
가 이 유 천 하   부 자 부 답 남 궁 괄 출 자 왈   군 자 재 약 인   상 덕 재
若人!"
약 인

주석

1 南宮适(남궁괄): 공자의 제자 남용. 5-2 주석 1 참조.

2 羿(예): 하대 유궁국有窮國의 군주. 흔히 신하인 한착寒浞에게 죽임을 당했다고
하나, 『맹자』「이루 하편離婁下篇」에 따르면 제자였던 봉몽逢蒙에게 피살됨.

3 奡(오): 한착의 아들로, 요澆라고도 함. 하나라 임금 소강少康에게 피살됨.

4 盪舟(탕주): 고염무顧炎武의 『일지록日知錄』에 따르면, 이는 수군水軍을 이끌고 적
진 깊숙이 돌격해 들어가 함락한다는 말로, 곧 수전에 능함을 이름. 일설에는 물
에서 배를 밀고 다닐 만큼 힘이 세다는 뜻이라고 함. '탕'은 움직임. 또 옛날에는
적진으로 돌격해 들어감을 이름.

5 然(연): 어조사로, 단정 내지 확정의 어기를 나타냄.

6 禹(우): 우임금. 하나라의 개국 군주. 8-18 주석 3 참조.

7 稷(직): 주나라의 시조 기棄. 요임금 때의 농사農師로, 후직后稷이라고도 함.

8 **躬稼**(궁가): 몸소 농사지음. 우와 직은 사실 몸소 농사를 지었다기보다는 농촌에 서 나고 자란 것임.

9 **若人**(약인): 이 사람, 저 사람. '약'은 지시대명사.

해설

주자가 이른 대로, 남궁괄은 예와 오로 당시의 권력자를 비유하고, 우 와 직으로 스승 공자를 비유했다. 바로 그 때문에 공자가 겸양하여 대 답하지 않은 것이다. 하지만 남궁괄의 말이 이와 같으니, 그는 진정 군 자다운 사람으로서 도덕을 숭상하는 마음을 가졌다고 할 수 있으므 로 허여하지 않을 수가 없다. 그래서 공자는 그가 밖으로 나가기를 기 다렸다가 찬미한 것이다. 아무튼 힘을 쓴 사람은 제명을 다하지 못한 반면, 덕이 있는 사람은 오히려 천하를 차지했다. 이 같은 역사의 교훈 을 되새긴 제자 남궁괄에 대한 공자의 찬사에는, 당시의 그릇된 세태 를 풍자 견책하는 뜻이 담겨 있음을 알 수 있다.

14-7

공자께서 말씀하셨다. "군자로서 오히려 인하지 못한 경우는 있어 도, 소인으로서 오히려 인한 경우는 없다."

子曰: "君子而¹不仁者²有矣夫,³ 未有小人而仁者也."
자 왈   군 자 이 불 인 자 유 의 부   미 유 소 인 이 인 자 야

1 而(이): 오히려, 도리어.
2 不仁者(불인자): 인하지 않은 경우. 곧 그 행위가 인도仁道에 부합하지 않는 경우를 이름. 이를 흔히 인하지 않은 사람으로 풀이하나, 군자는 기본적으로 인을 추구하는 사람이고, 또 사람이 완벽할 수는 없는 만큼, 대놓고 '군자도 인하지 않은 사람이 있다'기보다는 '군자도 인하지 않은 경우가 있다'는 뜻으로 이해함이 옳을 듯함.
3 矣夫(의부): 복합 어조사로, 어기를 강화함.

해설

인덕을 완벽히 갖춘다는 것은 결코 쉬운 일이 아니다. 그 때문에 공자는 평소 좀처럼 어떤 사람을 인하다고 허여하지 않았다. 주자가 사양좌의 말을 빌려 이른 대로, 군자는 물론 인에 뜻을 두고 있지만, 잠깐 사이라도 마음이 인에 있지 않으면 불인함을 면치 못한다. 군자도 층차層差가 있으니, 정도의 차이는 있을 수 있어도 대부분 그럴 것이다. 예컨대 공자가 「옹야편」에서 "안회는 그 마음이 오래도록 인을 떠나지 않으나, 그 나머지 사람들은 하루나 한 달 정도 인에 이를 뿐이다"(6-5)라고 한 것과 같다. 그러니 진정 군자라면 한시도 인덕의 추구를 게을리해서는 안 된다. 한편 소인은 근본적으로 인덕의 추구나 실현을 기대할 수 없는 사람이다. 그들은 사리와 사욕에 눈이 먼 탓에, 설령 어쩌다가 인에 대한 생각을 했더라도 견물생심見物生心의 유혹에 쉽사리 물거품이 되고 만다.

14-8

공자께서 말씀하셨다. "그를 사랑하면서, 그가 온힘을 다해 애쓰게 하지 않을 수 있는가? 그에게 충성하면서, 그를 진심으로 깨우쳐 바른 길을 가게 하지 않을 수 있는가?"

子曰: "愛之,¹ 能勿勞²乎? 忠焉,³ 能勿誨⁴乎?"
자왈　애지　능물로호　충언　능물회호

주석

1 愛之(애지): 그를 사랑함. '지'는 사랑하는 대상을 가리키는데, 대개 자식이니 제자 등을 두고 이르는 것으로 이해됨.
2 勞(로): 사역동사로, 노고하게 함, 애쓰게 함. 곧 마음과 힘을 다해 무언가를 이루려고 힘쓰게 함을 이름. '로' 뒤에 목적어 지之가 생략됨.
3 焉(언): 지之와 같음. 여기서는 곧 충성을 다하는 대상을 가리키는데, 대개 임금이나 윗사람 등을 이르는 것으로 이해됨. 일설에는 어지於之의 합음자라고 함.
4 誨(회): 규회規誨, 즉 따지고 바로잡아 가르침. 곧 진심으로 간언諫言하며 깨우치고 가르쳐서 바른 길을 가게 함을 이름.

해설

부모가 자식을 사랑한다고, 마냥 응석받이로 자라게 해서는 안 된다. 오히려 자식으로 하여금 온 마음과 온 힘을 다해 애쓰며 자기 발전을 추구하게 하는 것이 진정 깊은 사랑이다. 마찬가지로 신하가 임금에게 충성한다고, 맹목적으로 순종하기만 해서는 안 된다. 오히려 임금의 과오를 충심으로 간하고 깨우쳐, 성군의 길을 가게 하는 것이 진정 큰 충성이다. 주자가 소식의 말을 빌려 이른 대로, 사랑하기만 하고 그를 애쓰게 하지 않는 것은 짐승들의 사랑이요, 충성하기만 하고 그를 깨우치지 않는 것은 궁녀와 내시의 충성이다. 무릇 그를 사랑하면서도 애쓰게 할 줄을 안다면 곧 그 사랑이 깊은 것이요, 그에게 충성하면서도 깨우칠 줄을 안다면 곧 그 충성이 큰 것이다.

또한 진정 깊은 사랑을 베푸는 부모를 대하는 자식과 진정 큰 충성을 다하는 신하를 대하는 군주는, 반드시 그 깊은 사랑과 큰 충성의 참뜻을 진실로 이해하고, 또 진심으로 감사하며 성심과 성의를 다해야 한다.

14-9

공자께서 말씀하셨다. "정나라 외교문서는 비심이 초안을 잡은 후, 세숙이 검토해 의견을 내면, 외교관 자우가 바로잡아 고치고, 마지막으로 동리의 자산이 매끄럽게 다듬었다."

子曰: "爲命,[1] 裨諶[2]草創[3]之, 世叔[4]討論[5]之, 行人[6]子羽[7]修飾[8]之, 東里[9]子産[10]潤色[11]之."
자왈 위명 비심 초창 지 세숙 토론 지 행인 자우 수식 지 동
리 자산 윤색 지

주석

1 爲命(위명): 외교문서를 작성함. '위'는 작作과 같은 뜻으로, 지음, 작성함, 제작함. '명'은 사명辭命, 즉 사신使臣이 출국해 상대국을 방문하기 전에 미리 준비하는

외교사령辭令 내지 외교문서를 이름.

2 裨諶(비심): 정鄭나라 대부.

3 草創(초창): 초안草案, 기안起案, 입안立案. 곧 초안을 잡음을 이름.

4 世叔(세숙): 정나라 대부 유길游吉. '세숙'은 그의 별칭. 자산子産 사후死後에는 그 후임으로 정나라 재상에 오름.

5 討論(토론): 한 사람이 어떤 문제를 검토·연구한 후 의견을 개진함을 이름. 곧 오늘날 여러 사람이 어떤 문제에 대하여 각각 의견을 말하며 논의한다는 의미와는 다름.

6 行人(행인): 마융이 '장사지관掌使之官', 즉 사신의 일(외교 업무)을 담당하는 벼슬이라고 했으니, 곧 외교관을 이름.

7 子羽(자우): 정나라 대부 공손휘公孫揮. '자우'는 그의 자.

8 修飾(수식): 주자가 '증손增損', 즉 보태거나 삭제하는 것이라고 했으니, 곧 첨삭添削 수정修正함을 이름.

9 東里(동리): 지명으로, 자산의 거주지를 이름.

10 子産(자산): 정나라 대부 공손교公孫僑의 자. 5-16 주석 1 참조.

11 潤色(윤색): 윤식潤飾, 즉 윤이 나도록 매만져 곱게 함. 곧 윤문潤文을 이름.

해설

주자가 이른 대로, 정나라의 외교문서 작성은 반드시 이 현賢대부 네 사람의 손을 거쳐 완성되었는데, 상세하고 정밀하게 각기 그 능한 바를 다했으며, 그렇기 때문에 다른 나라 제후들을 응대함에 있어 실패하는 일이 거의 없었다. 공자가 여기서 이 일을 말함은 바로 그러한 점을 높게 평가한 것이다. 당시 정나라 집정 대신으로 뛰어난 정치가이자 외교관이었던 자산은, 이처럼 현능한 인물들을 대거 발탁 기용하여 적절한 임무를 맡김으로써 외교문서의 완성도를 한껏 높이는 등 국가 발전에 크게 공헌했다. 한 사람의 훌륭한 인물이 그 국가 사회에

끼치는 긍정적인 영향은 실로 지대함을 새삼 알겠다.

14-10

어떤 사람이 자산이 어떤 사람인지를 여쭙자, 공자께서 말씀하셨다. "자혜慈惠로운 사람이다." 또 자서는 어떤 사람인지를 여쭙자, 공자께서 말씀하셨다. "그 사람이라! 그 사람이라!" 다시 관중이 어떤 사람인지를 여쭙자, 공자께서 말씀하셨다. "인한 사람이다. 그가 백씨의 병읍 300호戶를 빼앗았는데, 백씨는 거친 밥을 먹고 살면서도 죽을 때까지 결코 그를 원망하는 말을 하지 않았다."

或問子産. 子曰: "惠人¹也." 問子西.² 曰: "彼哉! 彼哉³!" 問管仲.⁴
혹 문 자 산　자 왈　　혜 인 야　　문 자 서　　왈　　피 재　피 재　　　문 관 중
曰: "人也.⁵ 奪伯氏⁶駢邑⁷三百, 飯疏食,⁸ 沒齒⁹無怨言."
왈　　인 야　　탈 백 씨　병 읍 삼 백　반 소 사　　몰 치　무 원 언

주석

1 **惠人**(혜인): 자혜로운, 즉 인자하고 은혜로운 데가 있는 사람.

2 **子西**(자서): 춘추시대에는 세 사람의 '자서'가 있었다고 전해지는데, 이는 대개 마융이 이른 대로, 정나라 대부 공손하公孫夏를 일컫는 것으로 보임. 그는 자산의 일가 형제로, 자산은 그에 이어서 정나라의 국정을 이끌었음. 한편 주자는 하안의 『집해』를 따라 이를 초나라 공자公子 신申으로, 그 또한 현賢대부라고 했는데, "피재彼哉! 피재彼哉!"라고 한 공자의 반응에 비춰 볼 때, 이론의 여지가 있음.

3 **彼哉彼哉**(피재피재): 그 사람이라! 그 사람이라! 이는 곧 '그 사람, 그 사람을 어떻다고 해야 하나?' 하는 뉘앙스를 띤 말로, 아마도 당시 경시輕視 내지 경멸의 뜻을 표현하던 상투어였으며, 그 말을 공자가 빌려온 것으로 보임.

4 管仲(관중): 3-22 주석 1 참조.

5 人也(인야): 하안과 주자는 모두 이 사람, 그 사람이라는 뜻으로 풀이함. 하지만 위에서 자산을 평하며 "혜인야惠人也"라고 한 것으로 미루어 보아 이 앞에 빠진 글자가 있는 것으로 짐작되며, 그 글자는 관중의 공적과 『논어』에 보이는 관중에 대한 공자의 평가(14-17·18 참조) 등에 의거할 때, '인仁' 자일 것이라는 왕시위엔의 견해가 가장 설득력이 있음. 결국 원문은 본시 '인인야仁人也'였을 것이라는 추론임. 확실한 근거가 없는 상태에서 이 같은 추론을 따르기가 조심스럽기는 하나, 전후 문맥이나 관중의 인물 형상 등에 비춰 볼 때 무리가 없어 그대로 따르기로 함.

6 伯氏(백씨): 제나라 대부로, 이름은 언偃. 제나라의 세족世族이었으므로 이같이 일컬은 것인데, 이를테면 노나라의 계씨나 맹씨孟氏 등과 같은 부류임.

7 騈邑(병읍): 땅 이름. 지금의 산동성 임구현臨朐縣 동남쪽 일대.

8 飯疏食(반소사): 7-16 주석 1, 2 참조.

9 沒齒(몰치): 종신終身, 즉 목숨을 다하기까지의 동안을 이름. '몰'은 마침, 다함. '치'는 치년齒年·연치年齒, 즉 나이.

해설

이는 춘추시대 세 거물 정치인에 대한 공자의 평가이다. 먼저 정나라 현상賢相 자산에 대해서는 "백성을 기름에는 은혜를 다하고, 백성을 부림에는 도의에 맞게 한"(5-16) 면을 부각하여 긍정했다. 그리고 관중이 "백씨의 병읍 300호를 빼앗았는데, 백씨는 거친 밥을 먹고 살면서도 죽을 때까지 결코 그를 원망하는 말을 하지 않았다"는 것은 곧 관중의 징벌이 당사자가 어떤 원망도 없이 기꺼이 받아들일 정도로 한껏 공정했음을 보여준다고 할 수 있다. 반면 자서는 짐작컨대 한 나라의 재상으로서 어진 정치를 시행하지 못한 듯하다.

14-11

공자께서 말씀하셨다. "가난하면서도 원망하지 않기는 어려우나, 부유하면서 교만하지 않기는 쉽다."

子曰: "貧而無怨難, 富而無驕易."
자 왈   빈 이 무 원 난   부 이 무 교 이

해설

사람은 역경 속에서도 꿋꿋이 살아가며 희망을 싹틔우고, 안락 속에서는 삼가고 겸손하며 방탕에 빠지지 않도록 해야 한다. 「학이편」에서 자공이 "가난하지만 아첨하지 않고, 부유하지만 교만하지 않으면 어떻습니까?" 하고 물었을 때, 공자는 "괜찮다. 그러나 가난하지만 도를 즐기고, 부유하지만 예를 좋아하는 것만은 못하다"(1-15)고 했다. 이 장 역시 그와 맥락이 닿아 있고, 관점이 상통한다. 아무튼 주자가 이른 대로, 가난에 처하기는 어렵고, 부유함에 처하기는 쉬운 것이 인지상정이나, 사람은 마땅히 그 어려운 것에 힘써야 함은 물론, 그 쉬운 것도 소홀히 해서는 안 될 것이다. 그리하여 '가난하면서도 원망하지 않는' 데서 한 걸음 더 나아가 '가난하지만 도를 즐기는' 경지에 이르고, '부유하면서 교만하지 않는' 데서 한 걸음 더 나아가 '부유하지만 예를 좋아하는' 경지에 이르도록 끊임없이 정진해야 한다. 왜냐하면 그것이 바로 '삶의 질'을 향상시키고 '사람다운 삶'을 사는 길이기 때문이다.

14-12

　공자께서 말씀하셨다. "맹공작은 조씨와 위씨 같은 진晉나라 경卿의 가신 우두머리 노릇은 하고도 남음이 있으나, 등나라와 설나라 같은 작은 나라의 대부 노릇은 할 수가 없다."

子曰: "孟公綽¹爲趙魏²老³則優,⁴ 不可以爲滕薛⁵大夫."
자 왈　맹 공 작 위 조 위 로 즉 우　불 가 이 위 등 설 대 부

주석

1 孟公綽(맹공작): 노나라 대부로, 공자의 존경을 받았다고 함.
2 趙魏(조위): 조씨趙氏와 위씨魏氏. 모두 당시 진나라의 경상卿相 가문임.
3 老(로): 가신의 우두머리.
4 優(우): 넉넉함, 여유가 있음.
5 滕薛(등설): 등滕나라와 설薛나라. 모두 당시 노나라 부근에 있던 작은 나라임.

해설

　조씨·위씨 같은 대가大家는 권세는 높으나 제후의 일이 없고, 그 가신의 장長은 명망은 높으나 직무상의 책임은 가볍다. 하지만 등·설나라는 비록 소국이지만 정사가 번잡하고, 그 대부는 지위가 높고 책임 또한 막중하다. 맹공작은 점잖고 욕심은 적었으나 재간이 부족했던 인물로 알려졌으니, 공자의 평가는 곧 사람을 쓸 때는 그 재능과 덕성을 아울러 헤아려 적재적소에 배치해야 함을 일깨운 것이다.

14-13

자로가 어떠해야 전인全人인지를 여쭙자, 공자께서 말씀하셨다. "장무중의 지혜와 맹공작의 청렴과 변장자의 용기와 염구의 재예才藝를 아우른 데다 예악의 훈도薰陶를 더한다면, 그 또한 전인이라 할 수 있을 것이다." 공자께서 다시 말씀하셨다. "하지만 오늘날의 전인이야 어찌 꼭 그러해야 하겠느냐? 눈앞의 이익을 보면 도의를 먼저 생각하고, 나라의 위난을 보면 기꺼이 목숨을 바칠 각오로 나서며, 오래도록 곤궁하면서도 평소의 언약을 잊지 않는다면, 그 또한 전인이라 할 수 있을 것이다."

子路問成人.¹ 子曰: "若臧武仲²之知,³ 公綽⁴之不欲,⁵ 卞莊子⁶之勇,
자로문성인   자왈   약장무중지지   공작지불욕   변장자지용

冉求⁷之藝,⁸ 文之以禮樂,⁹ 亦¹⁰可以爲成人矣." 曰: "今之成人者¹¹
염구지예   문지이예악   역 가이위성인의   왈   금지성인자

何必然? 見利思義, 見危授命,¹² 久要¹³不忘平生¹⁴之言, 亦可以爲
하필연   견리사의   견위수명   구요 불망평생 지언   역가이위

成人矣."
성인의

주석

1 成人(성인): 전인. 곧 재덕才德을 겸비하고 인격이 완미完美한 사람을 이름.

2 臧武仲(장무중): 노나라의 대부 장손흘臧孫紇.

3 知(지): 지智와 같음. 지혜.

4 公綽(공작): 곧 앞 장에서 말한 노나라 대부 맹공작孟公綽을 이름.

5 不欲(불욕): 탐욕하지 않음. 곧 청렴함을 이름.

6 卞莊子(변장자): 노나라의 용사勇士. 일찍이 변읍卞邑 대부를 지낸 적이 있음.

7 冉求(염구): 공자의 제자 염유. 3-6 주석 4 참조.

8 藝(예): 재예, 즉 재능과 기예技藝.

188

9 文之以禮樂(문지이예악): 예악으로 단장함, 훈도함. '문'은 문식文飾. 곧 단장함, 장식함을 이름. 이는 여기서는 곧 훈도, 즉 덕으로 사람의 품성이나 도덕 따위를 가르치고 길러 선으로 나아가게 함을 이르는 것으로 이해됨.

10 亦(역): 그 또한. 주자에 따르면, 이는 가장 이상적인 전인의 형상은 아니라는 뜻을 내포하며, 대체로 자로가 할 수 있는 수준을 들어 말한 것으로 이해됨.

11 者(자): 어조사로, 주어와 술어 사이에 쓰여 제시와 일시 멈춤의 어기를 나타냄.

12 授命(수명): 목숨을 바침.

13 久要(구요): 오래도록 곤궁함. 이는 공안국이 '구약舊約', 즉 오래된 약속의 뜻이라고 한 풀이가 후세에 그대로 이어지고 있으나, 뒤의 '평생지언平生之言'과 상충되기도 하고, 또 중복되기도 하여 문의文意의 전개에 어색함이 있음. 한편 양보어쥔이 양쑤다楊樹達의 견해를 좇아 '요'는 '약約'의 가차자假借字이며, '약'은 곤궁하다는 뜻이라고 풀이했는데, 일리가 있어 따를 만함.

14 平生(평생): 평소, 평시.

해설

공자의 정치사상은 인정 덕치를 실행해 경세제민經世濟民하기를 지향하고 있는데, 그 절차와 방법으로 "자기 자신을 수양해 가까운 사람들을 편안하게 해주고" 또 "자기 자신을 수양해 천하 만백성을 편안하게 해주어야 함"(14-43)을 강조했다. 이는 곧 경세제민의 관건은 위정자가 자아 수양을 통해 보다 완미한 인격을 함양하는 것임을 말해준다. 여기서 이른바 '성인'은 그야말로 재덕을 겸비한 데다 인격 또한 완미한 사람, 즉 '전인'의 형상이라고 할 수 있다. 공자의 설명에 따르면, 가장 바람직한 전인의 모습은 지智·인仁·용勇·예藝를 겸비한 데다 예禮·악樂 방면의 수양까지 두루 갖춘 인물이다. 다만 그것은 너무나 이상적인 형상인 까닭에 아무나 이를 수 있는 경지가 아니다. 그래서 공자는 차선의 형상으로 의義·충忠·신信의 수양과 덕목을 갖춘 인물을 제시했다. 전인의 이러한 두 가지 자질 유형이 오늘날의 지도자·리더들에게도 공히 요구되는 것임은 두말할 나위가 없다.

14-14

공자께서 공명가에게 공숙문자에 대해 물으셨다. "대부께서는 말도 하지 않고, 웃지도 않으며, 재물을 취하지도 않는다는 게 정말이오?" 공명가가 대답했다. "그런 말을 선생님께 아뢴 이가 좀 지나쳤습니다. 대부께서는 반드시 말을 해야 할 때가 된 다음에야 말을 하십니다. 그렇기 때문에 사람들이 그분의 말을 싫어하지 않지요. 그리고 반드시 즐거운 다음에야 웃으십니다. 그렇기 때문에 사람들이 그분의 웃음을 싫어하지 않지요. 또 반드시 도의에 맞은 다음에야 재물을 취하십니다. 그렇기 때문에 사람들이 그분의 취함을 싫어하지 않지요." 공자께서 말씀하셨다. "그렇구먼. 한데 대부께서는 어떻게 그럴 수 있소이까?"

子問公叔文子¹於公明賈²曰: "信乎,³ 夫子⁴不言, 不笑, 不取乎?"
자문공숙문자 어공명가 왈   신호   부자불언, 불소, 불취호

公明賈對曰: "以告者⁵過⁶也. 夫子時⁷然後言, 人不厭其言; 樂然
공명가대왈   이고자과야   부자시연후언, 인불염기언, 낙연

後笑, 人不厭其笑; 義然後取, 人不厭其取." 子曰: "其然, 豈其然
후소, 인불염기소, 의연후취, 인불염기취   자왈   기연, 기기연

乎?"
호

190

1 **公叔文子**(공숙문자): 위衛나라 대부. 성은 공손公孫, 이름은 발拔. '문'은 시호. 위
   나라 헌공의 손자.
2 **公明賈**(공명가): 위나라 사람. '공명'이 성이고, '가'가 이름임. 일설에는 공숙문자
   의 가신이라고 함.
3 **信乎**(신호): 정말인가? '신'은 진眞과 같음. 참됨, 진실함. '호'는 의문의 어조사.
4 **夫子**(부자): 대부에 대한 존칭으로, 곧 공숙문자를 일컬음.
5 **以告者**(이고자): '이지고자자以之告子者'의 생략으로, 그런 말을 선생님께 아뢴 사
   람을 뜻함.
6 **過**(과): 도가 지나침. 곧 말이 지나쳐 실제 상황과 맞지 않음을 이름.
7 **時**(시): 제때, 즉 알맞은 때. 곧 꼭 그렇게 해야 할 때를 이름.

해설

『예기』「단궁편」에 따르면, 공숙문자는 사후死後에 본디 임금으로부
터 '정혜문자貞惠文子'라는 시호를 하사받았는데, 사람들이 '문文' 자에
'정혜貞惠'의 의미가 함축되어 있다는 이유를 들어 단지 '문자文子'라고
불렀다고 한다. 아무튼 그 시호에서 알 수 있듯이 공숙문자는 분명 현
덕이 있는 인물이었던 것 같다. 공명가가 말한 대로라면, 공숙문자는
말을 함에 때를 맞추지 않는 경우가 없고, 웃음이 진정에서 우러나오
지 않는 경우가 없으며, 재물을 취함에 도의에 맞지 않는 경우가 없었
다. 한데 그것은 "예절과 도의가 가슴속에 충일해 때맞춰 조처함이 알
맞고 마땅할 수 있는 이가 아니면 할 수 없는 것으로[非禮義充溢於中, 得
時措之宜者不能]"(『집주』), 그야말로 '시중時中', 즉 시의時宜에 맞으면서
적중適中한 성인聖人의 조예요 경지가 아닐 수 없다. 이에 공자는 "공
숙문자가 비록 현덕이 있기는 하나 아직 그 같은 경지에 이르지는 못

한 게 아닌가 하여(文子雖賢, 疑未及此)"(『집주』) "대부께서는 어떻게 그럴
수 있소이까?" 하며 의구심을 표출한 것이다. 사람이 때에 맞춰 말하
고, 진정을 담아 웃고, 도의에 맞게 취함은 분명 아무나 할 수 있는 바
가 아니다. 하지만 그렇다고 해서 애당초 그 길로 나아가려는 의지와
의욕조차 포기하는 일은 없어야 한다. '천 리 길도 한 걸음부터'라고
하지 않았던가? 한 걸음 한 걸음씩 나아가면 된다.

14-15

공자께서 말씀하셨다. "장무중이 그의 방읍을 기반으로 노나라 임
금에게 자신의 후계자를 세워줄 것을 요구했나니, 비록 사람들은 그
가 임금을 협박하진 않았다고 하지만, 나는 그 말을 믿지 않는다."

子曰: "臧武仲以防求¹爲後²於魯, 雖曰不要³君, 吾不信也."
자 왈   장 무 중 이 방 구 위 후 어 노 수 왈 불 요 군 오 불 신 야

주석

1 **以防求**(이방구): 방읍防邑을 기반으로 해서 요구함. '이'는 ~로써. 여기서는 곧 ~
  에 근거해·의지해, ~을 기반으로의 뜻임. '방'은 방읍으로, 장무중의 봉읍封邑임.
  당시 제나라 변경 가까이에 있었음. '구'는 청구함, 요구함.
2 **爲後**(위후): 입후立後·입사立嗣와 같음. 곧 후사後嗣, 즉 후계자를 세움을 이름.
3 **要**(요): 강요함, 협박함.

앞에서 공자는 장무중의 지혜를 칭송한 바 있다. 하지만 여기서는 또 그의 '요군要君'이 사실상 '범상犯上'(1-2)임을 지적하며 비판하고 있다. 노나라 양공襄公 때 대부 장무중이 지은 죄가 있어 제나라로 망명하기 전에, 임금에게 자신의 봉읍을 계승할 후계자 운운한 적이 있다. 당시 그의 말 속에는, 만약 임금이 그 요구를 들어주지 않을 경우에 방읍을 근거로 반역을 도모하겠다는 뜻이 내포되었다는 게 공자의 생각이다. 그리하여 공자는 바로 그 같은 무례를 나무란 것이다.

14-16

공자께서 말씀하셨다. "진나라 문공은 권모술수에 능하고 올곧지 못했으나, 제나라 환공은 올곧고 권모술수를 쓰지 않았다."

子曰: "晉文公¹譎²而不正, 齊桓公³正而不譎."
자 왈   진 문 공 휼 이 부 정   제 환 공 정 이 불 휼

1 晉文公(진문공): 진나라 문공文公. 진 헌공獻公의 둘째 아들로, 성은 희姬, 이름은 중이重耳. 제 환공桓公을 이어 춘추시대 열국 제후의 맹주盟主가 됨.
2 譎(휼): 속임. 곧 권모술수에 능함을 이름.
3 齊桓公(제환공): 제나라 환공. 제 희공僖公의 서자로, 성은 강姜, 이름은 소백小白. 명名재상 관중의 도움을 받아 중원의 패자霸者가 됨.

춘추시대 제 환공과 진 문공은 전후하여 중원의 패자가 된 인물이다. 사실 춘추 오패五霸, 즉 춘추시대 제후들 가운데 패업霸業(군웅群雄이 할거하는 가운데 패권을 장악하는 대업)을 이룬 다섯 명의 제후는 모두 무력으로 흥기했다. 따라서 공자의 왕도정치사상에 비춰 볼 때, 모두 정도正道에서 벗어난 이들이었다. 공자는 「계씨편」에서 "천하에 바른 도가 행해지면 예악을 제정하거나 군사를 일으켜 정벌에 나서는 일을 모두 천자가 명을 내리고, 천하에 바른 도가 행해지지 않으면 예악을 제정하거나 군사를 일으켜 정벌에 나서는 일을 모두 제후가 명을 내린다"(16-2)고 했다. 이 같은 견지에서 공자는 당시 사람들, 특히 군주나 권신들의 참례僭禮·위례違禮 행위를 강하게 질타하곤 했다. 진 문공은 기지와 술수로 중원을 제패한 이후, 주周나라 천자를 자신이 주최하는 회합에 참석토록 부르는 등 무례를 저질렀으니, 공자로서는 용인할 수 없는 일이었다. 반면 제 환공은 패권을 장악한 이후에도 '존왕尊王', 즉 주왕周王(주나라 천자)의 권위와 권력을 존숭함을 표방하며 형식상으로나마 주 천자와 군신관계를 유지하는가 하면, '일광천하一匡天下'(14-18), 즉 춘추시대 혼란이 극한 상황을 비로소 바로잡아 안정시키기도 했다. 그러므로 제 환공이 채택한 수단과 방법은 그래도 비교적 정도에 가까운 것이었다. 진 문공과 제 환공에 대한 공자의 평가는 바로 이처럼 두 제후의 서로 다른 품성이나 작풍作風에 근거해 전자를 낮추고, 후자를 높인 것이다. 사람은 최선을 추구해야 하지만, 여의치 않을 때는 차선을 선택하고 긍정하는 식견도 가져야 한다. 사람이 어찌 완전무결할 수 있겠는가?

14-17

자로가 말했다. "제나라 환공이 공자 규를 죽이자, 소홀은 그를 위해 스스로 죽었으나 관중은 죽지 않았습니다. 그렇다면 관중은 인하지 못한 것이지요?" 공자께서 말씀하셨다. "환공이 여러 차례 제후들을 모아 회맹하면서도 무력을 쓰지 않았으니, 그 모두가 관중의 역량이다. 이것이 곧 그의 인덕이로다! 이것이 곧 그의 인덕이로다!"

子路曰: "桓公殺公子糾, 召忽死之, 管仲不死.¹ 曰²未仁乎?" 子曰:
자로왈   환공살공자규   소홀사지   관중불사   왈미인호   자왈
"桓公九合諸侯,³ 不以兵車,⁴ 管仲之力也. 如其仁⁵! 如其仁!"
환공구합제후   불이병거   관중지력야   여기인   여기인

주석

1 **"桓公殺(환공살)…"3구**: 공자公子 소백과 공자 규糾는 모두 제나라 양공襄公의 아우였으며, 포숙아鮑叔牙는 소백을, 관중과 소홀召忽은 규를 도움. 한데 아우 소백이 먼저 제 환공에 오른 후 정쟁이 일어났고, 그 와중에 형 공자 규는 환공에게 피살됨. 그러자 소홀은 스스로 목숨을 끊고 절개를 지켰으나, 관중은 살아남음. 그후 관중은 지우知友인 포숙아의 추천으로 환공에게 등용되었고, 환공을 헌신적으로 도와 패업을 이루게 함. '소홀사지召忽死之'는 '소홀위지이사召忽爲之而死'의 뜻으로, 소홀이 그(공자 규)를 위해 스스로 죽음을 이름.

2 **曰(왈)**: 그렇다면. 『논어』나 『맹자』에서 어떤 사실을 거론하며 논평하는 경우, 논평하는 말 앞에 반드시 '왈' 자를 덧붙이는데, 이는 곧 논평의 말을 이끌어내는 역할을 함.

3 **九合諸侯(구합제후)**: 『춘추春秋』의 기록에 따르면 환공이 제후들을 규합糾合해 회맹한 것은 모두 열한 차례인바, 여기서 '구'는 그 횟수의 많음을 나타냄. 일설에는 '구'를 규糾의 뜻으로, 또는 글자 그대로 아홉 차례의 뜻으로 보기도 하나, 모두 이론의 여지가 있음.

4 **不以兵車**(불이병거): 무력을 쓰지 않음. '이'는 동사로, 용用과 같음. '병거'는 전
차戰車, 즉 전쟁에 쓰는 수레. 곧 무기, 무력을 이름. 유보남은 제 환공이 인의로
제후들을 설복說服한 까닭에 그들이 모두 스스로 달려와 회맹에 참석했으므로
무력으로 협박할 필요가 없었다고 함.

5 **如其仁**(여기인): 왕인지의 『경전석사經傳釋詞』에 '여'는 내乃(곧, 바로의 뜻)와 같다
고 했는데, 유보남은 그처럼 새기는 것이 가장 타당하며, 대개 직접적으로 인하
다고 하지 않고, 오로지 그 공적을 두고 그같이 이른 것이라고 함. 요컨대 관중의
그 같은 공적이 바로 그 나름의 인덕이라고 할 수 있다는 말이니, 매우 설득력이
있어 따를 만함. 한편 주자는 이를 '수여기인誰如其仁', 즉 '누가 그의 인만 하겠는
가?'라는 말이라고 풀이했는데, 공자가 평소 인함을 들어 다른 사람을 칭찬하는
경우는 거의 없었음을 감안할 때, 이 같은 관중에 대한 극한 찬사는 공자의 본의
와 거리가 있어 납득하기 어려움.

해설

자로는, 자신이 섬기던 사람을 위해 절개를 지키지 않은 관중을 심히
못마땅하게 여겼다. 하지만 공자의 생각은 달랐다. 관중이 환공을 도
와 전쟁을 없애고, 수많은 사람이 목숨을 잃는 사태를 미연에 방지함
은, 오히려 절의節義를 지키는 것보다 더 의미 있는 일이라고 보았다.
주자가 이르기를, 관중은 비록 인인仁人이라 할 수는 없지만, 그 치적
의 이로움과 혜택이 뭇사람에게 미쳤으므로, 인을 행한 공功이 있는
것이라고 했으니, 공자의 본의를 제대로 짚었다고 할 것이다. 오늘날
우리 사회에, 대의와 대절을 꿰뚫어 보고 올바르게 평가하는, 공자의
높고 넓고 깊은 식견과 도량을 능히 본받아 기를 사람이 얼마나 될까?

14-18

자공이 말했다. "관중은 인한 사람이 아니겠지요? 환공이 공자 규를 죽였는데도, 그는 따라 죽기는커녕 오히려 환공을 도왔습니다." 공자께서 말씀하셨다. "관중이 환공을 도와 뭇 제후의 패자霸者가 되게 하여, 비로소 천하가 바로잡혔고, 백성들이 지금까지 그 은혜를 입고 있다. 만약 관중이 없었다면, 우리는 아마 머리를 풀어헤치고 옷깃을 왼쪽으로 여미게 되었을 것이다. 그의 처신이 어찌 보통 사람들이 작은 신의를 지키기 위해 산골짜기에서 스스로 목매어 죽고 나면 아무도 알아주는 사람이 없는 것과 같겠느냐?"

子貢曰: "管仲非仁者與¹? 桓公殺公子糾, 不能死, 又相之.²" 子曰:
자공왈　관중비인자여　환공살공자규　불능사　우상지　　자왈

"管仲相桓公, 霸諸侯,³ 一匡天下,⁴ 民到于今受其賜.⁵ 微⁶管仲, 吾
관중상환공　패제후　일광천하　민도우금수기사　미관중　오

其⁷被髮左衽⁸矣. 豈若匹夫匹婦⁹之爲諒¹⁰也, 自經¹¹於溝瀆¹²而莫之
기 피발좌임 의　기약필부필부 지위량 야　자경 어구독 이막지

知¹³也?"
지 야

주석

1 與(여): 여歟와 같음. 의문의 어조사.
2 相之(상지): 그를 도움. '상'은 도움, 보좌함. '지'는 환공을 가리킴.
3 霸諸侯(패제후): 제후를 제패制霸함. 곧 뭇 제후의 패자가 됨을 이름.
4 一匡天下(일광천하): 비로소 천하를 바로잡음. 여기서 '일'을 흔히 일체(모든 것)를, 또는 완전히 등의 뜻으로 풀이하나, 이는 앞 장 '구합제후九合諸侯'의 '구'와 마찬가지로 숫자의 의미로 쓰였고, 일차적으로, 처음으로, 비로소 등의 뜻으로 이해함이 적절할 듯함. '광'은 광정匡正, 즉 잘못된 것이나 부정不正 따위를 바로잡아 고침. 이 구절은 곧 춘추시대 혼란이 극한 상황을 '비로소 바로잡아 안정시켰다'

는 말임.

5 賜(사): 은혜, 은택.

6 微(미): 없음. 이는 기존 사실과 상반되는 가정문 앞에 쓰여서 만약 ~이 없었다면의 뜻을 나타냄.

7 其(기): 추측의 어기 부사.

8 被髮左衽(피발좌임): 머리를 풀어헤치고, 옷깃을 왼쪽으로 여밈. 이는 오랑캐의 습속으로, 그렇게 되었을 것이라는 말은 곧 오랑캐에게 정복당했을 것이라는 뜻을 함축 표현함. '피'는 피披와 같음. (풀어)헤침. '좌'는 (옷깃을) 왼쪽으로 여밈. '임'은 옷깃, 옷섶.

9 匹夫匹婦(필부필부): 우부우부愚夫愚婦와 같은 말로, 일반 민중·보통 사람을 일컬음. 9-26 주석 4 참조.

10 爲諒(위량): 작은 신의를 지킴, 묵수墨守함. '량'은 믿음, 신의. 여기서는 특히 소신小信, 소절小節을 두고 이름.

11 自經(자경): 자액自縊, 즉 스스로 목을 매어 죽음. '경'은 목맴.

12 溝瀆(구독): 『맹자』「양혜왕 하편梁惠王下篇」의 '구학溝壑'과 같은 말로, 산골짜기를 이름.

13 莫之知(막지지): '막지지莫知之'의 도치.

해설

자공 역시 자로와 마찬가지로, 관중이 공자 규를 따라 죽기는커녕 오히려 환공을 도운 것이 몹시도 못마땅하다. 이에 대한 공자의 변호 논지는 물론 앞 장과 다르지 않다. 자하가 한 말이지만, 그야말로 "큰 덕행이 일정한 한도를 넘어서지 않으면, 사소한 언행은 다소 미흡함이 있어도 괜찮다"(19-11)는 견지나 다름이 없다.

14-19

공숙문자의 가신 대부 선이 공숙문자와 같이 조정의 대신이 되었다. 공자께서 그 사실을 아시고 말씀하셨다. "진정 그 시호를 '문文'이라 할 만하도다."

公叔文子¹之臣大夫²僎³與文子同升諸公.⁴ 子聞⁵之, 曰: "可以爲文
공숙문자 지신대부 선 여문자동승저공   자문 지 왈   가 이 위 문
矣."
의

주석 ────────────

1 公叔文子(공숙문자): 衛위나라 대부. 14-14 주석 1 참조.
2 臣大夫(신대부): '가家대부', 즉 가신 가운데 지위가 높은 이를 일컬음. 가신 대부. 임금의 조정 대부를 이르는 게 아님.
3 僎(선): 사람 이름. 공숙문자의 가신 대부.
4 同升諸公(동승저공): ~와 같이(함께) 나라의 조정에 오름, 곧 위나라 조정의 대신이 됨. '승'은 승昇과 같음. 오름. 곧 승직昇職(직위가 오름)함을 이름. '저'는 어於와 같음. '공'은 공조公朝·공가公家, 즉 나라의 조정.
5 聞(문): 들음, 들어서 앎.

해설 ────────────

세가世家 출신도 아닌 선이 위나라 조정 대신이 된 것은, 공숙문자의 천거에 의해서였다. 자신이 거느린 사람이 현능한 인재임을 알고, 체통도 잊은 채 자신과 함께 조정 대신이 되도록 천거한 것은 분명 현자의 도량이요 미덕이다.

14-20

공자께서 위나라 영공의 무도함을 언급하시자, 계강자가 말했다. "그런데도 어찌하여 패망하지 않는 겁니까?" 공자께서 말씀하셨다. "그 휘하에 중숙어가 외국 빈객을 접대하고, 축타가 종묘를 돌보며, 왕손가가 군대를 통솔하고 있습니다. 그러니 어찌 패망하겠습니까?"

子言衛靈公¹之無道也, 康子²曰: "夫³如是,⁴ 奚而⁵不喪⁶?" 孔子曰:
자 언 위 영 공 지 무 도 야   강 자 왈   부 여 시   해 이 불 상   공 자 왈
"仲叔圉⁷治賓客,⁸ 祝鮀⁹治宗廟, 王孫賈¹⁰治軍旅.¹¹ 夫如是, 奚其¹²
중 숙 어 치 빈 객   축 타 치 종 묘   왕 손 가   치 군 려   부 여 시   해 기
喪?"
상

주석

1 衛靈公(위영공): 춘추시대 위나라 임금. 헌공의 손자로, 성은 희姬, 이름은 원元. 42년간 재위함.

2 康子(강자): 노나라 대부 계강자. 2-20 주석 1 참조.

3 夫(부): 의론하는 문장 앞에 쓰인 발어사. 일설에는 지시대명사로, 피彼와 같이 그, 그 사람을 뜻한다고 함.

4 如是(여시): 여차如此. 이와 같음, 그와 같음.

5 奚而(해이): '해위奚爲'와 같고, '해위'는 또 '하위何爲'와 같음. 어찌하여, 왜, 무엇 때문에.

6 喪(상): 멸망함, 패망함. 또는 왕위를 잃음.

7 仲叔圉(중숙어): 공문자孔文子. 5-15 주석 1 참조.

8 賓客(빈객): 외국 사신. 여기서는 또 이로써 외교 업무를 이르기도 하는 것으로 이해됨.

9 祝鮀(축타): 6-14 주석 2 참조.

10 王孫賈(왕손가): 3-13 주석 1 참조.

11 軍旅(군려): 군대.

12 奚其(해기): 어찌, 어떻게. '기'는 어조사로, 반문의 어기를 강화함.

춘추시대 말엽 주 왕실은 쇠미하고, 제후들은 병합併合 전쟁을 일삼아 전란이 끊일 날이 없는 가운데 백성들은 도탄에 빠져 허덕였다. 당시 공자는 구세의 방편으로 인정 덕치를 위주로 하는 정치사상을 주창했다. 그리고 인정 덕치를 제대로 실현하기 위해서는 재덕을 겸비한 현인에게 의지하지 않으면 안 된다는 것이 공자의 생각이었다. 그리하여 공자는 선현임능選賢任能, 즉 현능한 인재를 선발해 적절한 임무를 맡겨 그 능력을 마음껏 발휘하게 함을 인정 덕치의 중요한 내용이자 방침으로 강조하면서 나라의 치란治亂과 흥망을 좌우하는 핵심 요소로까지 그 의의를 높이 평가했다. 이 장은 바로 그 같은 견지에서 현능한 인재를 등용해 적재적소에 배치하는 일이 얼마나 중요한가를 설명한 것이며, 결코 통치자가 인재를 얻으면 무도해도 된다는 말을 한 것은 아니다. 주자가 윤돈의 말을 빌려 이른 대로, 위 영공의 무도함은 마땅히 왕위를 잃어야 할 정도이나, 능히 그 세 사람을 등용한 까닭에 오히려 나라를 보전할 수가 있었다. 그러니 만약 유도有道한 임금이 능히 천하의 현재賢才를 등용해 인정 덕치를 편다면, 그 상승효과는 이루 말로 다 할 수 없으리라.

14-21

공자께서 말씀하셨다. "사람이 큰소리를 치면서 부끄러워하지 않는다면, 그 말을 실천하기는 어렵다."

子曰: "其¹言之不怍,² 則爲之也難."
자 왈　　기 언 지 부 작　　즉 위 지 야 난

주석

1 其(기): 만약, 만일. 아래의 '즉則'과 짝을 이룸.
2 言之不怍(언지부작): '대언불참大言不慙'과 같은 말로, 큰 소리를 치면서 조금도 부끄러워하지 않음을 이름. 여기서 '언'은 그냥 하는 말이 아니라 큰소리치는, 즉 장담하거나 과장해서 하는 말을 이름. '지'는 말하는 내용을 가리킴. '작'은 부끄러워함.

해설

당연한 얘기지만, 사람은 말을 가볍게 해서는 안 된다. 주자가 이른 대로, 사람이 큰 소리를 치면서 조금도 부끄러워하지 않는다면, 반드시 그 말을 실천하려는 의지가 없기 때문에 스스로 그것을 할 수 있을지 없을지를 전혀 고려하지 않고 있는 것이다. 노자가 이른 대로, "무릇 가벼이 승낙하는 이는 어김없이 신용이 부족하다〔夫輕諾必寡信〕." (『노자』 제63장) 공자가 말했다. "군자는 자신이 말하려는 것을 먼저 행하고, 그다음에 비로소 그것을 말한다."(2-13) "옛날에 사람들이 말을 함부로 하지 않은 것은 자신의 행동이 그에 따르지 못함을 부끄럽게 여겼기 때문이다."(4-22) "군자는 자신이 하는 말이 그 행동 범위를 넘어서는 것을 부끄럽게 여긴다."(14-28) 군자다움에 경탄敬歎이 절로 난다.

14-22

진성자가 간공을 시해하자, 공자께서 목욕재계하고 조정에 나가 애공께 아뢰었다. "제나라 대부 진항이 그의 임금을 시해하였습니다. 청컨대 그를 토벌하시옵소서." 애공이 말했다. "저 삼가三家 대부들에게 말해보시오." 공자께서 물러나와 말씀하셨다. "내가 일찍이 대부의 말석에 오른 적이 있어서 감히 아뢰지 않을 수 없었는데, 임금님께서는 나더러 '삼가 대부들에게 말해보라'고 하시는구나!" 공자께서 삼가 대부들에게 가서 말하였으나, 모두가 그렇게 할 수 없다고 하였다. 공자께서 물러나와 말씀하셨다. "내가 일찍이 대부의 말석에 오른 적이 있어서 감히 말하지 않을 수 없었노라."

陳成子[1]弒[2]簡公.[3] 孔子沐浴而朝,[4] 告於哀公曰: "陳恒弒其君, 請討
진성자 시 간공   공자목욕이조   고어애공왈   진항시기군 청토
之." 公曰: "告夫[5]三子[6]!" 孔子曰[7]: "以吾從大夫之後,[8] 不敢不告
지   공왈   고부삼자   공자왈   이오종대부지후   불감불고
也. 君曰'告夫三子'者!" 之[9]三子告, 不可. 孔子曰: "以吾從大夫之
야   군왈 고부삼자 자   지 삼자고 불가 공자왈   이오종대부지
後, 不敢不告也."
후   불감불고야

주석

1 陳成子(진성자): 제나라 대부 진항陳恒.

2 弑(시): 시해함. 5-19 주석 7 참조.

3 簡公(간공): 제나라 임금. 도공悼公의 아들로, 성은 강姜, 이름은 임壬임.

4 沐浴而朝(목욕이조): 목욕재계하고 조정에 나감. 옛날 사람들은 중대한 일에 임할 때, 흔히 목욕재계함으로써 공경과 신중의 뜻을 더했음. '조'는 입조入朝, 즉 조정에 듦, 나감.

5 夫(부): 지시대명사. 저(彼), 그(其).

6 三子(삼자): 삼가 대부들. 곧 당시 노나라 정권을 장악하고 전횡을 일삼은 대부 삼가를 가리킴. 3-2 주석 1 참조.

7 孔子曰(공자왈): 이 이하의 말은 공자가 조정에서 물러난 후에 한 말임. 그래서 역문에 그 뜻을 보충함.

8 從大夫之後(종대부지후): 11-8 주석 9 참조.

9 之(지): 감(往).

해설

제나라에서 간공 시해 사건이 발생했을 때, 공자는 이미 주유천하의 방랑 생활을 마감하고 고국 노나라로 돌아와 있었다. 당시 공자는 조정의 벼슬을 하고 있진 않았으나, 일찍이 대부를 지낸 원로로서 국가적 중대사에 대해서는 여전히 의견을 개진할 책임이 있었다. 신하가 임금을 시해한 것은 묵과할 수 없는 패륜의 중죄라고 여긴 공자가 토벌을 건의함은, 책임과 도리를 다하고자 함일 뿐, 현실을 고려한 것은 아니었다. 당시 노나라의 실권은 삼가가 장악하고 있었으니, 무력한 임금은 물론이거니와 임금을 허수아비로 만든 삼가가 토벌 건의를 달가워할 리 없음은 공자도 이미 익히 알았을 것이다. 공자가 진성자 토벌을 건의함은 필시 노나라 삼가 대부들에 대한 은근하면서도 엄중한 경고의 의미를 띠었을 것이다. 사람은 현실의 벽이 아무리 높더라도,

이상적인 지향을 향해 전진하는 노력조차 하지 않아서는 안 된다.

14-23

자로가 어떻게 임금을 섬겨야 하는지를 여쭙자, 공자께서 말씀하셨다. "임금님을 속이지 말며, 간언諫言을 서슴지 않아야 한다."

子路問事君. 子曰: "勿欺¹也, 而犯之.²"
자 로 문 사 군   자 왈   물 기 야   이 범 지

주석

1 欺(기): 기만欺瞞, 즉 남을 속여 넘김.
2 犯之(범지): 임금에게 적극적으로 간언함, 직언. 주자는 이를 얼굴을 마주하고 간쟁諫爭/諫諍하는 것이라고 함. '지'는 임금을 가리킴.

해설

신하된 자는 임금에게 과실이 있을 경우, 겉으로는 따르는 척하며 속으로는 거스르는 기만적인 태도를 취해서는 안 된다. 무릇 참된 신하라면 오직 우국충정憂國衷情으로 간절히 간해 임금이 스스로 잘못을 고치도록 보필해야 한다. 다만 신하가 임금에게 충성을 다하는 데에는 일정한 조건이 있다. 공자는 「팔일편」에서 노나라 정공의 물음에 "임금은 신하를 부림에 예의를 갖추고, 신하는 임금을 섬김에 충성을 다해야 합니다"(3-19)라고 답했다. 이 말은 곧 임금이 신하를 예우하

지 않는다면, 다시 말해 임금이 임금답지 못해 무도하기 그지없다면, 신하된 이는 결코 그대로 충성을 다하며 임금의 포학무도함을 돕는 결과를 초래해서는 안 된다는 뜻을 함축하고 있다. 공자가 「계씨편」에서 고대 사관史官의 말을 빌려 이른 대로, "신하 된 자는 자신의 능력을 펼쳐 나라에 이바지할 수 있으면 기꺼이 벼슬하며 열심히 일하고, 자신의 능력을 펼칠 수 없는 혼란한 정국政局에 이르면 벼슬을 그만두고 물러나야 한다"(16-1)는 것이다. 물론 도저히 어떻게 할 수 없어 물러나기 전까지는 애국 우민憂民의 충정으로 "간언을 서슴지 않아야 한다."

14-24

공자께서 말씀하셨다. "군자는 날로 고상함으로 나아가고, 소인은 날로 비속함으로 나아간다."

子曰: "君子上達,¹ 小人下達.²"
자 왈　군 자 상 달　소 인 하 달

주석

1 上達(상달): 날로 고상高尚함으로 나아감.
2 下達(하달): 날로 비속卑俗함으로 나아감.

사람은 태어나면서부터 군자와 소인으로 나뉘는 게 아니다. 어떤 이는 천리天理와 인의를 따르며 날로 고상한 가치를 추구하는 반면, 어떤 이는 인욕과 재리財利를 좇으며 비속함에서 헤어나지 못하고 날로 하류로 추락한다. 군자와 소인은 바로 그렇게 해서 나뉘게 된다. 사람이 만물의 영장인 이상, 어찌 사람다운 삶의 의미와 가치를 추구하지 않을 수 있겠는가?

14-25

공자께서 말씀하셨다. "옛날에 배우는 이들은 스스로 내실을 다지기 위해 공부하였거늘, 오늘날 배우는 이들은 다른 사람에게 보이기 위해 공부한다."

子曰: "古之學者爲己,¹ 今之學者爲人.²"
자 왈   고 지 학 자 위 기   금 지 학 자 위 인

1 爲己(위기): 자기 자신을 위함. 곧 자신의 학문과 도덕을 충실히 하기 위해 배움을 이름.
2 爲人(위인): 다른 사람을 위함. 곧 부귀공명을 얻거나 해서 널리 사람들에게 자신을 과시하기 위해 배움을 이름.

공자의 이 일갈—喝이 어쩌면 이리도 오늘날 우리에게 하는 말처럼 들릴까? 순자荀子도 말했다. "군자의 배움은 자기 자신을 완미完美하게 하고자 함이요, 소인의 배움은 사람들에게 호평을 얻고자 함이다(君子 之學也, 以美其身; 小人之學也, 以爲禽犢)."(『순자』「권학勸學」) 무릇 배움은 우선 자신의 학문과 도덕을 닦는 데 주력해야 한다. 그리고 그 배움이 상당한 경지에 이른 다음에는, 허명을 탐하기보다는 진정으로 국가 사회에 이바지할 길을 찾아야 한다. 우리는 지금 무엇을 위해 이토록 열심히 공부하고 있는가?

14-26

거백옥이 공자께 사자使者를 보내오자, 공자께서 그와 함께 앉아서 물으셨다. "대부께서는 요즈음 무얼 하시는가?" 사자가 대답했다. "대부께서는 당신의 과오를 줄이려고 하시는데, 아직은 여의치 않습니다." 사자가 나가자, 공자께서 말씀하셨다. "훌륭한 사자로다! 훌륭한 사자로다!"

蘧伯玉[1]使人[2]於孔子. 孔子與之坐而問焉,[3] 曰: "夫子[4]何爲?" 對曰:
거 백 옥 사 인 어 공 자 공 자 여 지 좌 이 문 언 왈 부 자 하 위 대 왈
"夫子欲寡[5]其過而未能[6]也. 使者出. 子曰: "使乎[7]! 使乎!"
부 자 욕 과 기 과 이 미 능 야 사 자 출 자 왈 사 호 사 호

1 蘧伯玉(거백옥): 위衛나라의 현賢대부. 성은 '거', 이름은 원瑗. '백옥'은 그의 자. 공자와 교분이 아주 두터웠는데, 공자가 위나라에 갔을 때 그의 집에 묵은 적이 있음.

2 使人(사인): 사람을 보냄. 곧 사자를 보냄을 이름. '사'는 사자로 보냄.

3 焉(언): 어지於之의 합음자. 그(사자)에게.

4 夫子(부자): 대부에 대한 존칭. 곧 거백옥을 일컬음.

5 寡(과): 적음. 여기서는 적게 함, 줄임을 이름.

6 能(능): 잘함, 해냄. 곧 마음먹은 대로 잘함을 이름.

7 使乎(사호): 이는 사자의 훌륭함을 찬탄한 말임. 훌륭한 사자로다!

해설

『회남자淮南子』「원도훈편原道訓篇」에서 "거백옥은 나이 50세에 지난 49년간의 잘못을 알았다(蘧伯玉年五十而知四十九年非)"라고 했으니, 그 는 분명 자기반성을 생활화해 부단히 잘못을 고치며 정진을 거듭한 현인이었던 모양이다. 사자의 말은 사실에 부합할 뿐만 아니라, 겸손 한 언사 가운데 거백옥의 현덕을 더욱 두드러지게 했다. 그야말로 그 주인에 그 사자로다! 공자의 깊은 찬탄을 받기에 진정 모자람이 없다.

14-27

공자께서 말씀하셨다. "그 직위에 있지 않으면, 그 정사를 도모하지 않는다." 증자가 말했다. "군자가 생각하는 바는 그 지위를 벗어나지 않는다."

子曰: "不在其位, 不謀其政." 曾子曰: "君子思不出其位.¹"
자 왈　　부 재 기 위　 불 모 기 정　　증 자 왈　 군 자 사 불 출 기 위

주석 ―――――――――――――――――――――――――

1 **思不出其位**(사불출기위): 생각하는 것이 그가 자리한 지위(또는 분수)의 범위를 넘
　어서지 않음.

해설 ―――――――――――――――――――――――――

공자의 이 말은 「태백편」(8-14 참조)에 이미 나왔던 것으로, 벼슬아치
는 남의 직권을 침해해서는 안 되며, 무엇보다 자신의 직분에 충실해
야 함을 역설했다. 그리고 증자의 말은 본디 『주역』「간괘艮卦」의 상
사象辭인데, 주자가 이른 대로, 증자가 일찍이 이 말을 칭송한 적이 있
어서 『논어』 편찬자가 공자의 말과 동류同類라는 생각에서 양자를 함
께 기록한 것이다. 양자는 상호 보완의 의미가 있으며, 따라서 다른 주
석가들과는 달리 이 두 구절을 한 장으로 묶은 송대 형병, 청대淸代 모
기령毛奇齡 등의 관점에 일리가 있다.

14-28

공자께서 말씀하셨다. "군자는 자신이 하는 말이 그 행동 범위를 넘
어서는 것을 부끄럽게 여긴다."

子曰: "君子恥其言而¹過其行.²"
자 왈　 군 자 치 기 언 이　 과 기 행

1 而(이): 양쑤다의『사전詞詮』에서 자세히 설명했듯이 이는 지之와 같은 용법(즉 형
   태는 소유격, 의미는 주격, 1-10 주석 8 참조)의 어조사임. 황간의『의소』에는 '지之'로
   되어 있음.
2 過其行(과기행): 행동할 수 있는 범위를 넘어섬.

사람이 언행을 일치시키는 것은 결코 쉬운 일이 아니다. 올바른 인성
을 함양하고 높고 넓은 식견을 갖추는 각별한 노력과 유의留意가 있어
야 한다.

　한편 이 장에 대한 주자『집주』의 풀이를 한번 짚고 넘어가야 할
것 같다. "'치'란 감히 다하지 못한다는 뜻이요, '과'란 넉넉함이 있도
록 하고자 한다는 말이다(恥者, 不敢盡之意; 過者, 欲有餘之辭)." 이 같은 주
자의 풀이에 근거하면, 이 장은 곧 '군자는 말은 신중히 덜하고, 행동
은 말보다 더 많이 한다'는 뜻으로 이해된다. 일견 맞는 말이다. 하지
만 다시 한번 생각해보면 뭔가 자연스러움, 즉 논리성이 떨어진다. 이
는 말 이을 '이而' 자를 (지之와 같은 용법으로 보지 않고) 글자 그대로 보아,
'치기언恥其言'과 '과기행過其行'을 병렬한 두 마디 말로 이해한 데에 따
른 것으로, 명백한 오류이다. 그뿐만 아니라 '치'와 '과' 두 글자에 대한
풀이 또한 타당하지 않다. 이 장의 의미는 형병이 아주 바르게 풀이했
다. "이 장은 사람들로 하여금 말과 행동을 서로 일치시키도록 권면한
것이다. 군자는 말과 행동을 서로 견주어보아 만약 말이 그 행동을 넘
어서면, 말은 했지만 행동이 그에 부합치 않는다고 하는데, 그것은 군

자가 부끄럽게 생각하는 것이다(此章勉人使言行相副也. 君子言行相顧, 若言過其行, 謂有言而行不副, 君子所恥也)."

14-29

공자께서 말씀하셨다. "군자가 행해야 할 도덕에는 세 가지가 있거늘, 나는 그 가운데 아무것도 제대로 하지 못한다. 그것은 곧 인한 사람은 근심하지 않고, 지혜로운 사람은 미혹하지 않으며, 용감한 사람은 두려워하지 않는다는 것이다." 자공이 말했다. "이는 선생님께서 당신 스스로를 말씀하신 것이다."

子曰: "君子道者三,¹ 我無能焉²: 仁者不憂, 知者不惑. 勇者不懼."
자왈   군자도자삼   아무능언   인자불우 지자불혹 용자불구
子貢曰: "夫子自道³也."
자공왈   부자자도 야

주석

1 道者三(도자삼): 왕시위엔은 다케조에의 『회전』에서 '도자'는 '소행所行', 즉 행해야 할 바와 같은 말이라고 한 데에 근거해, 이를 '행해야 할 도덕에는 세 가지가 있다'는 뜻으로 풀이함. 그것은 이를 흔히 '군자의 도에는 세 가지가 있다'는 뜻으로 풀이하는 것과 의미상 대동소이한 듯하나, 문법적 측면에서는 오히려 더 적절함. 곧 여기서 '도' 자는 당연히 앞의 '군자', 뒤의 '자' 자 양자와 연관 지어 생각해야 하며, 그러면 '도' 자는 명사가 아니라 동사로 봐야 함. 그리고 명사 '도' 자의 의미, 즉 도 내지 도덕의 뜻은 '자' 자 안에 함축되어 있는 것으로 이해됨. 한편 항간의 기존 풀이는 '자' 자를 제시 및 일시 멈춤의 어기를 띤 어조사로 보았는데, 문법적으로 맞지 않음. 그런 경우에는 곧 '군자지도자삼君子之道者三'이라

고 해야 할 것임.

2 我無能焉(아무능언): 나는 그 가운데에서 할 수 있는 것이 없음. 이는 물론 공자의 겸사謙辭임. '언'은 어지於之의 합음자. 그 세 가지 가운데에서.

3 自道(자도): 스스로를 말함, 당신 자신을 말함. 주자는 이를 '겸사'라고 한 것과 같다고 했으나, 이론의 여지가 있음. '도'는 말함, 서술함.

해설

공자가 제시한, 군자가 받들어 행해야 할 세 가지 도덕은 인자仁者와 지자智者, 용자勇者의 덕목(이는 9-29에도 보임)이다. 형병은 인자와 지자, 용자가 각각 근심하지 않고, 미혹하지 않으며, 두려워하지 않는 까닭을 이렇게 설명했다. "인자는 하늘의 뜻에 순응하며 자신의 명운命運을 기껍게 여기는 까닭에, 마음 깊이 자신을 돌이켜 보아 거리끼거나 부끄럽지 않으므로 근심하지 않고, 지자는 사리事理에 밝으므로 미혹하지 않으며, 용자는 상대를 완전히 제압하여 모욕을 당하지 않도록 하므로 두려워하지 않는다仁者樂天知命, 內省不疚, 故不憂也; 知者明於事, 故不惑; 勇者折衝禦侮, 故不懼]." 한데 공자는 그 가운데 할 수 있는 게 아무것도 없다고 했다. 하지만 자공이 보기에 그 세 가지 덕목은 공자가 이미 모두 능히 행하고 있는 것이다. "이는 선생님께서 당신 스스로를 말씀하신 것이다." 자공의 이 같은 찬탄은 곧 「술이편」에서 공서화가 "그것이 바로 저희 제자들이 선생님을 따라할 수 없는 것입니다"(7-34)라고 한 찬사와도 맥을 같이한다. 그러면 공자는 왜 그렇듯 겸양했을까? 필시 스스로를 낮추고 책망함으로써 사람들, 특히 제자들의 분발을 독려하기 위한 것이리라. 진실로 '만세萬世의 사표師表'로다.

14-30

자공이 다른 사람을 비평하자, 공자께서 말씀하셨다. "사야, 네가
그렇게 어질고 선하단 말이냐? 나 같으면 그럴 겨를이 없을 것이다."

子貢方¹人. 子曰: "賜²也賢³乎哉⁴? 夫⁵我則不暇.⁶"
자 공 방 인 자 왈   사 야 현 호 재   부 아 즉 불 가

주석

1 方(방): 방방誹謗과 통함. 비방誹謗·비평批評함. 다만 여기서는 비방, 즉 남을 비웃고
    헐뜯어서 말한다기보다는 비평, 즉 남의 잘못을 드러내어 이러쿵저러쿵 좋지 않
    게 말하여 퍼뜨린다는 뜻으로 이해됨. 만약 자공이 남을 비평함을 넘어 비방하
    는, 더욱 못난 소인배 같은 모습이었다면, 공자가 단지 "네가 그렇게 어질고 선
    하단 말이냐? 나 같으면 그럴 겨를이 없을 것이다"라는 정도로만 나무라지는 않
    았을 것임.
2 賜(사): 자공의 이름.
3 賢(현): 현량賢良, 즉 어질고 선량함.
4 乎哉(호재): 복합 어조사로, 반문의 어기를 강화함.
5 夫(부): 발어사. 여기서는 가정의 뜻을 함축함. 만약 (나) 같으면. 일설에는 의론議
    論의 뜻을 이끄는 발어사라고 함.
6 暇(가): 여가餘暇, 틈, 겨를.

해설

사람은 다른 사람의 시비是非 장단長短을 비평하기에 앞서, 자기 자신
의 도덕 수양과 학문 연마에 힘써야 한다. 이것이 공자가 자공을 나무
라면서 일깨우고자 한 가르침이다.

한편 이른바 '방인方人'의 의미를 다시 짚고 넘어가야 할 것 같다. '방인'의 '방'을 방謗의 뜻으로 풀이한 것은 정현을 비롯해 육덕명陸德明, 유보남 등의 견해에 근거하며, 그 가운데 정현은 특히 "다른 사람의 잘못이나 허물을 말하는 것을 말한다(謂言人之過惡)"라고 설명했다. 이는 곧 다른 사람이 실제로 저지른 과오를 비평한다는 말이다. 따라서 여기서 '방'은 무방誣謗, 즉 있지도 않은 사실을 거짓으로 꾸며 비방하는 게 아닌 것으로 이해된다. 또한 그 같은 견지에서 '방'을 '비방誹謗함'이 아니라 '비평함'으로 옮기는 것이 보다 적절해 보이는데, 그 까닭은 정현의 설명뿐만 아니라 공자의 어조에서도 느껴지는 바임을 위 주석에서도 언급했다. 반면 공안국을 비롯해 황간, 형병 그리고 주자 등은 모두 '방'을 비방比方, 즉 서로 비교한다, 견주어 본다는 뜻으로 풀이했는데, 과연 공자의 본의에 맞는 것인지 의문이 든다. 공자는 「공야장편」에서 자공에게 "너와 회 가운데 누가 더 나으냐?"(5-9)라고 물은 적이 있다. 또 자공은 「선진편」에서 공자에게 "사와 상은 누가 더 현능합니까?"(11-16)라고 여쭌 적이 있으며, 당시 공자는 친절히 답변해줬다. 다른 사람을 서로 견주어 보는 것 자체가 크게 문제시할 일은 아니라는 얘기이다. 하지만 이 장에서는 공자가 자공을 심히 핀잔하며 나무라고 있으니, '방'을 비방比方의 뜻으로 보는 것은 분명 적절치 않은 듯하다.

14-31

공자께서 말씀하셨다. "다른 사람이 나를 알아주지 않음을 걱정하지 말고, 스스로 훌륭한 자질을 갖추지 못함을 걱정하여라."

子曰: "不患人之不己知,¹ 患其²不能³也."
자왈   불환인지불기지   환기 불능 야

주석

1 "不患(불환)…" 구: 1-16 주석 1, 2, 3 참조.
2 其(기): 곧 자기 자신을 가리킴.
3 不能(불능): 능하지 못함. 곧 학식과 재덕 등의 훌륭한 자질을 갖추지 못함을 이름.

해설

대개 사람은 "평소 늘 '사람들이 나를 알아주지 않는다'고 하며"(11-26) 불만을 토로하곤 한다. 남이 나를 알아주기를 바라는 것은 어쩌면 인지상정인지도 모른다. 하지만 헛된 명성을 탐하는 어리석음에서 벗어나, 사람은 스스로 참된 재덕과 학식을 갈고 닦고 갖추어가는 데 매진해야 하며, 그것이 바로 자신에게 더없이 유익하고 보람찬 일임을 공자는 거듭 역설했다. 예컨대 「학이편」에서 "사람은 다른 사람이 나를 알아주지 않음을 걱정할 것이 아니라, 내가 다른 사람을 알지 못할까 걱정하여야 한다"(1-16), 「이인편」에서 "자신을 알아주는 사람이 없음을 걱정하지 말고 사람들이 알아줄 만한 사람이 되도록 해야 할 것이다"(4-14), 「위영공편」에서 "군자는 스스로 참된 재능이 없음을 근심할 뿐, 다른 사람이 자신을 알아주지 않음은 근심하지 않는다"

(15-19)라고 했는데, 이 모두는 이 장과 같은 취지를 일깨운 것이다. 진정 주자가 이른 대로, 성인께서는 이 한 가지 일을 여러 번 말씀하셨으니, 그 간곡한 뜻을 알고도 남음이 있다.

14-32

공자께서 말씀하셨다. "남이 나를 속이지 않을까 미리 의심하지도 않고, 또 남이 나를 믿지 않을까 미리 억측하지도 않으면서 오히려 그것을 미리 아는 이가 진정 현명한 사람이로다!"

子曰: "不逆詐,¹ 不億²不信, 抑³亦先覺者, 是⁴賢乎!"
자 왈　불 역 사　불 억 불 신　억 역 선 각 자　시 현 호

주석

1 逆詐(역사): 다른 사람이 속이지 않을까 미리 의심함. '역'은 주자가 (손님이) 아직 이르기 전에 먼저 나가 맞이하는 것이라고 했으니, 곧 예측·예상함을 이름. 다만 여기서는 문맥상 의심함으로 이해함이 나음. '사'는 사기詐欺, 즉 나쁜 꾀로 남을 속임. 여기서는 주자가 이른 대로, 남이 나를 속임을 이름.
2 億(억): 억臆과 같음. 억측臆測, 즉 이유나 근거도 없이 짐작함.
3 抑(억): 오히려, 도리어. 또 그러나, 하지만.
4 是(시): 차此·기其와 같음. 지시대명사. 그런 사람(앞에서 말한 대로 하는 사람).

해설

사람은 근거 없이 함부로 남을 의심하거나 의혹해서는 안 된다. 오히

려 남의 불순한 마음을 미리 읽을 수 있는 고도의 식견과 지혜 그리고
풍부한 경험을 바탕으로 한 예리한 통찰력을 길러야 한다. 물론 그것
은 쉬운 일이 아니다. 평소 부단한 노력과 정진이 있어야 함은 두말할
나위가 없다.

14-33

미생무가 공자께 말하였다. "자네는 무엇 때문에 그렇게 바삐 돌아
다니는가? 말재주를 뽐내려는 게 아닌가?" 공자께서 말씀하셨다. "나
는 감히 말재주를 뽐내려는 것이 아니요, 단지 이 세상의 고루함을 혐
오할 따름이외다."

微生畝¹謂孔子曰: "丘²何爲是³栖栖⁴者⁵與⁶? 無乃⁷爲佞⁸乎?" 孔子
미 생 무 위 공 자 왈   구 하 위 시 서 서 자 여   무 내 위 녕 호   공 자
曰: "非敢爲佞也, 疾⁹固¹⁰也."
왈   비 감 위 녕 야, 질 고 야

주석

1 微生畝(미생무): '미생'이 성이고, '무'가 이름임. 주자는 공자의 이름을 바로 부른
  데다 하는 말이 몹시 거만한 것으로 보아, 나이도 많고 덕망도 있는 은자였을 것
  으로 추정함.
2 丘(구): 공자의 이름.
3 是(시): 여기서는 여시如是, 여차如此의 뜻으로, 그렇게.
4 栖栖(서서): 황황遑遑, 즉 몹시 급하게 서두는 모양. 곧 바삐 돌아다니는 모양을
  이름.
5 者(자): 형용사형 어미로, ~한 모양을 뜻함.

218

6 與(여): 여歟와 같은 의문사.

7 無乃(무내): 막비莫非(~아닌 게 없음·아님)와 같은 뜻으로, 여기서는 뒤의 '호乎'와 짝을 이루어 '설마 ~인가?', '~인 게 아닌가?'의 뜻을 나타냄.

8 爲佞(위녕): 주자가 이른 대로, 말재주를 뽐내어 사람들의 환심을 사려고 힘씀을 이름. '녕'은 말재주가 있음, 교묘히 말을 잘함.

9 疾(질): 질嫉·오惡와 같음. 혐오함, 증오함, 미워함.

10 固(고): 고루함. 곧 주자가 이른 대로, 한 가지를 고집하며 변통하지 않음을 이름.

해설

이른바 고루함이란 낡은 관념이나 습관에 젖어 고집이 세고, 새로운 것을 잘 받아들이지 않음을 말한다. 공자 당시 열국 제후들의 고루함은 인의 도덕의 고귀한 의의와 가치에는 관심도 없고, 알지도 못한 채, 오로지 영토 확장에 대한 야심을 불태우는가 하면, 황음 사치한 탐욕의 삶을 추구하면서 정치·사회적 혼란을 가중시켰다. 그리고 그것은 결국 만백성을 도탄에 빠져 허덕이게 했다. 공자가 만년에 14년간 열국을 주유한 것은 바로 열국의 제후들을 설득하고 계몽해 인정 덕치를 펴게 함으로써, 세상을 바꾸어 만백성을 구제하기 위해서였다. 하지만 일반 사람들은 물론이거니와 나름 지식도 있고 의식도 있다는 이들조차, 성인 공자의 진심과 진의를 알고 이해하기는커녕 이렇듯 곡해했다. 진정 일찍이 "나를 알아주는 사람이 없구나!" "나를 알아주는 것은 아마도 하늘뿐이리라!"(14-36) 하며 한탄을 금치 못한 공자의 고뇌가 뼛속을 파고든다.

14-34

공자께서 말씀하셨다. "천리마란 사실 그 힘을 칭송하는 것이 아니라, 그 덕을 칭송하는 것이다."

子曰: "驥¹不稱²其力,³ 稱其德⁴也."
자 왈   기 불 칭 기 력   칭 기 덕 야

주석

1 驥(기): 천리마.
2 稱(칭): 칭찬함, 칭송함. 일설에는 '칭' 자에 걸맞음, 어울림의 뜻이 있는 데서 착안해 여기서는 의지함, 힘입음을 이른다고 함. 곧 천리마는 그 힘에 의지하는 것이 아니라, 그 덕성에 의지하는 것이라는 얘기임. 하지만 그것은 천리마의 입장에서 이르는 것으로, 논리성이 떨어져 적절치 않음.
3 其力(기력): 곧 천리마가 하루에 능히 천리를 달릴 수 있는 능력을 이름.
4 其德(기덕): 곧 천리마가 온갖 힘듦을 극복하고 끝까지 막중한 책무를 다하는 강인한 덕성, 품성을 이름.

해설

이는 곧 천리마를 군자에 비유해 사람은 재덕을 겸비해야 하되, 덕성이 근본이며 재능은 부차라는 인재관人才觀을 역설한 것이다. 예나 지금이나 사람들은 대개 인성이나 덕성보다는 힘과 능력, 재능을 더 중시하고, 그 향상과 증강에 골몰한다. 하지만 그것은 근본은 등한시한 채 부차만을 좇는 처사이다. "군자는 근본에 힘쓴다"(1-2)고 하지 않았던가? 이에 공자는 천리마에 대한 칭송과 인식의 실체를 적시하며

"사람이 재능은 있으나 덕성이 없다면 또한 어찌 그를 존숭할 수 있겠는가?(人有才而無德, 則亦奚足尙哉)"(『집주』) 하는 이치를 일깨웠다. 사람들은 너나없이 천리마를 칭송하며 감탄을 금치 못한다. 하지만 사실 그것은 하루에 능히 천리를 달리는 힘과 능력이 아니라, 오랜 시간 인고忍苦의 노력으로 막중한 임무를 성실히 완수하는 덕성을 칭송하는 것이라는 게 공자의 설명이다. 사람 또한 재능만 있고 덕성이 없다면, 어찌 신망과 칭송을 받을 수 있겠는가?

여기서 우리가 간과해서는 안 될 게 있다. 공자가 재능보다는 덕성을 중시함은 본말本末이 전도된 세태를 겨냥해 근본적인 측면을 특별히 부각해 강조한 것일 뿐이며, 결코 재능의 필요성과 효용성을 부정한 것은 아니다. 이에 대해서는 다케조에의 설명이 가장 참고할 만하다. "천리마가 하루에 천리를 가는 것은 그 힘이지만, 이른바 덕 또한 그 힘의 바탕 위에서 드러나게 되며, 그 힘을 잘 쓰게 하는 것은 바로 덕이다. 따라서 만약 힘을 도외시하고 덕만 말한다면, 그것은 평범한 말이 길이 잘 들어 양순한 것과 무엇이 다르겠는가? 그러므로 덕과 힘을 겸비하여야만 비로소 천리마라고 할 수 있다. 그렇지만 천리마가 세상에서 칭송을 받는 까닭은 오히려 그 덕 때문이지 힘 때문이 아니라는 것이니, 군자(공자)께서 중시하는 바가 무엇인지를 알 수가 있다(驥一日行千里, 此其力也, 所謂德, 亦在力處見之, 善用其力便是德, 若舍力而言德, 此與凡馬之馴良者何異? 故德力兼, 方謂之驥, 然驥之所以見稱於世, 却在德不在力, 則君子之所重可知)."

예로부터 힘과 재능은 있지만 인성과 덕성이 부족한 인물이 세상을 어지럽힌 경우는 부지기수다. 그렇다고 올바른 인성과 훌륭한 덕성만 있고 실제적인 능력이 없다면, 그저 좋은 사람, 착한 사람일 뿐이다. 국가 사회에 이바지할 훌륭한 인재는 아니라는 얘기다. 공자가 덕육德育을 우선시하면서도 지육智育을 아울러 중시한 것(17-8 참조)은 바로 그 때문이다. 우리 또한 그 길을 가야 한다.

14-35

어떤 사람이 여쭈었다. "원한을 은덕으로 갚으면 어떻습니까?" 공자께서 말씀하셨다. "그러면 은덕은 무엇으로 갚겠느냐? 응당 원한은 공평하고 정직함으로 갚고, 은덕은 은덕으로 갚아야 할 것이다."

或曰: "以德報怨, 何如?" 子曰: "何以報德? 以直¹報怨, 以德報
혹 왈   이 덕 보 원   하 여   자 왈   하 이 보 덕   이 직 보 원   이 덕 보
德."
덕

주석

1 直(직): 공평하고 정직함. 주자는 사랑과 미움, 취함과 버림을 시종 지극히 공평 무사公平無私하게 함을 이른다고 했는데, 이는 대개 공평하고(어느 쪽으로도 치우치지 않고 고르고) 정직한(거짓이나 꾸밈이 없이 바르고 곧은) 마음으로 인정人情·사리事理의 상궤常軌를 따름을 이르는 것으로 이해됨.

해설

『노자』에서도 "큰 것을 작은 것으로 여기고, 많은 것을 적은 것으로

222

여기며, 원한을 은덕으로 갚는다(大小多少, 報怨以德)"(제63장)라고 했다. 이로 미루어 보아 아마 '어떤 사람'이 의문을 가진 '이덕보원以德報怨'이라는 말이 당시에 꽤 널리 퍼져 있었던 듯하다. 아무튼 여기서 문제의 핵심은 '나에게 원한을 갖게 한 사람을 과연 어떻게 대해야 하는가?'이다. 물론 원한을 원한으로 갚는, 이른바 '눈에는 눈, 이에는 이'의 동일한 해害를 가해 보복해서는 안 된다. 잔혹殘酷은 또 다른 잔혹을 낳으면서 끔찍하고 잔인함으로 점철될 뿐, 결코 속 시원히 원한을 갚고, 응어리를 풀었다는 양 쾌재를 부르며 기꺼워할 수만도 없는 일이다.

그렇다면 원한을 은덕으로 갚으라는 말인가? 그 또한 옳지 않다. 원한은 '직直'으로 갚아야 한다. 이것이 공자의 생각이다. 소위 '직'은 곧 공평하고 정직함이다. 쉽게 말하면 지나치게 격한 감정에 휘둘리지도 않고, 내심에 이는 감정과는 다르게 억지로 꾸며내지도 않으며, 오로지 천리에 순응하면서 인정·사리에 비춰 누가 봐도 마땅히 그렇게 할 바를 하는 것이다. 여기서 우리는 "자신의 과오는 엄하게 질책하고, 남의 과오는 가볍게 추궁해야 한다"(15-15)는 공자의 가르침도 아울러 새겨봄 직하다.

한편 원한을 은덕으로 갚는 것은 뭔가 억지로 꾸며낸 듯하며, 인지상정에도 부합하지 않는다. 이 같은 견지에서 볼 때, 공자의 사상은 "원수를 사랑하라!"라는 가르침을 내린 예수 그리스도의 사상과는 분명히 다른 것 같다. 아무튼 보복을 하겠다는 사사로운 마음으로 지나치게 각박하게 하거나, 내심의 감정을 숨기고 억지로 후덕하게 하는 것은 모두 공평하고 정직함이 아니다. 만사는 과유불급이니, 지나침과 모자람은 모두 중용의 이상에 맞지 않는 것이다.

14-36

공자께서 말씀하셨다. "나를 알아주는 사람이 없구나!" 자공이 말했다. "어떻게 선생님을 알아주는 사람이 없겠습니까?" 공자께서 말씀하셨다. "나는 하늘을 원망하지도 않고, 사람을 탓하지도 않으며, 오로지 아래로 인간사를 배우고, 위로 천명을 알았을 뿐이거니, 나를 알아주는 것은 아마도 하늘뿐이리라!"

子曰: "莫我知也夫^1!" 子貢曰: "何爲其^{2}莫知子也?" 子曰: "不怨
자 왈   막 아 지 야 부   자 공 왈   하 위 기 막 지 자 야   자 왈   불 원
天, 不尤^{3}人, 下學而上達.^{4} 知我者, 其天乎!"
천   불 우 인   하 학 이 상 달   지 아 자   기 천 호

주석

1 **莫我知也夫**(막아지야부): '막지아야부莫知我也夫'의 도치. '막'은 ~하는 사람이 없음. '야부'는 9-31 주석 6 참조.
2 **其**(기): 어조사로, 의문의 어기를 강화함.
3 **尤**(우): 탓함, 책망함.
4 **下學而上達**(하학이상달): 이는 공안국이 이른 대로, "아래로는 사람의 일을 배우고, 위로는 하늘의 명령을 알았다(下學人事, 上知天命)"는 말로 이해됨.

해설

유례없는 난세를 산 공자는 인간사의 실체를 꿰뚫는가 하면, 하늘이

당신에게 부여한 사명이 무엇인지를 알았다. 그리하여 온갖 어려움을 무릅쓰고 열국을 주유하며 구세의 꿈을 실현할 길을 모색했다. 하지만 유감스럽게도 끝내 아무런 성과 없이 고국으로 되돌아올 수밖에 없었다. "나를 알아주는 사람이 없구나!"라는 공자의 탄식은 바로 당신의 정치 이상을 실현할 길이 없는 현실에 대한 극한 안타까움의 발로였다.

"군자는 일의 탓이나 해법을 자기에게서 찾는다"(15-21)고 했던가? 공자는 아무도 알아주지 않는 현실 앞에서 "나는 하늘을 원망하지도 않고, 사람을 탓하지도 않으며, 오로지 아래로 인간사를 배우고, 위로 천명을 알았을 뿐"임을 강조하며 스스로를 도닥였다. 사람은 대개 현실적 곤경 앞에서 세상을 원망하고, 누군가를 탓하게 마련이다. 한데 공자는 어떻게 이처럼 "불원천不怨天, 불우인不尤人", 즉 하늘을 원망하지도 않고, 사람을 탓하지도 않을 수 있었을까? 황간은 공안국의 주해註解(주석 4 참조)에 근거해 그 이유를 설명했다. "'하학下學'은 아래로 인사人事를 배웠음이요, '상달上達'은 위로 천명을 알았음이다. 내가 이미 인사를 배웠나니, 인사에는 불운도 있고 행운도 있으니 '불우인'하는 것이요, 또 내가 이미 천명을 알았나니, 천명에는 곤궁함도 있고 형통함도 있으니 '불원천'하는 것이다(下學, 學人事; 上達, 達天命. 我旣學人事, 人事有否有泰, 故不尤人. 上達天命, 天命有窮有通, 故我不怨天也)." 또한 공자는 '지천명知天命'(2-4)의 군자답게 '하늘만은 당신을 알아줄 것'이라는 굳은 믿음으로 내심의 아쉬움을 달래는가 하면, 스스로를 위로하며 새삼 구세의 의지를 불태웠다. 당시 어떤 이가 공자를 두고 "안 되는 줄 알면서 굳이 그걸 하려고 드는 그 사람〔知其不可而爲之者〕"(14-39)이라는 조소 어린 평가를 할 정도로, 구세의 공업功業은 현실적으로 지극히 어렵고 힘든 것은 물론이거니와 사실상 불가능한 일이었다. 그럼에도 불구하고 평생의 염원과 포부를 실현하겠다는 불타는 사명감으로, 끝까지 헌신한 공자의 위대함과 숭고함은 분명 영원 불후의 광휘光輝임에 틀림이 없다.

14-37

공백료가 계손씨에게 자로를 헐뜯어서 말하자, 자복경백이 공자께 그 사실을 아뢰며 말했다. "계손 대부가 이미 공백료의 말에 미혹되었지만, 제가 가진 힘이면 오히려 공백료를 죽여 그 시체를 시장에 내다 걸 수 있습니다." 공자께서 말씀하셨다. "인도仁道가 장차 널리 행해질까, 그것은 하늘의 명령이오. 아니면 인도가 장차 그만 폐기될까, 그것도 하늘의 명령이오. 그런데 공백료가 하늘의 명령을 어찌하겠소?"

公伯寮¹愬²子路於季孫.³ 子服景伯⁴以告,⁵ 曰: "夫子⁶固⁷有惑志⁸於
공 백 료 소 자 로 어 계 손   자 복 경 백 이 고   왈   부 자 고 유 혹 지 어
公伯寮, 吾力猶能肆諸市朝.⁹" 子曰: "道之將行¹⁰也與,¹¹ 命¹²也; 道
공 백 료 오 력 유 능 사 저 시 조   자 왈   도 지 장 행 야 여   명 야 도
之將廢也與, 命也. 公伯寮其¹³如命何¹⁴?"
지 장 폐 야 여   명 야 공 백 료 기   여 명 하

주석 ─────────────

1 公伯寮(공백료): 공백료公伯僚로 쓰기도 함. '공백'은 성이고, '료'는 이름이며, 자는 자주子周임. 노나라 사람으로, 자로와 같은 시기에 계손씨의 가신으로 있었

음. 일설에는 그 역시 공자의 제자라고 함.

2 愬(소): 訴소와 같음. 참소, 즉 남을 헐뜯어서 죄가 있는 것처럼 꾸며 윗사람에게 고해 바침.

3 季孫(계손): 계손씨. 당시 노나라 실권을 장악한 집정 대부.

4 子服景伯(자복경백): 노나라 대부로, '자복'은 성, '경'은 시호, '백'은 자이고, 이름 은 하何임.

5 以告(이고): '이지고공자以之告孔子'의 생략.

6 夫子(부자): 대부에 대한 존칭으로, 계손씨를 가리킴.

7 固(고): 이미(已). 또는 물론, 확실히.

8 有惑志(유혹지): 미혹된 뜻·마음이 있음, 생김. 곧 미혹되었다는 말.

9 肆諸市朝(사저시조): '사'는 죄인을 죽여 그 시체를 벌여놓아 사람들이 보게 함을 이름. '저'는 지어之於의 합음자이며, 그 가운데 '지'는 공백료를 가리킴. '시조'의 '시'는 시장, '조'는 조정을 이름. 다만 옛날에 대부의 시체는 조정에, 사士의 시체 는 시장에 내걸었으므로, 여기서 '시조'는 단지 시장만을 가리킴.

10 道之將行(도지장행): 도·인도仁道가 장차 행해짐. 곧 공자의 정치 이상인 인정 덕치가 장차 실현됨을 이름. '지'는 1-10 주석 8 참조.

11 也與(야여): 6-6 주석 4 참조.

12 命(명): 천명, 즉 하늘의 명령. 또 천의天意, 즉 하늘의 뜻.

13 其(기): 어조사. 일설에는 어기 부사. 반문의 어기를 강화함.

14 如(여)~何(하): ~을(를) 어떻게 하겠는가?

해설

공자는 당신 스스로 세상에 나가 벼슬하며 평생의 뜻을 펼치고자 했을 뿐만 아니라, 제자들에게도 적극적으로 벼슬자리에 올라 인도의 실현을 위해 헌신토록 했다. 공백료가 계손씨에게 자로를 무고誣告한 데 대해, 정의감에 불타는 자복경백이 분개를 금치 못하고, 급기야 그를 무고죄로 다스려 처형할 생각까지 했다. 물론 그것은 공자가 허락할 리 만무한 일이었다. 공자는 특히 장차 인도가 시행될지 여부는 오로지 하늘의 뜻에 달렸음을 분명히 하면서, 자복경백의 경거망동에 제동을 거는가 하면, 천명과 천의에 굳은 신뢰를 보내며 강한 기대를 걸었다. 옛말에도 "일을 도모하는 것은 사람이 하지만, 일을 이루는 것은 하늘에 달렸다(謀事在人, 成事在天)"(『삼국지연의三國志演義』)고 했으니, '진인사대천명盡人事待天命'이라는 말의 함의를 곰곰이 새겨볼 일이다.

14-38

공자께서 말씀하셨다. "현명한 사람은 크게는 혼탁한 세상을 피하고, 그다음은 어지러운 땅을 피하며, 그다음은 볼썽사나운 용모와 안색을 피하고, 그다음은 밉살스러운 말을 피한다." 공자께서 이어서 말씀하셨다. "그렇게 홀로 수신 양생養生하는 현자가 일곱 사람이 있다."

子曰: "賢者¹辟世,² 其次辟地,³ 其次辟色,⁴ 其次辟言.⁵" 子曰: "作
자왈   현자 피세   기차피지   기차피색   기차피언   자왈   작
者⁶七人⁷矣."
자 칠인 의

주석

1 賢者(현자): 현명한 사람. 여기서는 현인을 일반적으로 일컫는 것이 아니라, 홀로 수신 양생하는 현인을 가리키며, 널리 천하 만민을 구제하는 현인은 포함하지 않음.
2 辟世(피세): 혼탁한 세상을 피함. '피'는 피避와 같음. 아래도 모두 이와 같음. '세'

는 혼란한 세상·사회를 일컬음.

3 辟地(피지): 마음이 이른 대로, "어지러운 나라를 떠나 안정된 나라로 감(去亂國, 適治邦)"을 말함.

4 色(색): 황간이 '악색惡色'이라 풀이했듯이, 이는 지극히 볼썽사나운 사람의 용색容色, 예를 들면 경멸하거나 아첨하는 용모와 안색 따위를 이름.

5 言(언): 황간이 '악언惡言'이라 풀이했듯이, 이는 사람이 해서는 안 될 말, 예를 들면 경멸하거나 아첨하는 말 따위를 이름.

6 作者(작자): 그렇게 하는 사람. 곧 앞에서 말한 '피세'·'피지'·'피색'·'피언'을 하며 홀로 수신 양생하는 사람을 이름. '작'은 위爲와 같은 뜻임.

7 七人(칠인): 일곱 사람. 이 일곱 현자를, 포함은 장저長沮, 걸닉桀溺, 장인丈人, 석문石門, 하궤荷蕢, 의봉인儀封人, 초광접여楚狂接輿라고 했는데, 이들은 모두 『논어』에서 거론됨. 이 일곱 사람이 누구를 가리키는지 이 밖에도 대략 세 가지 설이 더 있으나, 굳이 누구인지를 추적해 밝히는 것은 천착일 뿐이라는 주자의 견해에 귀를 기울여야 할 듯함.

해설

평생을 한결같은 마음으로 구세의 일념을 불태웠던 공자가, 홀로 수신 양생의 길을 가는 이들을 '현자'라 일컬으며 칭송한 것을 어떻게 봐야 할까? 필시 현자들이 혼탁한 세상을 등지고, 어지러운 땅을 떠나며, 불량한 용색과 말을 피할 수밖에 없는, 무도한 현실 사회에 대한 우려와 통탄에서 비롯한 것이리라. 다른 한편으론 공자도 어쩌면 일시적으로는 '구세'의 어려움에 지쳐 그들 '현자'들처럼 피세 은둔하고픈 생각이 든 결과인지도 모른다. 하지만 공자는 시종 고군분투하면서도 결코 구세의 염원과 열정을 버리지 않았다.

14-39

자로가 석문 밖에서 하룻밤 묵었는데, 다음날 새벽 성문을 지키는 이가 물었다. "어디서 오셨소?" 자로가 말했다. "공씨孔氏한테서 왔습니다." 문지기가 말했다. "아, 안 뇌는 줄 알면서 굳이 그걸 하려고 드는 그 사람 말이오?"

子路宿於石門.¹ 晨門²曰: "奚自³?" 子路曰: "自孔氏.⁴" 曰: "是知
자 로 숙 어 석 문   신 문 왈   해 자   자 로 왈   자 공 씨   왈   시 지
其不可而爲之者與?"
기 불 가 이 위 지 자 여

주석

1 石門(석문): 노나라 도성의 외문外門.
2 晨門(신문): 새벽 성문城門. 여기서는 이로써 그 문지기를 일컬음. 공자에 대해 제대로 아는 것을 보면 보통 문지기는 아닌 듯한데, 주자는 현덕이 있으면서도 문지기 노릇을 하며 은둔한 사람일 것으로 추정함. '신'은 새벽.
3 奚自(해자): '자해自奚'의 도치이자 '자해래自奚來'의 생략. 어디에서 왔는가? '해'는 하何와 같은 뜻으로, 어디. '자'는 ~로부터.
4 孔氏(공씨): 곧 공자를 가리킴.

해설

보통 사람들은 그것이 불가능한 일인 줄을 알면 대부분은 하려고 들지 않는다. 그러나 공자는 '지기불가이위지知其不可而爲之', 즉 뻔히 불가능한 일인 줄을 알면서도 굳이 그걸 하려고 들었다. 공자가 굳이 하려고 든 일은 바로 이 세상에 바른 도를 전해 인정 덕치가 널리 시행

되게 함으로써 도탄에 빠진 만백성을 구제하는 것이었다. 석문 문지기의 논평은 곧 공자가 현실 인식이 부족해 시급한 일이 무언지도 모르고, 변통도 할 줄 모르는 답답한 인사라는 비판이다. 혹시 공자는 당신의 정치 이상이 어려움은 있겠지만, 그래도 끝내는 실현될 수 있다고 믿은 것일까? 사실 공자는 "이상 정치가 쉽게 행해지지 않을 것임은 이미 잘 알고 있었다."(18-7) 그러니 공자가 동분서주하며 고군분투하는 데 대해 세상의 몰이해와 조소 어린 비판이 이어진 것은 어쩌면 당연한 일인지도 모르겠다. 하지만 공자는 오히려 "사람이 어차피 산속의 짐승들과 함께 무리를 지어 살 수는 없거니, 내가 만약 세상 사람들과 더불어 살지 않는다면, 누구와 더불어 살겠느냐? 그리고 만약 천하에 바른 도가 행해지고 있다면, 나도 세상을 바꾸려고 하지 않을 것이다"(18-6)라고 항변하며 물러서기는커녕 더더욱 의욕을 불태울 뿐이다. 오, 성자聖者로다! 진정 '의봉인'이 "천하가 무도한 지 오래이니, 하늘이 장차 선생님을 세상 사람들을 깨우칠 목탁으로 삼으실 것입니다"(3-24) 하고 예언한 그대로였다.

14-40

공자께서 위나라에서 경을 치고 계셨는데, 어떤 사람이 삼태기를 메고 공자의 거처 문 앞을 지나가다가 말했다. "복잡한 심사心思가 묻어나는구나, 경 치는 소리여!" 그리고 잠시 후 그가 다시 말했다. "비루하구나, 땡땡거리는 소리여! 자기를 알아주는 사람이 없으면 그만두고 말 일이로다. '물이 깊으면 아예 옷을 입은 채로 건널 것이요, 물이 얕으면 그저 옷을 걷고 건널 것이라네.'" 공자께서 말씀하셨다. "말 한번 딱 부러지게 하는구나! 만사를 저리 하면 어려울 게 없겠구먼."

子擊磬¹於衛, 有荷²簣³而過孔氏之門者, 曰: "有心哉, 擊磬乎!" 旣
자 격 경 어 위 유 하 궤 이 과 공 씨 지 문 자 왈   유 심 재 격 경 호   기
而⁴曰: "鄙⁵哉, 硜硜⁶乎! 莫己知⁷也, 斯⁸己⁹而已矣.¹⁰ '深則厲, 淺則
이 왈   비 재 갱 갱 호   막 기 지 야   사 이 이 이 의   심 즉 려 천 즉
揭.¹¹'" 子曰: "果哉! 末之難矣.¹²"
게   자 왈   과 재   말 지 난 의

주석

1 磬(경): 옥이나 돌로 만든 타악기로, 곱자 모양임.

2 荷(하): (어깨에) 멤.

3 簣(궤): 삼태기. 풀이나 흙 따위를 담아 나르는 농기구.

4 旣而(기이): 잠시 후, 얼마 후.

5 鄙(비): 비루鄙陋함. 여기서는 안목眼目이 천단함을 경멸해 이르는 말.

6 硜硜(갱갱): 경 소리가 땡땡거리는 모양. 여기서는 이로써 시의時宜를 헤아릴 줄 모르고 고집스러움을 비유함.

7 莫己知(막기지): '막지기莫知己'의 도치.

8 斯(사): 즉則과 같음. 일설에는 지시대명사로, 이(此)·그(其)의 뜻이라고 함.

9 己(이): 그만둠(止).

10 而已矣(이이의): ~일 뿐임, 따름임.

11 "深則厲(심즉려)…" 2구: 『시경』 「패풍邶風·포유고엽편匏有苦葉篇」의 시구. 물이 깊으면 옷을 입은 채로 건너고, 물이 얕으면 그저 옷을 걷고 건넘. 여기서는 이로써 시의에 신축적으로 적응함을 비유함. '려'는 포함이 이른 대로, '이의섭수以衣涉水', 즉 아예 옷을 입은 채로 물을 건너는 것을 말함(이는 옷을 벗고 물을 건넌다는 뜻이 아님). '게揭'는 주자가 이른 대로, '섭의섭수攝衣涉水', 즉 (아랫도리) 옷자락을 걷고 물을 건너는 것을 말함.

12 "果哉(과재)…" 2구: 이는 반어법으로, 구세의 의의와 고뇌를 제대로 이해하지

못하고 말을 저렇듯 과감하게 하지만, 세상사가 그리 간단하지만은 않다는 뜻을 항변함(유월兪樾, 『군경평의群經平議』의 견해를 일부 취함). 이에 대한 후세의 풀이는 자못 분분한데, 황간의 견해에 따르면 저 사람이 뭘 모르고 말을 너무 과감히 하니 설득을 하거나 반박을 하기도 어렵다는 뜻이요, 주자의 견해에 따르면 세상을 그렇듯 과감히 잊어버릴 수 있다면 사람의 진퇴에 어려움이 없을 것이라는 뜻임. 이 가운데 황간의 견해가 참고할 만함. 반면 '과' 자를 세상을 과감히 잊는다는 뜻으로 풀이한 주자의 견해는, 위의 『시경』 구절이 시의에 맞는 유연한 처세를 비유한 점에 비춰 볼 때, 전후 문맥상의 연결성이 떨어져 재론의 여지가 있음. '과'는 과감함, 과단果斷함. 곧 말을 너무 딱 부러지게 함을 이름. '말末'은 무無와 같음. 없음.

해설

밝은 세상을 열어 만백성을 구제하기가 어찌 그리 쉬운 일이겠는가? 그러니 성인 공자도 내심의 고뇌가 깊었을 것이다. 그 같은 심사가 경 소리에 묻어났음은 당연한 일이다. 물론 삼태기를 메고 가는 이도 보통 사람은 아닌 듯하다. 주자가 말했듯이, 그는 경 소리만 듣고 공자 내심의 구세에의 집념을 읽어내는, 비범한 은사隱士였다. 그가 『시경』의 시구를 인용한 것은 곧 물을 건너는 이들조차 물의 깊이에 따라 신축적으로 행동할 줄 알듯이, 군자의 처세 또한 나아갈 수 있느냐 없느냐에 따라 행지行止와 진퇴進退를 달리해야 함을 역설하기 위해서였다. 하지만 참새가 어찌 대붕大鵬의 뜻을 알랴? "안 되는 줄 알면서 군이 그걸 하려고 드는"(14-39) 공자의 그 숭고한 뜻과 위대한 정신을 오늘날 우리는 과연 바르게 알고 있는가?

14-41

　자장이 여쭈었다. "『서경』에 이르기를 '은나라 고종이 선왕의 상중喪中에 초막에 거처하며 3년 동안 나라의 정사를 논하지 않았다'고 했는데, 그게 무슨 말입니까?" "어찌 고종뿐이겠느냐? 옛날 군주들은 모두가 그러했다. 임금이 붕어하면, 문무백관들은 모두 각자의 직무에 충실을 기하면서 3년 동안은 총재의 명命을 따랐다."

　子張曰: "書¹云: '高宗²諒陰,³ 三年不言.⁴' 何謂也?" 子曰: "何必高宗? 古之人⁵皆然. 君薨,⁶ 百官總己⁷以聽於冢宰⁸三年."

주석

1　書(서): 『서경』. 『상서尚書』라고도 함. 유가 경전의 하나. 아래의 두 구절은 『서경』 「무일편無逸篇」에 보임.

2　高宗(고종): 은나라 중흥의 현군賢君인 무정武丁을 일컬음. 59년간 재위함.

3　諒陰(양암): 양암梁庵으로도 씀. 옛날 군주의 상중 거처로, 흉려凶廬하고도 함.

4　不言(불언): 이는 일체 말을 하지 않았다는 것이 아니라, 국정을 논하지 않았다는 뜻임.

5　人(인): 여기서는 문맥상 (고대의) 군주들을 지칭함.

6　薨(흥): 『예기』 「곡례편曲禮篇」에 따르면, 옛날에는 천자가 세상을 떠남을 '붕崩'이라 하고, 제후가 세상을 떠남을 '흥'이라 했는데, 여기서는 '흥'으로 군주의 붕어崩御를 일반적으로 일컬음.

7　總己(총기): 주자가 '자기 자신의 직무를 총괄함[總攝己職]'이라고 했듯이, 이는 곧 자신의 직책 범위 내의 크고 작은 업무를 충실히 수행함을 이름.

8　聽於冢宰(청어총재): 총재에게 지시를 들음. 곧 총재의 지시와 명령에 따름을 이름. '청'은 청종聽從, 즉 이르는 대로 잘 듣고 따름. '총재'는 태재太宰라고도 하며,

234

고대에 천자나 제후를 도와 나라를 다스린 높은 벼슬아치로, 후세의 재상에 해당함.

해설

고대에는 부모의 상을 당하면 3년간 거상居喪의 예를 엄수했다. 심지어 후임 군주는 선왕先王의 상중에는 정사도 돌보지 않았다고 하니, 그 애틋함이 지극했기 때문이리라. 아무튼 3년 거상은 당시의 상례常禮였으니, 자장은 그러한 예법에 대해 의문을 가진 것이 아니라, "군주가 3년간 정사를 돌보지 않으면 신하가 영令을 받을 곳이 없어 나라에 화란禍亂이 혹여 그로 인해 일어나지 않을까 저어한 것이다."(『집주』) 이에 공자는 그럴 때는 문무백관들이 모두 각자 본분에 충실하면서 총재의 명에 따르면 된다는 말로, 자장의 우려를 불식해주었다. 당시는 그야말로 전통적인 예악이 붕괴되면서 정치·사회적 혼란이 극에 달한 난세 중의 난세였다. 그리하여 공자는 평소 예치를 통해 예악의 질서와 조화의 정신을 적극적으로 구현함으로써 구세의 길로 나아가고자 했다. 공자가 누구보다도 예를 중시한 것은 바로 그 때문이다.

14-42

공자께서 말씀하셨다. "윗자리에 있는 사람이 예를 좋아하면, 백성들을 부리기가 쉽다."

子曰: "上¹好²禮, 則民易使³也."
자 왈 상 호 례 즉 민 이 사 야

1 **上**(상): 윗자리에 있은 사람, 윗사람. 곧 군주를 비롯한 높은 벼슬아치를 이르는 것으로 이해됨.

2 **好**(호): 동사로, 좋아함.

3 **易使**(이사): (사람을) 쉽게 부림. 곧 부리기가 쉬움을 이름.

해설

공자가 「자로편」에서 "위정자가 예의禮儀를 좋아하면 백성들이 감히 공경하지 않을 리 없음"(13-4)을 역설했듯이, 위정자가 예교禮敎, 즉 예로써 가르치고 이끌기를 좋아하면, 백성들은 절로 공경하며 심복心服할 것이다. 그렇기 때문에 "백성들을 부리기가 쉽다"는 것이다. 그뿐만이 아니다. "덕으로 이끌고 예로써 가지런히 하면, 백성들이 부끄러움을 알면서 잘못을 고치고 착해진다."(2-3) 요컨대 '예치'와 '예교'야말로 정치의 근본이라는 게 공자의 생각이다.

14-43

자로가 어떻게 해야 군자라고 할 수 있는지를 여쭙자, 공자께서 말씀하셨다. "자기 자신을 수양해 진지하고도 성실히 자신의 본분을 다해야 한다." 자로가 말했다. "그렇게만 하면 됩니까?" 공자께서 말씀하셨다. "자기 자신을 수양해 가까운 사람들을 편안하게 해주어야 한다." 자로가 말했다. "그렇게만 하면 됩니까?" 공자께서 말씀하셨다. "자기 자신을 수양해 천하 만백성을 편안하게 해주어야 한다. 자기 자신을 수양해 천하 만백성을 편안하게 해주는 것은 아마도 요임금이나 순임금도 오히려 어려워하셨을 것이렷다!"

子路問君子. 子曰: "修己以敬.¹" 曰: "如斯而已乎²?" 曰: "修己以
자로문군자 자왈   수기이경   왈   여사이이호   왈   수기이
安人.³" 曰: "如斯而已乎?" 曰: "修己以安百姓. 修己以安百姓, 堯
안인   왈   여사이이호   왈   수기이안백성   수기이안백성   요
舜其猶病諸⁴!"
순기유병저

주석

1 **修己以敬**(수기이경): '수기이경修己而敬'과 같은 말로, 자신을 수양해 성실히 본분을 다함을 뜻함. 이를 흔히 '이경수기以敬修己', 즉 공경의 태도로 자기 자신을 수양한다는 뜻으로 풀이하나, 옳지 않음. '경'은 경중敬重, 즉 공경하고 존중함이니, 여기서는 경업敬業, 즉 진지하고도 성실히 자신의 본분과 책무를 다함을 이름.

2 **如斯而已乎**(여사이이호): 그렇게만 하면 되는가? '여사'는 여차如此와 같음. 그렇게. '이而'는 여기서는 즉則과 같은 뜻. '이已'는 말다, 그만두다, 끝나다라는 뜻으로, 여기서는 족함, 충분함을 이름. '호'는 의문의 어조사.

3 **人**(인): 가까운 사람들. 이는 친족과 친구를 이르는 것이라는 공안국의 견해를 따름. 한편 양보어쥔은 고대의 '인' 자는 넓은 의미로는 민중·백성을 뜻하고, 좁은 의미로는 단지 사대부 이상의 높은 벼슬아치만을 가리키며, 여기서는 분명 좁은 의미라고 했으나, 아무래도 천착한 감이 있음.

4 **病諸**(병저): 그것을 어려워함. '병'은 우려함, 어려워함. '저'는 지之와 같음.

해설

진정한 군자라면 '수신·제가·치국·평천하'를 통해 "백성들에게 널리 은혜를 베풀고, 또한 능히 민중을 환난에서 구제해야 한다."(6-28) 한

데 그 같은 원대한 포부와 이상의 실현은 결코 쉬운 일이 아니다. 각고의 노력으로 분투해야 함은 물론이거니와 성공을 장담할 수도 없다. 그래서 공자는 그것은 뭐니 뭐니 해도 '수신', 즉 자기 자신을 수양함을 바탕으로 해야 함을 역설했다. 그리고 그런 가운데 본분에 충실하면서 가족·친지 등 가까운 사람들을 친애하며 편안하게 하고, 나아가서는 천하 만백성을 편안히 살 수 있도록 해야 한다고 했다. 이는 바로 나에게서 남에게로, 안에서 밖으로, 가까이에서 멀리 인애를 실행한다는 공자의 정치철학이자 인생철학이다. 여기서 공자가 말하는 진정한 군자의 형상은 사실 당신 자신의 이야기나 다름이 없을 것이다.

14-44

원양이 두 다리를 쭉 뻗고 앉아서 기다리고 있자, 공자께서 "자네는 어려서는 스스로 겸손하면서 어른을 공경할 줄도 모르고, 커서는 사람들에게 칭송을 받을 만한 일을 하지도 않았으며, 늙어서는 죽지도 않고 여전히 그러고 있으니, 진정 사회 풍속을 어지럽히는 해충이로다"라고 하시며, 지팡이로 그의 정강이를 두드리셨다.

原壤[1]夷俟.[2] 子曰: "幼而不孫弟,[3] 長而無述焉,[4] 老而不死, 是[5]爲
원양 이사   자왈   유이불손제   장이무술언   노이불사   시위
賊.[6]" 以杖[7]叩[8]其脛.[9]
적   이장고기경

1 原壤(원양): 노나라 사람으로, 공자의 오랜 친구. 그는 어머니가 죽었는데도 널 위에서 노래를 불렀는데, 그것을 본 공자가 못 들은 척했다고 함. 아마도 공자와 는 반대되는 생각과 주장을 편 인물로, 주자가 이른 대로 예법에 얽매이지 않고 방종한 도가道家의 무리였던 것으로 추정됨.

2 夷俟(이사): 두 다리를 쭉 뻗고 앉아서 기다림. '이'는 이踞와 통함. 이踞는 또 『광 아廣雅』에서 거踞의 뜻이라고 함. 여기서는 곧 기거箕踞, 즉 두 다리를 쭉 뻗고 앉 음을 이름. '사'는 기다림.

3 孫弟(손제): 겸손하며 어른을 공경함. '손'은 손遜과 같음. 겸손함. '제'는 제悌와 같음. 존장尊長을 공경함.

4 無述焉(무술언): 사람들에게 칭송을 받을 만한 일이 없음. '술'은 주자가 칭稱과 같다고 했듯이, 칭술稱述, 즉 칭찬·칭송하여 말함을 이름. '언'은 어지於之의 합음 자이며, 그 가운데 '지'는 곧 사람들을 가리킴.

5 是(시): 차此와 같음.

6 賊(적): 해침, 상해함. 여기서는 그런 사람을 일컬음. 해충.

7 杖(장): 지팡이.

8 叩(고): 두드림.

9 脛(경): 정강이.

옛 친구에 대한 공자의 질책은 그야말로 호되고 신랄하다. 예의범절 도 모르고 특별한 성취도 없는 탓에, 국가 사회의 발전에 공헌은커녕 저해만 된다는 지적은 필시 피세避世 은일隱逸로 일신의 안위만을 추 구하는 도가 무리에 대한 강한 질타요 견책일 것이다. 공자가 이렇듯 도가적 삶에 빠져 있는 무리에 대해 지극한 분개의 감정을 드러내며 다소 격한 반응을 보인 것은, 필시 구세의 길이 결코 쉽지 않은 당시 상황 속에서 당신 내심에 인 현실적 고뇌와 우려의 발로일 것이다.

14-45

궐당의 한 동자가 공자 댁에서 말 심부름을 하고 있었는데, 어떤 사람이 여쭈었다. "저 아이는 열심히 배우며 날로 향상 진보하고자 하는 사람입니까?" 공자께서 말씀하셨다. "내가 보니 저 아이는 어른들 사리에 앉기도 하고, 어른들과 나란히 걸어가기도 하더구면. 저 아이는 열심히 배우며 날로 향상 진보하고자 하는 사람이 아니라, 그저 서둘러 성취하고자 하는 사람일 것이오."

闕黨¹童子將命.² 或問之曰: "益者³與⁴?" 子曰: "吾見其居於位⁵也,
궐 당 동 자 장 명   혹 문 지 왈   익 자 여   자 왈   오 견 기 거 어 위 야
見其與先生⁶竝行也. 非求益者也, 欲速成者也."
견 기 여 선 생 병 행 야   비 구 익 자 야   욕 속 성 자 야

주석

1 闕黨(궐당): 공자가 살던 마을 이름. 궐리闕里라고도 함.
2 將命(장명): 명을 전함, 말을 전함. 곧 손님과 주인의 말을 전함을 이름. '어떤 사람'이 그 아이가 배움에 진보가 있어서 공자가 말 심부름을 시키며 총애한 것인지 궁금해한 것이라고 한 주자에 따르면, 이 동자는 공자 집안에서 말 심부름을 한 것으로 보임.
3 益者(익자): 아래의 '구익자求益者'와 같음. 증익增益·발전을 추구하는 사람.
4 與(여): 여歟와 같음. 의문의 어조사.
5 位(위): 여기서는 성인成人·어른의 자리를 이름.
6 先生(선생): 먼저 난 사람. 곧 연장자, 어른을 이름.

해설

예의범절은 예나 지금이나 인간 사회의 아름다운 윤리 규범이다. 장

유長幼의 예를 무시한 동자의 모습에서, 공자는 그가 성취에 조급한 인물임을 간파했다. 무릇 사람은 "성과를 서두르면 일을 제대로 이루지 못함"(13-17)을 알아야 한다. 주자가 이른 대로, 공자는 그에게 말 심부름꾼 노릇을 하게 해 어른과 어린이 사이에 지켜지는 질서를 보고 배우고, 공경하며 겸손한 용모를 익히게 했으니, 대개 그를 단속해 가르친 것이며, 결코 그를 총애해 우대한 것은 아니다.

제15편

위영공

衛靈公

··

「위영공편」은 모두 42장으로 나뉘며(주자의 『집주』에서는 제1, 2장을 한 장으로 묶어 모두 41장으로 엮음), 공자가 사람들을 깨우치고 훈계한 말들이 많이 수록되어 있는데, 대체로 위정 치국, 수신 덕행, 교육 학습 등 다방면에 걸쳐 주옥같은 진리를 설파했다.

15-1

위나라 영공이 공자께 전쟁터에서 진을 치는 방법을 묻자, 공자께서 대답하셨다. "제사의 예절은 일찍이 들은 적이 있습니다만, 군사 전쟁에 관해서는 배운 적이 없습니다." 그리고 공자께서는 이튿날 바로 위나라를 떠나셨다.

衛靈公問陳[1]於孔子. 孔子對曰: "俎豆之事,[2] 則嘗聞之矣; 軍旅之
위 영 공 문 진 어 공 자   공 자 대 왈   조 두 지 사   즉 상 문 지 의   군 려 지
事,[3] 未之學也.[4]" 明日遂[5]行.
사   미 지 학 야   명 일 수 행

주석

1 陳(진): 진陣과 같음. 포진布陣, 즉 전쟁을 치르기 위해 진을 침.

2 俎豆之事(조두지사): 제사에 관한 일. 곧 제사 예절, 예법을 이름. '조'와 '두'는 모두 제사 때 쓰는 목제木製 예기禮器로, 전자는 적대炙臺이고, 후자는 국 따위를 담는 제기祭器임.

3 軍旅之事(군려지사): 군대에 관한 일. 곧 군사 전쟁을 이름. '군'과 '려'는 모두 고

246

대 군대 편제의 명칭으로, 전자는 1만 2,500인, 후자는 500인의 부대 조직임.

4 未之學也(미지학야): '미학지야未學之也'의 도치. 이는 부정문에서 대명사 목적어를 전치해 어세를 강화한 형식임.

5 遂(수): 드디어, 마침내. 여기서는 곧, 바로, 즉각의 뜻으로 이해됨.

해설

공자는 덕정과 예치를 주창하며 패도정치(인의를 가볍게 여기고 무력이나 형법, 권세 따위로 공리만을 꾀하는 통치 방법)를 반대했다. 이는 곧 당시의 심각한 사회문제를 근본적으로 해결하기 위한 공자의 중심 사상이었다. 사실 공자는 군사 방면에도 일정한 식견과 조예가 있었다. 한데 위 영공의 질문에 답하지 않은 까닭은 무엇일까? 그것은 정현이 이른 대로, "군사·전쟁은 부차적인 일이거늘, 근본이 확립되지 않았다면 부차적인 일을 가르쳐서는 아니 된(軍旅末事, 本末立, 則不可敎以末事也)" 탓이리라. 소위 본말本末의 문제란 선후先後의 문제로도 이해될 수 있다. 우선은 군주가 스스로 인덕을 닦아 애민愛民의 마음을 한껏 길러야 함은 물론, 백성들을 잘 교화해 서로 친애하며 더불어 살아가는 품성과 지혜를 갖추도록 이끌어야 한다. 그런 다음에 비로소 용병用兵 전쟁의 일을 가르쳐 국방을 위한 대책을 마련할 일이다. "가르치지도 않은 백성들을 동원해 전쟁을 하는 것은 곧 그들을 버리는 것"(13-30)임을 잊어서는 안 된다. 공자가 위 영공의 호전적인 태도에 강한 불만을 나타냄은 바로 근본도 확립되지 않은 상태에서 군사적 욕망에 눈이 어두워 있었기 때문이다.

15-2

진나라에서 양식이 떨어지는 바람에, 공자를 따르던 제자들이 굶주리다 못해 병이 나서 몸도 제대로 가누지 못하였다. 그러자 자로가 성이 나서 공자를 뵙고 말씀드렸다. "군자도 이처럼 곤궁할 때가 있습니까?" 공자께서 말씀하셨다. "군자는 곤궁함 속에서도 꿋꿋하지만, 소인은 곤궁하면 못하는 일이 없다."

在陳絶糧,¹ 從者²病, 莫能興.³ 子路慍⁴見⁵曰: "君子亦有窮乎?" 子
재진절량   종자병   막능흥   자로온현왈   군자역유궁호   자
曰: "君子固窮,⁶ 小人窮斯⁷濫⁸矣."
왈   군자고궁   소인궁사람의

주석

1 **在陳絶糧**(재진절량): 11-2 참조.

2 **從者**(종자): 공자의 주유열국 길을 수행한 안회와 자로를 비롯한 여러 명의 제자들을 가리킴.

3 **興**(흥): 몸을 일으킴, 가눔.

4 **慍**(온): 성냄, 원망함.

5 **見**(현): (웃어른을) 알현함, 뵘.

6 **君子固窮**(군자고궁): 군자는 곤궁함 속에서도 꿋꿋함. 곧 군자는 곤궁하더라도 안빈낙도하며 절조를 굳게 지켜 흐트러짐이 없음을 이름. '고궁'은 '고어궁固於窮'의 뜻이며, '고'는 고수固守·견수堅守함, 즉 견고히·꿋꿋이 자신을 지킨다는 말임. 일설에는 이 구절을 군자도 물론 곤궁할 수가 있다는 뜻으로 풀이하는데, 그때 '고'는 본디, 물론의 뜻임. 하지만 아래 소인에 대한 말과 대비시켜 보건대, 일설을 공자의 본의로 보기는 어려움.

7 **斯**(사): 즉則과 같음.

8 **濫**(람): 물이 흘러넘침. 곧 그처럼 행동을 무절제하게 함부로 함, 무슨 일이든 못

248

하는 게 없음을 이름.

무릇 사람의 됨됨이는 극한 상황에서 여실히 드러나게 되는 법이다. 따라서 곤궁함에 처했을 때, 군자와 소인이 보여주는 각각의 모습은 극명히 다르다. 「이인편」에서 "인하지 않은 사람은 곤궁함에 오래 처하지 못한다"(4-2)고 했듯이, 소인은 곤궁함 속에 오래 처하면 견디지 못하고 쉬이 타락해 무도無道와 불법을 자행하기 일쑤이다.

곤궁함 속에서 끝까지 사람다움을 잃지 않고 자신을 꿋꿋이 지킨다는 것은 물론 결코 쉬운 일이 아니다. 하지만 그 길이 아무리 어렵고 힘들더라도 중도에 포기해서는 안 될 것이다. 오히려 우리는 물극필반物極必反, 즉 만사만물은 그 발전이 극에 달하면 반드시 반전한다는 자연 섭리와 인생 철칙을 굳게 믿고, 사람으로서의 마지막 자존심을 지키면서 다시 일어설 수 있는 힘을 기르며 때를 기다릴 줄 알아야 한다. 인생은 어쩌면 바로 그 같은 곤궁 탈출과 역경 극복의 과정 속에서 나름의 의미와 가치를 더하게 되지 않을까?

15-3

공자께서 말씀하셨다. "사야, 너는 내가 두루 많이 배우고, 또 그것을 다 기억하고 있는 것이라고 생각하느냐?" 자공이 대답하였다. "그렇습니다. 아니 그렇습니까?" 공자께서 말씀하셨다. "아니다. 나는 한 가지 기본 원리로 모든 사리事理를 꿰뚫을 뿐이다."

子曰: "賜¹也, 女²以予³爲多學而識⁴之者與?" 對曰: "然, 非與?"
자 왈   사 야   여 이 여 위 다 학 이 지 지 자 여   대 왈   연   비 여

曰: "非也, 予一以貫之.⁵"
왈   비 야   여 일 이 관 지

주석 ──────────────────────────────

1 賜(사): 자공의 이름.
2 女(여): 여汝와 같음. 너.
3 予(여): 나.
4 識(지): 지誌와 같음. 기억함.
5 一以貫之(일이관지): 하나로 모든 것을 꿰뚫음. 4-15 주석 4 참고.

해설 ──────────────────────────────

공자는 일찍이 "내가 말하는 도는 한 가지로 전체를 꿰뚫는다"고 했고, 이에 증자가 "선생님께서 말씀하시는 도는 충忠과 서恕일 뿐"(4-15)이라고 부연한 바 있다. 여기서 말하는 '일이관지一以貫之' 또한 그와 다르지 않다. 자공은, 공자가 남달리 박학다재博學多才하여 두루 많이 배우고 또 그것을 모두 기억하는 것이라고 생각했다. 하지만 정작 공자 자신은 '충'·'서', 즉 인을 핵심으로 하는 사상으로 인생 만사의 이치를 꿰뚫을 따름임을 분명히 했다. 노자도 이르기를 "도를 아는 사람은 앎이 넓지 않고, 앎이 넓은 사람은 도를 알지 못한다(知者不博, 博者不知)"(『노자』제81장)고 했다. 세상 사람들은 흔히 박학다식博學多識을 높이 산다. 하지만 널리 안다는 것은 사실 한 가지도 제대로 알지 못한다는 얘기가 된다. 박학다식이 능사가 아니라는 얘기다. 하나(물론 이 하나는 보다 근본적이고 핵심적인 것이어야 함)를 알아도 제대로 알면,

그 근본 원리로부터 나아가 다양한 사물의 이치를 두루 꿰뚫을 수가 있다.

15-4

공자께서 말씀하셨다. "유야, 도덕을 제대로 아는 사람이 드물구나."

子曰: "由¹! 知德者鮮²矣."
자왈   유   지덕자선 의

주석

1 由(유): 자로의 이름.
2 鮮(선): 적음, 드묾.

해설

도덕의 의미를 제대로 알기 위해서는, 인의 도덕 속에 침잠해 꾸준히 자신을 수양하고, 생활 속에서 몸소 실천함으로써 스스로 깊이 체득해야 할 것이니, 결코 만만한 일이 아니다. 그러니 보통 사람은 그저 그 방향으로 더딘 걸음이라도 간단없이 내딛는 것만으로도 족하다 하리라.

15-5

공자께서 말씀하셨다. "일부러 어떻게 하지 않고도 천하가 절로 잘
다스려지게 한 사람은 아마도 순임금이겠지? 순임금께서 어떻게 하
셨더냐? 스스로 몸과 마음을 갈고닦아 단정하고 엄숙히 임금의 자리
를 지켰을 따름이로다."

子曰: "無爲而治¹者, 其²舜也與³? 夫⁴何爲哉? 恭己⁵正南面⁶而已
자왈   무위이치 자 기 순야여   부 하위재 공기 정남면 이이
矣."
의

주석

1 **無爲而治**(무위이치): 어떤 인위적인 조치를 취하지 않고도 치세를 이룸.

2 **其**(기): 추측의 부사. 아마(도).

3 **也與**(야여): 6-6 주석 4 참조.

4 **夫**(부): 지시대명사로, 피彼와 같음. 그, 그 사람. 곧 순임금을 가리킴.

5 **恭己**(공기): 공손하고 삼가는 자세로 자기 자신을 단속함. 곧 심신을 한껏 수양함
을 이름.

6 **正南面**(정남면): 단정히 왕위에 앉음. '정'은 단정·엄숙함. '남면'은 옛날에 군주가
북쪽을 등지고 남쪽을 향해 앉아 정사를 듣고 처리한 데서 유래한 말로, 곧 왕위
에 앉음·오름을 이름. 6-1 주석 2 참조.

해설

공자가 말하는 '무위이치無爲而治'란 정령이나 형벌과 같은 인위적인
방법에 의하지 않고, 오로지 덕으로 백성을 감화시켜 천하가 절로 다
스려지면서 태평성세를 이룩함을 말한다. 그러기 위한 대전제는 군주

가 스스로 심신을 수양해 덕성을 함양하고, 품성을 고결하고 단정히 가꿔야 한다는 것이다. 이 같은 사상은 곧 난세의 군주들이 정치적 야망을 채우기 위해 백성들을 못살게 굴었던, 당시의 세태를 반영한 것이다. 이른바 '무위이치'는 사실 유가뿐만 아니라, 도가의 주장이기도 하다. 그렇다면 그 차이는 무엇일까? 유가의 '무위이치'는 군주 본인이나 군주가 등용한 현인이 백성을 덕으로 감화하고 예로 교화하는 등 최소한의 인위人爲를 인정한다. 반면 도가의 그것은 일체의 인위를 부정·배격하고, 오로지 자연 그대로를 따른다.

15-6

자장이 어떻게 해야 자신이 행하는 바가 막힘없이 두루 통할 수 있는지를 여쭙자, 공자께서 말씀하셨다. "말이 충성스럽고 신실하며 행동이 돈독하고 정중하면, 설사 오랑캐의 나라에서도 두루 통할 것이다. 하지만 말이 충성스럽고 신실하지 못하며, 행동이 돈독하고 정중하지 못하면, 설사 고향 고을에선들 어찌 두루 통할 수 있겠느냐? 모름지기 서 있노라면 마치 '충신忠信'과 '독경篤敬'이라는 말이 눈앞에 나타난 게 보이는 듯하고, 수레를 타고 가노라면 또 마치 '충신'과 '독경'이라는 말이 횡목橫木에 기대어 있는 게 보이는 듯해야 한다. 그런 다음에야 비로소 그 행하는 바가 두루 통하게 되는 것이다." 자장은 그 말씀을 예복의 큰 띠 끝자락에 적어놓았다.

子張問行.¹ 子曰: "言忠信, 行篤敬,² 雖蠻貊³之邦行矣; 言不忠信,
자장문행   자왈   언충신 행독경 수만맥 지방행 의 언불충신

行不篤敬, 雖州里⁴行乎哉? 立, 則見其⁵參⁶於前也; 在輿,⁷ 則見其
행 부 독 경　수 주 리　행 호 재　　입　즉 견 기 참 어 전 야　재 여　　즉 견 기

倚於衡⁸也; 夫⁹然後行." 子張書諸紳.¹⁰
의 어 형 야　부 연 후 행　　자 장 서 저 신

주석

1 行(행): 행해짐, 통通함. 곧 자신이 행하는 바가 막힘없이 두루 통함을 이름. 이는
「안연편」에서 말한 '달達', 즉 통달함과 같은 뜻(12-20 참조)으로 풀이한 주자의
견해에 의거함.

2 篤敬(독경): (하는 행동이) 돈독하고 정중함. '경'은 삼감. 곧 매사를 한껏 삼가며 정
중히 임함을 이름.

3 蠻貊(만맥): 옛날에 개명開明하지 못한 야만 민족, 즉 오랑캐를 일컬은 말. '만'은
남만南蠻, 즉 남방의 오랑캐. '맥'은 북방의 오랑캐로, 곧 북적北狄을 이름.

4 州里(주리): 향리鄕里. '주'와 '리'는 모두 옛날 행정단위로, 2,500가구가 하나의
'주'를 이루고, 다섯 가구는 하나의 '린鄰'을, 다섯 '린'는 하나의 '리'를 각각 이룸.
여기서는 '주리'로 고향 고을을 일반적으로 일컬음.

5 其(기): 지시대명사로, 앞에서 말한 '충신忠信'·'독경篤敬'이라는 말 또는 그 이치
를 두고 이름.

6 參(참): 나타남, 드러남. 이는 왕시위엔 등의 견해를 따른 것임. 그 밖에 참예함,
참배參拜함, 우뚝함 등등 다양한 풀이가 있음.

7 輿(여): 수레.

8 衡(형): 횡목. 수레의 앞쪽에 설치된 가로목(가로질러 놓은 나무)으로, 승객을 위한
일종의 손잡이임.

9 夫(부): 지시대명사. 그(其). 여기서는 (앞에서 말한 대로) 그러함, 그렇게 됨을 이름.

10 書諸紳(서저신): 공자의 말씀을 예복의 큰 띠 끝자락에 적음. 곧 띠 끝자락에 적
어놓고, 수시로 성찰하려고 한다는 말임. '서'는 씀(寫), 적음. '저'는 지어之於의
합음자. 그 가운데 '지'는 곧 '언충신言忠信, 행독경行篤敬'이라는 공자의 말씀·가
르침을 가리킴. '신'은 옛날에 예복을 입을 때 허리에 매고, 그 나머지를 드리워
장식물로 한, 폭이 넓은 띠를 이름.

충성스럽고 신실한 말과 돈독하고 정중한 행동은, 그 사람의 높은 도
덕 수양을 여실히 보여주고도 남음이 있다. 그러니 그가 행하는 바가
어디를 가나 두루 잘 통해 뭇사람들의 정서적 공감과 존중, 나아가 인
격적 존경과 흠모를 받을 수 있음은 정한 이치이다. 공자가 자장에게
사람의 처신·처사가 널리 잘 통할 수 있는 양대兩大 전제 조건 내지
기본 원칙으로 '언충신言忠信'과 '행독경行篤敬'을 제시 강조한 것은 바
로 그 때문이다. 특히 공자는 서 있을 때나 수레를 타고 갈 때를 막론
하고 언제 어디서나 '충신'·'독경'의 의미와 의의를 명심하며 스스로
를 단속하고 수양하는 데에 소홀함이 없어야 함을 역설했으니, 반드
시 각별하면서도 꾸준한 노력이 뒤따르지 않으면 안 됨을 일깨운 것
이다.

15-7

공자께서 말씀하셨다. "올곧도다, 사어여! 나라에 바른 도가 행해져
도 화살처럼 바르고 곧으며, 나라에 바른 도가 행해지지 않아도 화살
처럼 바르고 곧도다. 군자로다, 거백옥이여! 나라에 바른 도가 행해지
면 나아가 벼슬을 하고, 나라에 바른 도가 행해지지 않으면 기꺼이 그
재능을 거두어 감추도다."

子曰: "直哉史魚[1]! 邦有道, 如矢[2]; 邦無道, 如矢; 君子哉蘧伯玉[3]!
자 왈   직 재 사 어   방 유 도   여 시   방 무 도   여 시   군 자 재 거 백 옥
邦有道, 則仕; 邦無道, 則可卷而懷之.[4]"
방 유 도   즉 사   방 무 도   즉 가 권 이 회 지

1 史魚(사어): 위나라의 현賢대부로, 성은 사史(주자는 이를 성이 아니라 벼슬 이름이라고
  함), 이름은 추鰌, 자는 자어子魚임.
2 矢(시): 화살. 여기서는 이로써 바르고 곧은 형상을 비유함.
3 蘧伯玉(거백옥): 역시 위衛나라의 현대부. 14-26 주석 1 참조.
4 卷而懷之(권이회지): 그 재능을 거두어 감춤. 곧 은거하며 벼슬하지 않음을 이름.
  '권'은 권捲과 같음. 거둠, 거두어들임. '회'는 (가슴 속에) 감춤. '지'는 재능을 가리
  키는 것으로 이해됨.

사어는 국가 정치 상황에 아랑곳하지 않고 시종 굽힘 없이 강직한 면
모를 견지한 반면, 거백옥은 시국의 변화에 따라 출사出仕하거나 은거
하는 군자의 처세를 했다. 두 사람이 난세를 살며 취한 처세의 태도는
서로 다르지만, 양자 모두 정도正道에 부합한다. 그러므로 공히 위나
라의 어진 대부로 칭송된 것이리라. 다만 공자의 평어評語를 음미해보
면, 사어는 "올곧도다!"라고 한 반면, 거백옥은 "군자로다!"라고 했으
니, 아무래도 거백옥을 더 높게 평가한 것으로 생각된다. 필시 거백옥
은 시의에 맞게 적절히 신축적으로 응변應變했기 때문일 것이다. 공자
는 일찍이 배움은 정진에 정진을 거듭해, 궁극적으로는 도의의 원칙
을 훼손하지 않는 범위 내에서 융통할 수 있는 경지에 다다라야 함을
역설한 바 있다.(9-30 참조) 요컨대 융통성과 신축성을 바탕으로 한 응
변의 처신·처사야말로 진정 최고의 인생 지혜라 할 것이다.

15-8

공자께서 말씀하셨다. "더불어 말을 해야 하는데도 그 사람과 말을 하지 않으면 사람을 잃는 것이요, 더불어 말을 하지 않아야 하는데도 그 사람과 말을 하면 말을 헛되게 하는 것이다. 지혜로운 사람은 사람을 잃지도 않고, 말을 헛되게 하지도 않는다."

子曰: "可¹與言而不與之言, 失人²; 不可與言而與之言, 失言.³ 知
자왈   가 여언이불여지언   실인   불가여언이여지언   실언   지
者⁴不失人, 亦不失言."
자 불실인   역불실언

주석

1 可(가): ~할 수 있음, 또는 ~하는 것이 좋음, ~할 가치가 있음. 여기서는 뒤 두 가지의 뜻으로, 곧 ~해야 한다는 의미를 내포함.
2 失人(실인): 사람을 잃음. 곧 교유할 만한 사람을 잃음, 놓침을 이름.
3 失言(실언): 말을 잃음. 곧 말을 낭비함, 헛되게 함을 이름.
4 知者(지자): 지자智者와 같음.

해설

사람은 지인지명知人之明을 길러야 한다. 그리하여 일상의 다양한 인간관계 속에서 교유할 만한 사람인지 아닌지를 잘 분별해 말을 붙이기도 하고, 말기도 하여 "사람을 잃지도 않고, 말을 헛되게 하지도 않"아야 한다. 그것은 물론 좋은 사람과의 교유 기회를 놓치거나, 나쁜 사람과 교유함으로써 초래되는 심각한 후과와 막대한 손실을 미연에 방지할 필요가 있기 때문이다. 한편 공자는 「계씨편」에서 말이란 때에

맞춰 해야 함은 물론, 상대방의 마음까지 헤아려서 할 줄 알아야 함을
역설했는데(16-6 참조), 그 또한 우리가 함께 유의해야 할 문제이다.

15-9

공자께서 말씀하셨다. "인도仁道에 뜻이 있는 선비와 인덕을 닦은
사람은 구차히 살고자 하여 인을 훼손하는 경우는 없어도, 오히려 자
신의 목숨을 바쳐 인을 이루는 경우는 있다."

子曰: "志士¹仁人,² 無求生以害仁, 有殺身以成仁."
자 왈   지 사 인 인   무 구 생 이 해 인   유 살 신 이 성 인

주석

1 志士(지사): 주자가 '유지지사有志之士'라고 했으니, 곧 인도에 뜻이 있는 선비를
  일컬음.
2 仁人(인인): 주자가 '성덕지인成德之人'이라고 했으니, 곧 인덕을 이룬 사람을 일
  컬음.

해설

진정 인도에 뜻을 둔 선비나 인덕을 갖춘 사람은 그야말로 인을 위해
살고, 인을 위해 죽으니, 어찌 숭고하다 하지 않으리.

15-10

자공이 인덕을 어떻게 함양하는지를 여쭙자, 공자께서 말씀하셨다. "장인匠人은 그 일을 잘하려고 하면, 반드시 먼저 그 연장을 잘 손질한다. 마찬가지로 만약 어떤 나라에 살게 되면 그 나라 대부 가운데 현자賢者를 스승으로 섬기고, 그 나라 선비 가운데 인자仁者를 벗해야 할 것이다."

子貢問爲仁.¹ 子曰: "工²欲善³其事, 必先利⁴其器.⁵ 居是邦也, 事⁶
자공문위인   자왈   공욕선기사   필선리기기   거시방야   사
其大夫之賢者, 友⁷其士⁸之仁者."
기대부지현자   우기사지인자

주석

1 爲仁(위인): 여기서는 인덕을 닦음, 함양함을 이름. 이를 흔히 인을 행함, 실천함의 뜻으로 풀이하나, 문맥상 적절치 않아 이론의 여지가 있음.
2 工(공): 공장工匠, 즉 수공업에 종사하는 장인.
3 善(선): 여기서는 동사로, 잘함, 즉 좋고 훌륭하게 함을 이름.
4 利(리): 예리銳利하게 함. 곧 연장을 다듬고 손질함을 이름.
5 器(기): 기구器具. 곧 도구, 연장을 이름.
6 事(사): 사사師事, 즉 스승으로 섬김, 스승으로 삼아 가르침을 받음.
7 友(우): 벗함. 여기서는 특히 벗으로 삼아 서로 절차탁마함을 이름.
8 士(사): 여기서는 '사대부士大夫'의 '사'로, 특히 벼슬아치 가운데 '대부'의 아래 지위에 있는 이를 이름.

해설

장인이 먼저 그 연장을 잘 손질함은 그 일을 잘하기 위한 기반을 다

지는 것이다. 그와 같은 견지에서 어떤 사람이 만약 좋은 스승을 가까이 모시고, 유익한 벗을 친히 사귄다면, 절로 훈도를 받고 절차탁마하게 될 것이니, 그의 도덕 수양을 높이고 도덕 지식을 증진하는 데 한껏 유리한 기반이 조성됨은 두말할 나위가 없다. 이는 그야말로 마중지봉麻中之蓬(4-1 '해설' 참조)의 이치요 원리다. 한데 이 어찌 도덕을 함양하는 데에만 그렇겠는가?

15-11

안연이 나라를 어떻게 다스려야 하는지를 여쭙자, 공자께서 말씀하셨다. "하나라 역법을 쓰고, 은나라 수레를 타며, 주나라 예모를 쓰고, 음악은 소악과 무악을 쓰도록 하여라. 그리고 정나라 음악을 금하고, 간사한 언변의 소인을 멀리해야 하나니, 정나라 음악은 무절제하고, 간사한 언변의 소인은 위험하다."

顏淵問爲邦.[1] 子曰: "行夏之時,[2] 乘殷之輅,[3] 服[4]周之冕,[5] 樂則韶
안 연 문 위 방   자 왈   행 하 지 시   승 은 지 로   복 주 지 면   악 즉 소
舞.[6] 放[7]鄭聲,[8] 遠佞人.[9] 鄭聲淫,[10] 佞人殆.[11]"
무   방 정 성   원 녕 인   정 성 음   영 인 태

주석

1 爲邦(위방): 「선진편」 "위국이례爲國以禮"(11-26)의 '위국'과 같음. 나라를 다스림.
2 夏之時(하지시): 하나라의 역법曆法. 곧 대자연의 제諸 현상에 의거한 자연력自然曆으로, 바로 지금의 음력임. 봄·여름·가을·겨울의 자연현상과 아주 잘 맞아 농업 생산에 편리함이 많았기 때문에, 주대에도 많은 나라에서 사용했다고 함.

3 **殷之輅**(은지로): 은나라의 수레. 곧 장식이 없는 목제 수레(輅)로, 금과 옥으로 장식한 주나라 때의 수레에 비해 자연스럽고 질박해 제천祭天 의식에 적합함.

4 **服**(복): 옷을 입음. 여기서는 모자를 씀.

5 **周之冕**(주지면): 주나라 예모禮帽. 곧 주나라의 예의禮儀 제도는 어느 시대보다 완비되었으므로, 예복이나 예모는 그 격식을 따름이 마땅할 것임.

6 **韶舞**(소무): 소악韶樂과 무악武樂. '소'는 순임금 때의 음악이고, '무'는 '무武'와 같으며 주 무왕 때의 음악임. 3-25 참조.

7 **放**(방): 주자가 이른 대로, 이는 금절禁絶, 즉 엄중히 금하여 근절한다는 말임.

8 **鄭聲**(정성): 정나라 악곡.

9 **佞人**(영인): 간사한 언변으로 아첨을 잘하는 사람, 소인.

10 **淫**(음): 이는 정상적인 정도에 지나치다는 뜻으로, 곧 곡조의 절제미가 떨어져 듣는 이의 감정을 격동激動시켜 지나치게 흥분하거나 슬픔에 젖게 하는 등 중화中和의 우아한 멋이 없음, 곧 무절제함을 이름. 이를 흔히 음란하다는 뜻으로 풀이하나, '정성鄭聲'은 정나라 시가詩歌의 가사가 아니라 악곡(곡조)을 이르는 것임을 감안하면, 이론의 여지가 있음.

11 **殆**(태): 위태危殆함, 위험함.

해설

공자의 생각을 헤아려보건대, 나라를 다스림에 있어 역대의 가장 훌륭한 문물제도를 두루 채택함은 각각의 장점을 살려 최상의 성과를 기대함이다. 그리고 절제미 없이 지나치게 격정적인 음악을 금함은 민정 풍속에 끼칠 악영향을 우려함이요, 간사한 소인배를 경계함은 군주의 눈과 귀가 가려지고 충신의 앞길이 막힘으로써 초래될 국가적 손실을 예방함이다. 이 같은 가르침을 오늘날의 국가 경영은 물론이거니와 다른 여러 방면에도 두루 적용할 수 있으리라.

15-12

공자께서 말씀하셨다. "사람이 원대한 생각이 없으면, 반드시 눈앞의 근심 걱정에 휩싸이게 된다."

子曰: "人無遠慮,¹ 必有近憂.²"
자 왈　인 무 원 려　필 유 근 우

주석

1 遠慮(원려): 멀리 내다보는 생각, 깊고 먼 생각. 또는 원대한 생각.
2 近憂(근우): 신변·눈앞의 근심 걱정.

해설

사람은 멀리 내다보는 안목으로 원대한 포부를 품고, 그 실현을 위해 부단히 매진해야 한다. 그러면 설령 일상 속에서 크고 작은 근심 걱정에 부딪힐지라도 의연히 이겨나갈 것이니, 일상의 근심 걱정은 큰 문제가 되지 않을 것이다. 또한 "사람이 평안함에 처하여서도 장차 위험이 닥칠 수도 있다는 생각을 하여야 하며, 그런 생각을 하면 자연히 대비를 하게 되고, 대비를 하면 능히 환난을 피할 수 있을 것이다(居安思危, 思則有備, 有備無患)."(『좌전左傳』「양공 11년」) 공자의 가르침은 매양 그렇듯이 일견 평범해 보이지만, 그 심장한 의미를 곱씹어보노라면 오히려 그 비범함에 경탄을 금치 못하게 된다. 오늘날 우리는 어떤 생각을 하는가? 혹여 생각이 너무 얕고 짧은 건 아닌지 돌아볼 일이다.

한편 이 장을 어떤 이는 '사람이 멀리 내다보는 생각을 갖지 못하는 것은 반드시 눈앞에 근심이 있(어 그럴 여유가 없)기 때문이다'라고, 또 어떤 이는 '사람이 먼 근심이 없어도 반드시 가까운 근심은 있다'라고 풀이하기도 하나, 논리적으로나 문법적으로 무리가 있어 공감하기 어렵다.

15-13

공자께서 말씀하셨다. "다 그만이로고! 나는 아직 도덕을 좋아하기를 여색을 좋아하듯이 하는 사람을 보지 못하였다."

子曰: "己矣乎[1]! 吾未見好德如好色者也."
자왈   이 의 호   오 미 견 호 덕 여 호 색 자 야

주석

1 **己矣乎**(이의호): 주자는 그런 사람을 만나볼 수 없음을 탄식한 말이라고 함. 5-27 주석 1 참조.

해설

이는 「자한편子罕篇」(9-18)에도 보이는 말이나, '이의호己矣乎' 세 글자가 덧붙어 탄식이 한결 더 깊다.

15-14

공자께서 말씀하셨다. "장문중은 아마 재능도 없이 자리만 차지하고 있으며 그 직분을 다하지 못하는 자이렷다! 그는 유하혜의 현명함을 알면서도 함께 조정에서 벼슬할 수 있도록 천거하지 않았도다."

子曰: "臧文仲¹其竊位²者與! 知柳下惠³之賢而不與立⁴也."
자왈   장문중 기 절위 자여   지유하혜 지현이불여립 야

주석

1 臧文仲(장문중): 노나라 대부. 그의 방자함에 대한 공자의 질타가 5-18장에 보임.
2 竊位(절위): 지위를 훔친다는 뜻이니, 곧 재능이 없어 직책도 제대로 수행하지 못하면서 자리만 차지하고 국록을 받아먹음을 이름.
3 柳下惠(유하혜): 춘추시대 중기 노나라의 현인. 효공孝公의 5세손世孫으로, 성은 전展, 이름은 획獲이고, 자는 금禽, 또 계季임. '유하'는 그의 식읍 이름(일설에는 거주지 이름)이고, '혜'는 사시私諡(사후에 나라에서 내리는 시호와 달리, 개인적으로 정해 부르며 존숭한 호)인데, 전하는 바에 의하면 그의 부인이 제안하고 문인들이 동의해 지어졌다고 함.
4 不與立(불여립): 주자가 이른 대로, '여립'은 그와 함께 조정에 나란히 선다는 말이니, '불여립'은 곧 그를 천거해 조정 관직에 오르게 하지 않았음을 이름.

해설

현능한 인재를 중용하는 한편 간녕奸侫한 자를 멀리하는 것은 공자가 주창·창도한 인정 덕치의 중요 내용이다. 현능한 인재를 중용하면 선정을 베풀어 민심을 얻을 수 있을 뿐만 아니라, 국가 사회의 기풍을 올바른 방향으로 변화시켜 간녕한 무리가 함부로 날뛰지 못하게 하

며, 심지어 심지心志가 부정不正·불량한 자들을 감화시켜 개과천선하게 할 수도 있다. 따라서 인재를 알아보고 천거해 국가 경영의 중임을 분담할 수 있도록 하는 것은 대단히 중요한 의의가 있다. 주자가 범조우의 말을 빌려 이른 대로, 노나라 국정의 중책을 맡은 대부 장문중이 만약 현재賢才를 알아보지 못했다면 그것은 안목이 밝지 못한 것이요, 현재의 존재를 알고도 천거하지 않았다면 그것은 '폐현蔽賢', 즉 현재를 가려 막은 것이다. 안목이 밝지 못한 죄는 작으나, 현재를 가려 막은 죄는 크다. 그러므로 공자가 장문중을 불인不仁하다 하고, 또 '절위竊位'라 한 것이다. 장문중이 '지현불거知賢不擧', 즉 현재를 알고도 나라에 천거하지 않은 것에 대한 공자의 질책에, 분개의 격정과 함께 애국 우민憂民의 충정이 넘친다.

15-15

공자께서 말씀하셨다. "자신의 과오는 엄하게 질책하고, 남의 과오는 가볍게 추궁하면 원망을 사지 않을 것이다."

子曰: "躬自厚[1]而薄[2]責於人, 則遠怨[3]矣."
자 왈   궁 자 후 이 박 책 어 인   즉 원 원 의

주석

1 躬自厚(궁자후): '궁자후책躬自厚責'의 뜻으로, 자신의 과오를 엄하게 질책함을 이름. '궁자'는 자기 자신. '후'는 중重, 즉 무겁게. 여기서는 곧 엄하게로 이해됨. 여

기서 '책' 자는 아래 '박책어인薄責於人' 구와 연결되면서 생략된 것임.

2 薄(박): 엷음, 가벼움.

3 遠怨(원원): 원망을 멀리함. 곧 원망을 사지 않음을 이름.

해설

공자는 「안연편」에서 "자신의 나쁜 점은 비판하되 다른 사람의 나쁜 점은 비판하지 않는다면, 그게 바로 간특한 마음을 없애는 것이 아니겠느냐?"(12-21)라고 했다. 이 장의 논지와 일맥상통하는 얘기이다. 한대漢代의 저명한 사상가 동중서董仲舒가 이른 대로, "사람은 인후하고 관대한 마음으로 다른 사람을 대하고, 엄격하고 올곧은 태도로 자기 자신을 대하여야 하는데, 이른바 '자신의 과오는 엄하게 질책하고, 남의 과오는 가볍게 추궁한다'는 것은 바로 그런 얘기이다[以仁治人, 義治我, 躬自厚而薄責於人, 此之謂也]."(『춘추번로春秋繁露』「인의법仁義法」) 사람이 자신에게 엄격한 반면, 다른 사람에겐 역지사지易地思之의 자세로 가능한 한 이해하고 관용함은 분명 대인對人·처세의 바람직한 자세요, 태도이다. 하지만 그게 그렇게 쉬운 일은 아니다. 공자가 사람들에게 보다 높은 덕성의 함양과 올바른 품성의 도야를 끊임없이 강조한 것은 바로 그 때문이다.

15-16

공자께서 말씀하셨다. "'이걸 어떻게 하지, 이걸 어떻게 하지?' 하며 처사處事의 방법을 깊이 고민하지 않는 사람은, 나도 그를 어떻게 할 수가 없다."

子曰: "不曰 '如之何,¹ 如之何' 者, 吾末如之何²也已矣.³"
자 왈   불 왈 여 지 하   여 지 하 자   오 말 여 지 하 야 이 의

주석

1 如之何(여지하): 이걸 어떻게 해야 하나? 이는 곧 주자가 이른 대로, 깊이 생각하
  고 신중히 대처함을 이름. '지'는 곧 눈앞에 닥친 일을 가리킴.
2 末如之何(말여지하): 9-24 주석 6 참조.
3 也已矣(야이의): 9-24 주석 7 참조.

해설

사람은 어떤 중요한 일에 임하면서, 우선 가장 효과적인 처사 방법을
고민하고 모색함으로써 실패를 미연에 방지하고 성공 확률을 높여야
한다. 매사에 데면데면한 무대책의 무지와 무능은 공자 같은 성인도
어떻게 할 수가 없다고 하니, 우리 모두가 각별히 유념하지 않으면 안
된다.

15-17

공자께서 말씀하셨다. "여러 사람과 하루 종일 함께 있으면서 의로
운 말은 한 마디도 하지 않고, 작은 지혜를 뽐내기만 좋아한다면, 그
런 사람은 끝내 어떠한 것도 이루기 어렵도다!"

子曰: "群居¹終日, 言不及義,² 好行小慧,³ 難矣哉⁴!"
자 왈   군 거 종 일 언 불 급 의   호 행 소 혜   난 의 재

주석

1 群居(군거): 여러 사람이 무리를 지어 함께 거함, 있음.

2 言不及義(언불급의): 말이 도의에 미치지 않음. 곧 하는 말이 도의에 부합치 않음,
   의미 없고 가치 없는 잡설雜說만 늘어놓음을 이름.

3 好行小慧(호행소혜): 작은 지혜를 뽐내기를 좋아함. '호'는 좋아함. '행'은 과시함,
   뽐냄, 자랑함. '소혜'는 작은 지혜, 총명. 곧 잔꾀 따위를 이름.

4 難矣哉(난의재): 정현은 끝내 어떤 것도 이루기 어렵다는 뜻으로, 주자는 도덕의
   경지에 들어갈 수 없어 장차 환난이 닥칠 것이라는 뜻으로 풀이함.

해설

어떤 사람이 벗들과 어울려 서로 불의를 꾀하거나 작은 총명을 뽐내
는 따위의 저급한 행동을 하는 데에만 빠져 있다면, 장차 무엇을 이뤄
낼 수 있겠는가? 참된 벗, 좋은 동료라면 응당 선도善道로 서로 절차탁
마하며, "벗을 거울로 삼아 자신의 인덕을 길러야 한다."(12-24)

15-18

공자께서 말씀하셨다. "군자는 처신·처사함에 도의를 근본 원칙으
로 삼아 예의 규범에 맞춰 그것을 실행하고, 겸손한 말로 그것을 표현
하며, 성실한 태도로 그것을 이루나니, 진실로 군자로다!"

子曰: "君子義以爲質,¹ 禮以行之,² 孫³以出⁴之, 信⁵以成之. 君子
자왈 군자의이위질 예이행지 손이출지 신이성지 군자
哉!"
재

주석

1 義以爲質(의이위질): '이의위질以義爲質'의 도치. '의', 즉 도의를 근본 원칙으로 삼
   음. 공자가 일찍이 "'의'란 적의適宜함이다(義者, 宜也)"(『중용』)라고 했는데, 도의란
   쉽게 말해 곧 알맞고 마땅함을 이름. '질'은 본질, 본체. 곧 근본 원칙을 이름.
2 禮以行之(예이행지): '이례행지以禮行之'의 도치. 아래 두 구절도 모두 이와 같은
   형식의 도치임. '지'는 앞에서 말한 '의義'를 가리킴.
3 孫(손): 손遜과 같음. 겸손함.
4 出(출): 출언出言, 즉 말함, 표현함.
5 信(신): 신실함, 성실함.

해설

공자는 「이인편」에서 "군자는 천하만사에 있어 반드시 어떻게 해야
된다는 것도 없고, 또 절대로 어떻게 하면 안 된다는 것도 없으며, 오
직 알맞고 마땅함에 따를 뿐이다"(4-10)라고 했다. 다만 당시에는 '의'
를 어떻게 실천해 완성할 것인지에 대해서는 언급하지 않았는데, 여
기서 그 방법론을 비교적 자세히 설명했다. 우선 '의'란 쉽게 말해서
처신·처사에 적의하고 합리合理한, 곧 알맞고 마땅한 태도와 방법 및
그 이치를 이른다. 다시 말해서 사람의 사고와 행위가 자연 순리順理
와 윤리 도덕의 표준에 부합하는 것이다.

  공자의 설명에 따르면, 군자는 처신·처사함에 있어 기본적으로 '의'

를 근본 원칙·핵심 준거로 삼는다. 그런 만큼 만약 '의'를 벗어난다면, 곧 뿌리 없는 나무와 마찬가지로 생명력을 가질 수가 없다. 만사는 일마다 그에 따른 '의'가 있게 마련이다. 군자는 바로 그런 '의'를 완성하기 위해서 일차적으로 예의 규범을, 중용의 도를 지켜가는 방편으로 삼아 지나치거나 모자람이 없이 또 어느 쪽으로도 치우침이 없이 마땅하고 떳떳한 도리를 취할 수 있도록 한다. 그리고 겸허·겸손을 말하는 기본 태도로 삼아 언어 표현이 거만·불손으로 흐르지 않도록 한다. 또한 성신·성실을, 시종 한결같이 전심전력하는 기본 자세로 삼아 마침내 '의'의 정신과 의의를 완성해나간다.

『논어』에서는 군자라면 응당 갖추고 견지해야 할 도덕 품성과 정신 형상, 사상 경지, 이상 추구, 행동 방식 등등에 대해 비교적 자세히 설명하고 있는데, 여기서 말하는 군자의 모습 또한 우리가 본받고 따라야 할 훌륭함 그 자체이다.

15-19

공자께서 말씀하셨다. "군자는 스스로 참된 재능이 없음을 근심할 뿐, 다른 사람이 자신을 알아주지 않음은 근심하지 않는다."

子曰: "君子病¹無能焉,² 不病人之不己知³也."
자왈   군자병 무능언   불병인지불기지 야

270

1 病(병): 동사로, 근심함, 걱정함, 유감스러워함.

2 焉(언): 어지於之의 합음자. 자신에게. '지'는 곧 자기 자신을 가리킴.

3 不己知(불기지): '부지기不知己'의 도치.

해설 ────────

여기서 말하는 재능(能)이란 배움을 통해 갖게 되는 명실상부한 '참된 재능'을 말한다. 결국 공자는 사람들에게 배움을 통해서 스스로 내실을 다지기를 역설한 것이다. 배움이 있으면 재능을 가질 것이요, 재능이 있으면 성취와 명예가 따를 것이니, 허명을 좇는 부질없음에 비할 바가 아니다.(4-14, 14-31의 취지 또한 이와 같으므로 참고할 만함) 청대 환무용宦懋庸의 『논어계論語稽』에서 이른 대로, "고금의 인재들은 재능이 큰 인물은 크게 쓰이고, 재능이 작은·인물은 작게 쓰였으니, 사람이 진실로 세상에 쓰임이 있었다면, 그들은 모두 재능이 있었던 것이다. 그러므로 군자는 오로지 스스로 참된 재능이 없음을 근심하는 것이다(古今人材, 大有大用, 小有小用, 苟其有用, 則皆有能, 故君子唯以無能爲病)." 우리 또한 너나없이 열심히 배워서 각기 나름의 재능을 길러 세상에 쓰일 수 있도록 해야 한다.

15-20

공자께서 말씀하셨다. "군자는 죽은 다음에 자신의 이름이 사람들에게 칭송되지 않을까 근심한다."

子曰: "君子疾¹沒世²而名不稱焉.³"
자 왈　군 자 질 몰 세 이 명 불 칭 언

주석

1　疾(질): 앞 장의 '병病'과 같음. 근심함. 또는 부끄러워함, 회한悔恨함.
2　沒世(몰세): '몰신어세沒身於世', 즉 세상에서 몸이 없어짐. 곧 종신終身, 일생을 마
　침, 죽음을 이름.
3　焉(언): 어지於之의 합음자. 사람들에게.

해설

호랑이는 죽어서 가죽을 남기고, 사람은 죽어서 이름을 남긴다고 했
던가? 사람이 살아생전에 이름이 나기를 바라면, 진정으로 국가 사회
에 공헌하고 기여하기 위해 진력하기보다는 자칫 허명을 좇아 위선
과 허세를 부릴 우려가 있다. 그렇기 때문에 참된 군자는 생전보다는
사후에 명성이 나지 않음을 근심하고 유감遺憾한다. 사후의 명성은 곧
그 사람의 삶이 여실히 반영된 명실상부한 것이다. 속담에 "인사人事
는 관 뚜껑 덮고 나서 결정된다"고 하지 않았던가? 진정 고염무가 『일
지록』에서 "옛날 사람들은 한평생을 다하고 이 세상을 떠난 이후의
명성을 추구한 반면, 요즘 사람들은 이 세상에 살아 있을 때의 명성을
추구한다〔古人求沒世之名, 今人求當世之名〕"라고 한 말을 지나치다고만
할 수는 없을 것 같다.

15-21

공자께서 말씀하셨다. "군자는 일의 탓이나 해법을 자기에게서 찾고, 소인은 일의 탓이나 해법을 남에게서 찾는다."

子曰: "君子求諸己,[1] 小人求諸人."
자왈   군자구저기   소인구저인

해설

군자는 스스로 심신을 닦고 덕성을 기르며, 매사를 자기 노력과 자기 반성을 통해 추진하고 개선하고 또 완성하려고 한다. 공자가 말하는 "군자구저기君子求諸己"는 '구' 자에 두 가지 측면의 함의가 있는 것으로 이해해 풀이할 수 있다. 첫째, 군자는 자신의 도덕 수양을 제고하는가 하면, 처사 능력을 증강해 성사成事와 성공을 최대한 자기 자신의 적극적이고 꾸준한 노력에 의지할 따름이며, 다른 사람에게 기대려고 하지 않는다. 그러므로 『주역』에서 이른 대로, "하늘의 운행은 굳세고 힘차나니, 군자는 그것을 본받아 스스로 강건해지고자 끊임없이 애쓴다(天行建, 君子以自强不息)."(「건괘乾卦」) 또한 "군자는 스스로 참된 재능이 없음을 근심할 뿐, 다른 사람이 자신을 알아주지 않음은 근심하지 않는다."(15-19) 요컨대 "사람은 벼슬이 없음을 걱정하지 말고 벼슬할 만한 자질이 있는가를 걱정할 것이며, 자신을 알아주는 사람이 없음을 걱정하지 말고 사람들이 알아줄 만한 사람이 되도록 해야 할 것이다."(4-14)

둘째, 군자는 일이 실패하거나 문제가 발생했을 때 최대한 자기반성을 통해 그 원인과 해결 방안을 모색할 따름이며, "하늘을 원망하지도 않고, 사람을 탓하지도 않는다."(14-36) 공자가 『중용』에서 "활쏘기는 마치 군자의 수덕修德과 같아서 정곡을 맞추지 못하면 자기 자신에게로 돌아가 그 원인을 찾아야 한다(射有似乎君子, 失諸正鵠, 反求諸其身)"라고 한 데에서도 같은 논지를 보게 된다. 아무튼 사람이 "자신의 과오는 엄하게 질책하고, 남의 과오는 가볍게 추궁하면 원망을 사지 않을 것이다."(15-15)

공자가 말하는 "소인구저인小人求諸人" 역시 두 가지 의미로 풀이된다. 다만 그것은 군자의 모습과는 그야말로 정반대인 만큼, 우리 모두가 경각심을 가지고 소인의 모습을 띠지 않도록 스스로를 철저히 단속해야 할 것이다.

15-22

공자께서 말씀하셨다. "군자는 스스로 긍지를 가지나 남과 다투지는 않고, 여러 사람들과 두루 어울리나 몇몇 사람들과 편당을 짓지는 않는다."

子曰: "君子矜¹而不爭, 群²而不黨.³"
자왈   군자긍 이부쟁 군 이부당

해설 ─────────────────────────────

군자는 자신의 학문과 도덕에 대한 자긍심을 가짐과 동시에 겸양의
미덕을 겸비하니, 남과 다툴 일이 없다. 또한 여러 사람과 두루 어울리
며 일념으로 공리公利와 공익을 추구하지만 사리사욕을 채우려는 사
심私心이 없으니, 편당을 지을 까닭이 없다. 한편 여기서 말하는 '군이
부당群而不黨'은 이른바 "두루 융화하나 사사로이 결탁하지 않고"(2-
14) "다른 사람과 잘 조화하지만, 부화뇌동하지는 않는다"(13-23)는
의미나 다름이 없다.

15-23

공자께서 말씀하셨다. "군자는 말만 듣고 그 사람을 등용하지도 않

고, 사람만 보고 그의 말을 묵살하지도 않는다."

子曰: "君子不以言擧人, 不以人廢言."
자왈   군자불이언거인   불이인폐언

해설

어떤 사람이 쓸 만한지 아닌지는 그의 인품과 자질 전반을 헤아려 판단할 일이지, 결코 그 현란한 말솜씨에 현혹되어서는 안 된다. 앞 편에서 공자가 이른 대로, "좋은 말을 하는 사람이라고 반드시 덕이 있는 것은 아니다."(14-5) 또 어떤 말이 쓸 만한 것인지 아닌지는 그 말 자체의 의미와 가치를 따져 판단할 일이지, 결코 그 말을 한 사람이 가진 결함에 대한 편견과 선입견에 얽매여서는 안 된다. 훗날 사마천司馬遷이 『사기』「회음후열전淮陰侯列傳」에서 이른 대로, "지혜로운 사람도 수많은 생각 가운데 필시 한 가지 허술한 것은 있을 것이고, 어리석은 사람도 수많은 생각 가운데 필시 한 가지 쓸 만한 것은 있을 것이다(智者千慮, 必有一失; 愚者千慮, 必有一得)." 요컨대 사람은 진실로 현명과 예지叡智를 길러야 한다.

15-24

자공이 여쭈었다. "단 한 글자를 평생토록 받들어 행할 만한 것이 있습니까?" 공자께서 말씀하셨다. "그것은 아마도 '서恕'이리라! '서'란 자기가 하기 싫은 것은 다른 사람에게도 하게 하지 않는 것이다."

子貢問曰: "有一言¹而可以終身行之²者乎?" 子曰: "其³恕⁴乎! 己
자 공 문 왈   유 일 언 이 가 이 종 신 행 지 자 호   자 왈   기 서 호 기

所不欲, 勿施於人.⁵"
소 불 욕   물 시 어 인

주석

1 一言(일언): 유보남이 '일자一字'의 뜻이라고 했듯이, 이는 단 한 글자를 이름. 실제로 옛날에 저서著書를 말하며 '수만언數萬言', '수십만언數十萬言'이라고 하거나, 시체詩體를 말하며 '사언四言', '오언五言', '칠언七言'이라고 함은 모두 '일자'를 '일언'으로 표현한 것임. 다만 「위정편」 "일언이폐지一言而蔽之"(2-2)의 '일언'은 이와는 다름.

2 之(지): 앞에서 말한 '일언'을 가리킴.

3 其(기): 추측과 판단의 어기 부사. (그것은) 아마도.

4 恕(서): 추기급인推己及人(나 자신으로부터 미루어 남에게까지 미쳐감), 곧 자기 자신의 생각이나 감정 등에 의거해 다른 사람의 입장이나 처지를 헤아려 배려함을 이름.

5 "己所(기소)…" 2구: 「안연편」 2장에도 보임.

해설

'일이관지一以貫之'하는 공자 사상의 핵심인 '인仁'은 '충忠'과 '서恕'의 개념으로 설명되고, 또 이해된다.(4-15 참조) '충'은 "자기가 입신하고자 하면 남도 입신하게 하고, 자기가 통달하고자 하면 남도 통달하게 하는 것"(6-28)으로, 보다 적극적 의미의 덕행이다. 그렇기 때문에 모든 사람이 다 그렇게 하도록 요구함은 지나친 욕심일 것이다. 하지만 '서'는 단지 "자기가 하기 싫은 것은 다른 사람에게도 하게 하지 않는 것"으로, 적어도 이것만은 누구나 평생토록 받들어 행해야 할 덕목이

라는 게 공자의 생각이다.

　사실 자공은 일찍이 「공야장편」에서 "저는 다른 사람이 저에게 하지 않았으면 하는 것을, 저 역시 다른 사람에게 하지 않으려고 합니다"라고 한 적이 있는데, 그것이 바로 '서'이다. 당시 공자는 자공에게 "그것은 네가 할 수 있는 것이 아니다"(5-12)라고 했다. 한데 여기서는 또 "평생토록 받들어 행할 만한 것"으로 '서'를 제시하고 있으니, 고개를 갸우뚱하게 한다. 아마도 당시에는 자공이 '서'를 너무 쉽게 생각하는 듯해 경계시켰다면, 지금은 다시 '서'의 의의를 강조함으로써 더욱 분발하여 받들어 행할 것을 독려한 것으로 보인다. 공자가 제자 교육에 기울이는 세심함과 치밀함에 경탄할 따름이다.

15-25

　공자께서 말씀하셨다. "내가 사람들에 대해 누구를 비방하고 누구를 칭찬하더냐? 만약 내가 칭찬한 사람이 있다면, 필시 그를 실지로 증험해보았을 것이다. 오늘날 이 백성들은 일찍이 하·은·주 3대의 성군들께서 올곧은 도로 이끌어온 사람들이거늘, 어찌 함부로 이러쿵저러쿵할 수 있겠느냐?"

子曰: "吾之於人也, 誰毀誰譽¹? 如有所譽者, 其²有所試³矣. 斯民⁴
자왈　오지어인야　수훼수예　여유소예자　기 유소시 의　사민
也, 三代⁵之所以直道而行也.⁶"
야　삼대 지소이직도이행야

1 **誰毀誰譽**(수훼수예): '훼수예수毀誰譽誰'의 도치. '훼'와 '예'는 비방과 칭찬. 곧 훼방毀謗, 즉 남을 헐뜯어 비방함과 찬예讚譽, 즉 찬미하고 칭송함을 이름. '훼'는 남의 악을 말하면서 그 진실을 덜어내는 것이요, '예'는 남의 선을 찬양하면서 그 사실을 넘어서는 것이라고 풀이한 주자처럼, 흔히 이를 지나치게(즉 악은 더 나쁘게, 선은 더 좋게) 비방하거나 칭찬함을 이르는 것으로 이해하나, 과연 성인 공자가 그같이 사실을 부풀려서 사람을 평했을까? 다음 구절에서 공자가 어떤 사람을 칭찬했다면 반드시 '실지 증험'이 있었을 것이라고 강조한 말을 보면 쉽게 알 수 있음.

2 **其**(기): 긍정 판단의 어기 부사. (그것은) 바로, 필시.

3 **試**(시): 시험試驗함, 증험證驗함. 곧 실지로 그런 사실을 경험함을 이름.

4 **斯民**(사민): 이 백성들. 곧 오늘날(공자 당시)의 백성들을 일컬음.

5 **三代**(삼대): 하·은·주 세 왕조 시대를 일컬음.

6 **所以直道而行也**(소이직도이행야): (3대의 성군들이) 공정무사한 치도治道(다스리는 도리나 방법)로 이끌어온 사람들임. 이에는 사실상 "어찌 함부로 이러쿵저러쿵할 수 있겠느냐?"라는 의미가 함축되어 있으므로 역문에 보충함. '직도'는 공정무사한 올곧은 도로, 곧 정령과 형벌을 한껏 공정하고 바르게 시행함을 두고 이름. '행'은 (백성들을) 다스림, 이끎.

해설

사람은 자칫 다른 사람에 대해 이러쿵저러쿵하며 근거 없이 비방을 하거나 무턱대고 칭찬을 할 수가 있다. 물론 사람이 섣불리 다른 사람을 평하는 것 자체를 삼가야 한다. 하지만 만약 어쩔 수 없이 다른 사람의 시비선악을 평하게 된다면, 최대한 공정하여 추호의 사사로움도 없는 마음과 면밀한 증험이 있어야 한다. 비방이나 칭찬을 하기 전에는 반드시 먼저 실지實地검증을 통해 그 진상眞像을 확인하고, 또한 공정하고 객관적인 원칙에 입각해 평론을 가해야 할 것이다. 공자는 물

론 이를 몸소 잘 실천해 본보기를 보여줬다.(2-9, 15-28 참조)

15-26

공자께서 말씀하셨다. "나는 예전에는 그래도 사관史官이 역사를 기록하며 확실치 않은 부분을 비워두는 것이나, 말을 가진 사람이 스스로 다룰 줄을 모르면 남에게 빌려주어 타도록 해 길들이는 것을 보았었는데, 지금은 그런 것들이 다 사라졌도다!"

子曰: "吾猶及¹史²之闕文³也, 有馬者借人乘之,⁴ 今亡⁵矣夫⁶!"
자 왈   오 유 급 사 지 궐 문 야   유 마 자 차 인 승 지   금 무 의 부

주석 ────────

1 **猶及**(유급): 예전에는 그래도 ~을 보았음. '유'는 오히려, 그래도. 아래 '금今', 즉 '지금'·'요즈음'이란 말에 비춰 볼 때, '예전에는'의 의미가 함축된 것으로 이해되어 역문에 보충함. '급'은 이름, 미침. 여기서는 곧 (어떤 경우를) 만남, 목도目睹함을 이름.

2 **史**(사): 사관.

3 **闕文**(궐문): 옛날 사관이 사실을 기록하는 과정에서 불명확한 것은 기록하지 않고 비워둔 글자나 글귀. '궐'은 결缺과 같음. 빔, 모자람.

4 **有馬者借人乘之**(유마자차인승지): 포함의 풀이에 따르면, 이는 말을 가진 사람이 스스로 길을 들이지 못하면 다른 사람에게 빌려줘서 타게 함으로써 길을 들인다는 말임.

5 **亡**(무): 무無와 같음. 없어짐, 사라짐.

6 **矣夫**(의부): 복합 어조사로, 감탄의 어기를 나타내면서 아울러 추측의 어조를 띰.

사관이 불확실한 부분을 궐문으로 남기는 것은 "그렇게 하여 그 부분을 잘 아는 사람을 기다리는 것(以待知者)"(포함의 말)이다. 공자는 잘 알지 못하는 문제에 대해서는 섣불리 판단하여 규정하지 말고, 의문으로 남겨둘 것을 강조해왔다. 「위정편」에서는 자장에게 "많이 듣되 의문스러운 것은 그대로 두고, 그 나머지를 신중하게 말하면 과오를 줄일 수 있다. 또 많이 보되 위태로워 의혹이 드는 것은 그대로 두고 그 나머지를 조심스럽게 행하면, 회한을 줄일 수 있다"(2-18)고 했고, 「자로편」에서는 자로에게 "군자는 자기가 알지 못하는 것에 대해서는 함부로 이러쿵저러쿵하지 않아야 하느니라"(13-3)라고 했다.

공자의 의식 관념에 따르면, 그야말로 "아는 것을 안다고 하고 모르는 것을 모른다고 하는 것, 그것이 아는 것이다."(2-17) 사람은 진실로 겸허한 자세로 '모르는 것을 모른다'고 스스로 인정할 줄 알아야 한다. 그래야 비로소 아는 이에게 나아가 배울 줄을 알게 되기 때문이다. 말을 기르는 사람이 스스로 길들일 줄을 모르는 경우에는, 말을 잘 다룰 줄 아는 다른 사람에게 빌려줘서 그 사람이 타면서 길을 들이게 한다는 것 또한 같은 맥락으로 이해된다. 이렇듯 예전에는 사람들이 모르는 게 있으면, 겸허하고 신중한 자세로 아는 사람에게 기꺼이 가르침을 청했다는 게 공자가 하고 싶은 말이다. 지금은 그런 모습이 다 사라졌다는 공자의 개탄을 그저 까마득한 옛날 얘기로만 치부할 수 있을까?

15-27

공자께서 말씀하셨다. "교묘히 꾸며대는 말은 사람의 덕성을 어지럽히고, 작은 일을 참지 못하면 큰일을 그르친다."

子曰: "巧言亂德; 小不忍, 則亂¹大謀.²"
자 왈　교 언 란 덕　소 불 인　즉 란 대 모

주석 ─────────────────────────────

1 亂(란): 그르침, 망침.
2 大謀(대모): 원대한 모략謀略·계획, 큰일.

해설 ─────────────────────────────

교묘히 꾸며대는 말은 시비와 흑백을 뒤바꿔놓음으로써 듣는 이로 하여금 사리 분별력이 흐려지고, 나아가 평소 굳게 지켜온 내심의 덕성을 잃게 한다. 그리고 사람이 큰일을 이루어가는 과정에서 자칫 작은 분노를 참지 못하고 충동적으로 행동한다거나 작은 정감에 얽매여 단호히 결단하지 못한다면, 성공을 기대하기는 어렵다.

15-28

공자께서 말씀하셨다. "뭇사람이 다 그를 미워한다고 해도 반드시 자세히 살펴볼 것이요, 뭇사람이 다 그를 좋아한다고 해도 반드시 자세히 살펴볼 것이다."

子曰: "衆¹惡²之,³ 必察焉⁴; 衆好之, 必察焉."
자 왈   중 오 지   필 찰 언   중 호 지   필 찰 언

주석

1 衆(중): 중인衆人, 즉 뭇사람, 여러 사람.

2 惡(오): 증오함, 미워함.

3 之(지): 지시대명사로, 뭇사람이 미워하는 그 사람을 가리킴.

4 焉(언): 어지於之의 합음자. 그 사람에 대해서.

해설

『관자管子』「명법해편明法解篇」에서 말했다. "나라를 어지럽히는 막된 임금은, 신하의 공로를 자세히 살펴보지도 아니한 채 그저 칭송하는 사람이 많은 이면 곧 상을 주고, 신하의 죄과罪過를 자세히 살펴보지도 아니한 채 그저 비방하는 사람이 많은 이면 곧 벌을 내린다. 그렇게 되면 결국 간사한 신하는 공로도 없이 상을 받게 되고, 충성스런 신하는 죄과도 없이 벌을 받게 되는 것이다[亂主不察臣之功勞, 譽衆者則賞之; 不審其罪過, 毀衆者則罰之. 如此者, 則邪臣無功而得賞, 忠臣無罪而有罰]." 공자가 여기서, 아무리 많은 사람들이 좋으니 나쁘니 해도 스스로 "반드시 자세히 살펴볼 것"이라고 역설한 까닭을 알 만하다.

　공자는 「이인편」에서 "오직 인한 사람만이 사람을 좋아하고, 또 사람을 미워할 수 있다"(4-3)고 했다. 사람이 사람에 대한 호오好惡의 감정을 가짐에 있어, 오직 인자仁者만이 능히 공정무사하여 누가 봐도 좋아할 사람을 좋아하고, 누가 봐도 미워할 사람을 미워한다는 말이

다. 한데 뭇사람이 다 인자일 수는 없다. 다시 말해 어떤 이에 대한 뭇 사람의 호오가 반드시 공정무사하다고 할 수는 없다. 그렇기 때문에 여론을 맹신해서는 안 된다. 따라서 우리는 반드시 스스로 살펴보고 올바른 판단을 할 줄 알아야 한다.(13-24 참조)

15-29

공자께서 말씀하셨다. "사람이 능히 도를 널리 떨쳐 일으켜 빛나게 하는 것이며, 도가 사람을 널리 떨쳐 일으켜 빛나게 하는 것이 아니다."

子曰: "人能弘道,¹ 非道弘人.²"
자 왈　　인 능 홍 도　　비 도 홍 인

주석

1 弘道(홍도): 도를 넓힘. 곧 도를 발양發揚, 즉 널리 떨쳐 일으켜 빛나게 함을 이름.
  '홍'은 넓음, 넓힘. '도'는 인도仁道. 곧 인생의 진리를 말함.
2 弘人(홍인): 사람을 넓힘. 곧 사람의 인격적 가치를 더욱 빛나게 함을 이름.

해설

도(인생의 진리)는 사람의 노력에 의해 더욱 확대되고 발전하여, 그 고귀함이 한껏 빛나고 성대盛大해질 수 있다. 하지만 도 자체는 하나의 '무위無爲'의 도체道體인 만큼, 도가 사람으로 하여금 성대하고 고명高

明한 경지에 이르게 하지는 못한다. 결국 만사는 다 사람 하기에 달린 것이다.

15-30

공자께서 말씀하셨다. "잘못을 하고도 고치지 않는 것, 그것이야말로 진정 잘못이라 할 것이다."

子曰: "過¹而不改, 是謂過²矣."
자왈   과 이 불 개   시 위 과   의

주석

1 過(과): 동사로, 잘못을 함을 이름.
2 過(과): 명사로, 잘못·허물을 이름.

해설

사람은 누구나, 설령 성인군자라 하더라도 잘못을 할 수가 있다. 따라서 사람이 잘못을 하는 것 자체를 두고 너무 심각하게 문제시할 일은 아닌 것 같다. 문제는 바로 잘못을 한 이후의 태도이다. 사람은 잘못을 한 게 있으면 "능히 자신의 잘못을 알고, 마음속으로 깊이 자책하는"(5-27) 태도로 선뜻 고칠 줄 알아야 한다. 주자가 이른 대로, 잘못을 했지만 능히 그것을 고친다면 곧 잘못을 하지 않은 데로 되돌아가게 된다. 하지만 끝내 잘못을 고치지 않는다면, 곧 그 잘못이 마침내 완전히 굳어져서 장차 결코 고칠 수 없는 지경에 이르게 될 것이다. 그렇다면 그 어찌 진실로 심각한 잘못이 아니겠는가? 공자가 일찍이 "잘못이 있으면 고치기를 꺼리지 말아야 한다"(1-8)거나 "무엇보다 값진 것은 진실로 잘못을 고치는 것"(9-24)이라고 역설함은 바로 그 때문이다.

15-31

공자께서 말씀하셨다. "나는 일찍이 온종일 먹지도 않고 밤새도록 자지도 않으면서 괜한 생각에 빠졌었는데, 아무 도움도 되지 않았나니, 진정 공부를 하는 것만 못하더라."

子曰: "吾嘗¹終日不食, 終夜不寢, 以思,² 無益, 不如學也."
자왈   오상 종일불식 종야불침   이사   무익   불여학야

주석

1 嘗(상): 일찍이.
2 思(사): 괜한 생각. 이는 "온고이지신溫故而知新"(2-11)의 '온고'처럼 이미 배운 것을 사색하며 익히는 것이 아니라, 공연한 생각을 하는 것을 말함.

해설

공자는 일찍이 배우는 사람은 반드시 학습과 사색을 병행해야 함을 강조한 바 있다.(2-15 참조) 중요한 것은 먼저 배우고, 그다음에 배운

것을 익히며 생각하고 사색해야 한다는 것이다. 학습이 기본 공부라
면, 사색은 심화 공부다. 학습이 곧 사색의 기초요, 근거다. 그러니 공
연히 생각만 하고 배우지 않는다면, 무슨 유익함이 있겠는가? 공자는
당신 자신도 다르지 않았음을 솔직히 밝히면서, 특히 생각은 많이 하
지만 공부는 열심히 하지 않는 사람들에게 일심으로 면학할 것을 일
깨웠다. 훗날 순자도 말했다. "나는 일찍이 온종일 생각에 빠졌었는
데, 잠깐 동안 공부한 것만도 못하더라(吾嘗終日而思矣, 不如須臾之所學
也)."(『순자』「권학」) 하루 종일 생각을 해봤자, 잠깐 공부해서 얻은 지식
이나 깨달음에 비할 수가 없다는 말인데, 이것이 바로 공자가 강조하
고자 한 것이리라.

15-32

공자께서 말씀하셨다. "군자는 도덕을 추구할 뿐, 의식衣食을 추구
하지는 않는다. 아무리 농사를 지어도 굶주림을 벗어날 수는 없지만,
도덕을 배우고 추구하면 녹봉과 의식은 절로 따라오는 법이다. 그러
므로 군자는 도덕의 수양을 걱정할 뿐, 가난의 고통을 걱정하지는 않
는다."

子曰: "君子謀道¹不謀食.² 耕³也, 餒在其中⁴矣; 學⁵也, 祿在其中⁶
자왈   군자모도 불모식   경야 뇌재기중 의   학야   녹재기중
矣. 君子憂道不憂貧."
의   군자우도불우빈

1 謀道(모도): 도를 도모함. 곧 도덕 내지 인생의 진리를 추구·탐구함을 이름.

2 謀食(모식): 의식衣食을 도모함. 곧 녹봉과 의식(의복과 음식)을 추구함을 이름.

3 耕(경): 밭을 갊. 곧 농사를 지음을 이름. 여기서는 이를 '모식謀食'의 한 가지 예例
로 든 것임.

4 餒在其中(뇌재기중): 굶주림이 그 가운데에 있음. 곧 굶주림을 벗어날 수 없음을
이름. '뇌'는 굶주림. '기'는 앞에서 말한 '경耕'을 가리킴.

5 學(학): 배움. 곧 도를 배워 실제 삶에 적용·응용함을 두고 이름. 여기서는 이를
'모도謀道'의 한 가지 예로 든 것임.

6 祿在其中(녹재기중): 녹봉이 그 가운데에 있음. 곧 열심히 글을 읽고 도를 추구해
실제 삶에 적용하면, 녹봉과 의식은 자연히 얻게 됨을 이름. '녹'은 앞에서 말한
'식食'과 같은 말로, 녹봉·의식 등을 가리킴. '기'는 앞에서 말한 '학學'을 가리킴.

공자는 「자로편」에서 제자 번지가 농사짓는 법을 가르쳐달라고 하자,
선비라면 이왕이면 많은 사람을 이끌고 아우르는 보다 큰 꿈을 키워
가야 함을 역설한 바 있다.(13-4 참조) 이 장의 논지 또한 그와 다르지
않다. 사람은 가능한 한 '모도謀道', 곧 원대한 꿈을 품고 큰 배움에 힘
써야 한다.(15-12 참조) 그러면 '모식謀食', 곧 생계 문제는 절로 해결될
수가 있는 법이다. 이러한 공자의 생각은 당시와 많이 다른 현대사회
를 사는 우리네 의식 관념과는 어쩔 수 없이 괴리가 있지만, 그 근본
취지와 정신은 분명 여전히 유효하고 유력하다. 생계 문제 해결에 초
점을 맞춘 '모식'만으로는 오히려 그 생계 문제를 해결하지 못할 수도
있다. 하지만 인생의 진리에 대한 근본적인 배움(오늘날의 인성 교육·가
치관 교육 등이 이에 해당됨)에 초점을 맞춘 '모도'를 하면 보다 큰 꿈과 이

상을 펼쳐나가면서 생계 문제도 해결하고, 또 삶의 질을 향상할 수 있다. 그야말로 일거양득이 아니고 무엇이겠는가? 여기서 우리가 분명히 알아야 할 것은 공자는 결코 '모도'만을 요구하고 강조하지 않았으며, '모식'의 필요성과 중요성을 아울러 염두에 뒀다는 것이다. 우리는 공자가 「자로편」에서 '선부후교先富後教'의 치국을 역설한 뜻(13-9 참고)도 함께 깊이 새겨야 할 것이다.

15-33

공자께서 말씀하셨다. "그 지혜가 치국의 이치에 맞는다 하더라도, 인덕으로 그것을 지켜나가지 못하면, 비록 일시적으로 민심을 얻을지라도 반드시 다시 잃게 될 것이다. 그 지혜가 치국의 이치에 맞고 인덕으로 능히 그것을 지켜나간다 하더라도, 엄정한 태도로 백성을 대하지 않으면, 백성들이 공경하지 않을 것이다. 그 지혜가 치국의 이치에 맞고 인덕으로 능히 그것을 지켜나갈 수 있으며 엄정한 태도로 백성을 대한다 하더라도, 백성을 동원하기를 예로써 하지 않으면, 아직은 나무랄 데가 없지 않다."

子曰: "知及之,¹ 仁不能守之, 雖得之, 必失之. 知及之, 仁能守之,
자왈　지급지　인불능수지　수득지　필실지　지급지　인능수지
不莊以涖之,² 則民不敬. 知及之, 仁能守之, 莊以涖之, 動之³不以
부장이리지　즉민불경　지급지　인능수지　장이리지　동지불이
禮, 未善⁴也."
례　미선　야

1 **知及之**(지급지): 그 지혜가 치국의 이치에 맞음. '지知'는 지智와 같음. '급'은 미침, 이름(至). 여기서는 곧 ~함에 맞음, 부합함을 이름. '지之'는 지시대명사인데, 무엇을 두고 이르는 것인지 여러 의견이 분분함. 일단 포함은 벼슬자리를 이르는 것으로 풀이함. 한데 이 장의 주지主旨는 군도君道, 즉 군주가 나라를 다스리는 이치를 설파한 것이라고 여겨지며, 그렇게 볼 때 이 '지之'는 전후 문맥에 따라 치국, 즉 나라를 다스리는 이치를 지칭하기도 하고, 또 백성을 지칭하기도 하는 것으로 이해됨. 이하 열 개의 '지之' 자가 모두 이와 같음. 또한 군주 이외의 위정자의 경우에도 모두 이에 준해서 이해할 수 있음.

2 **莊以涖之**(장이리지): '이장리지以莊涖之'의 도치. 엄정한 태도로 백성을 대함. '장'은 장중함, 엄정함. '리'는 임臨함, 이름(至). 곧 (백성을) 대함, 다스림을 이름. '지'는 백성을 가리킴.

3 **動之**(동지): 백성을 동원함.

4 **善**(선): 완선完善함, 즉 나무랄 데가 없음.

이는 군주를 비롯한 한 나라의 각급 통치자·위정자들을 겨냥해 어떻게 나라를 다스리고, 백성을 이끌어가야 하는지에 대한 기본 지침을 제시한다. 무릇 한 나라의 위정자라면 우선은 총명과 지혜가 있어 그 직책, 즉 직무상의 책임을 충분히 이해하고, 나아가 성실히 수행할 수 있는 초석을 다져야 한다. 아울러 인덕을 닦아 공정무사하고 청렴결백하며 충성스럽고 강직하며 정성스럽고 신실한 품성과 자질을 갖춰 그 정치적 지위와 위엄을 지켜나가야 한다. 그리고 진중한 용모와 엄정한 태도로 백성들을 다스림으로써 그들의 신뢰와 공경을 받을 수 있어야 하며, 이런저런 정치 행위 과정에 백성을 동원할 때에는 반드시 그들을 예우하기를 또한 잊지 말아야 한다. 능히 이와 같이 할 수 있다면, 그는 진정 나무랄 데 없는 훌륭한 위정자라고 할 수가 있다. 물론 이 가운데 한 가지라도 결여해서는 결코 훌륭한 정치 지도자가 될 수 없다. 그것은 위로는 군주로부터 아래로는 지방관地方官에 이르기까지 다 한가지이다. 이는 또한 오늘날 강조되는 리더십의 중요한 지침으로도 충분히 이해되고 활용될 수 있을 것이다.

15-34

공자께서 말씀하셨다. "군자는 작은 일을 통해서는 그 재덕을 알 수 없지만 큰일을 능히 맡아서 할 수 있고, 소인은 큰일을 맡아서 할 수는 없지만 작은 일을 통해서는 그 기량을 알 수가 있다."

子曰: "君子不可小知¹而可大受²也, 小人不可大受而可小知也."
자 왈   군 자 불 가 소 지 이 가 대 수 야   소 인 불 가 대 수 이 가 소 지 야

주석

1 小知(소지): 작은 일, 작은 기예를 통해서 사람들에게 그 식견과 재덕이 알려짐, 드러남. 여기서 '지'는 주자가 "내가 그것을 아는 것(我知之也)"이라고 했듯이, 군자에게는 피동의 의미, 사람들에게는 능동의 의미가 있음.
2 大受(대수): 큰일, 큰 책임을 맡음. '수'는 받음. 곧 (책임을) 맡음, 감당함을 이름.

해설

군자는 웅대한 뜻과 원대한 포부에, 높디높은 식견과 재덕(재주와 덕행)

을 겸비하고 있다. 그러니 큰일을 능히 감당하는 데에 별 어려움이 없는 것은 당연하다. 하지만 그런 군자도 작은 일에서는 오히려 제 역량을 발휘하지 못할 수 있다. 예컨대 『장자』 「소요유편逍遙遊篇」에서 "지금 야크(티베트 고원이나 북인도 등지에 많이 사는 솟과 동물)는 말이야. 얼마나 큰지 마치 하늘 끝까지 펼쳐진 구름만 하다네. 그러니 야크는 큰 힘을 쓰는 건 잘할 수가 있지. 하지만 오히려 쥐 잡는 건 못한다네〔今夫 氂牛, 其大若垂天之雲, 此能爲大矣, 而不能執鼠〕"라고 한 것과 같은 얘기다.

반면에 소인은 군자에 훨씬 미치지 못하는 자질의 소유자이다. 여기서 말하는 소인은 작은 재간은 있으나 큰 덕이 부족한 사람일 뿐이며, 흔히 말하는 간사하고 비루한 소인을 일컫는 것은 아니다. 아무튼 소인도 그 나름의 총명과 재기才器가 있을 수 있다. 그리하여 소인은 비록 큰일을 감당할 수는 없지만, 적당한 작은 일에서는 오히려 그 기량을 발휘할 수도 있다.

결국 군자는 물론이거니와 소인 역시 각기 알맞은 임무를 맡아 그 특장을 발휘하게 해야 한다는 말이다. 공자가 「자로편」에서 "군자가 사람을 부릴 때는, 그 사람의 기량을 헤아려 알맞은 일을 맡긴다"(13-25)고 이른 것처럼 말이다. 노자도 "성인은 항상 사람들을 잘 교화해 그 재능을 다하게 하므로 버려지는 사람이 없다〔聖人常善救人, 故無棄人〕"(『노자』 제27장)라고 했는데, 그 또한 유사한 맥락에서 음미해볼 만한 이야기이다. 아무튼 공자의 가르침은 오늘날 오로지 능력과 성적만으로 사람을 차별하는 분위기가 없지 않은 현대사회에 경종이 될 법하다.

15-35

공자께서 말씀하셨다. "백성들에게 인仁은 물이나 불보다 더 절실히 필요한 것이다. 나는 물이나 불에 뛰어들어 죽은 사람은 보았어도, 인을 실천하다 죽은 사람은 아직 보지 못하였다."

子曰: "民之於仁也,¹ 甚於水火.² 水火, 吾見蹈而死者矣,³ 未見蹈仁⁴
자 왈   민 지 어 인 야   심 어 수 화   수 화   오 견 도 이 사 자 의   미 견 도 인

而死者也."
이 사 자 야

주석

1 **民之於仁也**(민지어인야): 백성들이 인을 필요로 함에 있어서는. '지'는 1-10 주석 8 참조. '어'는 ~에 있어서는, 대해서는. '인'은 여기서는 인에 대한 필요성을 두고 이름.

2 **甚於水火**(심어수화): 물·불보다 더 심함, 곧 더 절실히 필요함. '어'는 비교격 어조사로, ~보다.

3 **水火, 吾見蹈而死者矣**(수화, 오견도이사자의): '오견도수화이사자의吾見蹈水火而死者矣'의 도치. '도'는 밟음. 여기서는 (물불에) 빠짐, 뛰어듦을 이름.

4 **蹈仁**(도인): 인을 실천함. 여기서 '도'는 실천함, 이행함을 이름.

해설

맹자가 말했듯이 "백성들은 물과 불이 없으면 살 수가 없을(民非水火不生活)"(『맹자』 「진심 상」) 정도로, 물과 불은 사람의 생존에 필수 불가결하다. 하지만 인 또한 그에 못지않게, 아니 그보다 더 절실히 필요한 것이다. 왜냐하면 인은 곧 사람이 사람일 수 있는 근본 이치요, 까닭

이기 때문이다. 인은 '애인愛人'(12-22), 즉 사람을 사랑하는 것이니, 곧 사람에 대한 열애熱愛와 관심, 배려, 동정, 성원聲援 등 일체의 인애지심仁愛之心이다. 공자의 사상에서 인은 최고의 미덕이자 모든 미덕의 본원이다. 따라서 사람이 만약 인애지심이 없다면, 금수와 다름없는 흉악한 모습으로 다툼과 살육의 참상을 연출할 수밖에 없을 것이다. 예로부터 인륜 도덕을 저버린 사람을 두고 흔히 '짐승만도 못한 인간'이라는 혹평을 쏟아내는 것을 새겨볼 만하다. 공자가 인의 필요성을 더없이 강조한 것은 바로 그 때문이다. 더욱이 공자가 앞에서 "인도仁道에 뜻이 있는 선비와 인덕을 닦은 사람은 구차히 살고자 하여 인을 훼손하는 경우는 없어도, 오히려 자신의 목숨을 바쳐 인을 이루는 경우는 있다"(15-9)고 했듯이, 인도의 추구와 실천은 진실로 숭고한 의의가 있다. 또한 물과 불이 긍정적·부정적인 두 측면이 있는 반면, 인도는 오직 이로움만 있을 뿐 해로움이 없으니, 너나없이 보다 적극적으로 그 수양과 실천에 나서야 할 것이다.

15-36

공자께서 말씀하셨다. "인을 행함에 있어서는 스승에게도 양보하지 않는다."

子曰: "當仁,[1] 不讓於師."
자왈　당인　불양어사

1 **當仁**(당인): 인을 행할 때, 또는 인한 일을 마주함. '당'은 (그러한 때나 일을) 당면當面함, 마주함. 한편 주자는 '당인'이 "인을 행함을 자신의 임무로 여긴다(以仁爲己任也)"는 말이라고 하여 '당'을 담당한다는 뜻으로 풀이했는데, 이론의 여지가 있음. 여기서 '당'은 마땅히 『효경孝經』「간쟁장諫諍章」에서 말한 "그러므로 (부모가 행한) 불의한 일을 마주하게 되면, 자식은 부모에게 그것을 고치도록 기탄없이 간하지 않으면 안 된다(故當不義, 則子不可以不爭於父)"에서 '당불의當不義'의 '당'과 같은 뜻으로 보는 것이 옳음.

인은 한마디로 사람을 사랑하는 것으로, 사람의 고귀한 덕성이다. 하지만 그러한 인도 빈말에 그쳐서는 아무런 의미나 가치를 갖지 못한다. 그러므로 사람은 인을 실행·실천하는 데에 누구보다도 앞장서야 한다. 유보남이 이른 대로, "이 장은 공자께서 문인(제자)들에게 이른 말씀인데, 대개 제자가 스승을 섬기며 따르는 예절은 반드시 먼저 스승의 명을 들은 후에 행동하는 것이나, 유독 인을 행할 때만은 마땅히 서둘러 행하여야 한다. 그러므로 '불양어사不讓於師'의 이치를 일깨워주셨는데, 그것은 곧 (스승의 눈치를 보며) 주저주저하다가 다른 사람의 생사를 그르치지나 않을까 두려워하신 것이다(此章是夫子示門人語, 蓋事師之禮, 必聽命而後行, 獨當仁則宜急行, 故告以不讓於師之道, 恐以展轉誤人生死也)."

15-37

공자께서 말씀하셨다. "군자는 곧고 바르지만, 자신이 믿는 바를 무조건 고집하지는 않는다."

子曰: "君子貞¹而不諒²."
자 왈   군 자 정 이 불 량

주석

1 貞(정): 곧고 바름. 곧 정도正道를 굳게 지킴을 이름.
2 諒(량): 믿음, 즉 신실하다고 생각해 의심치 않음. 이를 주자는 "옳고 그름을 분별하지 않고 반드시(무조건) 자신이 믿는 바만 따르는 것(不擇是非而必於信)"이라고 풀이함. 곧 소신小信, 즉 자신의 작은 믿음을 고집함을 이름.

해설

공자는 「이인편」에서 "군자는 천하만사에 있어 반드시 어떻게 해야 된다는 것도 없고, 또 절대로 어떻게 하면 안 된다는 것도 없으며, 오직 알맞고 마땅함에 따를 뿐이다"(4-10)라고 했다. 군자는 정도를 고수하되 결코 편협하고 완고한 고집불통이 아니며, 그 사고思考와 처사에 합리성과 융통성을 한껏 가미한다는 얘기다. 훗날 맹자 역시 같은 견지에서 "대인이란 말은 반드시 신의를 지키려고 하지 않고, 행동은 반드시 성과를 내려고 하지 않으며, 오로지 알맞고 마땅한 바를 따를 뿐이다(大人者, 言不必信, 行不必果, 惟義所在)"(『맹자』 「이루 하」)라고 했다. 그리고 공자는 또 「자로편」에서 "(다시 그 아래 등급은) 말은 반드시 신의를 지키려 하고, 행동은 반드시 성과를 내려 하는 사람인데, 그런 이는 외곬으로 고지식한 소인이로다!"(13-20)라고 했다. 사람이 처신·처사에 보다 신축적이고 합리적인 사고를 하기 위해서는 그럴 만한 식견과 품성이 갖춰야 한다. 우리 모두가 스스로를 꾸준히 갈고닦아야 할 이유이다.

15-38

공자께서 말씀하셨다. "신하는 임금을 섬김에 있어서 오로지 맡은 바 직무를 성심껏 완수하며, 녹봉의 많고 적음은 염두에 두지 않아야 한다."

子曰: "事君, 敬其事¹而後其食.²"
자 왈   사 군 경 기 사 이 후 기 식

주석

1 敬其事(경기사): 그 직무를 성심성의를 다해 수행함. '경'은 「학이편」 "경사이신敬事而信"(1-5)의 '경'과 같음. (일을) 신중하면서도 성심껏 열심히 함. '기사'는 그 직무, 즉 직위·직책상에서 책임을 지고 맡아서 수행해야 하는 사무.

2 後其食(후기식): 의식衣食, 즉 녹봉의 문제는 뒤에 둠. 곧 녹봉의 많고 적음은 그다지 염두에 두지 않는다는 말임. '후'는 「옹야편」 "인자선난이후획仁者先難而後獲"(6-20)의 '후'와 상통함. '식'은 이 편 "군자모도불모식君子謀道不謀食"(15-32)의 '식'과 같음.

이는 곧 신하된 자가 임금을 섬기며 국정에 참여함에 있어서 마땅히 견지해야 할 올바른 자세와 태도이다. 그야말로 앞서 공자가 "군자는 도덕을 추구할 뿐, 의식衣食을 추구하지는 않는다"(15-32)고 한 그대로이다. 또한 『예기』「유행편儒行篇」에서 "유자儒者는 금과 옥을 보배로 여기는 것이 아니라, 충성과 신실을 보배로 여기며〔儒有不寶金玉, 而忠信以爲寶〕" "충성을 다해 성심껏 일하는 것을 우선시하고, 녹봉과 의식의 문제는 크게 염두에 두지 않는다〔先勞而後祿〕"라고 한 그대로이다. 예나 지금이나 한 나라에 이같이 훌륭한 신하나 관리가 있느냐 없느냐, 또 얼마나 있느냐는 곧 그 나라의 국운을 좌우하는 중차대한 문제이다.

15-39

공자께서 말씀하셨다. "나에게는 오직 가르침이 있을 뿐, 사람의 유별은 없다."

子曰: "有教無類."
자 왈　　유 교 무 류

공자는 종신토록 스스로 배우고, 또 제자들을 가르치는 데에 싫증을 내거나 게으름을 피우지 않았다. 사실 공자의 시대는 말할 것도 없고,

고대사회에서 교육은 오로지 귀족들만이 독점 향유할 수 있는 것이었다. 일부 특권 귀족층을 제외한 대부분의 사람들이 신분상의 제약 때문에 교육을 받을 수 없었던 그런 시대에, 공자는 '유교무류有敎無類'의 교육 사상에 입각해 사학私學을 열어, 사람이면 누구나 교육을 받을 수 있는 '교육의 대중화'를 선도했다. 이는 인류 역사상 동서양을 통틀어 시원적 의의가 있는 위업이 아닐 수 없다.

공자에게 있어 중요한 것은 교육, 즉 사람을 가르쳐 세상에 널리 이바지할 훌륭한 인재를 양성하는 일이었다. 따라서 사람의 유별類別, 즉 출신 국가나 신분, 빈부貧富, 지우智愚, 현불초賢不肖 따위는 전혀 중요하지 않았다. 공자의 제자 가운데 맹의자와 남궁괄은 귀족의 자제였으나, 중궁은 천인賤人의 자제였다. 염유와 자공은 아주 부유했으나, 안연과 원사는 몹시 빈궁했다. 다만 안연은 슬기롭고 어짊이 타의 추종을 불허했다. 재여는 나태하고, 증삼은 노둔했으며, 고시는 우둔하고, 번지는 견식이 얕았고, 자로는 성정이 거칠었다.

공자가 후세에 '지성선사至聖先師'이자 '만세사표萬世師表'로 존숭되는 것은 교육 대상에 차등을 두지 않은 바로 그 위대한 교육철학과 사상이 인류 역사상 교육의 신기원을 열었기 때문이리라.

15-40

공자께서 말씀하셨다. "이념이 다르면 서로 함께 일을 도모하지 못한다."

子曰: "道¹不同, 不相爲²謀."
자왈   도 부동 불 상 위 모

주석 ─────────────────────────────

1 道(도): 여기서는 각기 받드는 기본 이념이나 의식 관념 등을 이름.
2 相爲(상위): 상여相與와 같음. 서로 더불어, 함께.

해설 ─────────────────────────────

여기서 이른바 '도'는 결코 사람의 단순한 생각이나 의견 따위를 지칭
하는 것이 아니다. 만약 그런 것이라면 얼마든지 서로 대화와 타협을
통해 피차간의 간극을 좁히고 합의를 이끌어낸 후 함께 같은 길을 갈
수도 있는 일이다. 공자가 여기서 말하는 '도'는 대체로 각기 주창·신
봉하는 인생의 기본 이념 및 의식 관념 또는 학술 사상 등으로, 그 종
지宗旨가 상이한 까닭에 주장이 합치될 수 없고, 지향이 다를 수밖에
없으며, 피차 견지하는 태도 또한 크게 차이를 보이게 마련이다. 예를
들면 어떤 이는 도의를 중시하지만 또 어떤 이는 사리私利를 좋아하
고, 어떤 이는 '위기지학爲己之學'을 중시해 자아를 충실히 하는 데 힘
을 쏟지만 또 어떤 이는 '위인지학爲人之學'(14-25 참조)을 중시해 널리
명성을 좇기도 한다.

　무릇 서로 다른 이념을 받드는 사람들이 함께 어떤 일을 도모한다
면, 보조步調가 맞지 않고, 지향이 불일치할 수밖에 없으며, 끝내는 서
로 등을 돌리고 갈라서서 점차 끝 간 데 없이 멀어져갈 것이다. 이는
개인이나 집단은 물론, 제가諸家의 학설·사상에 있어서도 크게 다르지

300

않다. 춘추전국시대에는 공자가 창시한 유가와 노자가 창시한 도가를 비롯한 제자백가가 일어나 쟁명爭鳴했으며, 각기 '기시인비己是人非'(자기는 옳고 남은 그름)의 의식하에 각자 자신들의 도를 전파하고자 하면서도 서로 평형 관계를 유지했다. 다만 후세의 학자들은 왕왕 다른 사람 또는 다른 학파의 학설을 대놓고 공격하기도 했다. 그러나 일찍이 유가를 열었던 공자는 결코 그렇지 않았으며, 그저 구세의 열의에 찼던 당신의 궁극적 지향을 몰라주는 사람들에게 진한 아쉬움을 토로했을 뿐이다.(14-36·40 참조) 이는 분명 공자의 위대함을 보여주는 또 다른 면모이다.

15-41

공자께서 말씀하셨다. "말은 사람의 뜻만 잘 전달하면 된다."

子曰: "辭¹達而已矣.²"
자 왈   사 달 이 이 의

주석

1 辭(사): 여기서는 언사言辭와 문사文辭, 즉 입말과 글말을 통칭함.
2 達而已矣(달이이의): (사람이 말하고자 하는) 뜻을 잘 전달해 통하게 할 따름임. 곧 사람의 뜻을 잘 표현해 전달하면 됨, 족함이라는 말임. '달'은 달의達意, 즉 말하는 사람의 뜻을 잘 전달해 통하게 함을 이름. '이이의'는 ~일 뿐임, 따름임. 주자는 '이己'를 '지止'의 뜻, 즉 그침, 그만임으로 풀이함.

입말이든 글말이든 말의 효용 가치는 사람의 의사와 의미를 여실히 잘 표현해 전달하는 데에 있다. 그게 우선이고, 그것이면 족하다. 그런 만큼 말에 굳이 애써 미사여구美辭麗句를 동원할 필요가 없다는 게 공자의 생각이다. 『논어』만 봐도 공자의 말이 그 원칙을 충실히 따르고 있음을 확인할 수 있다. 일찍이 노자도 말했듯이, "진실한 말은 화려하지 않고, 화려한 말은 진실하지 않는 법이다(信言不美, 美言不信)."(『노자』 제81장) 말뿐만이 아니다. 세상만사가 다 장식이나 형식보다는 실질과 내용이 우선임을 알아야 한다.

15-42

맹인 악사 면이 공자를 찾아뵈러 왔는데, 섬돌에 이르자, 공자께서 말씀하셨다. "앞에 섬돌입니다." 자리에 이르자, 공자께서 말씀하셨다. "앞에 자리입니다." 모든 사람이 다 자리에 앉자, 공자께서 그에게 일러주셨다. "아무개도 여기에 있고, 아무개도 여기에 있소." 악사 면이 물러간 후, 자장이 여쭈었다. "선생님께서 하신 것이 바로 맹인 악사와 말하는 방도입니까?" 공자께서 말씀하셨다. "그렇다. 이것이 바로 맹인 악사를 돕는 방도이니라."

師冕¹見,² 及階,³ 子曰: "階也." 及席,⁴ 子曰: "席也." 皆⁵坐, 子告之
사면현   급계   자왈   계야   급석   자왈   석야   개좌   자고지
曰: "某⁶在斯,⁷ 某在斯." 師冕出. 子張問曰: "與師言之道與?" 子
왈   모재사   모재사   사면출   자장문왈   여사언지도여   자

曰: "然, 固⁸相⁹師之道也."
왈　연　고　상　사　지　도　야

주석

1 **師冕**(사면): 맹인 악사樂師 면冕. '사'는 악사, 즉 악관樂官을 이르고, '면'은 그의 이름임. 고대에는 흔히 악사로 맹인을 기용했는데, 그것은 곧 신체적 결함을 이겨내고 분발 향상할 수 있도록 한 배려로 보임.

2 **見**(현): (웃어른을) 알현함, 뵘.

3 **階**(계): 섬돌, 즉 돌계단.

4 **席**(석): 좌석, 자리.

5 **皆**(개): 모두, 다.

6 **某**(모): 아무개.

7 **斯**(사): 차此와 같음. 곧 여기, 이곳을 이름.

8 **固**(고): 본디, 원래. 또는 바로.

9 **相**(상): 도움[助].

해설

맹인 악사를 인도하는 공자의 모습에서, 모자라지도 넘치지도 않게 성심으로 장애인을 대하는 방도가 어떤 것인지를 알 듯하다. 또한 이는 분명 인자仁者의 전형일 것이다.

제16편

계씨

季氏

「계씨편」은 모두 14장으로 나뉘며, 대체로 천하가 무도하고, 예악이 붕괴된 당시의 사회 현실에 대한 공자의 엄정한 태도와 심각한 우려를 기술하고 있다. 아울러 벗을 어떻게 사귀고, 개인적인 기호와 취미를 어떻게 기르며, 윗사람을 어떻게 섬기고, 심신의 건강을 어떻게 유지하며, 천명과 성인의 말씀을 어떻게 받아들이고, 언행을 어떻게 바르게 할 것인지 등등에 대한 공자의 가르침이 보인다.

　한데 이 편은 앞의 열다섯 편과 비교해, 그 체제에 있어 상당한 차이가 있다. 예를 들면 제1장의 기술이 매우 상세하고 자수字數 또한 아주 많아, 이전 편들의 간결한 체제나 작풍과는 판이하다. 또 전편全篇에서 시종 '공자왈孔子曰'이라는 표현을 쓰고 있어, 앞에서 모두 '자왈子曰'이라고 한 것과는 확연히 다르다. 그 때문에 역대 논자들 가운데에는 이 편이 『제齊논어』, 즉 옛 제나라 지역 학자들이 구술해 전한 『논어』일지도 모른다는 견해를 내놓은 이도 있다. 하지만 이 편에서 '자왈'이라 하지 않고 '공자왈'이라고 한 것은, 공자의 재전再傳 제자(제자의 제자)나 추로鄒魯지역 유생들이 기록했기 때문이라는 서영徐英의

『논어회전論語會箋』에서의 견해가 자못 설득력이 있어 보인다. 요컨대 이 편은 비록 공자의 제자가 직접 기록한 것은 아니나, 공문孔門의 후학들이 각기 스승의 말씀에 근거해 기록한 것인 만큼, 그 진실성에는 별 문제가 없다.

16-1

계씨가 전유를 정벌하려고 하자, 염유와 자로가 공자를 뵙고 아뢰었다. "계씨가 전유를 상대로 일을 벌이려고 합니다."

공자께서 말씀하셨다. "구야! 그 어찌 너의 잘못이 아니더냐? 전유는 옛날에 선왕께서 동몽산 제사를 주재케 하셨고, 또 그 영토가 우리 노나라 국경 안에 있어 우리나라와 안위安危를 함께한 신하의 나라이거늘, 어찌하여 그 나라를 정벌한단 말이냐?" 염유가 말했다. "대부께서 그렇게 하려는 것이지, 저희 두 가신은 아무도 그렇게 하기를 바라지 않습니다."

공자께서 말씀하셨다. "구야! 옛날에 사관史官 주임이 이런 말을 했다. '신하 된 자는 자신의 능력을 펼쳐 나라에 이바지할 수 있으면 기꺼이 벼슬하며 열심히 일하고, 자신의 능력을 펼칠 수 없는 혼란한 정국에 이르면 벼슬을 그만두고 물러나야 한다.' 나라의 형세가 위급한데도 잘 버티도록 도와주지 못하고, 나라의 운명이 기우는데도 붙든어주지 못한다면, 장차 신하 된 자의 보필을 어디에다 쓰겠느냐? 더욱

이 (대부가 욕심을 부리는 것이지 너희는 바라는 바가 아니라는) 너의 그 말도 틀렸다. 호랑이와 코뿔소가 우리에서 뛰쳐나오는 바람에 궤櫃 속에 넣어둔 신령한 거북 등딱지와 진귀한 보옥寶玉이 망가졌다면, 그것은 누구의 잘못이냐?"

염유가 말했다. "지금 전유는 성곽이 아주 견고한 데다 계씨의 채읍인 비 땅에 인접해 있습니다. 그렇기 때문에 만약 지금 점령하지 않으면, 후세에 반드시 자손들의 근심거리가 될 것입니다."

공자께서 말씀하셨다. "구야! 군자는, 뭔가를 하고 싶다고 솔직히 말하지 않고, 기필코 그 마음을 감추기 위해 다른 말로 둘러대는, 그런 태도를 미워한다. 내가 듣기로 제후나 경대부는 나라가 가난함을 걱정하기보다는 분배가 고르지 못함을 걱정하고, 인구가 적음을 걱정하기보다는 사람들이 편안치 못함을 걱정해야 한다고 하였다. 대개 분배가 고르면 가난이 문제 되지 않고, 사람들이 화합하면 인구가 적은 게 문제 되지 않으며, 사회가 안정되면 나라가 기울 리 없다. 무릇 나라를 다스리는 이치는 이와 같나니, 그러므로 만약 멀리 떨어져 사는 사람들이 복종하지 않으면, 인의仁義·예악의 문교文敎와 덕업德業을 강화해 그들이 스스로 달려와 귀순하게 하고, 귀순해 온 다음에는 그들을 편안히 살도록 해주어야 한다. 지금 유와 구 너희 두 사람이 대부를 보좌하고 있지만, 먼 곳의 사람들이 복종하지 않는데도 그들을 스스로 달려오게 하지 못하고, 나라가 사분오열해 와해되는데도 군건히 지키지 못하면서, 오히려 같은 나라 안에 무력을 동원하려 하다니! 나는 계손씨의 근심이 전유에 있는 것이 아니라, 노나라 임금에게 있을까 염려하는 것이다."

季氏¹將伐顓臾.² 冉有季路³見於孔子曰: "季氏將有事⁴於顓臾." 孔
계씨 장 벌 전 유   염 유 계 로 현 어 공 자 왈   계 씨 장 유 사 어 전 유   공

子曰: "求⁵! 無乃爾是過與⁶? 夫顓臾, 昔者先王以爲東蒙主,⁷ 且在
자 왈   구   무 내 이 시 과 여   부 전 유 석 자 선 왕 이 위 동 몽 주   차 재

邦域⁸之中矣, 是社稷之臣⁹也, 何以伐爲¹⁰?" 冉有曰: "夫子¹¹欲之
방 역 지 중 의 시 사 직 지 신 야 하 이 벌 위   염 유 왈   부 자 욕 지

吾二臣者¹²皆不欲也." 孔子曰: "求! 周任¹³有言曰: '陳力就列,¹⁴ 不
오 이 신 자 개 불 욕 야   공 자 왈   구   주 임 유 언 왈   진 력 취 열   불

能者止.¹⁵' 危而不持,¹⁶ 顚¹⁷而不扶,¹⁸ 則將焉用彼相¹⁹矣? 且爾言
능 자 지   위 이 부 지   전 이 불 부   즉 장 언 용 피 상 의   차 이 언

過矣! 虎兕²⁰出於柙,²¹ 龜玉²²毀²³於櫝²⁴中, 是誰之過與? 冉有曰:
과 의 호 시 출 어 합 귀 옥 훼 어 독 중 시 수 지 과 여   염 유 왈

"今夫顓臾, 固²⁵而近於費.²⁶ 今不取,²⁷ 後世必爲子孫憂." 孔子曰:
금 부 전 유 고 이 근 어 비   금 불 취   후 세 필 위 자 손 우   공 자 왈

"求! 君子疾²⁸夫²⁹舍曰欲之³⁰而必爲之辭.³¹ 丘也聞有國有家者,³²
구   군 자 질 부 사 왈 욕 지 이 필 위 지 사   구 야 문 유 국 유 가 자

不患寡而患不均, 不患貧而患不安.³³ 蓋均無貧, 和無寡, 安無傾.³⁴
불 환 과 이 환 불 균   불 환 빈 이 환 불 안   개 균 무 빈 화 무 과 안 무 경

夫如是,³⁵ 故遠人不服, 則修文德³⁶以來³⁷之. 旣³⁸來之, 則安之. 今
부 여 시   고 원 인 불 복 즉 수 문 덕 이 래 지 기 래 지 즉 안 지 금

由與求也, 相³⁹夫子, 遠人不服, 而不能來也; 邦分崩離析,⁴⁰ 而不能
유 여 구 야 상 부 자 원 인 불 복 이 불 능 래 야   방 분 붕 이 석   이 불 능

守也; 而謀動干戈⁴¹於邦內.⁴² 吾恐季孫之憂, 不在顓臾, 而在蕭牆
수 야   이 모 동 간 과 어 방 내   오 공 계 손 지 우   부 재 전 유   이 재 소 장

之內⁴³也."
지 내   야

주석

1 季氏(계씨): 즉 계손씨. 여기서는 노나라 대부로 권신이었던 계강자를 가리킴.

2 顓臾(전유): 당시 노나라의 부용국附庸國으로, 복희伏羲의 후예라고 함.

3 季路(계로): 자로의 또 다른 자.

4 有事(유사): 일을 벌임. 여기서는 정벌지사征伐之事, 즉 다른 나라를 정벌하는 일을 벌임, 곧 정벌한다는 말임. '사'는 옛날에 제사祭祀나 농사農事, 전사戰事 등 나라의 대사大事를 일컬음.

5 求(구): 염유의 이름.

6 無乃爾是過與(무내이시과여): 그건 곧 너의 잘못이 아닌 게 아니냐? '무내'는 막비莫非, 즉 ~이 아닌 게 아님. 곧 그렇다는 말. '이'는 제이인칭대명사. 너. '시'는 어조사로, 지之와 같음. '여'는 여歟와 같음. 의문의 어조사. 일설에는 이 구절을 '무내시이과여無乃是爾過與'의 도치라고 함.

7 東蒙主(동몽주): 동몽산東蒙山의 제주祭主. 여기서 '위爲동몽주', 즉 동몽산의 제주로 삼았다는 말은 곧 동몽산에서 지내는 나라의 제사를 주재케 했음을 이름. '동몽'은 산 이름. 곧 몽산蒙山으로, 당시 노나라 동쪽에 있었기 때문에 이같이 일컬은 것임. '주'는 제주로, 여기서는 제사를 주재하는 나라를 가리킴.

8 邦域(방역): 나라의 강역疆域, 즉 영토.

9 社稷之臣(사직지신): 사직을 떠받칠 신하. 곧 나라와 안위를 함께할 중신重臣을 일컬음. '사직'은 나라를 지칭함. 11-25 주석 7 참조.

10 爲(위): 반문의 어조사. 13-5 주석 6 참조.

11 夫子(부자): 대부에 대한 존칭으로, 곧 계강자를 일컬음.

12 吾二臣者(오이신자): 저희 두 신하된 자, 저희 두 가신. 당시 염유와 자로는 모두 계씨의 가신 노릇을 하고 있었음.

13 周任(주임): 고대의 훌륭한 사관이었던 것으로 알려진 인물.

14 陳力就列(진력취열): 자신의 재력을 펼쳐 나라에 이바지할 수 있으면 벼슬하며 열심히 일함. '진력'은 자신의 재력, 즉 재주와 능력을 펼쳐 나라에 이바지함. '진'은 펼침. '취열'은 관직에 올라 열심히 일함. '취'는 나아감. '열'은 조정 관리(벼슬아치)의 대열隊列.

15 不能者止(불능자지): 자신의 재력을 펼칠 수 없는 혼란한 정국이면 벼슬을 그만두고 물러남. '불능'은 재능을 펼칠 수 없는 극도로 혼란한 정국에 처함을 이름. '자'는 가정의 어조사. '지'는 멈춤, 그만둠. 곧 관작에서 사퇴함을 이름.

16 持(지): 버팀, 지탱함. 여기서는 곧 위험을 잘 버티며 이겨내도록 도와줌을 이름.

17 顚(전): 전도顚倒, 즉 엎어져 넘어짐.

18 扶(부): (넘어지지 않도록) 붙듦, 부축함.

19 焉用彼相(언용피상): 신하된 자의 보필을 어디에 쓰겠느냐? '언'은 하何와 같음. 어떻게, 어디. '피'는 저, 그. 곧 신하된 자를 가리킴. '상'은 도움, 보좌, 보필. 일설에는 군주를 보필하는 사람을 이른다고 하나, 이론의 여지가 있음.(아래 참조) 이

상의 "위이부지危而不持…" 3구의 의미를, 흔히 맹인의 길잡이 노릇에 비유해 이르는 것으로 풀이하나, 앞의 사관 주임의 말을 이어받는 만큼 국가의 위난과 쇠망을 직설直說한 것으로 봄이 옳고 보다 자연스러움. 또 '언용피상'을 흔히 '어찌 그런 신하(길잡이)를 쓰겠느냐?' 혹은 '그런 신하(길잡이)를 어디에다 쓰겠느냐?'로 풀이하나, 공자가 인용한 주임의 말이 신하된 자가 자신의 능력을 제대로 발휘할 수 없는, 즉 무도한 군주를 바르게 보필할 수 없는 난국에 직면해서는 '스스로' 그 자리에서 물러나야 한다는 뜻임을 감안하면, 논리적 모순이 있음. 다시 말해 군주가 신하를 쓰느냐 쓰지 않느냐의 문제가 아니라, 신하된 자가 군주에 대한 자신의 보필, 자신의 고귀한 노력을 올바르게 쓸 데가 없다면 차라리 물러남이 옳다는 뜻으로 이해해야 할 것임.

20 兕(시): 코뿔소.

21 柙(합): (짐승을 가두어 기르는) 우리.

22 龜玉(귀옥): 신귀神龜(신령한 거북, 여기서는 그 등딱지를 말함)와 보옥(귀중한 옥). 이 두 가지는 모두 옛날 사람들이 즐겨 소장한 보물임.

23 毀(훼): 훼손毀損됨, 망가짐.

24 櫝(독): 궤, 즉 물건을 넣도록 나무 따위로 상자처럼 만든 그릇.

25 固(고): 여기서는 성곽이 견고함을 두고 이름.

26 費(비): 6-7 주석 3 참조.

27 取(취): 취함. 곧 정벌·점령함을 이름.

28 疾(질): 질嫉과 같음. 미워함.

29 夫(부): 지시대명사. 저, 그.

30 舍曰欲之(사왈욕지): 뭔가를 하고 싶다고 말하지 않음. '사'는 사捨와 같음. 버림. 곧 ~을 하지 않음을 이름. '욕지'는 그것을(또는 그렇게) 하려고 함, 하고 싶음. 이는 곧 어떤 일로 인한 이익을 탐함을 두고 이름.

31 必爲之辭(필위지사): 반드시 그 마음을 감추기 위해 거짓된 다른 말로 둘러댐. '지'는 앞에서 말한 '욕지欲之'의 뜻과 마음을 가리킴. '사'는 그럴듯하게 꾸며대는 말을 함을 이름.

32 有國有家者(유국유가자): 제후나 경대부. '유국자'는 일국一國을 보유한 사람이라는 뜻으로 제후를 일컫고, '유가자'는 일가一家를 보유한 사람이라는 뜻으로 경대부를 일컬음.

33 不患寡而患不均, 不患貧而患不安(불환과이환불균, 불환빈이환불안): 이는 문맥상 논리성이나 자연스러움이 떨어지는데, 유월의『군경평의』와 유보남의『정의』에서 지적했듯이, 원래는 필시 '불환빈이환불균, 불환과이환불안不患貧而患不均, 不患寡而患不安'으로 되어 있었을 것으로 추정되며, 따라서 그같이 풀이함이 옳음. 왜냐하면 '가난하다(貧)'와 '고르다(均)'는 모두 재물을 두고 이르는 것으로, 뒤의 '분배가 고르면 가난이 문제 되지 않는다(均無貧)'는 말에서 증명이 되고, 또 '적다(寡)'와 '편안하다(安)'는 모두 백성을 두고 이르는 것으로, 뒤의 '사람들이 화합하면 인구가 적은 게 문제 되지 않는다(和無寡)'는 말에서 증명이 되기 때문임.

34 傾(경): (나라나 정권이) 기욺, 무너짐.

35 夫如是(부여시): 무릇 이와 같음. 이는 곧 나라를 다스리는 이치를 두고 이르는 것으로 이해됨.

36 修文德(수문덕): 인의·예악의 문교와 덕업을 강화함. '수'는 닦음, 닦아 행함. 곧 강화함을 이름.

37 來(래): 여기서는 사역동사로, (그들을) 스스로 오게 함. 곧 달려와 귀순하게 함을 이름.

38 旣(기): 이미. 곧 ~한 이후·다음에는.

39 相(상): 보좌함, 보필함.

40 分崩離析(분붕이석): 여러 갈래로 갈기갈기 찢어짐. 곧 나라나 집단 따위가 사분오열해 와해됨을 이름. '분붕'은 떨어져 흩어짐. '이석'은 떨어져 나감.

41 謀動干戈(모동간과): 무력을 동원하려고 함. 곧 전쟁을 일으키려고 함을 이름. '모'는 꾀함, 하려고 함. '간과'는 방패와 창. 모두 전쟁의 무기로, 여기서는 이로써 군대나 무력, 전쟁을 이름.

42 邦內(방내): 같은 나라 안. 이는 '전유'가 노나라 국경 안에 있음을 염두에 둔 말임.

43 蕭牆之內(소장지내): '소장'은 노나라 임금의 궁문宮門 안에 세워 놓은 병풍으로, '소장의 안쪽(蕭牆之內)'이라 함은 곧 노나라 임금을 가리킴. 일설에는 이를 계씨의 집안을 가리키는 것으로 풀이하기도 하나, 공자의 본의('해설' 참조)라고 보기 어려움.

공자는 계손씨가 무력을 써서 자신의 세력을 확장하려는 방자한 음모를 견책하여 저지함과 동시에, 염유와 자로가 가신으로서 그 악행에 일조하고 있음을 강하게 질타하고 있다. 공자의 뜻에 따르면, 군왕의 조신朝臣이든 경대부의 가신이든 신하 된 자는 응당 자신이 섬기는 통치자가 불의에 빠지지 않도록 최선을 다해 보필해야 한다. 하지만 통치자의 무도함이 극에 달해, 신하 된 자가 자신의 능력을 펼쳐 나라에 이바지할 수 없는 혼란한 정국임에도 불구하고 충성을 다하는 것은 어리석고 맹목적인 충성심일 따름이다. 따라서 그땐 차라리 자신의 직책에서 물러남으로써 간하는 것이 옳다. 당시 노나라 정권을 장악하고 있던 계손씨가 전유를 손아귀에 넣어 세력을 확장한 이후, 장차 노나라 왕위까지 넘보며 반역을 도모할 우려가 있다는 것이 공자의 판단이다. 가신으로서 제 역할을 다하지 못한 두 제자에 대한 공자의 질타에 우국憂國의 고뇌가 넘친다.

16-2

공자께서 말씀하셨다. "천하에 바른 도가 행해지면 예악을 제정하거나 군사를 일으켜 정벌에 나서는 일을 모두 천자가 명을 내리고, 천하에 바른 도가 행해지지 않으면 예악을 제정하거나 군사를 일으켜 정벌에 나서는 일을 모두 제후가 명을 내린다. 그 같은 국가 대사大事를 제후가 명을 내리면 대개 10대代까지 내려가서는 그 지위를 잃지 않는 경우가 드물고, 대부가 명을 내리면 대개 5대까지 내려가서는 그 지위를 잃지 않는 경우가 드물며, 대부의 가신이 나라의 정권을 틀어쥐면 3대까지 내려가서는 그 지위를 잃지 않는 경우가 드물다. 천하에 바른 도가 행해지면 나라의 정치권력이 대부의 손아귀에 떨어지지 않으며, 천하에 바른 도가 행해지면 백성들이 나라의 정치에 대해 왈가왈부하지 않는다."

孔子曰: "天下有道,[1] 則禮樂[2]征伐[3]自天子出[4]; 天下無道,[5] 則禮樂征伐自諸侯出. 自諸侯出, 蓋[6]十世希[7]不失[8]矣; 自大夫出, 五世希不失矣; 陪臣[9]執國命,[10] 三世希不失矣. 天下有道, 則政不在大夫. 天下有道, 則庶人不議.[11]"

주석

1 天下有道(천하유도): 곧 정치 청명淸明의 치세를 이름.

2 禮樂(예악): 여기서는 예악을 제정하는 일을 이름.

3 征伐(정벌): 적이나 역적 또는 죄인의 무리를 정벌하는 일을 이름.

4 自天子出(자천자출): 천자에게서 나옴. 곧 천자가 결정하고, 또 명령을 내림을 이름.

5 天下無道(천하무도): 곧 정치 암흑의 난세를 이름.

6 蓋(개): 대개, 대략.

7 希(희): 희稀와 같음. 드묾, 적음.

8 失(실): 여기서는 (제후의) 그 지위와 권력을 잃음. 이는 곧 그 나라의 멸망을 두고 이름.

9 陪臣(배신): 신하의 신하라는 뜻이니, 곧 제후의 신하인 대부의 가신을 일컬음. '배'는 중첩한다는 뜻임.

10 執國命(집국명): 국가의 정권을 장악함. '국명'은 국가의 명령, 정령, 정권.

11 庶人不議(서인불의): 백성들이 국가 정치에 대해 왈가왈부하지 않음. '서인'은

서민庶民과 같은 말로, 아무 벼슬이나 신분적 특권을 갖지 못한 일반 사람, 곧 평민, 일반 백성을 일컬음. '의'는 의론, 즉 왈가왈부함. 또 비의非議, 즉 비방하여 논함.

해설

공자가 살았던 춘추시대 말엽은 하극상이 극에 달해 국가 권력이 오래전에 이미 천자에게서 떨어져 나간 것은 말할 것도 없거니와, 제후를 거쳐 대부, 심지어는 대부의 가신까지 활개를 치며 국정을 농단하는 지경에 이르렀다.(17-1 참조) 이에 공자는 역사 변천의 궤적과 교훈을 일깨우는 가운데, 당시의 정치 상황에 대한 심각한 우려와 경고의 뜻을 표명했다. 평생 구세의 일념으로 헌신했던 공자는 물론, 예로부터 오늘에 이르기까지 모든 사람이 염원하는 것은, 두말할 나위 없이 위에서 정치를 잘해 아래에서 나라 정치에 대해 왈가왈부할 필요가 없는 '천하유도'의 치세이다. 한데 현실 사회에서 그건 진정 가당치 않은 망상이란 말인가?

16-3

공자께서 말씀하셨다. "국가 관작과 녹봉의 결정권이 노나라 임금의 손을 떠난 지가 5대代요, 나라의 정치권력이 대부의 손에 들어간 지도 어느새 4대로다. 그러니 저 삼환의 자손들도 장차 곧 그 세력이 쇠미해질 것이다."

孔子曰: "祿¹之去²公室³五世矣, 政逮於大夫⁴四世矣, 故夫⁵三桓⁶之
공자왈　녹 지거 공실 오세의　정체어대부 사세의　고부 삼환 지
子孫微⁷矣."
자 손 미　의

주석

1 祿(녹): 작록爵祿, 즉 관작官爵과 녹봉. 여기서는 그 결정권을 두고 이르는데, 그것
은 곧 나라의 정권을 비유 상징함.

2 去(거): 떠나감.

3 公室(공실): 조정朝廷. 군주가 조정 정치를 주관하므로, 여기서는 곧 노나라 임금
을 두고 이르는 말임.

4 政逮於大夫(정체어대부): 정권이 대부에게 감. '체'는 미침(及), 이름(至). 곧 (권력이
대부의 손에) 들어감을 이름.

5 夫(부): 지시대명사. 저(彼).

6 三桓(삼환): 노나라의 삼경三卿으로, 삼가三家라고도 함. 3-2 주석 1 참조.

7 微(미): 쇠미함, 미약함.

해설

이는 앞 장에 이어 이르는 것으로, 대부가 제후를 업신여기며 세도를
부리는, 노나라의 정치 현실에 대한 개탄의 정을 이기지 못하고 있다.
문맥적 의미에 비춰 볼 때, 이는 필시 계환자의 가신이었던 양호(17-1
참조)가 계씨 일가의 대권大權을 장악한 이후, 급기야 노나라 정치권력
까지 손아귀에 넣으려는 야심을 불태운 그 당시에 한 말로 추정된다.

16-4

공자께서 말씀하셨다. "벗에는 이로운 벗이 셋이 있고, 해로운 벗도 셋이 있다. 정직한 이를 벗하고, 신실한 이를 벗하며, 견문이 풍부한 이를 벗하면 이롭다. 반면에 겉으로는 공손한 몸가짐을 잘하나 그 마음가짐은 올곧지 못한 이를 벗하고, 짐짓 부드러운 태도로 그저 남의 비위를 맞추는 무골호인無骨好人을 벗하며, 언변은 뛰어나나 내실이 없는 이를 벗하면 해롭다."

孔子曰: "益者三友, 損¹者三友. 友²直, 友諒,³ 友多聞,⁴ 益矣. 友便
공자왈   익자삼우 손자삼우 우직 우량   우다문   익의 우편
辟,⁵ 友善柔,⁶ 友便佞,⁷ 損矣."
벽   우선유 우편녕   손의

주석

1 損(손): 손해가 됨. 곧 해로움을 이름.

2 友(우): 동사로, 벗함, 교우交友함. 아래도 모두 이와 같음.

3 諒(량): (언행이) 신실함. 여기서는 그런 사람을 이름.

4 多聞(다문): 견문이 풍부함. 여기서는 그런 사람을 이름.

5 便辟(편벽): 주자에 따르면, 이는 공손한 몸가짐을 하는 데 익숙하나 그 마음가짐은 올곧지 못함임. 여기서는 그런 사람을 이름. '편'은 주자에 따르면, 익숙함, 버릇됨을 이름. '벽'은 벽僻과 같음. 여기서는 곧 마음이 공정하지 못함, 올곧지 못함을 이름. 일설에는 이 '편벽'을 남의 비위를 맞추며 알랑거림이라고 하나, 아래의 '선유善柔'와 의미가 중복되어 적절치 않음.

6 善柔(선유): 겉으로 짐짓 유순한 태도로 익히 남의 환심을 사며 비위를 맞춤. 여기서는 그런 사람, 곧 무골호인, 즉 줏대가 없이 두루뭉술하고 순하여 남의 비위를 다 맞추는 사람을 이름.

7 便佞(편녕): 언변은 뛰어나나 내실이 없음. 여기서는 그런 사람을 이름. '편'은 '편

'벽'의 '편'과 같음.

해설

한 사람의 인생에 있어서 벗의 의미는 크고도 크거니, 벗을 사귐에 어찌 신중하지 않을 수 있겠는가? 그런 견지에서 볼 때, 공자의 이 가르침은 우리가 반드시 명심해야 할 훌륭한 교우의 지침임에 틀림이 없다.

우선 정직한 이를 벗하면, 그가 필시 나의 잘못을 지적하고, 나에게 착함을 권할 것이니, 진정 나를 "진심으로 타이르고 선의善意로 인도하는"(12-23) 이로움이 있을 것이다. 또 신실한 이를 벗하면, 필시 그를 본받아 믿음직하고 성실한 품성을 기를 수 있으니, 진정 그와 더불어 품행을 돈독히 하고 덕성을 함양하는 이로움이 있을 것이다. 그리고 견문이 풍부한 이를 벗하면, 이미 아는 것을 절차切磋하는가 하면, 새로운 앎을 얻는 가운데 명지明智, 즉 밝은 지혜를 늘려갈 수 있으니, 진정 그와 더불어 배움을 늘리고 지혜를 더하는 이로움이 있을 것이다.

반면 '편벽'·'선유'·'편녕' 등 해로운 벗의 세 가지 유형은 곧 「공야장편」에서 공자가 말한 '교언巧言'·'영색令色'·'족공足恭'(5-25 참조)과 같은 것이다. 먼저 '편벽', 즉 겉으로는 공손한 몸가짐을 잘하나 그 마음가짐은 올곧지 못함은 곧 '족공', 즉 아첨하는 태도로 남을 공경하는 것이다. '선유', 즉 짐짓 부드러운 태도로 그저 남의 비위를 맞춤은 곧 '영색', 즉 보기 좋게 얼굴빛을 꾸며서 짓는 것이다. '편녕', 즉 언변은 뛰어나나 내실이 없음은 곧 '교언', 즉 듣기 좋게 말을 꾸며서 하는 것이

320

다. 이 세 유형은 모두가 겉모습만 그럴듯하게 꾸미는 데에 능해 가식과 거짓은 넘치나 진실과 성실은 찾아볼 수 없는 사람들이다. 그러니 그런 이들을 벗하면 나의 도덕 수양과 학문 증진에 해로울 것은 불문가지이다.

16-5

공자께서 말씀하셨다. "좋아하면 이로운 것이 세 가지가 있고, 좋아하면 해로운 것도 세 가지가 있다. 매사에 예악으로 절제하기를 좋아하고, 남의 좋은 점을 칭찬하기를 좋아하며, 어진 벗을 많이 사귀기를 좋아하면 이롭다. 반면에 교만함의 즐거움을 좋아하고, 하는 일 없이 빈둥거리기를 좋아하며, 사람들과 어울려 흥청망청 먹고 마시는 즐거움을 좋아하면 해롭다."

孔子曰: "益者三樂,¹ 損者三樂. 樂節²禮樂, 樂道³人之善, 樂多賢
공자왈   익자삼요   손자삼요   요절 예악   요도 인지선   요 다 현
友, 益矣. 樂驕樂,⁴ 樂佚遊,⁵ 樂宴樂,⁶ 損矣."
우   익의   요교락   요일유   요연락   손의

주석

1 樂(요): 좋아함. 이 장에서 '예악禮樂'의 '악'과 '교락驕樂'·'연락宴樂'의 '락'을 제외한 나머지 '樂'는 모두 독음이 '요'로, 좋아한다는 뜻임.
2 節(절): 절제節制, 즉 정도에 넘지 않도록 알맞게 조절하여 제한함.
3 道(도): 칭도稱道, 즉 입으로 늘 칭찬하여 말함
4 驕樂(교락): 교만함을 통해 얻는 즐거움. 일설에는 교만 방자하게, 즉 무절제하게

즐김을 이른다고 하나, 아래 '연락宴樂'의 의미와 중복된 감이 있어 적절치 않음.

5 佚遊(일유): 일 없이 빈둥거림. '일'은 일逸과 같음. 여기서는 지나치게 편안함, 한산함을 이름. '유'는 놂.

6 宴樂(연락): 사람들과 어울려 먹고 마시며 즐김. '연'은 잔치를 엶.

해설

사람은 일상생활 속에서 무엇을 좋아하고, 무엇을 즐겨할 것인지에 대해 보다 이성적인 고려를 함으로써 삶의 질을 높여나가야 한다. 공자는 우선 예악으로 절제하고, 남의 장점을 칭찬하며, 어진 벗을 많이 사귀기를 좋아할 것을 권장했는데, 이는 모두 정신적 의미와 수양修養이 높아서 사람에게 매우 이로운 '좋아함'이다. 하지만 공자는 교만함을 즐기고, 일 없이 빈둥거리며, 사람들과 먹고 마시며 즐기기를 좋아하는 것은 반대했는데, 이는 모두 물질적이며 감관感官의 과도한 만족을 추구하는 것으로, 사람에게 매우 해로운 '좋아함'이다. 무릇 사람이라면 인생의 진정한 즐거움과 참된 의미가 과연 무엇인지를 깊이 생각하고, 절실히 깨달아 하나하나 실천하는 삶을 살아가야 할 것이다.

16-6

공자께서 말씀하셨다. "군자를 곁에서 모시고 있으며 저지르기 쉬운 세 가지 허물이 있나니, 아직 말할 때가 되지 않았는데 서둘러 말하는 것은 조급하다고 하고, 말할 때가 되었는데도 말하지 않는 것은 속마음을 숨긴다고 하며, 상대방의 표정을 살피지도 않고 제멋대로 말하는 것은 눈이 멀었다고 한다."

孔子曰: "侍於君子¹有三愆²: 言未及之而言, 謂之躁³; 言及之而不
공자왈　시어군자유삼건　언미급지이언　위지조　언급지이불
言, 謂之隱⁴; 未見顔色而言, 謂之瞽.⁵"
언　위지은　미견안색이언　위지고

주석

1 **侍於君子**(시어군자): 군자를 곁에서 모시고 있을 때. '시'는 (어른을) 모심. '군자'
  는 여기서는 도덕이나 지위 등이 모두 자기보다 위에 있는 장자長者(덕망이 뛰어나
  고 경험이 많아 세상일에 익숙한 어른)를 일컬음. 이를테면 자식이 부모를, 아우가 형
  을, 제자가 스승을, 부하가 상관을 모심을 모두 '군자를 모시는 것'이라고 할 수
  있음.
2 **愆**(건): 허물, 잘못, 과오.
3 **躁**(조): 조급함, 성급함.
4 **隱**(은): 숨김, 감춤. 이는 속마음을 두고 이름.
5 **瞽**(고): (눈이 먼) 장님.

해설

말이란 사람이 서로 의사를 소통할 수 있는, 무엇보다 중요한 도구이
다. 하지만 말은 때에 맞춰야 함은 물론, 상대방의 마음까지 헤아려서
해야 한다. 이는 상대방이 누구이든 다 마찬가지이지만, 윗사람을 상
대로 하는 경우에는 더욱 주의해야 할 일이다. 요컨대 '시연후언時然後
言'(14-14), 즉 사람은 반드시 말을 해야 할 때가 된 다음에 말을 할 줄
알아야 한다.

16-7

공자께서 말씀하셨다. "군자에게는 경계해야 할 것이 세 가지가 있다. 소년기에는 혈기가 아직 안정되지 않았으니 색욕을 경계해야 하고, 장년기에는 혈기가 바야흐로 왕성해지니 다툼을 경계해야 하며, 노년기에는 혈기가 이미 쇠약해지니 탐욕을 경계해야 한다."

孔子曰: "君子有三戒¹: 少之時, 血氣²未定, 戒之在色³; 及其壯也,
공자왈   군자유삼계   소지시   혈기 미정   계지재색   급기장야

血氣方⁴剛,⁵ 戒之在鬪⁶; 及其老也, 血氣旣衰, 戒之在得.⁷"
혈기방 강   계지재투   급기로야   혈기 기 쇠   계지재득

주석

1 戒(계): 경계, 즉 옳지 않은 일이나 잘못된 일을 하지 않도록 조심하고 주의함.
2 血氣(혈기): 피의 기운이라는 뜻으로, 힘을 쓰고 활동하게 하는 원기元氣를 이름.
3 戒之在色(계지재색): 경계할 바는 색욕色慾 방면에 있음. 곧 색욕을 경계하라는 말. '색'은 색욕으로, 여색女色을 탐하는 따위를 이름.
4 方(방): 바야흐로.
5 剛(강): 굳셈, 왕성함.
6 鬪(투): 다툼. 곧 그저 지기 싫어서 사사건건 남과 경쟁하거나, 일 처리를 감정적으로 하면서 걸핏하면 남들과 다투는 것을 이름.
7 得(득): 탐득貪得, 즉 얻기를 탐함. 곧 탐욕, 즉 명예나 지위, 재물 등등을 탐하는 욕심을 이름.

해설

사람은 일생을 살아가면서 체질이나 정신 상태의 강약과 성쇠에 따라 그때그때 본능적 욕망에 잘못 이끌리기가 쉽다. 그 때문에 공자는

인생을 세 시기로 나누어 각 시기마다 응당 경계해야 할 일을 열거해, 사람들이 그때그때 스스로 경각심을 갖고 주의하도록 일깨워주었다. 사람이 살면서 큰 과오를 범하지 않기 위해서는, 분명 평생토록 이지적理智的인 판단과 노력으로 본능적 욕망을 극복해가야 한다. 주자가 범조우의 말을 빌려 이른 대로, 성인聖人이 일반인과 같은 것은 '혈기'이며, 다른 것은 '지기志氣', 즉 심지心志와 기력氣力이다. 혈기는 시간이 감에 따라 쇠하나, 지기는 시간이 가도 쇠하지 않는다. 따라서 소년기에는 아직 안정되지 않았으나, 장년기가 되면 왕성해지며, 노년기가 되어서는 쇠약해진다. 반면 색욕을 경계하고, 다툼을 경계하며, 탐욕을 경계하는 것은 바로 지기이다. 군자는 스스로 그 지기를 기르기 때문에 혈기에 흔들리지 않는다. 그러므로 나이가 점점 많아질수록 덕이 더욱 높아지는 것이다. 공자가 교육 사상의 궁극적 지향으로 군자의 인물 형상을 제시하여 강조한 까닭 또한 바로 그 때문이다.

16-8

공자께서 말씀하셨다. "군자에게는 두려워해야 할 것이 세 가지가 있다. 천명을 두려워하고, 대인을 두려워하며, 성인의 말씀을 두려워해야 한다. 소인은 천명을 알지 못하므로 두려워하지도 않고, 또 대인에게 함부로 하며, 성인의 말씀도 업신여긴다."

孔子曰: "君子有三畏[1]: 畏天命,[2] 畏大人,[3] 畏聖人之言.[4] 小人不知
공자왈   군자유삼외   외천명   외대인   외성인지언   소인부지
天命而不畏也, 狎[5]大人, 侮[6]聖人之言."
천명이불외야 압 대인 모 성인지언

1 **畏**(외): 두려워함. 여기서는 특히 경외敬畏, 즉 공경하면서 두려워함을 이름.

2 **天命**(천명): 주자는 하늘이 부여한 바른 이치 내지는 올바른 도리라고 했으니, 곧 하늘이 인간과 만물에게 부여한 엄정嚴正한 규율과 법칙을 이름. 황간은 또 선을 행하면 온갖 복을 내리고, 악을 행하면 온갖 재앙을 내리는 것으로, 따르면 길吉하고 거스르면 흉凶한 것이 곧 하늘의 명命이라고 함.

3 **大人**(대인): 하안은 성인, 즉 도덕 수양이 특히 높은 사람을 말한다고 했는데, 대개 당대當代의 현자賢者는 '대인'이라 하고, 선대先代의 성자聖者는 '성인'이라고 함. 일설에는 이를 지위가 높은 통치자, 즉 왕공王公대인의 뜻으로 풀이하기도 하나, 소인도 그런 '대인'에게는 감히 함부로 할 수 없음을 감안하면 이론의 여지가 있음.

4 **聖人之言**(성인지언): 성인의 말씀, 특히 고대 성인의 언론 저작著作을 이름.

5 **狎**(압): 친압親狎, 즉 버릇없이 너무 지나치게 친함. 여기서는 이로써 존경심 없이 함부로 대함을 이름.

6 **侮**(모): 업신여김.

사람이 뭔가에 대해 경외심을 갖는다는 것은 그 사람의 삶의 지향과 실질을 좌우하는 대단히 중요한 의미가 있다. 무릇 군자는 천명과 대인, 그리고 성인의 말씀을 경외한다는 게 공자의 가르침이다. 한데 그 세 가지는 바로 사람이 보다 사람다운 삶을 추구하며 천리와 진리에 대한 이해를 높이고, 인격과 품성을 함양하며 반드시 본받고 따라야 할 최고·최상의 표준이자 준칙이다. 사람이 만약 하늘도, 땅도, 또한 그 무엇도 두려워하지 않고 제멋대로 행동하며 살아간다면, 그 위험 천만한 삶의 끝이 어떤 모습일지는 쉽게 짐작하고도 남음이 있다. 반면 사람이 뭔가를, 특히 군자들처럼 천명과 대인과 성인의 말씀을 경외한다면, 인생 신념상 귀의하는 바가 있고, 사상 관념상 의지하는 바가 있으며, 생활 규범상 준수하는 바가 있을 것이므로, 수시로 스스로를 단속하며 보다 품격 높은 삶을 살아갈 수 있다.

16-9

공자께서 말씀하셨다. "태어나면서부터 아는 사람이 최상이요, 배워서 아는 사람은 그다음이고, 곤경을 겪으면서 배우는 사람은 다시 그다음이며, 곤경을 겪으면서도 배우지 않는 사람은 곧 사람 가운데 최最하류이다."

孔子曰: "生而知之者, 上¹也; 學而知之者, 次²也; 困而學之, 又其
공자왈   생이지지자   상 야   학이지지자   차 야   곤이학지   우기
次也; 困而不學, 民³斯⁴爲下矣."
차 야   곤이불학   민 사 위하의

주석

1 上(상): 상등上等, 으뜸, 최상. 여기서는 곧 그런 자질을 이름.
2 次(차): 차등次等, 즉 그 다음가는 등급. 곧 버금의 자질을 이름.
3 民(민): 인人과 같음. 「양화편」"민유삼질民有三疾"(17-16)의 '민'도 이와 같음.
4 斯(사): 어조사로, 주어와 술어 사이에 쓰여 술어를 강조함. 곧, 바로.

해설

공자의 분류에 따르면 사람은 지적 자질과 수준에 따라 네 등급으로

나뉜다. 공자는 스스로 '생이지지자生而知之者'임은 부정하고, 단지 '학이지지자學而知之者'일 뿐임을 강조한 바 있는데(7-20 참조), '생이지지자'는 진정 상식을 뛰어넘는 사람으로, 아무나 쉽게 넘볼 수 있는 경지가 아니다. 그래서인가 공자는 특히 '학이지지자'에 중점을 두면서 사람들에게 면학 정진을 독려했다. 물론 '곤경을 겪으면서 배우는 것' 역시 상당한 의의가 있으나, 그것은 목이 마르고 나서야 비로소 샘을 파는 꼴이니, 피동적이고 소극적이라 아쉬움이 있다. 사실 문제는 '곤경을 겪으면서도 배우지 않는 사람'이다. 그런 사람은 그 누구도 어떻게 할 수 없는, 그야말로 구제불능의 인사인 만큼, "사람 가운데 최하류"라는 공자의 말에 호된 질타의 정서가 배어난다. 사람마다 타고난 지적 자질은 그 얼굴만큼이나 다양하다. 하지만 누구나 후천적으로 배움을 통해, 그 부족함을 보충하고 개선해나갈 수 있고, 또 그렇게 해야 한다. 공자가 일평생 사람들에게 가장 강조한 말은 바로 호학好學, 즉 배우기를 좋아하라는 것이었다.

16-10

공자께서 말씀하셨다. "군자에게는 생활 속에서 반드시 깊이 생각하고 유의해야 할 것이 아홉 가지가 있다. 볼 때는 분명히 볼 것을 생각하고, 들을 때는 똑똑히 들을 것을 생각하며, 얼굴빛은 온화할 것을 생각하고, 몸가짐은 공손할 것을 생각하며, 말을 할 때는 충실忠實할 것을 생각하고, 일을 할 때는 성실할 것을 생각하며, 의문이 있을 때는 물어볼 것을 생각하고, 화가 치밀 때는 그로 인해 초래될 환난을 생각하며, 이득이 되는 것을 보면 도의에 맞는 것인지를 생각해야 한다."

孔子曰: "君子有九思¹: 視思明, 聽思聰,² 色³思溫, 貌⁴思恭, 言思
공자왈   군자유구사   시사명   청사총   색사온 모사공 언사
忠,⁵ 事思敬,⁶ 疑思問, 忿⁷思難,⁸ 見得思義."
충   사사경   의사문   분 사난   견득사의

주석

1 九思(구사): 아홉 가지 생각할 것. 곧 (군자가) 생활 속에서 반드시 깊이 생각하고
  유의해야 할 아홉 가지 일을 이름. '사'는 생각함.
2 聰(총): 귀가 밝음. 여기서는 곧 똑똑히 잘 들음을 이름.
3 色(색): 안색, 즉 얼굴빛.
4 貌(모): 용모, 몸가짐.
5 忠(충): 충실, 즉 충직하고 성실함.
6 敬(경): 13-19 주석 4 참조.
7 忿(분): 성남, 화火남.
8 難(난): 환난患難, 곤란困難. 이는 곧 화를 냄으로써 초래될 후과를 두고 이름.

해설

사람이 사람인 까닭에는 생각하는 능력이 큰 몫을 차지한다. 다시 말
해 사람이 보다 사람다운 삶을 살기 위해서는, 매사에 필요한 생각을
할 줄 알아야 한다. 이에 공자는 군자의 경우를 들어 사람이 생활 속
에서 깊이 생각하고 유의해야 할 것 아홉 가지를 열거해 설명했다.

  공자가 말한 '구사九思'를 보면, 봄〔視〕·들음〔聽〕·얼굴빛〔色〕·몸가짐
〔貌〕 등 앞의 네 가지는 하늘로부터 부여받은 사람의 본체本體가 소유
한 것으로, 만약 별 생각 없이 행동하다보면 자신도 모르게 외부의 불

량한 영향을 받아 바람직하지 못한 양상을 띨 수가 있다. 따라서 반드시 매양 필요한 생각을 함으로써 천부天賦의 순수와 자연 본성을 유지해야 한다. 그리고 말함[言]·일함[事]·의문[疑]·화남[忿]·이득을 마주함[見得] 등 뒤의 다섯 가지는 다른 사람이나 일과 관련해 하는 것으로, 만약 보다 양호하고 원만한 모습을 띠고자 한다면, 반드시 스스로 품성 함양과 도덕 수양에 매진해 매양 필요한 생각을 하도록 해야 한다. 요컨대 '구사'에 대한 공자의 가르침은, 곧 군자는 일상생활 속에서 그때그때 합당한 생각을 잘해 스스로를 성찰함으로써 중정中正과 중용의 가치와 의의를 추구한다는 것인데, 이는 물론 우리 모두가 본받고 따라야 할 표본으로 제시되었음을 알아야 한다.

16-11

공자께서 말씀하셨다. "옛말에 '선한 것을 보면 힘써 좇기를 마치 따라잡지 못할까봐 총총걸음을 치듯이 하고, 선하지 않은 것을 보면 재빨리 피하기를 마치 끓는 물에 손을 넣었다가 기겁을 하듯이 한다'고 하는데, 나는 그런 사람도 보았고, 그런 말도 들었다. 또 옛말에 '세상이 어지러우면 물러나 은거함으로써 그 지조를 지키고, 세상이 무사태평하면 인의仁義를 행함으로써 그 이상을 실현한다'고 하는데, 나는 그런 말은 들었으나, 아직 그런 사람은 보지 못하였다."

孔子曰: "'見善如不及,¹ 見不善如探湯.²' 吾見其人矣, 吾聞其語
공자왈   견선여불급   견불선여탐탕   오견기인의 오문기어
矣. '隱居以求其志,³ 行義以達其道.⁴' 吾聞其語矣, 未見其人也."
의   은거이구기지   행의이달기도   오문기어의 미견기인야

1 **如不及**(여불급): (선한 것을 좇기를) 마치 미치지 못할 것처럼, 곧 따라잡지 못할까
봐 총총걸음을 침을 이름. '급'은 미침, 뒤좇아 가 따름.

2 **如探湯**(여탐탕): (불선한 것을 피하기를) 마치 끓는 물에 손을 넣은 것처럼, 곧 손을
델까봐 기겁을 해 피하듯이 나쁜 사람, 나쁜 일을 신속히 멀리하고 피함을 비유
함. '탐'은 더듬음. 곧 (물에) 손을 넣음을 이름. '탕'은 탕수湯水, 즉 끓는 물. 이 장
에서 "견선見善…" 2구와 "은거隱居…" 2구는 주자의 견해에 따르면, 모두 당시에
널리 알려진 '옛말'로 추정되며, 따라서 역문에 그 뜻을 보충함.

3 **求其志**(구기지): 그 뜻을 구함. 곧 자신의 평소 지향志向·포부를 보전함, 또는 지
조를 지킴을 이름.

4 **達其道**(달기도): 그 도를 달성함. 곧 자신이 평소 추구한 인생의 이상을 실현함을
이름. 여기서 '도'는 옛 성인의 도를 이르는 것으로 이해할 수 있음.

해설

선을 좇고 악을 피하며 도덕을 수양함은, 개인 차원의 도덕적 행위로
스스로의 마음가짐에 달렸으니, 조금은 쉽게 실행할 수가 있다. 반면
에 은거하며 지조를 지키고, 인의를 행하며 이상을 실현함은, 정치·사
회적 상황과 맞물려 있기 때문에, 스스로의 마음가짐만으로 쉽게 실
행할 수 있는 게 아니다. 공자는 「술이편」에서 수제자 안연에게 이르
기를 "선비는 나라에서 써주면 세상에 나가 큰 뜻을 펼치고, 나라에서
써주지 않으면 재능을 감추고 은거할 것인바, 오직 너와 나만이 그 같
은 뜻을 가지고 있으리라!"(7-11)라고 했다. 진정 당시에는 그처럼 성
인의 도, 즉 인생의 이상을 실현해 만백성이 태평성대를 구가하게 할
수 있는 사람을 찾아보기 어려웠다는 얘기다. "아직 그런 사람은 보지
못하였다"라는 공자의 탄식은 특히 뜻있는 사람들에게 이상 사회 건

설을 위한 적극적이고 헌신적인 노력을 요구하고 있다. 그리고 그 요구는 지금까지도, 아니 영원히 유효하다.

16-12

제나라 경공은 말 4,000필을 가지고 있었지만, 그가 죽는 날 백성들 가운데 어느 누구도 그의 덕을 기리며 칭송하는 사람이 없었다. 백이와 숙제는 수양산 아래에서 굶어 죽었지만, 사람들은 지금까지도 그들을 칭송하고 있다. 아마도 사람들이 바로 그 어진 덕을 칭송하는 것이겠지?

齊景公有馬千駟,[1] 死之日, 民無德而稱焉[2]; 伯夷叔齊[3]餓于首陽[4]之
제 경 공 유 마 천 사   사 지 일   민 무 덕 이 칭 언   백 이 숙 제 아 우 수 양 지

下, 民到于今稱之. 其斯之謂與[5]?
하   민 도 우 금 칭 지   기 사 지 위 여

주석

1 **馬千駟**(마천사): 말 4,000필匹. '천사'는 곧 천승千乘을 이름. '승'은 네 필의 말이 끄는 병거 한 대를 이름. 옛날에는 네 필의 말이 수레 한 대를 끌었으며, 여기서 '사'는 바로 한 수레에 메우는 네 필의 말을 가리킴.
2 **無德而稱焉**(무덕이칭언): 그 덕을 기리며 칭송하는 사람이 없음. '덕'은 여기서 동사로 쓰임. '언'은 어지於之의 합음자로, 곧 그에 대해서라는 뜻임.
3 **伯夷叔齊**(백이숙제): 백이와 숙제. 5-23 주석 1 참조.
4 **首陽**(수양): 산 이름.
5 **其斯之謂與**(기사지위여): '기위사여其謂斯與'의 도치. 목적어 '사'를 강조하기 위해 동사 '위' 앞으로 도치시키고, 그 가운데에 '지' 자를 넣은 형식. 아마도 바로 그

어진 덕을 칭송하는 것이겠지? 이는 왕숙의 견해를 따른 것임. '기'는 추측의 어기 부사. '사'는 지시대명사로, 백이·숙제의 현덕을 가리킴. '위'는 말함. 여기서는 칭술稱述, 즉 칭찬하여 말함을 이름. '여'는 여歟와 같음. 의문의 어조사. 이 구절은 앞 말과의 상하 문맥이 자연스럽지 않은 점이 있어, 궐문闕文(후세에 전해오는 과정에 빠진 구절)이 있을 것이라는 등 갖가지 논란이 있으나, 확증이 없는 만큼 현재의 문구를 그대로 풀이하기로 함. 또한 이 장에는 '공자왈孔子曰'이라는 말이 없어 논란을 더하는데, 일설에는 편찬자의 말일 것이라고도 하나 확실치 않음.

해설

"군자는 죽은 다음에 자신의 이름이 사람들에게 칭송되지 않을까 근심한다"(15-20)고 하는데, 훗날 사람들이 칭송하는 것은 그 권세나 재물이 아니라, 어진 덕행임을 알아야 한다. 중국 속담에 "인간 세상에는 저절로 공정한 도리(이치)가 있고, 또 공정한 도리는 저절로 사람들의 마음속에 존재한다(人間自有公理, 公道自在人心)"라고 했다. 예나 지금이나 공중公衆, 즉 대부분의 사람들은 세상의 시비곡직에 대해 공정한 판단을 내린다는 일깨움이자 경고이다. 군자가 천명을 두려워함(16-8 참조)도 필시 그 때문이리라. 사람은 너나없이, 특히 위정자를 비롯한 사회 지도층은 진실로 '역사의 준엄한 심판'을 두려워해야 한다.

16-13

진항이 백어에게 물었다. "그대는 부친이신 선생님께 뭔가 또 특별한 가르침을 들은 것이 있지 않은가?" 백어가 대답했다. "없습니다. 다만 일찍이 아버지께서 혼자 서 계실 적에 제가 종종걸음으로 뜰을 지

나가는데, '시를 공부하였느냐?' 하고 물으시기에 '아직 공부하지 못했습니다' 하고 대답했더니, '시를 공부하지 않으면 다른 사람과 소통하기가 어렵다'라고 하셨습니다. 그래서 저는 물러가서 시를 공부하였습니다. 그리고 다른 날 또 아버지께서 혼자 서 계실 적에 제가 종종걸음으로 뜰을 지나가는데, '예를 공부하였느냐?' 하고 물으시기에 '아직 공부하지 못했습니다' 하고 대답했더니, '예를 공부하지 않으면 입신 처세하기가 어렵다'라고 하셨습니다. 그래서 저는 물러가서 예를 공부하였습니다. 이 두 가지 가르침을 들었을 뿐입니다." 진항이 물러나와 기뻐하며 말했다. "한 가지를 물어서 세 가지를 알게 되었도다. 시의 중요성을 알고, 예의 중요성을 알았으며, 또 군자는 당신의 자제를 특별히 더 가르치지는 않는다는 것을 알게 되었다."

陳亢¹問於伯魚²曰: "子³亦有異聞⁴乎?" 對曰: "未也.⁵ 嘗⁶獨立,⁷ 鯉⁸
진항 문어백어 왈 자역유이문호   대왈   미야   상독립   리

趨⁹而過庭. 曰: '學詩¹⁰乎?' 對曰: '未也.¹¹' '不學詩, 無以言.¹²' 鯉
추 이과정 왈   학시호   대왈   미야   불학시 무이언   리

退而學詩. 他日, 又獨立, 鯉趨而過庭. 曰: '學禮乎' 對曰: '未也.'
퇴이학시 타일 우독립 리추이과정 왈   학례호   대왈   미야

'不學禮, 無以立.¹³' 鯉退而學禮. 聞斯二者." 陳亢退而喜曰: "問
불학례 무이립   리퇴이학례 문사이자   진항퇴이희왈   문

一得三, 聞¹⁴詩, 聞禮, 又聞君子之遠其子¹⁵也."
일득삼 문 시 문례 우문군자지원기자 야

주석

1 陳亢(진항): 공자의 제자. 1-10 주석 1 참조.
2 伯魚(백어): 공자의 아들. 11-8 주석 5 참조.

3 子(자): 제이인칭대명사. 너, 그대, 당신.

4 異聞(이문): 특이한 들음. 곧 공자가 다른 사람이나 제자들에게 가르쳐준 것과는 다른, 뭔가 특별한 가르침을 들은 것을 말함.

5 未也(미야): '미유지야未有之也'와 같음. 아직 없음. 1-2 주석 11 참조.

6 嘗(상): 일찍이.

7 獨立(독립): (주위에 아무도 없이) 홀로 서 있음.

8 鯉(리): 백어의 이름.

9 趨(추): 추창趨蹌, 즉 예법에 맞게 허리를 굽히고 빨리 걸어감. 이는 곧 옛날에 예법에 따라 신하가 군주 앞을, 아들이 아버지 앞을 종종걸음으로 지나감으로써 존경의 몸가짐과 마음가짐을 한 것을 이름. 일설에는 천천히 걸어감을 이른다고도 함.

10 詩(시): 『시경』.

11 未也(미야): '미학지야未學之也'와 같음. 아직 (그것을) 배우지 않음.

12 無以言(무이언): 말을 할 수가 없음. 곧 사람들과 의사소통을 원활히 할 수 없음을 이름. '무이'는 ~로써 ~할 수 있는 길(방법)이 없음. 곧 불능不能과 같음.

13 無以立(무이립): 스스로 설 수가 없음. 곧 입신(세상에 떳떳한 자리를 차지하고 지위를 확고하게 세움) 처세(사람들과 사귀며 살아감)할 수 없음을 이름.

14 聞(문): 들음. 곧 배움, 앎을 이름.

15 遠其子(원기자): 그 자식을 멀리함. 이는 곧 자기 자식을 편애해서 제자들을 가르치는 것과는 다르게 뭔가 특별한 것을 더 가르치지는 않는다는 말임.

해설

중국은 물론 우리나라 국어사전에도 '정훈庭訓'이라는 단어가 실려 있다. 바로 이 장에서 유래한 말로, 가정교육·아버지의 가르침 등의 뜻을 나타낸다. 춘추시대에는 선비라면 너나없이 『시경』을 읽고 외웠으며, 그런 까닭에 정치·외교적인 모임에서는 흔히 『시경』의 시편이나 시구들을 인용해 의사나 감정을 교류하고 소통하곤 했다. 또한 고대

사회는 전통적으로 예의 규범을 중시했으며, 그런 까닭에 예를 배우고 익히지 않으면 입신 처세하는 데 상당한 결함과 장애가 될 수밖에 없었다. 시와 예는 공자가 제자들을 가르치면서도 시종 강조한 것이다. 이는 진정 "군자는 당신의 자제를 특별히 더 가르치지는 않는다는 것"이니, 공자의 대공무사大公無私함을 새삼 알겠다.

16-14

임금의 아내를, 임금이 일컬을 때는 '부인夫人'이라 하고, 부인 자신이 스스로 일컬을 때는 '소동小童'이라 한다. 그리고 그 나라 사람들이 자기들끼리 일컬을 때는 '군부인君夫人'이라 하지만, 다른 나라 사람들에게 말할 때는 '과소군寡小君'이라고 한다. 하지만 다른 나라 사람들이 자기들끼리 일컬을 때는 역시 '군부인'이라고 한다.

邦君¹之妻, 君稱之曰夫人, 夫人自稱曰小童²; 邦人稱之曰君夫人,
방 군   지 처   군 칭 지 왈 부 인   부 인 자 칭 왈 소 동   방 인 칭 지 왈 군 부 인
稱諸³異邦曰寡小君; 異邦人稱之亦曰君夫人.
칭 저 이 방 왈 과 소 군   이 방 인 칭 지 역 왈 군 부 인

주석 ───────────────────────────────

1 邦君(방군): 국군國君, 즉 각국의 임금, 제후를 일컬음.
2 小童(소동): 어린아이라는 뜻이니, 곧 스스로를 겸양해 일컬은 말임.
3 諸(저): 지어之於의 합음자. 여기서 '지'는 '방군지처邦君之妻'를 가리킴.

한 나라 임금의 부인을 일컬음에, 사람에 따라 다른 호칭을 써야 함은 당시 예법의 한 단면이다. 예법이 중요함은 예나 지금이나 변함이 없다. 하지만 호칭이 날로 단순해져가는 오늘날 우리에게는 점차 그저 옛 이야기로만 남을 것 같다.

한편 이 장에도 '공자왈孔子曰'이라는 말이 없어, 누가 한 말인지 후세에 논란이 일고 있다. 공안국은 공자의 말로 보았으나 근거가 분명치 않고, 주자는 오역의 말을 빌려 판단을 유보했으며, 캉유웨이康有爲는 문구가 『논어』 투라기보다는 『예기』 투라는 점을 들어 착간으로 보는 등 여러 의견이 분분하다.

제17편

양화

陽貨

「양화편」은 모두 26장으로 나뉘며, 주로 사람이 인성과 인격을 함양해 기본 도리를 다하며, 뭇사람들과 어울려 살아가는 이치를 논술하고 있다. 특히 당시의 도덕 상황에 대한 공자의 비평이 집중 수록되어 있어, 「위영공편」과 「계씨편」의 후속편 같은 느낌을 주기도 한다. 한편 『한석경漢石經』 역시 26장으로 나눈 반면, 하안의 『집해』에서는 제2·3장과 제9·10장을 각각 한 장으로 묶어 24장으로 엮었다.

양화가 공자를 초청해 만나려고 하였으나, 공자께서 그를 만나러 가지 않자, 공자께 삶은 새끼 돼지를 선물로 보냈다. 공자께서는 그가 집에 없는 틈을 타 사례하러 가셨는데, 공교롭게도 돌아오는 도중에 그와 마주쳤다. 양화가 공자께 말했다. "잠깐 이쪽으로 오시지요. 제가 공公께 할 말이 있습니다. '고귀한 재덕을 품고 있으면서 자기 나라를 어지러운 채로 놓아둔다면, 인하다고 할 수 있습니까?' '그렇다고 할 수 없지요.' '정사를 맡아 처리하기를 좋아하면서 누차 벼슬할 기회를 놓친다면, 지혜롭다고 할 수 있습니까?' '그렇다고 할 수 없지요.' 세월은 유수같이 흘러갑니다. 세월은 언제까지 우리를 기다려주지 않습니다." 공자께서 말씀하셨다. "그렇지요. 나도 장차 벼슬길에 나갈 겁니다."

陽貨¹欲見孔子,² 孔子不見, 歸孔子豚.³ 孔子時其亡⁴也, 而往拜⁵
양화 욕견공자   공자불견 귀공자돈   공자시기무 야 이왕배
之,⁶ 遇諸塗.⁷ 謂孔子曰⁸: "來! 予與爾⁹言. 曰: '懷其寶¹⁰而迷其邦,¹¹
지 우저도 위공자왈   래 여여이언 왈   회기보 이미기방

可謂仁乎?' 曰: '不可.' '好從事^{12}而亟^{13}失時,^{14} 可謂知^{15}乎?' 曰:
가 위 인 호　　 왈　불 가　　 호 종 사　 이 기　 실 시　　 가 위 지 호　　 왈

'不可.' '日月^{16}逝^{17}矣! 歲不我與^{18}!" 孔子曰: "諾,^{19} 吾將仕矣!"
불 가　 일 월　서　 의　 세 불 아 여　　 공 자 왈　　 낙　 오 장 사 의

주석

1 **陽貨**(양화): 계씨의 가신으로, 양호라고도 일컬어짐. 당시 노나라 정권이 계씨의
손아귀에 있었는데, 급기야 가신인 양화가 그 권력을 제 마음대로 하고 있었음.
나중에는 삼환三桓까지 제거하려다가 뜻을 이루지 못하고, 진晉나라로 도망감.

2 **欲見孔子**(욕견공자): 공자를 소견召見하고자 함. 곧 공자가 자기(양화)를 찾아와
만나기를 바란다는 말임. 여기서 '견'은 사역동사로 쓰인 것임. 곧 소견, 즉 윗사
람이 아랫사람을 불러서(초청해) 만나본다는 뜻으로 이해됨.(17-5 주석 3 참조) 일
설에는 '현'으로 읽고 (양화가 공자를) 알현코자 한다는 뜻으로 풀이하나 전후 문
맥상 이론의 여지가 있음.

3 **歸孔子豚**(귀공자돈): 공자께 삶은 새끼 돼지를 선물로 보냄. '귀'는 '궤饋'와 같음.
(음식이나 물건을) 보냄. '돈'은 새끼 돼지. 여기서는 특히 삶은 것을 이름.

4 **時其亡**(시기무): 그가 집에 없는 틈을 탐. '시'는 어떠한 때를 엿봄, 어떠한 틈을
탐. '무'는 무無와 같음. 여기서는 곧 집에 없다는 뜻. 일설에는 이를 '망'으로 읽
으며 도망하다, 달아나다는 뜻이니, 여기서는 마찬가지로 외출하고 집에 없다는
뜻을 나타낸다고 함.

5 **拜**(배): 배사拜謝, 즉 웃어른에게 공경히 받들어 사례함.

6 **之**(지): 양화를 가리킴.

7 **遇諸塗**(우저도): 길에서 그를 우연히 만남. '우'는 조우遭遇, 즉 우연히 서로 만남.
'저'는 지어之於의 합음자이며, '지'는 양화를 가리킴. '도'는 도途와 같음. 길, 도
중途中.

8 **曰**(왈): 이와 이하에서 단독으로 쓰인 세 '왈' 자는 모두 양화가 자문자답하며 말
한 것을 가리킴. 이 부분을 공자가 그와 말을 주고받은 것으로 이해함은 옳지 않
음. 유월의 『고서의의거례古書疑義擧例』에서 예증例證했듯이 "한 사람의 말인데도
'왈' 자를 더하는 경우(一人之辭而加曰字例)"가 있음에 유의해야 함.

9 爾(이): 제이인칭대명사. 그대.

10 懷其寶(회기보): 고귀한 재덕을 품고 있음. 이는 공자가 높은 재덕을 가지고 있으면서도 벼슬하지 않음을 비유함. '보'는 보배. 여기서는 보배로운, 고귀한 재덕을 비유함.

11 迷其邦(미기방): 자기 나라를 어지러운 채로 놓아둠. 이는 공자가 나라가 어지러운 것을 알면서도 국정을 돌보지 않음을 두고 한 말임. '미'는 미란迷亂·혼미昏迷함. 곧 나라가 어지러움을 이름. 여기서는 사역동사로 쓰임.

12 從事(종사): 정사政事에 종사함, 참여함.

13 亟(기): 자주, 누차.

14 失時(실시): 때·기회를 놓침.

15 知(지): 지智와 같음.

16 日月(일월): 세월.

17 逝(서): (유수같이) 감, 흘러감.

18 歲不我與(세불아여): '세불여아歲不與我'의 도치. '여'는 동사로, 더불어 함, 함께 함. 여기서는 또 기다림을 이름.

19 諾(낙): 대답하는 말. 예, 그렇지요.

해설

양화는 당시 일개 대부의 가신으로서 국정까지 쥐락펴락했으니, 공자가 그를 좋아할 리가 없었다. 하지만 양화로서는, 재덕도 넘치고 성망聲望도 높은 공자 같은 군자를 가까이하여 힘을 얻고자 했다. 그 같은 속셈을 모를 리 없는 공자가 그의 초청에 전혀 응하지 않자, 양화가 꾀를 냈다. 당시의 예법에 따르면, "대부가 사士에게 선물을 보내왔는데, 사가 마침 출타 중이어서 선물을 직접 받지 못하면, 나중에 그 대부의 집으로 직접 찾아가서 사례를 해야 했다〔大夫有賜於士, 不得受於其家, 則往拜其門〕."(『맹자』「등문공 하滕文公下」) 양화는 바로 그런 예법을 이용해, 공자로 하여금 자신을 찾아오지 않을 수 없게 하려고 삶은 돼지를 선물한 것이다.

공자 역시 양화의 의도를 간파하고, 그와 대면하지 않기 위해 일부러 그가 집에 없는 틈을 타서 사례하러 갔다. 한데 '원수는 외나무다리에서 만난다'고 했던가? 공교롭게도 돌아오는 길에 그와 마주치고 말았다. 그때 공자가 보여준 응대는 바로 "나라에 바른 도가 행해지지 않을 때는 행동은 바르고 지조 있게 하되 말은 겸손하고 신중하게 해야 한다"(14-4)는 원칙에 입각한 것이다. 무릇 진정 어린 말과 행동은 그에 걸맞은 인격과 자질을 갖춘 사람을 상대로 하는 것이다. 특히 공자는 시종 양화의 자문자답을 듣고만 있다가 마지막에 단 한마디만 할 뿐이었다. 진정 옛말에 이른 대로, "말이란 서로 의기가 투합하지 않으면 반 마디도 많은 것임(話不投機半句多)"을 알겠다. 공자는 양호가 노나라 정권을 장악하고 있을 때는 끝내 벼슬하지 않았다. 공자가 소인을 대하는 그 유연함과 현명함을 배워야 할 것 같다.

17-2

공자께서 말씀하셨다. "사람의 본성은 본디 서로 비슷하지만, 후천적인 습성으로 인해 서로 격차가 벌어지게 된다."

子曰: "性¹相²近也, 習³相遠⁴也."
자왈　성 상 근 야　습 상 원 야

1 **性**(성): 천성天性, 본성本性.
2 **相近**(상근): 상사相似, 즉 서로 근사近似함, 거의 같음, 비슷함.
3 **習**(습): 후천적인 배움이나 환경으로 인해 몸에 밴 습성을 이름.
4 **相遠**(상원): 서로 멀어짐. 곧 서로 격차가 벌어짐을 이름.

해설

공자는 인성人性, 즉 사람의 본성에 대해 단지 '서로 비슷하다(相近)'고
만 할 뿐, 그것이 선한지 악한지는 말하지 않았다. 반면 훗날 맹자는
선하다고 했고, 순자는 악하다고 했다. 또 주나라 때 세석世碩이라는
사람은 선함도 있고 악함도 있다고 했고, 맹자와 같은 시대의 고자告
子는 선함도 없고 악함도 없다고 했다. 또 어떤 이는 선할 수도 있고,
악할 수도 있다고 했다. 그 밖에도 많은 이들이 이러쿵저러쿵했고, 송
대의 유자儒者들은 급기야 인성의 본질 문제를 전문적으로 탐구하기
에 이르렀다. 한데 어떻게 보면, 그 모두가 공자의 이 여덟 글자의 짧
은 말의 심장深長한 함의에 미치지 못하는 것 같다.

공자가 인성을 논한 것은 『논어』 전권을 통틀어서 이 장이 유일하
다. 그 때문인가 「공야장편」에서 자공은 "지금껏 선생님께서 옛 경전
에 관해 말씀하시는 것은 들을 수 있었으나, 인간의 본성과 천도에 관
해 말씀하시는 것은 들을 수가 없었도다!"(5-13)라고 한 적이 있다. 사
실 공자는 '사람의 본성은 본디 서로 비슷하다'는 점을 일깨우는 데에
그치지 않고, 한 걸음 더 나아가 인성은 바로 인仁의 본질을 띠고 있다
는 사상을 주창했다. 예컨대 공자는 「옹야편」에서 "안회는 그 마음이

오래도록 인을 떠나지 않으나, 그 나머지 사람들은 하루나 한 달 정도 인에 이를 뿐이다"(6-5)라고 했고, 「술이편」에서는 "인이 어디 멀리 있더냐? 우리가 진실로 인하고자 한다면, 인은 바로 다가올 것이다"(7-30)라고 했으며, 「안연편」에서는 또 "인을 행하는 것은 순전히 자기 자신에게 달린 것이거니, 어찌 다른 사람에게 의지하겠느냐?"(12-1)라고 했다. 이는 모두 공자 사상의 핵심인 인이 결국 인성의 본질임을 말해 준다. 훗날 맹자가 "인은 사람의 본심이다(仁, 人心也)"(『맹자』「고자 상告子上」)라고 한 것 또한 바로 공자의 사상을 계승했음은 두말할 나위가 없다.

그런데 사람의 본성은 비록 인한 속성을 띤 것이지만, 사람이 태어나 각기 나름의 환경에 처하고, 나름대로 배우며 살아가는 가운데 날로 세속화되고, 또한 그로 인해 점차 그 본연의 인함을 잃어가게 된다. 이에 공자는 올바른 배움과 도덕 수양을 통해서 능히 그 인한 본성을 되찾을 수 있다고 생각했고, 그 같은 관점에 입각해 마침내 인을 핵심으로 하는 유가 사상의 철학 이론을 창시했다. 아무튼 공자는 여기서, 사람은 후천적으로 올바른 배움의 증진과 품성의 함양, 나아가 인의仁義 도덕의 수양을 통해서 점차 인한 본성을 찾아가는 것이 무엇보다 중요함을 역설했다. 오늘날 인간성 상실과 인간 정신의 피폐를 우려하는 지경에 이른 시점에서, 우리가 인성 교육과 가치관 교육을 강조해야 하는 이유 역시 공자의 가르침과 맥락이 닿아 있다고 할 수 있다.

17-3

공자께서 말씀하셨다. "오직 지극히 지혜로운 사람과 지극히 어리석은 사람은 후천적 요인으로 인해 그의 천부적 자질이 바뀌지는 않는다."

子曰: "唯¹上知²與下愚³不移.⁴"
자 왈   유 상 지 여 하 우 불 이

주석

1 唯(유): 오직, 오로지.
2 上知(상지): 최상의 지자智者. 곧 예지와 총명이 지극한 성철聖哲, 즉 매우 현명하고 만사에 통달한 성인聖人과 철인哲人을 이름.
3 下愚(하우): 최하의 우자愚者. 곧 천성적으로 우둔하고 자질이 지극히 떨어지는 우인愚人을 이름.
4 移(이): 변함, 바뀜. 여기서는 그 천부적 자질이나 재질·기질을 두고 이름.

해설

하안의 『집해』에서는 이 장과 앞 장을 합쳐 한 장으로 엮은 반면, 주자의 『집주』에서는 두 장으로 나누었다. 이 두 장은 의미상 서로 관련되지만, 또한 동시에 분명한 차이가 있다. 앞 장의 주지主旨는 사람의 본성을 논함에 있는데, 사람의 본성은 후천적 습성으로 인해 변화하게 된다는 얘기다. 예컨대 선한 습성이 들면 선하게 될 것이고, 악한 습성이 들면 악하게 될 것이다. 반면 이 장의 주지는 사람의 재질(재주와 기질)을 논함에 있다. 천분天分, 즉 선천적인 재질 내지 재지才智가 지극히 뛰어나거나 지극히 떨어지는 사람은 후천적 요인의 영향을 거의 받지 않아 천분이 바뀌기가 어렵다는 얘기다. 바꿔 말해 중지中智, 즉 평범한 지혜를 가진 보통 사람은 후천적 요인에 의해 그 천분이 충분히 바뀔 수 있다. 사람의 절대다수는 중지에 속한다. 그렇기 때문에 사람은 스스로 지혜롭다고 생각해 자만자족自慢自足해서도 안 되고, 스스로 어리석다고 생각해 자포자기해서도 안 된다. 공자의 제자 가운데도 '노둔하다(魯)'는 평가를 받던 증삼(11-18 참조)은 분발 정진한 끝에 결국 스승의 사상을 가장 깊이 깨달은 공자 만년의 수제자가 되기에 이르렀다.

17-4

공자께서 무성에 가셨는데, 금슬琴瑟을 타며 노래를 부르는 소리가 들렸다. 공자께서 빙그레 웃으시며 말씀하셨다. "닭 잡는 데 어찌 소 잡는 칼을 쓰랴?" 자유가 대답했다. "예전에 제가 선생님께 듣기로는 '위정자가 예악을 배우면 백성을 사랑하게 되고, 백성들이 예악을 배우면 부리기가 쉬워진다'고 하셨습니다." 공자께서 말씀하셨다. "얘들아! 언의 말이 옳다. 내가 방금 한 말은 그저 농담을 한 것일 뿐이니라."

子之¹武城,² 聞弦歌³之聲. 夫子莞爾⁴而笑, 曰: "割雞焉用牛刀⁵?"
자 지 무 성　문 현 가 지 성　부 자 완 이 이 소　왈　할 계 언 용 우 도
子游對曰: "昔者偃⁶也聞諸夫子曰: '君子⁷學道⁸則愛人, 小人⁹學道
사 유 내 왈　석 자 언 야 문 저 부 자 왈　군 자 학 도 즉 애 인　소 인 학 도

則易使¹⁰也.'" 子曰: "二三子¹¹! 偃之言是也. 前言¹²戲之¹³耳.¹⁴"
즉 이 사 야   자 왈   이 삼 자   언 지 언 시 야   전 언 희 지 이

주석

1 之(지): 감[往].

2 武城(무성): 춘추시대 노나라의 작은 읍. 당시 자유子游가 읍재로 있었음. 6-12 참조.

3 弦歌(현가): 금슬을 타며 노래를 부름. '현'은 금과 슬 같은 중국의 고대 현악기를 이름. 여기서는 동사로 쓰임. '금'을 왕왕 거문고로 옮기는데, 거문고는 우리나라 전통 악기이기 때문에 옳지 않음. '가'는 노래를 부름, 시를 읊조림.

4 莞爾(완이): 미소 짓는 모양.

5 割雞焉用牛刀(할계언용우도): 닭 잡는 데 어찌 소 잡는 칼을 쓰겠는가? 이는 곧 '작은 고을을 다스리는 데, 굳이 예악의 큰 도를 쓸 필요가 있겠는가?'라는 뜻을 비유함. '할'은 가름, 칼로 베어 끊음. 곧 (닭을) 잡음을 이름. '언'은 어찌, 어떻게.

6 偃(언): 자유의 이름.

7 君子(군자): 여기서는 위정자, 통치자를 이름.

8 道(도): 여기서는 나라를 다스리는 원칙 내지 이치로, 예악을 가리킴.

9 小人(소인): 여기서는 피통치자, 즉 일반 백성을 이름.

10 易使(이사): 부리기가 쉬움. 곧 교화를 잘 받아들이고, 정령을 잘 따름을 두고 이름.

11 二三子(이삼자): 3-24 주석 8 참조. 여기서는 공자와 함께 무성에 간 여러 제자들을 일컬음.

12 前言(전언): 방금 전에 한 말.

13 戲之(희지): 그에게 농담을 함. '지'는 자유를 가리킴.

14 耳(이): ~일 뿐임.

해설

예악이란 한 나라, 아니 천하를 다스리는 큰 이치로, 고대 제왕들은 흔

350

히 예악의 흥성을 통해 존비尊卑 질서와 원근遠近 화합의 통치 목적을
달성하고자 했다. 하지만 자유는 작은 고을에 불과한 무성의 백성들
을 예악으로 교화했고, 그 결과 고을 사람들이 금슬을 타며 노래를 부
르는 장면이 연출되었다. 공자가 그 소리를 듣고 미소를 지으며 "닭
잡는 데 어찌 소 잡는 칼을 쓰랴?"라고 하며 약간은 핀잔하는 듯했다.
그러자 자유가 반론을 제기했고, 공자는 즉각 자유가 옳음을 인정하
며, 아까는 그저 농담을 했을 뿐이라고 했다. 그런데 여기서 우리가 간
과하지 말아야 할 것이 있다. 공자의 농담이 그저 단순한 농담만은 아
니다. 공자는 한편 자유가 능히 예악으로 백성들을 교화하는 모습에
기쁨을 감추지 못하면서도, 다른 한편으로는 또 그처럼 훌륭한 교화
와 정치를 온 나라, 아니 온 천하에 두루 펼치지 못하는 현실에 대한
진한 아쉬움을 토로한 것이다. 공자는 진정 언제 어디서나 오로지 난
세의 현실을 가슴 아파하며 '구세'의 실현을 꿈꾸고, 고민했다.

17-5

공산불요가 비 땅을 근거로 반역을 한 후, 공자를 뵐 생각으로 초
청을 하자, 공자께서 가시려고 하였다. 자로가 못마땅해하며 말했다.
"가실 데가 없으면 그만두실 일이지, 하필이면 공산씨公山氏한테 가시
려 하십니까?" 공자께서 말씀하셨다. "나를 부르는 사람이 설마 괜히
부르겠느냐? 만일 누가 나를 등용해준다면, 나는 장차 반드시 이 동
방에서 주 왕조의 예악 제도를 부흥시킬 것이로다!"

公山弗擾[1]以費畔,[2] 召,[3] 子欲往. 子路不說,[4] 曰: "末之也已,[5] 何必公
공산불요 이비반 소 자욕왕 자로불열 왈   말지야이   하필공

山氏之之也[6]?" 子曰: "夫[7]召我者, 而豈徒哉[8]? 如有用我者, 吾其[9]
산씨지지야   자왈   부소아자 이기도재   여유용아자 오기

爲東周[10]乎[11]!"
위동주   호

주석

1 公山弗擾(공산불요): 공산불뉴公山不狃라고도 함. 노나라 대부 계씨의 가신이자
계씨의 봉읍인 비費의 읍재. 양화와 함께 비 땅을 근거로 계씨에게 반역함.

2 以費畔(이비반): 이는 문법상 「헌문편」 "이방구以防求"(14-15)와 같은 문장 구조
임. '이'는 ~로써. 곧 ~을 기반·근거로라는 말. '반'은 반叛과 같음. 배반함, 반
역함.

3 召(소): 소견召見, 즉 사람을 불러서 만나려고 함.

4 說(열): 열悅과 같음. 기쁨, 즐거움.

5 末之也已(말지야이): 갈 데가 없으면 그만둠. '말'은 무無와 같음. 여기서는 특히
~할 곳이 없음을 뜻함. '지'는 감往. '야'는 일시 멈춤의 어조사. '이'는 지止의 뜻
으로, 맒, 그만둠.

6 何必公山氏之之也(하필공산씨지지야): '하필지공산씨야何必之公山氏也'의 도치. '지
지之之'의 첫 번째 '지' 자는 도치를 위해 쓰인 어조사이고, 두 번째 '지' 자는 간다
는 뜻의 동사임.

7 夫(부): 지시대명사. 저彼.

8 豈徒哉(기도재): 어찌(설마) 괜히 부르겠느냐? 곧 헛걸음시키지는 않을 것이라는
말로, 뭔가 공자 당신께 실속이 있을 것 같음을 이름. '도'는 괜히, 공연히, 쓸데없
이. 이 '도' 뒤에는 앞에서 언급한 '소召' 자가 생략됨.

9 其(기): 「위영공편」 "기유소시의其有所試矣"(15-25)의 '기'와 같은 말로, 여기서는
장차 반드시 그렇게 할 것이라는 뜻을 나타냄.

10 爲東周(위동주): 동방의 주 왕조를 건설함. 곧 노나라가 주 왕조의 전체 영토에
서 동쪽에 위치한 데서 이같이 말한 것으로, 동방(노나라)에서 주 왕조의 예악
제도를 부흥시킴을 이름. '위'는 ~을 함, 만듦.

11 乎(호): 감탄문 끝에 쓰인 어조사로, 격동의 감정을 나타냄.

해설

이 장의 이야기는 공자의 평소 사상 관념과는 배치되고 모순된다. 이 편 제1장에서 양호를 대한 공자의 모습과도 너무 달라 실로 당황스러움을 금할 수가 없다. 한데 『좌전』 「정공 12년」에 공산불요가 반역을 일으킨 일이 기록되어 있는데, 공산불요가 공자를 초청해 가지도 않았을 뿐만 아니라, 오히려 당시 대사구로 있던 공자가 사람을 보내 그를 토벌한 것으로 되어 있다. 그 때문에 청대 조익趙翼과 최술崔述은 이 장의 신뢰성에 의문을 제기한 반면, 유보남은 또 그 두 사람이 『좌전』을 믿고 『논어』를 의심해서는 안 된다고 했다. 이 장의 진위 문제는 현재로서는 확증이 없는 만큼 의문이 남기는 하나, 일단은 『논어』를 믿기로 한다.

그렇다면 우리는 이 이야기를 어떻게 이해해야 할까? 주자가 정자의 말을 빌려 이른 대로, 성인 공자는 천하에 뭔가 큰일을 하지 못할 사람이 없고, 또 허물을 고치지 못할 사람이 없다고 생각해 처음에는 공산불요에게 가려고 했는데, 끝내 가지 않은 것은 그가 필시 허물을 고치지 못할 것을 아셨기 때문일 것이다. 또한 반역의 무리까지도 바르게 이끌어 주 왕조의 도를 부흥시키려고 한 것은 곧 유례가 없는 난세를 산 공자가 가진 구세의 열망이 어느 정도였는지를 단적으로 보여준 사례이다. 이 장은 아래의 17-7장과 같은 취지를 기술하고 있는데, 두 장을 함께 읽는 것이 좋다. 그리고 그 취지는 공자가 일찍이 평판이 극히 나빴던 위衛나라 영공의 부인 남자를 만난 일(6-26 참조)

과도 같은 맥락으로 이해된다.

17-6

자장이 공자께 인仁을 어떻게 행해야 하는지를 여쭙자, 공자께서 말씀하셨다. "천하 곳곳에서 능히 다섯 가지를 행할 수 있으면, 그것이 바로 인을 행하는 것이다." "그 다섯 가지가 무엇인지 여쭙고 싶습니다." 공자께서 말씀하셨다. "그것은 공손함·관대함·신실함·부지런함·자혜로움이다. 사람이 공손하면 모욕을 당하지 않고, 관대하면 뭇사람의 지지를 받으며, 신실하면 사람들의 신임을 받고, 부지런하면 공로를 세우며, 자혜로우면 사람들을 부릴 수 있다."

子張問仁於孔子. 孔子曰: "能行五者於天下, 爲仁矣." "請問之.¹"
자 장 문 인 어 공 자 공 자 왈   능 행 오 자 어 천 하 위 인 의   청 문 지

曰: "恭, 寬, 信, 敏,² 惠. 恭則不侮,³ 寬則得衆,⁴ 信則人任焉,⁵ 敏則
왈   공   관   신   민   혜   공 즉 불 모   관 즉 득 중   신 즉 인 임 언   민 즉

有功, 惠則足以使人.⁶"
유 공   혜 즉 족 이 사 인

주석

1 之(지): 지시대명사로, 앞에서 말한 '오자五者', 즉 그 다섯 가지를 가리킴.

2 敏(민): 근민勤敏함, 즉 부지런하고 재빠름.

3 侮(모): 여기서는 피동의 뜻으로, 다른 사람에게 모욕·업신여김을 당함을 이름. 일설에는 능동의 뜻으로, 다른 사람을 모욕함·업신여김을 이른다고도 함. 그 근거는 『맹자』「이루 상편離婁上篇」 "공손한 사람은 다른 사람을 모욕하지 않는다〔恭者不侮人〕"로, 분명 일리가 있음. 하지만 그것은 여기서 말한 '공즉불모恭則不侮'

354

와는 논지의 초점이 서로 달라, 이론의 여지가 있음.

4 得衆(득중): 중인衆人의 지지와 추대를 받음.

5 信則人任焉(신즉인임언): 신실하면 사람들이 그를 신임함. 곧 그가 사람들의 신임을 받음을 이름. '언'은 어지於之의 합음자. 그에 대해서. 일설에는 '지之'와 같으며, 그, 즉 신실한 그 사람을 가리킨다고 함.

6 惠則足以使人(혜즉족이사인): 자혜로우면 족히 사람들을 부릴 수 있음. 이는 곧 황간이 이른 대로, "은혜를 베풀면 사람들이 (기꺼운 마음에) 힘든 것을 잊기(有恩惠, 則人忘勞)" 때문임.

해설

공자 사상의 핵심인 '인'은 사람을 사랑하는 것으로, 곧 다른 사람을 관심하고 애호愛護하며, 이해하고 동정하며 또 존중하는 등등을 말한다. 여기서 말하는 공손함·관대함·신실함·부지런함·자혜로움 등 다섯 가지 미덕은 사람이 지켜야 할 처신·처사의 준칙으로, 사람의 외재적 행위의 도덕규범이자 실천 도덕이다. 이 다섯 가지 미덕은 모두 인에서 발단하는바, 곧 인의 핵심 가치가 구체적으로 표현되는 것이며, 인의 내재적 요구를 실행하는 것이다. 그러므로 공자가 "천하 곳곳에서 능히 다섯 가지를 행할 수 있으면, 그것이 바로 인을 행하는 것"임을 분명히 한 것이다. 우리가 인을 행하는 것을 어려워만 할 일은 아닌 듯하다.

17-7

필힐이 공자를 뵐 생각으로 초청을 하자, 공자께서 가시려고 하였다. 자로가 말했다. "예전에 제가 선생님께 듣기로는, '자신이 직접 나쁜 짓을 하는 자가 있으면, 군자는 그 무리에 들어가지 않는다'고 하셨습니다. 지금 필힐이 중모 땅을 근거로 반역을 했는데, 선생님께서 그자에게 가려 하시니, 무슨 까닭입니까?" 공자께서 말씀하셨다. "그래, 내가 그런 말을 했었지. 하지만 진실로 단단한 것은 아무리 갈아도 결코 얇아지지 않는다고 하지 않더냐? 진실로 흰 것은 아무리 검은 물을 들여도 결코 검어지지 않는다고 하지 않더냐? 내가 어찌 쓴 박이겠느냐? 어떻게 매달려 있기만 하고, 사람들에게 따 먹히지는 못한다는 것이냐?"

佛肸¹召,² 子欲往. 子路曰: "昔者, 由也聞諸夫子曰: '親於其身³爲
필힐 소 자욕왕 자로왈   석자 유야문저부자왈   친어기신 위

不善者, 君子不入也.' 佛肸以中牟畔,⁴ 子之往也, 如之何?" 子曰:
불선자 군자불입야 필힐이중모반   자지왕야 여지하   자왈

"然, 有是言也. 不曰堅⁵乎? 磨⁶而不磷⁷; 不曰白乎? 涅⁸而不緇.⁹ 吾
연 유시언야 불왈견 호 마 이불린 불왈백호 날 이불치 어

豈匏瓜¹⁰也哉? 焉能繫¹¹而不食¹²?"
기 포과 야재 언능계 이불식

주석

1 **佛肸**(필힐): 진晉나라 대부 범중행范中行의 가신이자 중모中牟의 읍재. 『사기』「공자세가」에 따르면, 진나라 대부 조간자趙簡子가 범중행을 정벌하자, 필힐이 중모에서 반역을 해 조간자에게 항거했다고 함. 일설에는 필힐이 조간자의 가신으로 반역을 했다고 함.

2 **召**(소): 17-5 주석 3 참조.

3 **親於其身**(친어기신): 친히 그 몸으로써. 곧 친히, 몸소, 자신이 직접의 뜻임. '어'는 이以와 같음. ~로써, ~를 써서.

4 **以中牟畔**(이중모반): 앞의 "이비반以費畔"(17-5)과 같은 문장 구조임. '중모'는 춘

추시대 진나라의 읍 이름.

5 堅(견): 견고함, 단단함.

6 磨(마): 갊.

7 磷(린): 얇음, 엷음(薄).

8 涅(날): 검은 물을 들임.

9 緇(치): 검음.

10 匏瓜(포과): 박. 박과의 한해살이 덩굴풀로, 호리병박보다 큰 박임. 옛날에는 단
    것과 쓴 것이 있었는데, 쓴 것은 식용할 수는 없지만 물에 잘 뜨기 때문에 강을
    헤엄쳐 건널 때 허리에 찼다고 함. 여기서는 쓴 박을 이름.

11 繫(계): 매닮. 박은 덩굴손이 다른 물건을 감고 올라가는데, 그 덩굴에 둥근 박
    이 매달려 자라므로 이같이 이른 것임.

12 食(식): 여기서는 (박이 사람에게) 따 먹힘을 이름.

해설

이 장은 그 이야기의 성격이나 기본 취지가 17-5장과 흡사하다. 다만
여기서는 반역자 필힐의 초청에 응하려는 스승을 못마땅해하는 자로
에게, 공자가 당신의 의중을 보다 자세히 일러주고 있어, 뭔가 모순에
찬 듯한 공자의 모습을 이해하는 데 한결 도움이 된다. 공자가 '진실
로 단단한 것'과 '진실로 흰 것'을 들어 비유함은 바로 당신이 아무리
혼탁한 세상을 살고, 무도한 무리들에 뛰어들지라도 결코 물들지 않
으며, 기필코 올곧은 절조를 굳게 지킬 것이라는 결연한 의지와 태도
를 드러낸 것이다. 또한 '쓴 박'을 들어 비유함은 곧 당신이 어떻게든
세상에 크게 쓰여 도탄에 빠진 백성들을 구제하겠다는, 다시 말해 진
정 "인의仁義를 행함으로써 그 이상을 실현한다"(16-11)는 강렬한 의
지와 열망을 토로한 것이다. 결국 공산불요든 필힐이든 아무리 반역

의 무리라 하더라도, 공자는 능히 그들을 바르게 이끌어 세상을 위해 좋은 일을 하도록 할 수 있을 것이라는 믿음이 있었던 듯하다. 공자는 진정 "안 되는 줄 알면서 굳이 그걸 하려고 드는 그 사람"(14-39)이었 던가보다.

17-8

공자께서 말씀하셨다. "유야, 너는 여섯 가지 미덕과 그 여섯 가지 폐단에 대해 들은 적이 있느냐?" 자로가 대답했다. "없습니다." 공자께 서 말씀하셨다. "앉거라. 내가 일러주마. 인애를 좋아하되 배우기를 좋 아하지 않으면 그 폐단은 남에게 쉽게 우롱당하는 것이고, 지혜를 좋 아하되 배우기를 좋아하지 않으면 그 폐단은 주제넘게 흰소리하는 것 이며, 신의를 좋아하되 배우기를 좋아하지 않으면 그 폐단은 일도 그 르치고 사람에게도 해가 되는 것이고, 정직함을 좋아하되 배우기를 좋아하지 않으면 그 폐단은 남에게 박절하게 하는 것이며, 용기를 좋 아하되 배우기를 좋아하지 않으면 그 폐단은 혼란한 사태를 야기하 는 것이고, 강경剛勁함을 좋아하되 배우기를 좋아하지 않으면 그 폐단 은 거만하고 방자한 것이다."

子曰: "由也! 女¹聞六言六蔽²矣乎?" 對曰: "未也." "居,³ 吾語⁴女.
자왈   유야   여문육언육폐의호   대왈   미야   거 오어여
好仁不好學, 其蔽也愚⁵; 好知⁶不好學, 其蔽也蕩⁷; 好信不好學, 其
호인불호학 기폐야우   호지불호학 기폐야탕   호신불호학 기
蔽也賊⁸; 好直不好學, 其蔽也絞⁹; 好勇不好學, 其蔽也亂; 好剛不
폐야적   호직불호학 기폐야교   호용불호학 기폐야란   호강불

好學, 其蔽也狂.¹⁰"
호 학 기 폐 야 광

주석

1 女(여): 여汝와 같음. 너.

2 六言六蔽(육언육폐): 이는 고대 성어成語로 추측되는 말로, '육언'은 아래에서 말하는 인仁·지知·신信·직直·용勇·강剛 여섯 글자를 이르는데, 이는 곧 여섯 가지 미덕임. 또 '육폐'는 아래에서 적시한 우愚·탕蕩·적賊·교絞·란亂·광狂으로, '육언'의 여섯 가지 폐단을 말함. '폐'는 폐弊와 같음. 폐단, 유폐流弊.

3 居(거): 앉음[坐].

4 語(어): 말해줌, 일러줌.

5 愚(우): 주자가 이를 함정에 빠뜨리거나 속일 수 있는 따위와 같은 것이라고 함. 곧 남에게 우롱이나 속임을 당하면서 바보 취급을 받는 따위를 이르는 것으로 이해됨.

6 知(지): 지智와 같음.

7 蕩(탕): 공안국은 '적절히 지키는 바가 없는 것[無所適守]'이라 했고, 주자는 '높은 것을 다하고, 넓은 것을 다하여 그치는 바가 없는 것[窮高極廣而無所止]'이라고 함. 이는 곧 주제넘게 흰소리를 하는 것으로 이해됨.

8 賊(적): 해害함, 해침. 여기서는 일[事]도 도의도 다 그르치고, 자신에게도 남에게도 다 해가 되는 것을 이름.

9 絞(교): 엄함. 여기서는 남에게 박절하고 야박하게 함을 이름.

10 狂(광): 광망狂妄함, 즉 미친 듯이 망령됨. 여기서는 거만 방자함을 이름.

해설

공자의 교육 사상에서, 가르치고 배움의 궁극적 지향과 이상은 바로 윤리 도덕의 실천에 있다. 또한 그렇기 때문에 공자는 덕육德育, 즉 도덕 교육을 우선시했다. 하지만 지육智育, 즉 지력의 개발과 지식의 증진을 목적으로 하는 교육의 중요성 또한 간과하지 않았다. 공자는 사람들에게 '호학', 즉 배우기를 좋아할 것을 끊임없이 권면하면서, 특히 '생각하는 공부', 즉 배운 것을 깊이 사고·사색하며 보다 깊고 넓은 깨달음으로 나아가는 것을 이상적인 배움으로 강조했다.(2-15 참조) 여기서 말하는 인애·지혜·신의·정직·용기·강경함은 본디 모두 아름다운 덕성인 만큼, 그런 미덕을 좋아하는 것은 결코 나쁜 일이 아니요, 비판할 일도 아니다. 하지만 사람이 깊은 사고와 사색을 바탕으로 한 부단한 배움을 통해서 인생의 진리와 세상의 사리事理에 대해 이해와 조예를 한껏 높이지 않는다면, 자칫 그런 미덕의 본질적 의의와 가치를 제대로 이해하지도, 구현하지도 못하고, 오히려 그 부정적인 측면의 갖가지 폐단에 빠질 우려가 있다. 그러므로 공자는 여기서 다시 한 번 배우기를 좋아할 것을 강조했는데, 그것은 물론 '하나만 알고 둘은 모르는', 다시 말해 생각이 밝지 못해 사물의 한 측면만 보고 두루 보지 못하는 폐단을 극복하는 길이기 때문이다.

17-9

공자께서 말씀하셨다. "이 친구들아, 너희는 어찌하여 『시』를 공부하지 않느냐? 『시』를 읽으면 사람의 의지와 기개를 불러일으킬 수 있고, 정치 득실과 민정 풍속을 살필 수 있으며, 뭇사람들과 어울려 소통할 수 있고, 마음속의 애원哀怨을 은근히 표출할 수가 있다. 또한 가까이는 부모를 섬기고, 멀리는 임금을 섬기는 도리를 알 뿐만 아니라, 날짐승과 길짐승, 풀과 나무의 이름도 많이 알게 된다."

子曰: "小子¹! 何莫²學夫詩³? 詩可以興,⁴ 可以觀,⁵ 可以群,⁶ 可以怨⁷;
자왈 소자 하막학부시 시가이흥 가이관 가이군 가이원

邇⁸之事父, 遠之事君; 多識⁹於鳥獸草木之名."
이 지사부 원지사군 다식 어조수초목지명

주석

1 小子(소자): 스승이 제자들을 친근하게 부르는 말.

2 何莫(하막): 하불何不과 같음. 어찌(어떻게) ~하지 않나? 곧 ~을 하라는 말.

3 詩(시): 『시경』.

4 可以興(가이흥): 사람의 (선을 좋아하고 악을 싫어하는) 의지와 기개를 불러일으킬 수 있음. '이'는 ~함으로써. 곧 『시』를 공부함으로써. '흥'은 주자가 "(향선의) 의지를 느끼고 발하게 하는 것(感發志意)"이라고 함.

5 觀(관): 봄, 살핌. 곧 정치 득실과 민정 풍속을 살핌을 이름.

6 群(군): 무리를 이룸. 곧 뭇사람들과 어울려 소통함을 이름.

7 怨(원): 원망怨望함. 곧 정치를 풍자하는 등 원망하면서도 분노하지 않고, 슬퍼하면서도 마음 상하지 않으며 내심의 애원을 표출함을 이름.

8 邇(이): 가까움(近).

9 識(식): 앎, 기억함.

해설

『시경』은 성정의 수양, 윤리의 실천, 견식見識의 확충 등 다양한 실용 가치가 있다. 그 때문에 공자는 『시경』을 한껏 중시하며, 제자 교육에 적극 활용했다. 오늘날도 마찬가지다. 문학 작품이 갖는 개인의 정서 순화와 정신 안정의 기능성은 물론, 국가 사회에 미치는 그 실용적 효용성 또한 지대한 만큼, 보다 많은 사람들이 애호하고 감상할 수 있기를 기대한다.

17-10

공자께서 아들 백어에게 말씀하셨다. "너는 「주남」·「소남」을 공부하였느냐? 사람이 「주남」·「소남」을 공부하지 않으면, 마치 담장을 마주하고 서 있는 것과 같도다!"

子謂伯魚¹曰: "女²爲³周南召南⁴矣乎⁵? 人而不爲周南召南, 其猶正
자 위 백 어 왈   여 위 주 남 소 남 의 호   인 이 불 위 주 남 소 남   기 유 정
牆面而立⁶也與⁷!"
장 면 이 립 야 여

주석 ────────────────

1 **伯魚**(백어): 공자의 아들. 11-8 주석 5 참조.
2 **女**(여): 여汝와 같음. 너.
3 **爲**(위): 여기서는 주자가 이른 대로, '학學'과 같음. 배움, 공부함.
4 **周南**(주남)·**召南**(소남): 『시경』「국풍」의 시편 이름.
5 **矣乎**(의호): 복합 어조사. '의'는 완료의 어기를 나타내고, '호'는 의문의 어기를 나타냄. ~했나?
6 **正牆面而立**(정장면이립): '정면장이립正面牆而立'의 도치. 담장을 마주하고 서 있음. '장'은 담, 담장. '면'은 면함, 즉 어떤 대상이나 방향을 정면으로 향함. 여기서는 곧 마주함을 이름.
7 **也與**(야여): 복합 어조사. 의문과 감탄의 어기를 나타냄. 여기서는 후자. '여'는 여歟와 같음.

해설 ────────────────

공자는 『시경』가운데서도 수신修身과 제가齊家가 주요 내용인 「주남」·「소남」의 시편을 특히 중시했다. 담장을 마주하고 서 있음은 아무것

도 볼 수도, 알 수도 없고, 또 한 걸음도 나아갈 수 없음을 비유하니,
「주남」·「소남」의 실용적 효용과 가치를 익히는 일이 얼마나 중요한지
를 강조한 것이다.

17-11

공자께서 말씀하셨다. "예법이란 이런 것이니, 예법이란 저런 것이
니 하지만, 예법이 어찌 단지 옥이나 비단 같은 예물만을 이르는 것이
겠느냐? 음악이란 이런 것이니, 음악이란 저런 것이니 하지만, 음악이
어찌 단지 종이나 북 같은 악기 소리만을 이르는 것이겠느냐?"

子曰: "禮云¹禮云, 玉帛云²乎哉³? 樂云樂云, 鐘鼓云乎哉?"
자왈　　예운예운　옥백운호재　　악운악운　종고운호재

주석

1 禮云(예운): 예법·예절이란 이런 것이라고 함. '운'은 다케조에가 이른 대로, "이러
　하다(또는 저러하다)고 말함〔言如此〕"을 이름. 아래 '악운樂云'의 '운'도 이와 같음.
2 玉帛云(옥백운): '운옥백云玉帛'의 도치. 옥과 비단을 말함. '백'은 비단.
3 乎哉(호재): 복합 어조사. 반문과 감탄의 어기를 나타냄.

해설

'예'란 대개 국가 사회의 구성원들 사이에 지켜야 할 행위 규범으로서
의 예법과 그에 상응·부합하는 예절 및 예의 등을 이른다. '악'이란 대

개 예절·예의와 보조를 맞추고, 조화를 이루는 악기 연주와 가무歌舞를 이른다. 또한 '예'의 기능과 작용은 사람들의 행위를 규범에 맞도록 유도하고, 도덕적으로 규제함으로써 다른 사람에 대한 공경심을 갖게 함에 있다. '악'의 기능과 작용은 사람의 성정을 정화하고, 정서를 도야함으로써 사람들이 조화와 화합의 마음을 갖게 함에 있다.

공자가 살았던 춘추시대 말엽은 서주 시대의 전통적인 예악이 붕괴된 지가 이미 오래였다. 당시의 예악 제도는 단지 옥과 비단 같은 예물이나 바치고, 종과 북 같은 악기 연주나 하는 데에 머무르면서도 이래야 하느니 저래야 하느니 말들만 많았다. 그처럼 당시는 대개 예악의 형식에만 치중할 뿐, 그 근본 의미와 정신을 제대로 알고 구현하지는 못했다. 공자는 바로 그 같은 경향을 개탄한 것이다. 오늘날 우리의 모습은 어떠한가? 그렇게도 많은 세월이 흘렀건만, 어쩌면 이리도 닮았는지 그저 놀라울 따름이다.

17-12

공자께서 말씀하셨다. "얼굴빛은 위엄이 있는 척하지만 속마음은 나약하고 겁이 많은 사람은, 소인배에 비유하자면 흡사 벽을 뚫거나 담을 넘는 좀도둑과 같도다!"

子曰: "色厲¹而內荏,² 譬諸小人,³ 其猶穿⁴窬⁵之盜也與!"
자 왈　색 려 이 내 임　비 저 소 인　기 유 천 유 지 도 야 여

1 色厲(색려): 얼굴빛은 위엄이 있음. 여기서는 곧 외모·겉모습은 짐짓 위엄이 있는
   척함을 이름. '색'은 안색, 즉 얼굴빛. 또 외모, 겉모양. '려'는 엄함, 엄정함. 곧 위
   엄을 이름.
2 荏(임): 유약함, 나약함.
3 譬諸小人(비저소인): 소인배에 비유함. '저'는 지어之於의 합음자.
4 穿(천): (벽을) 뚫음.
5 窬(유): 유踰와 같음. (담을) 넘음.

공자가 개탄을 금치 못한 위인爲人은 바로 기세도명欺世盜名, 즉 세상
사람을 속이고 헛된 명예를 훔치는 사람이다. 그들은 겉으론 엄정하
고 강직한 척하지만, 속으론 겁이 많고 나약하면서도 사욕이 하늘을
찌른다. 그러면서도 매양 사람들에게 들통이 날까봐 안절부절못하며
그 나름의 위장과 위선의 살얼음판을 걷는 것이다. 공자는 그런 사람
을 '벽을 뚫거나 담을 넘는 좀도둑'에 비유했으니, 곧 그 인격의 비루
함과 심성의 거짓됨, 행위의 사악함을 부각한 것이리라. 사람의 됨됨
이를 알아보는 혜안을 길러야 한다는 생각이 더욱 절실해진다.

17-13

공자께서 말씀하셨다. "시비 분별도 없이 세속에 영합하면서도, 겉
으로는 점잖고 성실하고 후덕하게 처신해, 순박한 마을 사람들에게
무한히 인정을 받는 무골호인은 도덕을 파괴하는 해충이다."

子曰: "鄕原¹德之賊²也."
자 왈　 향 원 덕 지 적 야

주석

1 鄕原(향원): 향원鄕愿과 같음. 곧 무골호인의 위군자僞君子를 이름.
2 德之賊(덕지적): 덕의 도적. 곧 도덕을 파괴하는 해충 같은 존재라는 말임.

해설

사람은 두드러진 악행과 거짓에 반사적으로 비판과 경계의 마음을 갖는다. 하지만 위선과 허위에는, 그 진위를 감지하기까지 일정한 시간과 상당한 지혜가 필요한 까닭에, 보통 사람은 자칫 현혹될 소지가 다분하다. 다시 말해 위선과 허위는 악행과 거짓보다 사람들에게 더 큰 해악害惡을 끼칠 수 있다. 「자로편」에서 자공이 "온 마을 사람들이 다 어떤 이를 좋아한다면, 그 사람은 어떻습니까?" 하고 여쭈었을 때, 공자가 "그것만으론 그가 좋은 사람이라고 할 수 없다"(13-24)고 일러줌은 필시 '향원'과 같은 사람을 염두에 두었기 때문일 것이다.

17-14

공자께서 말씀하셨다. "길거리에서 들은 말을 길거리에서 그대로 남에게 말하는 것은 도덕을 포기하는 행위이다."

子曰: "道聽而塗¹說, 德之棄²也."
자 왈　 도 청 이 도 설 덕 지 기 야

1 塗(도): 도途와 같음. 길(道).
2 德之棄(덕지기): 도덕을 포기함. 이를 주자는 스스로 자신의 덕을 버리는 것이라
고 하고, 또 일설에는 덕이 있는 사람은 타기唾棄, 즉 업신여기거나 아주 더럽게
(수치스럽게) 생각해 침을 뱉듯이 멀리하며 가까이하지 않는 것이라고 했는데, 양
자 모두 이론의 여지가 있음.

해설

길거리에서 들은 말은 아무래도 "터무니없는 경우가 많아(多謬妄)"(황
간의 말) 신뢰성이 떨어지기 십상이다. 그렇기 때문에 반드시 먼저 근
거를 확인하고 시비를 가려, 취할 것은 취하고 버릴 것은 버려야 한다.
그것이 바로 사람이 도덕을 올바르게 지켜가는 행위이다. 공자가 「위
정편」에서 이른 대로, 사람이 "많이 듣되 의문스러운 것은 그대로 두
고, 그 나머지를 신중하게 말하면 과오를 줄일 수 있다."(2-18) 그렇기
때문에 "길거리에서 들은 말을 길거리에서 그대로 남에게 말하는 것
은 도덕을 포기하는 행위"가 될 수 있는 것이다.

17-15

공자께서 말씀하셨다. "비열한 사람과 과연 함께 임금을 섬길 수 있
겠느냐? 그런 사람은 원하는 것을 얻기 전에는 얻지 못할까 걱정하고,
원하는 것을 얻은 다음에는 또 얻은 걸 잃을까 걱정한다. 그런 사람이
얻은 것을 잃을까봐 진실로 걱정을 하면, 무슨 짓이라도 다 하게 된
다."

子曰: "鄙夫¹可與²事君也與哉³? 其未得之也, 患得之⁴; 旣得之, 患
자왈   비부 가여 사군야여재   기미득지야   환득지   기득지   환
失之. 苟⁵患失之, 無所不至⁶矣."
실지 구 환실지 무소부지 의

주석

1 鄙夫(비부): 탐비貪鄙, 즉 탐욕스럽고 비열卑劣/鄙劣한 소인.

2 與(여): 여지與之의 뜻으로, 그와 함께. '지'는 앞의 '비부鄙夫'를 가리킴.

3 也與哉(야여재): 복합 어조사. '야'는 일시 멈춤의 어조사. '여'와 '재'는 모두 의문
   의 어조사인데, 여기서는 특히 반문의 어기를 나타냄. '여'는 여歟와 같음.

4 患得之(환득지):『논어』옛 판본에는 '환부득지患不得之'로 되어 있었을 것으로 추
   정되는데, 여기서는 그렇게 이해하는 것이 옳음. '환'은 근심·걱정함.

5 苟(구): 진실로(만약) ~하면.

6 無所不至(무소부지): 하지 못할 게 없음. 곧 무슨 일이든 다 한다는 말. '지'는 여기
   서는 위爲의 뜻으로 이해됨.

해설

사람은 누구나 욕심이 있겠지만, 성품이 비열하고 탐욕스러운 사람
은 특히 부귀공명을 탐하는 마음이 강하다. 그들은 "원하는 것을 얻
기 전에는 얻지 못할까 걱정하고, 원하는 것을 얻은 다음에는 또 얻은
걸 잃을까 걱정한다." 그들이 그토록 걱정하는 까닭은 오로지 부귀공
명을 얻어 그 권세와 명성을 누리고 떨치는 것이, 바로 그들에게 인생
최대의 즐거움이요, 만족이기 때문이다. 그런 까닭에 이른바 인의仁義
도덕이니 충군忠君 애국이니 국가·민족이니 하는 얘기는 그들에게 전
혀 의미를 갖지 못한다. 또한 바로 그렇기 때문에 그들은 자신들이 원
하는 것을 얻고 지키기 위해 수단과 방법을 가리지 않는다. 따라서 그

런 사람과 함께 어떤 일, 특히 같은 조정에서 임금을 섬기며 국정에 참여하는 일은 절대로 해서는 안 된다는 게 공자의 생각이다. 그들은 일신一身의 부귀와 영달, 권세와 명성을 위해 그 어떤 참언讒言과 비방誹謗, 배척과 이간離間도 서슴지 않을 테니, 그로 인해 야기되는 위험천만한 사태와 재앙을 어느 누가 능히 감당할 수 있겠는가? 사람은 뭐니 뭐니 해도 인품이 우선이고, 재능은 그다음이다. 후세에 널리 쓰이는 '환득환실患得患失'이라는 성어는 바로 이 장에서 유래한 말이다.

17-16

공자께서 말씀하셨다. "옛날 사람들은 세 가지 병폐가 있었는데, 지금은 아마 그런 병폐조차 없는 것 같다. 옛날에 뜻이 높고 포부가 커 과격한 사람들은 소신을 굳게 지키며 거침이 없었지만, 요즈음에 뜻이 높고 포부가 커 과격한 사람들은 도의도 무시한 채 함부로 행동한다. 옛날에 절개가 곧고 자긍심이 높아 고집이 센 사람들은 모가 나면서도 반듯하고 위엄이 있었지만, 요즈음에 절개가 곧고 자긍심이 높아 고집이 센 사람들은 무도히 성을 내고 다투기를 일삼는다. 옛날에 어리석은 사람들은 그래도 솔직하고 사심이 없었지만, 요즈음에 어리석은 사람들은 그저 남을 속이고 사욕만 넘칠 뿐이다."

子曰: "古者[1]民[2]有三疾,[3] 今也或是之亡[4]也. 古之狂[5]也肆,[6] 今之狂也
자왈　　고자 민 유삼질　금야 혹시지무 야　고지광 야사　금지광야
蕩[7]; 古之矜[8]也廉,[9] 今之矜也忿戾[10]; 古之愚[11]也直,[12] 今之愚也詐[13]
탕　　고지긍 야렴　　금지긍야분려　　고지우 야직　　금지우야사

而已矣.[14"]
이 이 의

주석

1 **古者**(고자): 옛날. '자'는 4-22 주석 1 참조.

2 **民**(민): 人민과 같음.

3 **疾**(질): 질병. 여기서는 사람의 성품이나 행실상의 병폐·결함을 이름.

4 **或是之亡**(혹시지무): '혹무시或亡是'의 도치. 아마 그런 것도 없는 것 같음. '혹'은 아마(도). '시'는 지시대명사로, 앞에서 말한 '삼질三疾'을 가리킴. '지'는 목적어 '시'를 동사 '무' 앞으로 도치시키기 위해 덧붙인 어조사. '무'는 무無와 같음.

5 **狂**(광): 곧 「자로편」에서 말한 '광자狂者'(13-21)로, 주자가 "'광자'는 지향志向과 염원이 한없이 높다(狂者, 志願太高)"고 했는데, 대략 뜻이 높고 포부가 커 다소 과격한 사람을 일컫는 것으로 이해됨.

6 **肆**(사): 방사放肆함, 즉 제멋대로 행동하며 거리끼고 어려워하는 데가 없음. 주자는 이를 "사소한 일에 얽매이지 않는 것(不拘小節)"이라고 했는데, 대략 소신을 굳게 지키며 언행에 거침이 없음을 이르는 것으로 이해됨.

7 **蕩**(탕): 방탕放蕩·방종放縱, 즉 제멋대로 행동하여 거리낌이 없음. 주자는 이를 "기본적인 행위 규범을 넘어서는 것(踰大閑)"이라고 했는데, 대략 도의도 무시한 채 함부로 행동함을 이르는 것으로 이해됨.

8 **矜**(긍): 곧 「자로편」에서 말한 '견자狷者'(13-21)로, 주자가 "'긍자'는 지조를 대단히 엄격히 지킨다(矜者, 持守太嚴)"고 했는데, 대략 절개가 곧고 자긍심이 높아 고집이 센 사람을 일컫는 것으로 이해됨.

9 **廉**(렴): 모서리, 모난 귀퉁이. 여기서는 이로써 사람의 품행이 방정하고 위엄함을 이름.

10 **忿戾**(분려): 주자가 "다투는 지경에 이르는 것(至於爭)"이라고 했듯이, 이는 곧 마구 성을 내며 다툼을 이름. '분'은 성냄. '려'는 사나움, 흉포함.

11 **愚**(우): 천성이 우매하고 사리事理에 밝지 못한 사람.

12 **直**(직): 형병이 이른 대로, "심성이 솔직하여 부정不正하거나 교활함이 없음(心直而無邪曲)"을 이름.

13 詐(사): 속임. 이는 형병이 이른 대로, "마냥 남을 속이면서 자신의 이익만 꾀함〔多行欺詐自利〕"을 이름.

14 而已矣(이이의): ~일 뿐임, 따름임.

해설

공자가 볼 때, 옛날 사람들은 비록 뜻이 높고 포부가 커 과격함〔狂〕·절개가 곧고 자긍심이 높아 고집이 셈〔矜〕·어리석음〔愚〕의 세 가지 병폐가 있기는 했지만, 그래도 그런 대로 봐줄 만했다. 하지만 공자 당시 사람들의 그 세 가지 병폐는 다소 극심한 경향을 보이며 용납하기 어려운 지경에 이르렀다. 한마디로 옛날 사람들은 몇 가지 병폐가 있었지만, 그래도 순박함이 있었는데, 요즈음 사람들은 날로 야박하고 간특해져만 가는 것 같다는 얘기다. 오늘날 우리는 어떤지 스스로를 돌이켜 볼 일이다.

17-17

공자께서 말씀하셨다. "듣기 좋은 말과 보기 좋은 얼굴빛을 꾸며 아첨하는 사람은, 인한 이가 드물다."

子曰: "巧言令色, 鮮矣仁!"
자 왈   교 언 영 색   선 의 인

이는 「학이편」 3장에도 똑같이 보인다. 이를 여기에 중복 수록한 까닭
은 아마 다음 장의 의미와 연관이 있어서일 것이다.

17-18

공자께서 말씀하셨다. "자주색이 붉은색의 지위를 빼앗는 것을 미
워하고, 정나라 음악이 아악雅樂을 어지럽히는 것을 미워하며, 교묘한
말재주가 나라를 뒤엎는 것을 미워한다."

子曰: "惡¹紫之奪朱²也, 惡鄭聲³之亂雅樂⁴也, 惡利口⁵之覆⁶邦家⁷
자왈　　오 자 지 탈 주 야　　오 정 성 지 란 아 악 야　　오 리 구 지 복 방 가
者."
자

주석

1　惡(오): 증오함, 미워함.
2　紫之奪朱(자지탈주): 자주색이 붉은색의 지위를 빼앗음, 대체代替함. 자주색紫)
　　은 간색間色(파랑·노랑·빨강·하양·검정 가운데 둘 이상의 색을 섞어 낸 색)이고, 붉은색朱)
　　은 정색正色(섞임이 없이 순수한 색깔로, 곧 파랑·노랑·빨강·하양·검정의 다섯 가지 빛깔을 이
　　름)이므로, 곧 간색이 정색의 지위를 빼앗음을 이름.
3　鄭聲(정성): 정나라 음악. 공자가 "정나라 음악은 무절제하다"(15-11)고 한 바
　　있음.
4　雅樂(아악): 주대 선왕先王의 아정雅正한, 즉 기품이 높고 바른 정악正樂으로, 소
　　악韶樂·무악武樂(3-25 참조) 등을 이름.
5　利口(이구): 말을 재치 있고 그럴듯하게 잘하는 입. 곧 교묘한 말재주를 이름.

6 覆(복): 전복顚覆, 즉 뒤집어엎음, 넘어뜨림, 무너뜨림.

7 邦家(방가): 국가, 나라.

해설

주대의 예법에 따르면 제후의 관복官服은 붉은색이 올바른 색이었으나, 공자 당시의 제후국들에서는 자주색으로 하는 것이 유행이었다. 그것은 곧 전통적인 예법을 무시하는 의도가 다분한 행위였다. 그뿐만이 아니다. 당시는 무절제한 정나라 음악과 교묘한 말재주가 국가 사회에 혼란을 더했는데, 그 모든 것은 바로 당시가 유례없는 난세였음을 단적으로 보여주는 표징들이다. 공자는 바로 그 같은 난세를 마주하고 깊은 우려와 고뇌에 빠진 것이다(이 장은 「위영공편」 11장과 논지가 상통하므로 함께 읽을 만함).

무릇 세상에는 마땅히 올바름이 흥하고, 그릇됨이 쇠해야 한다. 하지만 어느 시대나 현실 사회에서는 그 반대인 경우가 적지 않다. 필시 시비선악에 대한 사람들의 명찰과 분별이 부족한 데다, 바른 길을 가려는 의식과 의지가 충분치 못한 탓이다. 또한 거기엔 분명 세속적인 명리名利를 탐하는 사사로운 마음이 내재되어 있을 것이다. 결국 만사는 사람의 마음에 달렸음이라.

17-19

공자께서 말씀하셨다. "나는 이제 말을 하지 않으려고 한다." 자공이 말했다. "선생님께서 말씀을 하지 않으시면, 저희들이 무엇을 따라야 한단 말입니까?" 공자께서 말씀하셨다. "하늘이 무슨 말을 하더냐? 사계절이 운행하고 만물이 나고 자라지만, 하늘이 무슨 말을 하더냐?"

子曰: "予欲無言." 子貢曰: "子如¹不言, 則小子²何述³焉⁴?" 子曰:
자왈   여욕무언   자공왈   자여불언 즉소자 하술언   자왈
"天何言哉? 四時行焉,⁵ 百物生焉, 天何言哉?"
천하언재   사시행언   백물생언   천하언재

1 如(여): 만약(若).
2 小子(소자): 제자가 스승에게 자신을 낮추어 겸손하게 일컫는 말.
3 述(술): 술준述遵, 즉 좇음, 따름. 『설문해자』에서도 '술'이 좇을 '순循'의 뜻이라고 함. 왕시위엔 역시 『시경』 「패풍·일월日月」 "보아불술報我不述"의 '술'을 『모전毛傳』에서 '순循'의 뜻이라고 한 데에 근거해 같은 풀이를 함. 한편 장거정을 비롯한 많은 이들이 이를 전술傳述함의 뜻으로 풀이하나, 이론의 여지가 있음. 공자가 「술이편」에서 "나는 옛것을 후세에 전술하지만 스스로 새로운 것을 창시하지는 않는다"(7-1)고 했듯이, 소위 '전술함'은 스승이 표방한 학문의 태도이자 방침이거늘 제자들이 어찌 감히 '전술'을 말할 수 있겠는가?
4 焉(언): 의문의 어조사.
5 焉(언): 어지於之의 합음자. 그곳에서, 거기서. 아래의 '언'도 이와 같음.

공자가 볼 때, 평소 제자들은 당신이 하는 말에만 의존해 지식을 얻고, 진리를 공부하는 데에는 열중하면서도, '온고이지신溫故而知新'(2-11), 즉 배운 것을 거듭 익혀서 새로운 것을 깨달아 아는 가운데 진리를 탐

구하고, 또한 동시에 생활 속에서 열심히 실천하는 데에는 오히려 미흡했다. 공자는 바로 제자들의 그런 모습이 심히 못마땅했다. 그래서 급기야 '말을 하지 않겠다'는 '극약 처방'을 내린 것이다. 언교言教, 즉 말로 가르침을 지양하고, 신교身教, 즉 몸으로 가르침으로써 몸소 본을 보이겠다는 뜻이리라. 공자는 「이인편」에서 "군자는 말은 신중히 하고, 행동은 민첩하게 하려고 한다"(4-24)고 했듯이, 말보다는 행동과 실천을 한껏 중시했다. 오늘날 '위인지학爲人之學'(14-25 참조), 즉 다른 사람에게 보이기 위한 공부가 보편화된 가운데 공부를 위한 공부에만 열중할 뿐, 배움의 생활 속 실천에는 한없이 미흡한 우리 자신을 절로 돌아보게 된다.

17-20

유비가 공자를 뵙고자 하였으나, 공자께서는 병을 핑계로 거절하셨다. 말 심부름꾼이 문밖으로 나가자, 공자께서는 비파를 가져다 타면서 노래를 부르시어, 일부러 그가 그 소리를 듣게 하셨다.

孺悲[1]欲見孔子, 孔子辭[2]以疾. 將命者[3]出戶, 取瑟而歌, 使之[4]聞之.[5]
유 비 욕 현 공 자   공 자 사 이 질   장 명 자 출 호   취 슬 이 가   사 지 문 지

주석

1 孺悲(유비): 노나라 사람. 훗날 노 애공의 명을 받고, 공자에게 사상례士喪禮(사士 계층의 상례)를 배움. 유보남은 이 장의 이야기는 유비가 공자를 처음 뵈려고 할

때, 다시 말해 공자에게 예를 배우기 이전의 일이라고 함.

2 辭(사): 사절함. 곧 거절함을 이름.

3 將命者(장명자): 명(命)을 전하는 사람. 곧 말 심부름꾼을 이름. '장'은 받듦, 받들어 행함. '명'은 명(令), 말.

4 之(지): 유비를 가리킴.

5 之(지): 곧 공자가 비파 타며 노래 부르는 소리를 가리킴.

해설

여기서 공자가 뵙기를 청하는 유비를 물리친 까닭은 자세히 알 수 없다. 다만 『한시외전韓詩外傳』에서 인용한 자로의 말에 따르면, 당시에는 선비가 누군가를 처음 만날 때 소개인을 통하지 않고 직접 만나기를 청하는 것은 군자의 도리가 아니라는 인식이 있었던 듯하다. 결국 공자는 유비의 무례를 꾸짖은 것이니, 그야말로 '가르치지 않음으로써 가르친 것'이다.

17-21

재아가 여쭈었다. "부모의 상사喪事에 3년 동안 거상居喪하는 것은 그 기간이 너무 깁니다. 군자가 3년 동안이나 예법을 익히지 않으면 예법이 필시 무너질 것이요, 3년 동안이나 음악을 익히지 않으면 음악이 필시 황폐할 것입니다. 1년이면 묵은 곡식은 이미 다 떨어지고, 햇곡식이 어느새 등장하며, 땔감 나무에 나무 막대기를 비벼서 불씨를 얻는 것도 계절마다 그 나무를 바꾸어 한 바퀴를 돌게 되니, 만 1년이 되면 거상을 마쳐도 될 것입니다." 공자께서 말씀하셨다. "(부모가 돌아

가신 지 3년도 안 되어) 쌀밥을 먹고, 비단옷을 입는 것이 네 마음에 편안하겠느냐?" 재아가 말했다. "편안하겠습니다." 공자께서 말씀하셨다. "네 마음이 편안하다면 그렇게 하여라. 군자가 상중喪中에는 진미珍味를 먹어도 달지 않고, 음악을 들어도 즐겁지 않으며, 집에서 거처하여도 편안하지 않기 때문에 그렇게 하지 않는 것이다. 한데 지금 너는 마음이 편안할 것이라고 하니, 그러면 그렇게 하여라." 재아가 밖으로 나가자, 공자께서 말씀하셨다. "여는 저렇듯 참 인하지 못하구나! 자식은 태어나 3년이 지난 다음에야 비로소 부모의 품을 벗어나는 것이다. 그렇기 때문에 부모를 위해 삼년상을 받드는 것은 천하 만인이 다 행하는 상례인 것이다. 여도 분명 그의 부모에게 3년 동안 사랑과 보호를 받았으렷다!"

宰我[1]問: "三年之喪,[2] 期[3]已[4]久矣. 君子三年不爲[5]禮, 禮必壞[6]; 三年
재아 문   삼년지상 기 이 구 의 군자삼년불위 례 예필괴 삼년

不爲樂, 樂必崩.[7] 舊穀旣沒,[8] 新穀旣升,[9] 鑽燧改火,[10] 期[11]可已[12]矣."
불위악 악필붕 구곡기몰 신곡기승 찬수개화   기 가이 의

子曰: "食夫[13]稻,[14] 衣[15]夫錦,[16] 於女[17]安乎?" 曰: "安." "女安, 則爲
자왈 식부 도 의 부금 어여 안호 왈 안 여안 즉위

之! 夫[18]君子之[19]居喪, 食旨[20]不甘, 聞樂不樂, 居處[21]不安, 故不爲
지 부 군자지 거상 식지 불감 문악불락 거처 불안 고불위

也. 今女安, 則爲之!" 宰我出. 子曰: "予[22]之[23]不仁也! 子生三年,
야 금여안 즉위지 재아출 자왈 여 지 불인야 자생삼년

然後免[24]於父母之懷. 夫三年之喪, 天下之通喪[25]也. 予也, 有三年
연후면 어부모지회 부삼년지상 천하지통상 야 여야 유삼년

之愛於其父母乎!"
지 애 어 기 부 모 호

1 宰我(재아): 공자의 제자 재여. 3-21 주석 2 참조.

2 三年之喪(삼년지상): 부모의 상을 당하여 3년 동안 거상하는 일.

3 期(기): 상기喪期, 즉 거상하는 기간. 이를 주자는 주년周年, 즉 1년을 뜻한다고 했는데, 이론의 여지가 있음.

4 已(이): 너무.

5 爲(위): ~을 함. 여기서는 (예악을) 학습·연습·실습함을 이름.

6 壞(괴): 무너짐.

7 崩(붕): 황폐荒廢함.

8 沒(몰): 다함〔盡〕. 곧 다 떨어지고 없음을 이름.

9 升(승): 오름〔登〕. 곧 나옴, 등장함을 이름.

10 鑽燧改火(찬수개화): 불씨를 얻는 나무를 바꿈. '찬수'는 땔감 나무에 홈을 뚫은 다음 세차게 비벼서 불씨를 얻음. '찬'은 뚫음. 곧 나무를 뚫듯이 비빔을 이름. '수'는 부싯돌. 여기서는 찬목鑽木, 즉 불씨를 얻기 위해 쓰는 나무를 이름. 옛날에는 나무를 문질러 불씨를 얻었는데, 그 불씨 얻는 나무도 계절마다 달라서 봄에는 느릅나무와 버드나무, 여름에는 대추나무와 살구나무, 늦여름에는 뽕나무와 산뽕나무, 가을에는 떡갈나무와 졸참나무, 겨울에는 홰나무와 박달나무를 썼다고 함. '개화'는 곧 계절마다 나무를 바꾸어 불씨를 얻는 것을 두고 한 말임. 이상의 "구곡舊穀…" 3구는 곧 1년이라는 기간을 염두에 두고 한 말이므로, 그 말이 원문에는 없으나, 역문에 그 뜻을 보충함.

11 期(기): 만 1년.

12 已(이): 주자가 '지止'의 뜻이라고 했듯이, 그침, 마침, 종료함을 이름.

13 夫(부): 저〔彼〕.

14 稻(도): 벼. 여기서는 쌀밥을 이름.

15 衣(의): 동사로, (옷을) 입음.

16 錦(금): 비단. 여기서는 비단옷을 이름. 이상에서 말한 '쌀밥을 먹고 비단옷을 입는 것'은 옛날 거상의 예법에 어긋나는 일이며, 거친 밥을 먹고 거친 옷을 입는 것이 상제喪制의 도리임.

17 於女(어여): 너에게. 곧 네 마음에를 이름. '여'는 여汝와 같음. 너, 자네.

18 夫(부): 무릇, 대저大抵.

19 之(지): 어조사. 1-10 주석 8 참조.

20 旨(지): 진미, 즉 아주 맛있는 음식.

21 居處(거처): 옛날에 상제는 임시로 초막草幕을 마련해 기거하며 거적 위에서 자고 흙덩이를 베개 삼았다고 함. 따라서 여기서 '거처'라 함은 곧 평상시의 거처, 즉 집에서 지냄을 이름.

22 予(여): 재아의 이름.

23 之(지): 지시대명사. 여기서는 저렇듯, 저처럼 정도의 뜻으로 풀이됨.

24 免(면): 벗어남, 떠남.

25 通喪(통상): 위로는 임금으로부터 아래로는 서민에 이르기까지 모두가 두루 행하는 상례라는 말.

해설

공자의 설명에 따르면, 자식이 부모를 위해 삼년상을 치르는 것은, 자식이 세상에 태어나 부모의 품에서 3년간 특히 고이고이 길러진 데에 대한 최소한의 보답이자 감은感恩의 표현이다. 부모의 삼년상이 예로부터 '천하 만인이 다 행하는 상례'로 자리를 잡은 것은 바로 그 때문이다. 하지만 공자 당시에 이미 전통적인 상례를 어기는 경우가 심심찮게 나타나고 있었다. 재아가 스승에게 삼년상에 대해 문제를 제기함도 그 같은 사회 분위기를 반영한 것이리라. 공자는 시종 붕괴된 선대先代의 예악 전통을 재정립하여 구세로 나아가는 길을 닦고자 했다. 더욱이 공자가 주창한 인 사상은 바로 효제의 마음을 근본으로 한다.(1-2 참조) 그 같은 연유로 공자는 예로부터 모든 사람이 행한 상례를 애써 지키고자 한 것이다.

공자는 「이인편」에서 "군자는 천하만사에 있어 반드시 어떻게 해야 된다는 것도 없고, 또 절대로 어떻게 하면 안 된다는 것도 없으며, 오직 알맞고 마땅함에 따를 뿐이다"(4-10)라고 했다. 사람은 만사에 객관적 형세나 사리事理에 알맞고 마땅함을 좇아 능히 융통성을 발휘할 수 있어야 한다는 얘기다. 그렇다면 삼년상이라는 형식은 분명 시대와 사회에 따라 적절히 바뀌어갈 수 있는 문제이다. 다만 그 본질적인 취지와 정신은 잊지 말아야 하며, 또한 아름답게 가꾸어나가야 한다.

17-22

공자께서 말씀하셨다. "하루 종일 배불리 먹고 아무 데도 마음을 쓰지 않는다면, 참으로 곤란하도다! 주사위 놀이나 바둑 같은 것도 있지 않느냐? 그런 것이라도 하는 것이, 그래도 아무것도 하지 않고 빈둥거리는 것보다는 낫다."

子曰: "飽食終日, 無所用心, 難矣哉¹! 不有博奕²者乎? 爲之, 猶賢
자왈　포식종일　무소용심　난의재　　불유박혁자호　위지　유현
乎已.³"
호 이

주석

1 難矣哉(난의재): 곤란하도다. 일설에는 덕성을 기르기 어렵다거나 화를 면하기 어렵다는 뜻으로 풀이하는데, 일리가 있음. '의재'는 복합 어조사로, 감탄의 어기를 나타내면서 아울러 단정의 어기를 띰.
2 博奕(박혁): '박'은 쌍륙雙六, 즉 주사위 놀이. '혁'은 바둑. 이 두 가지 놀이는 이때에는 단순히 소일거리이면서 지력智力까지 기를 수 있는 것이었는데, 후세에는 점차 도박성을 띤 놀이로 변모함.

3 猶賢乎己(유현호이): 오히려 아무것도 하지 않는 것보다는 나음. '유'는 오히려, 그래도. '현'은 나음(勝). '호'는 어於와 같은 어조사로, 비교문에서 ~보다의 뜻을 나타냄. '이'는 그침, 그만둠. 곧 아무것도 하지 않음을 이름.

해설

맹자가 말했다. "사람의 마음이라는 기관은 사고하는 것으로, 사고를 하면 진리를 터득하나 사고하지 않으면 진리를 터득하지 못한다(心之 官則思, 思則得之, 不思則不得也)."(『맹자』「고자 상」) 마음을 쓰고, 사고를 한다는 것이 사람에게 얼마나 중요한 일인지를 역설한 말이다. 사람이 뭔가에 마음을 쓰고 생각을 하며 보다 가치 있고 의미 있는 것을 추구하지 않는다면, 어찌 사람다운 삶을 살 수가 있겠는가? 공자가 여기서 "하루 종일 배불리 먹고 아무 데도 마음을 쓰지 않는" 사람의 태도를 콕 집어 질타한 것은 바로 그 때문이다. 그러나 공자가 결코 '주사위 놀이나 바둑 같은 것'이라도 열심히 하라고 한 것이 아니다. 단지 사람이 그저 배부르고 등 따습기만을 바라며 마냥 빈둥거리기만 하는 꼴이, 얼마나 한심한 노릇인지를 깊이 깨우쳐주려고 한 말일 뿐이다. 문득 20세기 초 미국의 시인 프랭크 크레인Frank Crane이 「인생」이라는 시에서 갈파한 말이 떠오른다. "최악의 파산은 의욕을 상실한 영혼이다."

17-23

자로가 말했다. "군자는 용기를 숭상합니까?" 공자께서 말씀하셨다. "군자는 도의를 가장 고귀하게 여긴다. 군자가 용기만 있고 도의를 모르면 난을 일으키고, 소인이 용기만 있고 도의를 모르면 도둑질을 하게 된다."

子路曰: "君子尚¹勇乎?" 子曰: "君子義以爲上,² 君子³有勇而無義
자 로 왈   군 자 상 용 호   자 왈   군 자 의 이 위 상   군 자 유 용 이 무 의
爲亂, 小人有勇而無義爲盜."
위 란   소 인 유 용 이 무 의 위 도

주석

1 尚(상): 숭상함, 존숭함. 곧 존귀하게 여기며 애호함을 이름.
2 義以爲上(의이위상): '이의위상以義爲上'의 도치. 의(도의)를 가장 고귀한 것으로 여김. '상'은 최상最上, 고귀함, 존귀함.
3 君子(군자): 주자가 이른 대로, 벼슬자리에 있는 이를 두고 이르는 것으로 이해됨. 아래의 '소인小人'도 이와 같음.

해설

용기는 분명 중요한 덕목이다. 그러나 그것은 도의가 뒷받침될 때, 비로소 긍정적인 의의를 갖는다. 그렇지 않으면 폐해만 두드러질 뿐이다. "용기를 좋아하되 배우기를 좋아하지 않으면 그 폐단은 혼란한 사태를 야기하는 것"(17-8)이라고 하지 않았던가? 따라서 사람은 배우기를 좋아해 올바른 인성과 훌륭한 덕성을 함양해야 하며, 혈기만 앞세운 용기나 소인·필부匹夫의 용기를 경계해야 한다.

17-24

자공이 말했다. "군자도 미워하는 사람이 있습니까?" 공자께서 말씀하셨다. "미워하는 사람이 있지. 남의 허물을 퍼뜨리는 사람을 미워하고, 아랫자리에 있으면서 윗사람을 비방하는 사람을 미워하며, 용감하지만 예의가 없는 사람을 미워하고, 과감하지만 앞뒤가 꽉 막힌 사람을 미워한다." 공자께서 다시 말씀하셨다. "사야, 너도 미워하는 사람이 있느냐?" 자공이 대답했다. "저는 남의 공功을 훔쳐서 스스로 똑똑하다고 생각하는 사람을 미워하고, 불손한 것을 용감하다고 생각하는 사람을 미워하며, 남의 비밀을 폭로하는 것을 정직하다고 생각하는 사람을 미워합니다."

子貢曰: "君子亦有惡¹乎?" 子曰: "有惡: 惡稱²人之惡³者, 惡居下流⁴而訕⁵上者, 惡勇而無禮者, 惡果敢而窒⁶者." 曰: "賜⁷也亦有惡乎?" "惡徼以爲知⁸者, 惡不孫以爲勇者, 惡訐⁹以爲直者."

주석

1 惡(오): 증오함, 미워함. 아래에서도 '칭인지악稱人之惡'의 '악'을 제외한 다른 모든 '惡' 자는 이와 같음.

2 稱(칭): 칭설稱說, 즉 칭찬하여 말함. 여기서는 (남의 흠을) 퍼뜨림을 이름.

3 惡(악): 악행, 흠, 허물.

4 下流(하류): 아랫자리. 여기서 '류' 자는 연문衍文, 즉 글 가운데 쓸데없이 들어간 군더더기 글귀로 보임. 『한석경』을 비롯해 만당晩唐 이전의 판본에는 '류' 자가 없었던 것으로 일러짐.

5 訕(산): 헐뜯음, 비방함.

6 窒(질): 막힘, 불통不通함. 곧 사리에 어둡고 앞뒤가 꽉 막힌 것을 이름.

7 賜(사): 자공의 이름.

8 徼以爲知(요이위지): 남의 공功을 훔쳐 가지고 스스로 똑똑하다고 여김. '요'는 훔침. '지'는 지智와 같음.

9 訐(알): 들춰냄, 폭로함.

해설 ─────────

자공이 생각하기에, 군자는 인애의 마음으로 충만한 사람이니, 다른 사람을 미워하는 일은 없을 것 같았다. 하지만 좋은 사람을 좋아하고, 나쁜 사람을 미워하는 것은 인지상정이다. 문제는 사람이 어떤 사심도 편견도 없이 애증愛憎을 올바르게 해, 마땅히 좋아할 사람을 좋아하고 마땅히 미워할 사람을 미워하기가 쉽지 않다는 것이다. 그렇기 때문에 공자가 "오직 인한 사람만이 사람을 좋아하고, 또 사람을 미워할 수 있다"(4-3)고 하지 않았던가? 여기서 공자가 미워하는 것은 도의를 모르는 이들이요, 자공이 미워하는 것은 도의를 빙자하는 이들이다. 물론 모두가 미움을 받아 마땅한 사람들이다.

17-25

공자께서 말씀하셨다. "유독 시첩侍妾과 옹졸한 신복臣僕은 거느리기가 어렵나니, 그들은 가까이하면 불손하고, 멀리하면 원망한다."

子曰: "唯女子與小人¹爲難養²也, 近之則不孫,³ 遠之則怨."
자왈   유녀자여소인 위난양 야 근지즉불손 원지즉원

384

1 **女子**(여자)·**小人**(소인): 시첩과 옹졸한 신복. 이는 아래의 '양養', 즉 부양한다는 뜻을 감안하면 결코 일반 여자와 소인을 가리키는 것이 아니며, 집안이나 궁중의 여자와 소인, 즉 시첩(함께 있으면서 시중을 드는 첩으로, 주로 귀족이나 벼슬아치가 데리고 사는 첩을 이름)이나 빈첩嬪妾, 그리고 소인배같이 옹졸한 신복(신하와 하인)을 가리키는 것으로 봐야 함. 주자가 이 장을 풀이하며, 군자가 신첩臣妾을 근엄히 대하고 자혜로이 기르면 두 가지 병폐가 없을 것이라고 한 것도 같은 맥락으로 이해됨. 그러므로 이를 일반 여자와 소인으로 이해해, 공자가 여자를 소인과 같이 취급해 비하했다는 식의 비판을 가하는 것은 공자의 본의를 오도하므로 옳지 않음.
2 **養**(양): 부양함. 여기서는 곧 거느림(부양해야 할 손아랫사람을 데리고 있음), 대함(어떤 태도로 상대함)을 이름.
3 **孫**(손): 손遜과 같음. 겸손함, 순종함.

해설

사람의 됨됨이는 참으로 다양하다. 그 때문인가 예나 지금이나 사람을 대하는 일이 가장 어렵다. 또한 그렇기 때문에 우리는 사람을 대하는 지혜를 길러야 한다. 사람이 사람을 거느린다는 것은 결코 쉬운 일이 아니다. 공자가 콕 집어 말한 시첩과 옹졸한 신복은 고대사회에서 이런저런 불화와 갈등을 불러일으킨 주요한 인물들의 한 부류였다. "그들은 가까이하면 불손하고, 멀리하면 원망한다." 그러니 공자 같은 성인도 그들은 거느리기가 어렵다고 한 것이다. 진정, 옹졸한 사람을 거느릴 때에는 '지나치게 가까이하지도 않고, 또 지나치게 멀리하지도 않는' 지혜가 더더욱 필요하다.

17-26

공자께서 말씀하셨다. "나이가 마흔이 되어서도 남에게 미움을 산다면, 그의 남은 인생도 그것으로 다 끝이로다."

子曰: "年四十而見惡¹焉, 其終也已.²"
자 왈　연 사 십 이 견 오 언　기 종 야 이

주석

1 見惡(견오): 곧 '견오어인見惡於人'의 생략. 다른 사람에게 미움을 받음, 삼. '견'은 동사 앞에 쓰여서 피동의 뜻을 나타냄. ~을 당함, 받음. '오'는 증오함, 미워함.
2 其終也已(기종야이): 그의 여생餘生도 다 끝임. '기'는 제삼인칭대명사로, 앞에서 말한 그 사람을 가리킴. 일설에는 어기 부사로, 추측의 뜻을 나타낸다고 하나, 이론의 여지가 있음. '종'은 종생終生, 즉 목숨이 다할 때까지의 동안. 곧 그 남은 생애를 이름. '야'는 일시 멈춤의 어조사. '이'는 지止와 같은 뜻으로, 그만이다, 즉 그것으로 끝이다, 더 이상 개선될 어떤 희망도 없다는 말임.

해설

고대사회에서 나이 마흔(요즘으로 말하면 그보다는 더 많은 나이일 듯하다)은 청년기를 벗어나 이미 장년기에 접어든 시기로, 육체적으로나 정신적으로 상당히 성숙된 단계이다. 그런 만큼 응당 학문적으로 자못 진보와 성취가 있을 뿐만 아니라 인생의 경험 또한 풍부할 것이며, 덕행을 닦고 쌓음에 있어서도 정진을 거듭한 때로서, 진정 공자가 말한 '불혹不惑'(2-4)의 나이이다. 하지만 일부 사람들은 청춘 시절을 허송한 나머지 나이 마흔에 이르러서도 여전히 미거未擧, 즉 철이 없고 사리에 어두운 상태를 벗어나지 못하고 비행非行을 저지르는 불량한 모습을 보이고 있었던 것이다. 당시로서는 마흔이면 그야말로 사람이 나이가 들 만큼 든 것인데, 아직도 그릇된 길을 가며 사람들에게 미움과 지탄을 받는다면, 그가 과연 남은 생애에 개과천선하여 올바른 길을 갈 수는 있을지 회의할 따름이며, 결코 한 가닥 희망도 기대도 가지기 어렵다는 게 공자의 일갈이다. 이는 곧 장년들에 대한 경고라기보다는 청년들에 대한 일깨움이요, 경종일 것이다.

제18편

미
자

微子

「미자편」은 모두 11장으로 나뉘며, 주로 역사상 여러 성현의 사적事
迹과 난세를 산 사람들의 서로 다른 처세 태도를 기술하고 있다. 그 가
운데 특히 공자가 주유열국 도중에 만난 은사隱士들은, 공자에게 자신
들처럼 피세 은거하기를 권고했다. 하지만 조금의 동요도 없는 공자
의 태도는, 구세에의 열망과 '안 되는 줄 알면서 굳이 그걸 하려고 드
는'(14-39) 정신을 웅변해준다.

18-1

은나라 주왕의 무도함이 극에 달하자, 미자는 그를 떠나고, 기자는 그의 종이 되었으며, 비간은 충심으로 간하다 죽임을 당하였다. 공자께서 말씀하셨다. "은나라에는 세 사람의 인자仁者가 있었다."

微子¹去²之,³ 箕子⁴爲之奴, 比干⁵諫而死. 孔子曰: "殷⁶有三仁焉."
미 자 거 지   기 자 위 지 노 비 간 간 이 사 공 자 왈   은 유 삼 인 언

주석

1 微子(미자): 은나라 주왕(19-20 주석 1 참조)의 서형庶兄으로, 이름은 계啓. '미'는 그의 식읍 이름이고, '자'는 작위 이름임. 여기서 말하는 미자와 기자, 비간의 이야기는 모두 은 주왕의 무도함으로 인해 빚어진 일인데, 원문에는 그러한 내용이 명시되어 있지 않으나, 이해를 돕기 위해 역문에 그 뜻을 보충함.

2 去(거): 떠나감.

3 之(지): 주왕을 가리킴. 아래의 '지'도 이와 같음.

4 箕子(기자): 주왕의 숙부로, 이름은 서여胥餘. '기'는 식읍 이름이고, '자'는 작위 이름임.

5 比干(비간): 역시 주왕의 숙부임.

6 殷(은): 2-23 주석 3 참조.

해설

은나라 말 포학무도한 주왕을 보필했던 세 사람의 현신, 즉 미자·기자·비간은 각기 서로 다른 처신으로 나라와 임금에 대한 충정忠情을 다했다. 미자는 주왕에게 여러 차례 간언諫言을 올렸으나 듣지 않자 조정을 떠나 은거했다. 나중에 주 무왕이 주왕을 정벌하고 은나라를 멸망시킨 후에 미자를 송나라에 봉했다. 기자 역시 주왕에게 여러 차례 간하다가 구금되어 노예(종)로 전락했는데, 머리를 풀어헤치고 미친 척하며 살았다고 한다. 나중에 주 무왕이 은나라를 멸한 후에 비로소 그를 석방했다. 비간 또한 주왕에게 끊임없이 간했다. 그러자 주왕이 "내가 듣기로 성인聖人의 심장에는 일곱 개의 구멍이 있다고 하더라"라고 하며, 그의 가슴을 갈라 심장을 도려내 죽였다고 한다. 이에 공자는 은말殷末 세 사람의 현신을 모두 '인자'라고 일컬으며 칭송했다.

마융이 말했다. "인자는 사람을 사랑하나니, 세 사람의 행동은 각기 달랐지만 다 같이 인자라고 칭송된 것은, 바로 그들 모두가 난세를 우려하며 어떻게든 백성들을 편안히 살 수 있도록 하려는 데에 뜻이 있었기 때문이다(仁者愛人, 三人行各異而同稱仁, 以其俱在憂亂寧民也)." 다시 말해 세 사람의 현신은 하나같이 주왕의 폭정이 바야흐로 나라를 위망危亡(몹시 위태로워서 망할 것 같음)한 지경으로 몰아넣고, 백성들을 도탄에 빠뜨리는 것을 도저히 보고만 있을 수가 없었다. 그리하여 그들은 모두 일신의 안위는 전혀 돌보지 않고, 오로지 '인자애인仁者愛人'의 정신과 우국애민憂國愛民의 충정을 다함으로써 나라를 위난에서 구하고, 백성을 도탄에서 건져내고자 했다. '인자애인'의 숭고함이 가슴을 울린다.

18-2

유하혜가 옥관獄官의 장長이 되었으나, 여러 차례 쫓겨났다. 어떤 사람이 물었다. "당신은 왜 아직도 이 나라를 떠나지 못하는 겁니까?" 유하혜가 대답하였다. "정도正道를 곧게 지키며 사람을 섬긴다면, 어디에 간들 여러 차례 쫓겨나지 않겠습니까? 그리고 정도를 굽혀 부정직하게 사람을 섬긴다면, 어찌 굳이 부모의 나라를 떠날 필요가 있겠습니까?"

柳下惠¹爲士師,² 三黜.³ 人⁴曰: "子⁵未可以去⁶乎?" 曰: "直道而事
유 하 혜 위 사 사   삼 출   인 왈   자 미 가 이 거 호   왈   직 도 이 사

人,⁷ 焉往⁸而不三黜? 枉道⁹而事人, 何必去父母之邦¹⁰?"
인   언 왕 이 불 삼 출   왕 도 이 사 인   하 필 거 부 모 지 방

주석

1 柳下惠(유하혜): 노나라의 현자. 15-14 주석 3 참조.
2 士師(사사): 옥관, 즉 형옥刑獄을 관장하는 벼슬아치의 장을 이름. '사士'는 옥관을 일컬음.
3 三黜(삼출): 여러 차례 쫓겨남. '삼'은 여기서는 여러 번의 뜻임. '출'은 쫓아냄, 물리침. 여기서는 피동의 뜻임.
4 人(인): 곧 유인有人과 같은 말로, 어떤 사람을 이름.

5 子(자): 제이인칭대명사. 주로 상대방에 대한 존칭으로 쓰임. 곧 유하혜를 일컬음.

6 去(거): 떠나감.

7 人(인): 이는 곧 임금은 물론, 각급 장관長官·상관上官을 두고 하는 말임.

8 焉往(언왕): 어디를 간들. '언'은 何와 같음. 어디, 어느 곳.

9 枉道(왕도): 정도를 굽힘. 곧 앞의 '직도直道'와 상반된 말로, 정도를 왜곡해서 부정직하게 처신함을 이름. '왕'은 굽음, 굽힘.

10 父母之邦(부모지방): (자신이 나고 자란) 부모의 나라. 곧 조국祖國, 모국母國. 여기서는 노나라를 두고 이름. 이상 "왕도枉道…" 2구는 부정직한 태도로 임금이나 상관을 섬긴다면, 어디에서든 능히 그들의 뜻에 영합하며 무사히 자리를 보전할 수 있을 것이니, 굳이 다른 곳으로 가려고 할 필요가 없다는 뜻을 표현함.

해설

윗사람의 뜻에 영합하기보다 오로지 정도와 원칙을 지키며 처신·처사한다는 것은, 곧 부귀와 명리에 대한 어떠한 욕심도 없이 진실로 나라와 백성을 위해 기꺼이 헌신함이다. 그 같은 견지에서, 유하혜는 반복된 임직任職과 파직罷職에도 내쳐짐에 원망하기보다는 다시 주어지는 기회에 감사하며 소임에 최선을 다했다. 우리 모두가 바라는, 한 나라 한 시대를 굳건히 받치는 기둥과 들보 같은 인재란 바로 이런 현자이리라.

18-3

제나라 경공이 공자를 어떻게 대우할 것인지에 대해 말하였다 "노나라에서 계씨를 대우하듯이 하라면 나는 그렇게는 못하겠으니, 계

씨와 맹씨의 중간 정도로 대우할까 하노라." 경공이 나중에 다시 말했
다. "나는 늙어서 공자를 등용할 수가 없도다." 그 말을 전해 듣고, 공
자께서는 제나라를 떠나셨다.

齊景公待¹孔子曰: "若季氏,² 則吾不能,³ 以季孟之間⁴待之." 曰⁵:
제 경 공 대 공 자 왈   약 계 씨   즉 오 불 능   이 계 맹 지 간 대 지   왈
"吾老矣, 不能⁶用也." 孔子行.⁷
오 로 의   불 능 용 야   공 자 행

주석

1 **待**(대): 대우待遇함. 형병이 이른 대로, 이는 공자를 어느 정도의 녹봉과 어떤 작
  위爵位(벼슬과 지위)로 대우할 것인지를 두고 하는 말임.
2 **若季氏**(약계씨): 계씨와 같이. 곧 노나라가 계씨를 대우하듯이 공자를 대우함을
  이름. '약'은 같음. '계씨'는 곧 계손씨. 3-2 주석 1 참조.
3 **能**(능): 여기서는 조동사가 아닌 일반 동사로, 그렇게 할 수 있음을 이름.
4 **季孟之間**(계맹지간): 계씨와 맹씨의 중간. 노나라 삼경三卿 가운데 계손씨가 상
  경上卿으로 지위가 가장 높았고, 그다음으로 숙손씨叔孫氏가 중경中卿이고, 맹손
  씨孟孫氏는 하경下卿으로 가장 낮았음. 맹씨는 곧 맹손씨. 3-2 주석 1 참조.
5 **曰**(왈): 유보남이 이른 대로, 경공의 두 마디 말은 같은 때에 한 것이 아니기 때문
  에 '왈' 자를 한 번 더 써서 구별한 것으로 이해됨.
6 **能**(능): 조동사로, ~할 수 있음을 이름.
7 **行**(행): 떠나감. 경공이 공자를 등용할 수 없다고 한 말은, 주자가 이른 대로 공자
  를 대면하고 한 것이 아닌 것으로 보임. 곧 누군가에게 전해 들은 말인데, 원문에
  는 그런 말이 없으나, 역문에 보충해 이해를 도움. 『사기』「공자세가」에서 이 장
  의 일을 기록하며, 경공이 공자를 마주하고 그 말을 했다고 적은 것은 잘못임.

해설

공자는 서른다섯 살 때, 노나라 내란의 와중에 임금을 따라 제나라로 갔다. 당시 제 경공은 공자의 현명하고 지혜로움을 익히 알고 중용코 자 했으나, 재상 안영晏嬰의 반대에 부딪혀 무산되었다. 『사기』「공자 세가」에 따르면 당시 안영은, 공자가 말하는 번다하고 까다로운 예절 규범들은 몇 세대를 배워도 다 배울 수 없고, 평생을 다해도 제대로 익 힐 수 없다는 이유를 내세우며, 공자의 도를 채택해 제나라 예속禮俗 을 바꾸려는 것은 백성을 다스리는 좋은 방법이 아니라는 주장을 펼 쳤다. 여기서 경공이 나이 탓을 하며 말을 바꿈은, 바로 그 같은 배경 의 산물일 것이다. 예나 지금이나 세상에는 천리마가 없는 것이 아니 라, 좋은 말을 알아볼 백락伯樂(8-20 '해설' 참조)이 없는 것이다.

18-4

제나라 사람들이 미녀 가무단을 보내오자, 계환자가 이를 받아들였 다. 그리고 그에 현혹된 노나라 임금과 신하들이 사흘이나 정사를 돌 보지 않자, 공자께서는 노나라를 떠나셨다.

齊人歸¹女樂,² 季桓子³受之, 三日不朝,⁴ 孔子行.
제 인 귀 녀 악　계 환 자 수 지　삼 일 부 조　공 자 행

주석

1 歸(귀): 궤饋와 같음. (음식이나 물건을) 보냄.

2 **女樂**(여악): 미녀 가무단歌舞團을 이름.

3 **季桓子**(계환자): 당시 노나라 정권의 실세였던 대부 계손사季孫斯를 일컬음. 노 정공 때부터 애공 초년까지 집정 상경을 지냈으며, 애공 3년에 죽음.

4 **朝**(조): 임금이나 신하가 조정에 나가 정사를 논의함.

해설 ─────────

공자는 중년에 대사구 벼슬을 하며 내정과 외교에 걸쳐 탁월한 역량을 발휘함으로써, 조국 노나라를 안정과 번영으로 이끌었다. 한데 이에 두려움을 느낀 제나라는 문마文馬(아름다운 무늬가 있는 말)와 미녀를 선물해, 노나라 조정의 부패를 조장코자 했다. 노나라 군신君臣들은 과연 성색聲色과 승마에 빠져 황음무도하며, 정사는 거들떠보지도 않았다. 공자는 그 암담한 현실에 크게 실망했다. 그리하여 평소 "이념이 다르면 서로 함께 일을 도모하지 못한다"(15-40)거나 "큰 신하란 바른 도로써 임금을 섬기며, 그러다가 만약 그렇게 할 수 없으면 벼슬을 그만두고 물러난다"(11-24)는 생각을 가지고 있던 공자는, 조국이 아닌 다른 나라에서라도 이상 정치를 실현할 길을 모색하고자, 마침내 벼슬을 버리고 노나라를 떠나 주유열국의 장도에 올랐다.

18-5

초나라 광인狂人 접여가 노래를 부르며 공자 앞을 지나가면서 말하였다. "봉황이여! 봉황이여! 어찌 그리 덕이 쇠하였소? 이미 지나간 일은 돌이킬 수 없지만, 앞으로 다가오는 일은 아직 늦지 않았다네. 이제 그만두게, 그만두어! 오늘날 정치에 종사하는 사람들은 위험하기 짝이 없다네!" 공자께서 수레에서 내리시어 그와 이야기를 나누고자 하셨지만, 그가 총총걸음으로 공자를 피해 달아나는 바람에 그와 이야기를 나눌 수가 없으셨다.

楚狂接輿¹歌而過孔子曰: "鳳兮! 鳳兮! 何德之衰? 往者不可諫,²
초 광 접 여 가 이 과 공 자 왈   봉 혜   봉 혜   하 덕 지 쇠   왕 자 불 가 간
來者猶可追.³ 已而⁴已而! 今之從政者殆⁵而⁶!" 孔子下,⁷ 欲與之言.
내 자 유 가 추   이 이 이 이   금 지 종 정 자 태 이   공 자 하   욕 여 지 언
趨⁸而辟⁹之, 不得與之言.
추 이 피 지   부 득 여 지 언

주석

1 **楚狂接輿**(초광접여): 초나라의 은사로, 미친 척하며 세상을 피해 숨어 산다고 하여 '초광'이라고 함. 일설에 성은 육陸, 이름은 통通이고, '접여'는 그의 자라고 함. 조지승曹之升의 『사서척여설四書摭餘說』에 따르면 『논어』에 등장하는 은사는 모두 그 사람과 관련된 일로 명명命名했는데, 문지기는 '신문晨門', 지팡이를 짚는 이는 '장인丈人', 나루터 근처에 사는 이는 '저沮'·'닉溺'이라 했으며, '접여'는 공자의 수레(輿)와 만났기(接) 때문에 그같이 불렀을 뿐, 이름도 자도 아니라고 함. 이는 매우 일리가 있는 견해로, 참고할 만함.

2 **諫**(간): 권간勸諫함, 즉 옳지 못하거나 잘못된 일을 고치도록 말함. 여기서는 그렇게 하여 만회挽回함, 즉 바로잡아 회복함, 돌이킴을 이름.

3 **可追**(가추): 쫓아갈 수 있음. 곧 늦지 않음을 이름. '추'는 쫓아감, 따라잡음.

4 **已而**(이이): 그만두어라, 아서라. '이已'는 지止와 같은 뜻으로, 멈춤, 그만둠을 이름. '이而'는 어조사로, 상대방이 어떻게 하기를 바라고 요구하는 어기를 나타냄. 여기서 '이이'라는 말을 거듭한 것은 곧 간절한 마음을 표현한 것임.

5 **殆**(태): 위태로움, 위험함.

6 **而**(이): 어조사로, 단정적 서술의 어기를 나타냄.

7 下(하): 하거下車, 즉 수레에서 내림.

8 趨(추): 작고 빠른 걸음으로 감, 총총걸음으로 감.

9 辟(피): 피避와 같음.

해설

춘추시대 지식인들의 처세 태도는 이렇듯 상이했다. 초광접여가 공자를 봉황에 비유해 한 충고는 봉황에 대한 고대인들의 의식 관념에 기반한다. 옛날 사람들은, 상상의 새로서 대표적인 서조瑞鳥인 봉황은 천하에 바른 도가 행해질 때 비로소 나타나고, 천하에 바른 도가 행해지지 않을 때는 모습을 드러내지 않는다고 생각했다. 당시 춘추시대 말엽은 전통적인 도덕이 붕괴된 유례없는 난세였으니, 유덕한 현인賢人·지자智者라면 응당 세상을 피해 은둔의 삶을 사는 게 옳다는 것이다. 한데 공자는 천하가 무도한 상황에서도 오히려 세상을 구하겠다고 동분서주하고 있으니, 진정 그 덕이 쇠미한 까닭이라는 게 접여의 풍자이다. 또한 지나간 일은 어쩔 수 없지만, 이제부터라도 늦지 않았으니 어서 서둘러 은일, 즉 세상을 피해 숨으라고 충고한다.

공자는 일념으로 인도仁道를 행해 세상을 구제하고자 갖은 애를 다 썼지만, 현실의 벽은 너무나 높았다. 초광접여와 같은 당시의 은사들은 현실 정치의 화란을 피해 은거하며, 천하의 흥망성쇠에는 전혀 무관심했다. 접여는 자못 고답적인 은사로, 공자에 대한 존경과 우려의 마음을 함께 가지고 있다. 또한 공자에게 피세 은둔을 적극 권하면서도 공자와의 대화를 애써 피한 것을 보면, 공자가 '안 되는 줄 알면서 굳이 그걸 하려고 드는 사람'(14-39)임을 잘 알고 있는 듯하다.

18-6

장저와 걸닉이 쌍雙쟁기로 나란히 밭을 갈고 있었는데, 공자께서 그
곳을 지나시다가 자로를 시켜 나루터가 어디인지 물어보게 하셨다.
장저가 말했다. "저기 수레 위에서 말고삐를 잡고 있는 사람은 누구
요?" 자로가 말했다. "공구이십니다." 장저가 말했다. "바로 그 노나라
의 공구란 말이요?" 자로가 말했다. "그렇습니다." 장저가 말했다. "그
렇다면 나루터가 어딘지 알게요."

다시 걸닉에게 묻자, 걸닉이 말했다. "그대는 누구신가?" 자로가 말
했다. "중유입니다." 걸닉이 말했다. "바로 그 노나라 공구의 제자 말
인가?" 자로가 말했다. "그렇습니다." 걸닉이 말했다. "거대하고 거침
없는 사회 혼란의 물결이 온 천하를 뒤덮고 있는데, 그대들이 도대체
어느 누구와 더불어 그것을 바꾸겠다는 것인가? 그러니 또한 그대가
사람을 피해 다니는 이를 따르는 것이 어찌 세상을 피해 사는 이를 따
르는 것만 하겠는가?" 그리고 걸닉은 뿌린 씨앗을 곰방메질을 해 마
냥 흙으로 덮으며 멈추지를 아니하였다.

자로가 돌아와 두 사람이 한 말을 아뢰니, 공자께서 실망스러운 기
색으로 말씀하셨다. "사람이 어차피 산속의 짐승들과 함께 무리를 지
어 살 수는 없거니, 내가 만약 세상 사람들과 더불어 살지 않는다면,
누구와 더불어 살겠느냐? 그리고 만약 천하에 바른 도가 행해지고 있
다면, 나도 세상을 바꾸려고 하지 않을 것이다."

長沮桀溺[1]耦而耕,[2] 孔子過之, 使子路問津[3]焉.[4] 長沮曰: "夫[5]執輿
장저걸닉　　　우이경　　　공자과지　사자로문진　언　장저왈　　부집여
者[6]爲誰?" 子路曰: "爲[7]孔丘.[8]" 曰: "是魯孔丘與[9]?" 曰: "是也."
자위수　　　자로왈　위공구　　　왈　시노공구여　　　왈　시야

曰: "是知津矣!" 問於桀溺. 桀溺曰: "子[10]爲誰?" 曰: "爲仲由.[11]"
왈   시지진의   문어걸닉 걸닉왈 자 위수   왈 위중유

曰: "是魯孔丘之徒[12]與?" 對曰: "然." 曰: "滔滔者天下皆是也,[13]
왈   시노공구지도 여   대왈   연   왈   도도자천하개시야

而誰以易之[14]? 且[15]而[16]與其從辟人之士[17]也, 豈若[18]從辟世之士[19]
이수이역지   차 이 여기종피인지사 야 기약 종피세지사

哉?" 耰[20]而不輟.[21] 子路行以告. 夫子[22]憮然[23]曰: "鳥獸不可與同
재   우 이불철   자로행이고 부자 무연 왈   조수불가여동

群,[24] 吾非斯人之徒與而誰與[25]? 天下有道, 丘不與易[26]也."
군   오비사인지도여이수어   천하유도 구불여역 야

주석

1 長沮(장저)·桀溺(걸닉): 초나라의 이름난 두 은사. '장저'와 '걸닉'은 그들의 이름이 아니라 일종의 별칭임. 앞 장 주석 1 참조.

2 耦而耕(우이경): 두 사람이 쌍쟁기로 나란히 밭을 갊. '우'는 나란히 또는 나란히 갊.

3 津(진): 나루터.

4 焉(언): 어지於之의 합음자. '지'는 장저와 걸닉을 가리킴. 곧 그들에게라는 뜻을 나타냄.

5 夫(부): 저(彼).

6 執輿者(집여자): 수레의 말고삐를 잡고 있는 사람. 곧 공자를 가리킴. 말고삐는 원래 자로가 잡고 수레를 몰았으나, 지금은 나루터를 물으러 갔기 때문에 공자가 대신 잡고 있는 것임. '여'는 수레. 여기서는 수레를 끄는 말의 고삐(轡)를 이름.

7 爲(위): 서술격 조사로, ~이다.

8 孔丘(공구): 공자의 이름.

9 與(여): 여歟와 같음. 의문의 어조사.

10 子(자): 당신, 그대.

11 仲由(중유): 자로의 이름.

12 徒(도): 문도門徒, 제자.

13 滔滔者天下皆是也(도도자천하개시야): 큰물이 세차게 넘쳐흐르는 것이 온 천하가 다 그러함. 곧 거대한 정치·사회적 혼란의 물결이 온 천하를 뒤덮고 있음을 이름. '도도'는 큰물(大水)이 거침없이 넘쳐흐르는 모양. '개'는 모두. '시'는 그러함.

14 而誰以易之(이수이역지): 그대들이 누구와 함께 그것을 바꾸겠다는 것인가? '이而'는 이爾와 같음. 제이인칭대명사로, 너, 그대. 여기서는 그대들, 곧 공자와 그 제자들을 이름. '수이'는 '이수以誰'의 도치. 누구와 더불어, 함께. 여기서 '이以'는 여與와 같음. '역'은 변역變易·개역改易, 즉 고쳐 바꿈. '지'는 앞에서 말한 '도도자滔滔者', 즉 온 천하를 뒤덮은 혼란의 물결을 가리킴.

15 且(차): 또한, 더욱.

16 而(이): 너, 그대. 이는 자로를 가리킴.

17 辟人之士(피인지사): 사람을 피해 다니는 선비, 사람. 곧 공자를 가리킴. 공자가 천하를 주유하며, 가는 나라마다 뜻을 얻지 못하고 다시 다른 나라로 떠나곤 한 것이 마치 사람을 피해 다닌 것 같다고 하여 이른 말임. '피'는 피避와 같음.

18 與其A豈若B(여기A기약B): 비교·선택의 접속사. A하는 것이 어찌 차라리 B하는 것만 하겠는가?'의 뜻을 나타냄. '여기'는 ~하기보다는. 여기서는 ~하는 것이. '기약'은 곧 '녕寧'이나 '불여不如'의 뜻으로, ~하는 것만 못함을 이름. 3-4 주석 4 참조.

19 辟世之士(피세지사): 세상을 피해 사는 사람. 곧 장저와 걸닉 자기들과 같은 은사를 가리킴.

20 耰(우): 곰방메, 즉 흙덩이를 깨뜨리거나 씨를 뿌리고 그 위에 흙을 덮는 데 쓰는 농기구. 여기서는 동사로, 뿌린 씨앗을 곰방메질을 해 흙으로 덮음을 이름.

21 輟(철): 그침, 멈춤(止).

22 夫子(부자): 1-10 주석 3 참조.

23 憮然(무연): 실의失意·실망·섭섭한 모양.

24 鳥獸不可與同群(조수불가여동군): '불가여조수동군不可與鳥獸同群'의 도치. 이는 "어찌 세상을 피해 사는 이를 따르는 것만 하겠는가?"라는 걸닉의 말을 겨냥해 한 말로, 피세 은거함은 곧 산속으로 들어가 야생 짐승들과 함께 사는 것이므로 이같이 말한 것임. '동'은 같이(함께), '군'은 무리를 지은.

25 吾非斯人之徒與而誰與(오비사인지도여이수여): '오비여사인지도이여수吾非與斯

人之徒而與誰'의 도치. '사인지도'는 이 사람들, 즉 세상 사람들. '사'는 지시대명사. 이(此). '도'는 도중徒衆, 즉 사람의 무리, 사람들. '여'는 모두 동사로, 서로 더불어 지냄.

26 與易(여역): (세상을) 바꾸려고 함. '여'는 참여함, 종사함.

해설

이 장의 기본 논지는 앞 장과 같다. 공자와 그 제자들, 그리고 장저와 걸닉 같은 은사들, 이 두 부류 사람들의 처세 태도는 극명하게 다르다. 그러다보니 피차간에 소통 자체가 거의 되지 않는다. 여기서 공자는 자로를 시켜 은사들에게 '문진問津', 즉 나루터를 묻게 했다. 바로 이 이야기에서 유래된 이른바 '문진'이라는 말은 이제는 그런 일차적인 의미 외에도, 한 사람이 삶의 길을 잃고 헤매거나 막다른 골목에 이르러 막막한 경우에 선지先知·선각先覺의 현자에게 인생의 나루터, 곧 길을 묻는다는 뜻으로 확대 해석되고 있다.

장저는 나루터를 묻는 자로에게 오히려 "그렇다면 (공자 스스로) 나루터가 어딘지 알게요" 하고 답했다. 그것은 곧 공자가 천하를 주유하면서, 다른 사람들이 나루터를 찾지 못한 채 그릇된 길을 헤매고 다니는 것을 지적하고 다녔으니, 당연히 나루터가 어딘지를 알 것이라고 비꼰 것이다. 또한 걸닉이 뿌린 씨앗을 마냥 흙으로 덮으며 멈추지를 않은 것은 곧 그들이 끝내 나루터 위치를 알려주지 않았음을 말해준다. 이렇듯 장저와 걸닉은 공자의 처세 태도가 몹시 못마땅하다. 그들은 천하무도함이 이미 어떻게 할 수 없는 지경에 이르렀으며, 따라서 피세 은거만이 살길이라고 여긴다.

공자는 장저와 걸닉 같은 은사들이, 세상을 구제하겠다는 당신의 뜻을 이해하고 알아주지 않는 데 대해 아쉬움을 금치 못하고 있다. 하지만 그 누구도, 그 무엇도 난세에 고통 받는 세상 사람들을 구제하겠다는 공자의 염원과 의지를 꺾을 수는 없었다. 공자의 위대함은, 바로 도탄에 빠진 천하 만백성을 그대로 내버려두고 일신의 안위만 돌볼 수는 없다는 생각에서, 구세제민救世濟民이 분명 대단히 어렵고 또 "안 되는 줄 알면서 굳이 그걸 하려고 드는"(14-39) 그 숭고한 정신에 있다. 공자야말로 진정 인류의 영원한 스승임을 알리라.

18-7

자로가 공자를 수행하다가 뒤처졌는데, 지팡이에 둥구미를 걸어서 어깨에 메고 가는 노인을 만났다. 자로가 물었다. "노인장께서는 저희 선생님을 보셨습니까?" 노인이 말했다. "보아하니 사지四肢를 부지런히 놀려 일을 하지도 않고, 오곡을 분간하지도 못하겠거늘, 누가 선생님이란 말인가?" 그러고 노인은 지팡이를 땅에 꽂아두고 김을 맸다. 자로는 두 손을 마주잡고 공손히 서 있었다. 그러자 노인은 자로를 자기 집에 머물러 묵게 한 후, 닭을 잡고 기장밥을 지어 먹이고는, 그의 두 아들을 불러내어 자로에게 대면시켜주었다.

이튿날 자로가 공자를 뒤쫓아 가서 전날 일을 아뢰자, 공자께서 말씀하셨다. "은자로구나." 그러고 자로로 하여금 되돌아가서 다시 노인을 만나 뵙도록 하셨는데, 그 집에 이르니 노인은 이미 외출한 뒤였다. 자로가 그 아들들에게 공자가 일러준 말을 하였다. "선비가 벼슬하지 않는 것은 군신 간의 도의를 저버리는 것입니다. 어른과 아이 사이의 예절도 저버릴 수 없거늘 임금과 신하 사이의 도의를 어찌 저버릴 수 있겠습니까? 벼슬하지 않고 은거하는 것은 자기 한 몸을 깨끗이 하고자 하면서 큰 윤리를 어지럽히는 것이지요. 군자가 벼슬함은 그야말로 임금과 신하 사이의 대의大義를 행하는 것입니다. 물론 이상 정치가 쉽게 행해지지 않을 것임은 이미 잘 알고 있습니다.”

子路從而後,[1] 遇丈人,[2] 以杖荷蓧.[3] 子路問曰: “子[4]見夫子乎?” 丈人曰: “四體不勤,[5] 五穀不分. 孰[6]爲夫子[7]?” 植[8]其杖而芸.[9] 子路拱[10]而立. 止[11]子路宿, 殺雞爲黍[12]而食[13]之, 見其二子焉.[14] 明日, 子路行以告. 子曰: “隱者也.” 使子路反[15]見[16]之. 至則[17]行[18]矣. 子路曰[19]: “不仕無義[20]. 長幼之節, 不可廢也[21]; 君臣之義, 如之何[22]其[23]廢之? 欲潔[24]其身, 而亂大倫.[25] 君子之仕也, 行其義也. 道[26]之不行, 已知之矣.”

주석

1 從而後(종이후): 이는 공자를 염두에 두고 한 말로, 자로가 공자를 따라가다가 뒤처지게 되었음을 이름. '종'은 수종隨從함. '후'는 낙후落後함.

2 丈人(장인): 노인.

3 以杖荷蓧(이장하조): 지팡이에 둥구미를 걸어서 어깨에 멤. '장'은 지팡이. '하'는 (어깨에) 멤. '조'는 삼태기, 둥구미(짚이나 대오리로 엮은, 곡식 따위를 담는 농구農具). 또 옛날 대나무로 만든 제초용 농기구.

4 子(자): 제이인칭대명사로, 상대방에 대한 존칭. 당신, 그대. 여기서는 '장인丈人' 을 가리킴.

5 四體不勤(사체불근): 사지四肢를 부지런히 놀림. 곧 열심히 일함을 이름.'사체'는 사지, 즉 사람의 두 팔과 두 다리를 통틀어 이르는 말. '근'은 부지런히 함, 힘씀.

6 孰(숙): 누구.

7 "四體(사체)…"3구: 이는 노인이, 스승을 찾는 자로를 보고 필시 천하를 두루 돌 아다니는 공자 일행임을 직감하고, 사람이 먹고 살기 위해 무엇보다 중시해야 할 농사일에는 무관심하고 무지한 반면에, 스승과 제자들이 무리지어 다니며 사 람들에게 이렇게 해라 저렇게 해라 간섭하는 유가에 대한 반감을 드러낸 것으로 보임.

8 植(식): 심음, (곧추)세움. 여기서는 (지팡이를 땅에) 꽂음을 이름.

9 芸(운): 운耘과 같음. 김맴, 즉 논밭의 잡풀을 뽑아냄.

10 拱(공): 두 손을 맞잡음. 이는 곧 공손한 태도로 존경의 뜻을 표한 것임.

11 止(지): 머묾留. 여기서는 사역동사로 쓰임.

12 爲黍(위서): 기장밥을 지음. '서'는 기장으로, 고대 주식의 하나.

13 食(사): 이는 식食, 즉 먹음의 사역동사로, 먹임을 이름.

14 見其二子焉(현기이자언): 그의 두 아들을 자로에게 보임. 곧 노인이 자신의 두 아들을 불러내어 자로에게 소개함, 자로와 대면케 함을 이름. '현'은 보임, 곧 견見의 사역동사로, 보여줌을 이름. '언'은 어조사로, 어지於之의 합음자. 그(자 로)에게.

15 反(반): 반返과 같음. 되돌아감.

16 見(현): (어른을) 뵘.

17 則(즉): 여기서는 이미, 어느새 등의 뜻을 나타냄.

18 行(행): 출행出行, 즉 외출하여 멀리 감. 곧 집에 없다는 말.

19 子路曰(자로왈): 자로가 한 이 말은 공자가 자로에게 노인을 찾아가 말하고 오 라고 한 것이며, 노인이 출타 중인 관계로 그 아들들에게 말해서 전달케 한 것 임. 원문에는 그런 말이 없으나 번역문에 그 뜻을 보충함.

20 義(의): 여기서는 특히 임금과 신하 사이의 도의를 두고 이름.

21 "長幼(장유)…"2구: 어른과 아이 사이의 예절도 저버릴 수 없음. 이는 곧 노인이 두 아들을 불러내어 자로에게 인사를 시킨 것을 두고 이름. '장유'는 어른과 아

이. '廢(폐)'는 폐기함. 곧 저버림을 이름.

22 如之何(여지하): 어찌, 어떻게.

23 其(기): 부사로, 반문의 어기를 강화함.

24 潔(결): 청결함, 깨끗함. 여기서는 사역동사로 쓰임.

25 大倫(대륜): 사람이 마땅히 지켜야 할 큰 윤리. 곧 군신 간의 도의를 이름.

26 道(도): 치국의 정도正道. 곧 공자가 역설하는 이상 정치인 인정 덕치를 두고 이름.

해설

앞의 18-5·6장에서와 마찬가지로 여기서도 피세적인 은사들과 구세적인 유가의 처세 관점이나 태도에 현격한 차이가 보인다. 공자는 여기서는 특히 '의義', 즉 임금과 신하 사이의 도의, 도리, 윤리의 관점에 입각해 치세와 구세의 주장을 이어가고 있다. 그 같은 공자의 대의 운운云云에서 볼 때, 선비가 세상에 나가 벼슬을 하는 것은 결국 임금을 중심으로 보필해 치세를 이룩함으로써 온 세상 만백성을 구제하는 데 일익을 담당하고자 함이며, 결코 일신의 영달을 꾀하고자 함이 아니다. 다만 공자 스스로도 세상에 바른 도가 행해지도록 하는 게 "안 되는 줄 알면서 굳이 그걸 하려고 드는"(14-39) 것임을 잘 알지만, 그래도 끝까지 희망의 끈을 놓지 않을 것임을 분명히 했다.

18-8

예로부터 세상에 버림받고 쓰이지 않은 인재로, 백이·숙제·우중·이일·주장·유하혜·소련이 있었다. 공자께서 말씀하셨다. "그 뜻을 굽히

지 않고 그 몸을 욕되게 하지 않은 이는 백이와 숙제로다." 또 평하셨다. "유하혜와 소련은 뜻을 굽히고 몸을 욕되게 하였으나, 말은 법도에 맞고 행동은 인심人心에 부합하였는데, 대체로 그들은 그와 같았을 따름이다." 다시 평하셨다. "우중과 이일은 세상을 피해 은거하며 거리낌 없이 바른말을 하였는데, 처신은 고상하고 순결하였고, 하는 말은 변통의 묘안이었다. 하지만 나는 그들과 달라서, 꼭 어떻게 해야 되는 것도 없고, 절대로 어떻게 하면 안 되는 것도 없다."

逸民¹: 伯夷叔齊虞仲²夷逸³朱張⁴柳下惠少連.⁵ 子曰: "不降⁶其志,
일민　백이숙제우중　이일　주장　유하혜소련　　자왈　　불강 기지

不辱其身, 伯夷叔齊與⁷!" 謂⁸: "柳下惠少連, 降志辱身矣, 言中倫,⁹
불욕기신　백이숙제여　　위　　유하혜소련　강지욕신의　언중륜

行中慮,¹⁰ 其¹¹斯¹²而已矣¹³!" 謂: "虞仲夷逸, 隱居放言,¹⁴ 身中清,¹⁵
행중려　기 사 이이의　　위　우중이일　은거방언　신중청

廢中權.¹⁶ 我則異於是,¹⁷ 無可無不可.¹⁸"
폐중권　아 즉이어시　　무가무불가

주석

1 逸民(일민): 흔히 피세 은거하는 사람을 일컬으나, 여기서는 세상에 버림받고 쓰이지 않은 사람, 인재를 말함. '일'은 佚와 같음. 유일遺佚, 즉 학덕이 뛰어나지만 세상에 버림받고 쓰이지 않음. 『맹자』 「공손추 상편公孫丑上篇」 "유하혜는……버림을 받았지만 원망하지 않았다[柳下惠……遺佚而不怨]."

2 虞仲(우중): 중옹仲雍, 즉 주 태왕太王의 둘째 아들이자 태백泰伯의 아우. 8-1 주석 1 참조.

3 夷逸(이일): 고대의 은사로, 『시자尸子』에 보임. 어떤 사람이 그에게 벼슬하기를 권하자, 힘은 들지만 자유로운 경우耕牛가 될지언정, 편안하지만 구속을 받는 희생犧牲이 되고 싶지는 않다고 하며 거절했다고 함.

4 朱張(주상): 『안서漢書』「고금인표古今人表」에 보이는 인물이나, 그 사적은 자세히

알 수 없음.

5 少連(소련): 동이東夷 사람으로, 부모의 상喪을 치르는 데에 지극 정성을 다했다고 함.

6 降(강): 내림, 낮춤. 곧 (뜻을) 굽힘을 이름.

7 與(여): 여歟와 같음. 감탄의 어소사.

8 謂(위): 말함. 이는 평한다는 뜻을 내포함.

9 言中倫(언중륜): 말이 법도에 맞음. '중'은 맞음, 부합함. '륜'은 윤리, 도리, 법도.

10 行中慮(행중려): 행동은 인심人心에 부합함. '려'는 (사람의) 생각, 마음.

11 其(기): 추측의 어기 부사. 대개, 대체로.

12 斯(사): 차此와 같음. 여기서는 이러함, 그러함을 이름.

13 而已矣(이이의): ~일 뿐임, 따름임.

14 放言(방언): 거리낌 없이 직언直言함.

15 身中淸(신중청): 처신은 청정淸淨(맑고 깨끗함)에 부합함. 곧 처신이 고결高潔함을 이름. 이는 앞에서 말한 '은거隱居'를 두고 이르는 것임.

16 廢中權(폐중권): 하는 말은 권변權變(때와 형편에 따라 둘러대어 일을 처리함)에 부합함. 곧 그 하는 말이 변통의 묘안이라는 말임. 여기서 '폐'는 『경전석문經典釋文』에서 인용한 정현본鄭玄本에는 '발發'로 되어 있으며, 전후 문맥상 그것이 옳은 듯함. 그러면 곧 (말을) 발동發動한다는 뜻으로, 앞에서 말한 '방언放言'의 '방'과 의미상 상응함. 따라서 기존의 풀이에서 이 '폐'를 글자 그대로 폐함·폐기함, 곧 벼슬을 그만둔다(이에는 또 은거한다는 뜻이 내포됨)는 뜻으로 본 것은 이론의 여지가 있음. '권'은 권변, 변통.

17 是(시): 이(此), 그(其). 곧 앞에 언급한 여러 사람을 가리킴.

18 無可無不可(무가무불가): 가한 것도 없고, 불가한 것도 없음. 이는 곧 공자가 「이인편」에서 말한 '무적無適', '무막無莫'(4-10)과 같은 말로, 꼭 어떻게 해야 되는 것도 없고, 절대로 어떻게 하면 안 되는 것도 없음을 이름.

해설

여기서 말하는 '예로부터 세상에 버림받고 쓰이지 않은 인재' 일곱 사람은 그 처세 태도에 있어서 '가함'과 '불가함', 즉 할 수 있는 것과 할 수 없는 것의 구분이 분명했다. 그들은 모두 현인賢人 지사志士들이긴 했지만, 시종 각기 자신만의 작은 테두리를 벗어나지 못했다. 반면에 이른바 '무가무불가無可無不可', 즉 꼭 어떻게 해야 되는 것도 없고, 절대로 어떻게 하면 안 되는 것도 없음은, 공자의 처세 태도를 단적으로 말해준다. 맹자의 부연 설명에 따르면, 그것은 곧 "한 나라에서 벼슬을 할 만하면 하고 그만두어야 하면 그만두며, 오래 머무를 만하면 오래 머무르고, 신속히 떠나야 하면 신속히 떠나는 것이다(可以仕則仕, 可以止則止, 可以久則久, 可以速則速)."(『맹자』「공손추 상」) 또한 마음이 이른 대로, "반드시 세상에 나가 벼슬해야 하는 것도 아니고, 또 반드시 세상에서 물러나 은거해야 하는 것도 아니며, 오직 알맞고 마땅함에 따를 뿐임(亦不必進, 亦不必退, 唯義所在也)"을 말한다. 요컨대 공자는 중용의 도, 다시 말해 대의에 부합하는지, 시의에 맞는지를 처세의 기준으로 삼았을 뿐이다. 이야말로 진정 공자가 다른 사람들과 다른 점이요, 다른 사람보다 뛰어난 점이다.

18-9

태사 지摯는 제나라로 가고, 아반 악사 간干은 초나라로 가고, 삼반 악사 요繚는 채나라로 가고, 사반 악사 결缺은 진나라로 갔으며, 큰북 치는 악사 방숙方叔은 황하 유역으로 들어가고, 작은북을 흔들어 치는 악사 무武는 한수漢水 유역으로 들어가고, 소사 양陽과 경을 치는 악사 양襄은 바다 근처로 들어가 살았다.

大師摯¹適²齊, 亞飯干³適楚, 三飯繚適蔡, 四飯缺適秦, 鼓⁴方叔入
태 사 지 적 제 　아 반 간 적 초 　삼 반 요 적 채 　사 반 결 적 진 　고 방 숙 입
於河,⁵ 播鼗⁶武入於漢,⁷ 少師⁸陽擊磬⁹襄入於海.
어 하 　파 도 무 입 어 한 　소 사 양 격 경 양 입 어 해

주석

1 大師摯(태사지): 곧 「태백편」의 '사지師摯'(8-15 주석 1 참조)와 동일인으로 추정됨. '태'는 태太와 같음.

2 適(적): 감(往).

3 亞飯干(아반간): 아반亞飯 악사樂師 간干. 고대에 천자나 제후가 식사할 때(천자는 하루 네 끼, 제후는 하루 세 끼를 먹음)에는 음악을 연주해 흥을 돋우었는데, 여기서 말하는 '아반'과 아래의 '삼반三飯'·'사반四飯'은 각각 그 두 번째, 세 번째, 네 번째 식사 때 흥을 돋우는 악사를 이름. '간'은 아반 악사의 이름.

4 鼓(고): 북. 여기서는 큰북을 치는 악사를 이름.

5 河(하): 황하.

6 播鼗(파도): 손북, 즉 손잡이가 달린 작은북을 흔들어 치는 악사. '파'는 흔듦(搖). '도'는 손북으로, 양옆에 귀가 달려 있고, 아래쪽에는 자루가 붙어 있어서 자루를 잡고 흔들면 양옆의 귀가 흔들리면서 북을 침.

7 漢(한): 강 이름. 한수.

8 少師(소사): 악사의 조수助手.

9 擊磬(격경): 경을 치는 악사. '경'은 14-40 주석 1 참조.

해설

노나라 애공 때 혼란한 정국의 와중에 예악이 붕괴되는 지경에 이르자, 여러 악관들이 대거 고국을 떠나 뿔뿔이 흩어져서 새롭게 살길을 도모하거나, 그 참에 차라리 피세 은거하기도 했다. 당시의 난국을 가슴 아파했을 공자의 모습이 눈에 선하다.

18-10

주공이 노공에게 말했다. "군자는 자신의 친족을 홀대하지 않으며, 대신들이 신임을 받지 못해 원망하도록 하지 않는다. 또 옛 친구나 늙은 신하는 큰 잘못이 없는 한 내치지 않으며, 한 사람에게 완벽하기를 바라지 않는다."

周公¹謂魯公²曰: "君子不施³其親, 不使大臣怨乎⁴不以.⁵ 故舊⁶無大
주 공 위 노 공 왈   군 자 불 이 기 친   불 사 대 신 원 호 불 이   고 구 무 대
故,⁷ 則不棄也. 無求備⁸於一人."
고   즉 불 기 야   무 구 비 어 일 인

주석

1 周公(주공): 주공 희단姬旦. 7-5 주석 2 참조.
2 魯公(노공): 주공의 아들 백금伯禽. 주나라 천자에 의해 노나라 제후에 봉해졌으므로, '노공'이라고 일컬음. 이 장은 백금이 노나라 제후로 부임하기(3-10 주석 1 참조) 전에 주공이 훈계한 말임. 이 말은 노나라 사람들 사이에서 구전되어왔으며, 아마 공자도 제자들에게 이를 언급했을 것임. 그래서 제자들이 여기에 기록한 것으로 보임.
3 施(이): 이弛와 같음. 주자가 유기遺棄, 즉 내버림, 포기함이라고 했는데, 여기서는 곧 홀대함, 냉대함을 이름.
4 乎(호): 어於와 같음. ~에 대해, ~와 관련해서.
5 不以(불이): 불신不信, 곧 신임을 받지 못함. '이'는 용用의 뜻으로, 임용됨을 이르는데, 여기서는 신임을 받는다는 뜻으로 이해됨.
6 故舊(고구): 고우故友·구우舊友. 곧 옛 친구와 노신老臣을 이름.
7 故(고): 연고緣故, 까닭. 이는 특히 사고事故 따위를 이르며, 여기서는 곧 허물, 과오, 잘못을 두고 하는 말임.
8 求備(구비): 완비完備, 즉 빠짐없이 다 갖추기를 요구함. 곧 남은 사람에게 완벽하

기를 바람을 이름.

해설

주공이 강조한 치국의 도는 기본적으로 인후함을 바탕으로 한다. 우선 친친親親, 즉 친애해야 할 사람을 친애해야 한다. 다시 말해 친족에 대한 홀대가 있어서는 안 된다. 이는 필시 당시 봉건제의 유지는 혈친血親 간의 정의情義나 예의禮義 같은 정신적인 힘에 의지한다는 점을 염두에 둔 당부이리라. 그리고 인재를 대신으로 중용重用한 이상 전적인 신뢰를 보내, 그 재능과 지혜를 충분히 발휘케 해야 한다. 창업의 공신功臣이나 오랜 세월 고락을 함께한 신하들은, 중대한 과오가 있지 않은 한 모질게 대해서는 안 된다. 세상에 결코 모든 능력을 다 갖춘 완벽한 인재는 없다. 그렇기 때문에 한 사람에게 과중한 책무로 부담을 줘서도 안 된다. 사람마다 그 특장을 잘 헤아려, 모든 인재를 두루 적재적소에 등용해 배치해야 한다.

주공이 노공에게 이 같은 당부를 한 것은 공자가 살았던 춘추시대 말엽보다도 대략 500년은 앞선 시기의 일이다. 그럼에도 불구하고 공자 당시의 노나라에는 그 이야기가 생생히 전해졌던 것으로 보이니, 후세에 끼친 그 영향이 어떠했는지를 쉽게 짐작케 한다. 다만 당시와는 너무나 다른 시대와 사회를 사는 오늘날 우리로서는 취사선택의 묘를 발휘해야 할 듯하다.

18-11

주나라에 여덟 명의 어진 선비가 있었으니, 백달과 백괄, 중돌과 중홀, 숙야와 숙하, 계수와 계과가 바로 그들이다.

周有八士¹: 伯達伯适, 仲突仲忽, 叔夜叔夏, 季隨季騧.²
주 유 팔 사   백 달 백 괄   중 돌 중 홀   숙 야 숙 하   계 수 계 과

주석 ────────────

1 士(사): 여기서는 특히 현사賢士를 일컬음.
2 伯達(백달)…季騧(계과): 이 여덟 명의 어진 선비에 대해서는 현재 자세히 알 수 없으며, 그 생존 시기에 대해서는 여러 설이 있으나, 대체로 주 문왕 때라는 견해가 유력함.

해설 ────────────

이는 곧 주나라가 국운이 번창하고 태평한 시대에는 현능한 선비들 또한 많았다는 말로, 국운이 기울고 난국에 처한 춘추시대 각국의 군주들에게 일침을 가하고 있다. 예나 지금이나 어진 인재를 아끼고 존중함으로써 국운 흥성의 기틀을 마련해야 한다.

제19편

자
장

子
張

「자장편」은 모두 25장으로 나뉘며, 자장·자하·자유·증자·자공 등 공자의 제자 다섯 명의 언론을 기록하고 있는데, 공문孔門의 학문과 도덕 수양을 여실히 보여준다. 그 주요 내용은 대략 선비의 품행, 교우交友의 이치, 학문의 이치, 효도와 신도臣道 등을 설파하는가 하면, 공자의 성덕聖德을 기리고 스승의 존엄을 수호하는 뜻을 천명했다.

19-1

자장이 말했다. "선비가 국가적 위난을 만나면 기꺼이 신명身命을
바치고, 이득이 되는 일을 보면 먼저 도의에 맞는 것인지를 생각하며,
제사를 지낼 때는 경건함을 다하기를 생각하고, 상喪을 당해서는 애
통함을 다하기를 생각한다면, 필시 훌륭한 선비라 할 것이다."

子張曰: "士見危致命,¹ 見得思義, 祭思敬, 喪思哀, 其²可³己矣.⁴"
자 장 왈   사 견 위 치 명   견 득 사 의   제 사 경   상 사 애   기 가 이 의

주석

1 致命(치명): 신명(몸과 목숨)을 바침. 곧 일신의 안위를 돌보지 않고 맡은 직분을
   다함을 이름. '치'는 다함, 바침.
2 其(기): 추측의 어기 부사. 대략, 필시(아마도 틀림없이).
3 可(가): 가함, 괜찮음. 곧 훌륭함을 이름.
4 己矣(이의): 문장 끝에 쓰이는 복합 어조사. '의矣'와 같으나, 다만 긍정의 어기가
   보다 강화됨.

공자는 「헌문편」에서 전인全人의 인물 형상을 두고 "눈앞의 이익을 보
면 도의를 먼저 생각하고, 나라의 위난을 보면 기꺼이 목숨을 바칠 각
오로 나선다"(14-13)고 했다. 그리고 「팔일편」에서는 "체 제사를 지낼
때, 술을 땅에 뿌려 신이 내리기를 빈 그 이후부터는, 나는 보고 싶지
가 않도다"(3-10)라고 했는데, 그것은 강신降神할 때까지는 그래도 성
의와 경건함을 다해 볼 만하나, 그다음부터는 그렇지 않았기 때문이
다. 같은 편에서 또 "예를 행하면서 공경하지 않으며, 상사喪事에 임하
여 슬퍼하지 않는다면, 내가 무엇으로 그 사람을 더 보겠는가?"(3-26)
라고 했다. 이렇게 볼 때, 자장이 여기서 말한 것은 모두 스승의 가르
침에 근원함을 알겠다. 무릇 인의仁義 도덕은 모든 사람이 다 갖추어
야 할 것이나, 당시 선비라면 더욱 필수 불가결한 수양이었다. 또한
그것이 우리 현대인들에게도 요구되는 덕목임은 두말할 나위가 없다.

19-2

자장이 말했다. "덕성을 견지하되 더욱 확대해가지 못하고, 도의를
신봉하되 진정 독실하지 못하다면, 그런 사람을 어찌 이 세상에 있어
야 된다고 할 수 있으며, 또 없어야 된다고 할 수 있겠는가?"

子張曰: "執[1]德不弘,[2] 信道不篤, 焉能爲有, 焉能爲亡[3]?"
자 장 왈　　집 덕 불 홍　　신 도 부 독　　언 능 위 유　　언 능 위 무

1 **執**(집): 잡음, 지킴. 곧 지님, 견지함을 이름.

2 **弘**(홍): 넓힘, 확대함.

3 **"焉能爲有**(언능위유)…**" 2구**: 이 말은 당시의 관용구였을 것으로 추정되는데, 공
안국은 "그 존재가 별로 중요하지 않다(無所輕重)"는 말이라고 했고, 황간은 "세
상에 그런 사람이 없는 것도 아쉬워할 게 못되고, 또 세상에 그런 사람이 있는 것
도 중요하게 생각할 게 못된다(世無此人,則不足爲輕: 世有此人,亦不足爲重)"는 말이라
고 함. 곧 있으나마나 한 사람이라는 뜻으로, 세상에 별 보탬이 되지 않는 존재라
는 말임. '언'은 어찌, 어떻게. '무亡'는 무無와 같음.

사람은 도덕을 믿고 지키되 한껏 독실한 자세로 날로 그 수양을 높여
가고, 작은 성취에 안주하지 않고 더욱 확대·발전시켜, 그 사회적 유
용성有用性을 극대화해야 한다. 다시 말해 사람은 도덕의 수양과 실행
에 명실이 상부해야 한다. 그것이 바로 한 사람이 국가 사회에 공헌하
고 기여할 수 있는 길이다. 그렇지 않으면 '국가적 위난을 만나도 기꺼
이 신명을 바치지 못할 것이고, 이득이 되는 일을 봐도 먼저 도의에 맞
는 것인지를 생각하지 못할 것이니'(19-1 참조) 그런 사람의 국가 사회
적 존재 가치는 떨어질 수밖에 없다.

19-3

자하의 문인이 자장에게 어떻게 벗을 사귀어야 되는지를 물었다.
자장이 말했다. "자하는 뭐라고 하던가?" 자하의 문인이 대답했다.

"자하 선생님께서는 '벗할 만한 사람은 사귀고, 벗할 만하지 않은 사람은 사귀지 말라'고 하셨습니다." 자장이 말했다. "내가 들은 것과는 다르구먼. '군자는 현인賢人을 존중하지만 범인凡人도 포용하며, 재능이 뛰어난 사람을 북돋우지만 재능이 없는 사람도 가련히 여긴다.' 내가 크게 어진 사람인가? 그렇다면 다른 사람을 어찌 포용하지 못하겠는가? 내가 어질지 못한 사람인가? 그렇다면 다른 사람들이 장차 나를 거부할 것이거늘, 내가 어찌 다른 사람을 거부할 수 있겠는가?"

子夏之門人¹問交²於子張. 子張曰: "子夏云³何?" 對曰: "子夏曰:
자하지문인 문교 어자장 자장왈   자하운하   대왈   자하왈

'可者⁴與⁵之, 其不可者拒⁶之.'" 子張曰: "異乎⁷吾所聞: '君子尊賢
가자 여 지 기불가자거 지   자장왈   이호 오소문   군자존현

而容衆,⁸ 嘉善⁹而矜¹⁰不能.' 我之大賢與,¹¹ 於人¹²何所不容? 我之
이용중   가선 이긍 불능   아지대현여   어인 하소불용   아지

不賢與, 人將拒我, 如之何¹³其¹⁴拒人也¹⁵?"
불현여 인장거아 여지하 기 거인야

주석

1 門人(문인): 제자.

2 問交(문교): 교우에 대해 물음. 곧 어떻게 벗을 사귀어야 되는지를 물음을 이름.

3 云(운): 말함.

4 可者(가자): 벗할 만한 사람. 곧 재덕이 자기보다 나은 사람을 말함.

5 與(여): 사귐, 결교結交함.

6 拒(거): 거부함, 거절함. 곧 사귀지 않는다는 말.

7 乎(호): 어於와 같음.

8 衆(중): 중인衆人, 뭇사람. 곧 범인凡人, 보통 사람을 이름.

9 嘉善(가선): 유능한 사람을 칭찬함, 격려함. '가'는 가장嘉獎, 즉 칭찬하고 장려함, 북돋움. '선'은 능能과 같으니, 곧 유능함, 재능이 뛰어남, 여기서는 그런 사람을

이름.

10 矜(긍): 긍휼矜恤, 즉 불쌍히 여겨 돌봐줌. 곧 가련히 여김을 이름.

11 與(여): 여歟와 같음. 의문의 어조사. 여기서는 가정의 어기를 아울러 띰.

12 於人(어인): 다른 사람에 대해서.

13 如之何(여지하): 12-9 주석 8 참조.

14 其(기): 12-9 주석 9 참조.

15 也(야): 12-9 주석 10 참조.

해설

벗을 사귀는 문제에 대한 자하와 자장 두 사람의 생각이 사뭇 다르다. 자하의 견해는 필시 공자가 일찍이 "자기보다 못한 이를 벗하지 말며"(1-8), "벗에는 이로운 벗이 셋이 있고, 해로운 벗도 셋이 있다. 정직한 이를 벗하고, 신실한 이를 벗하며, 견문이 풍부한 이를 벗하면 이롭다. 반면에 겉으로는 공손한 몸가짐을 잘하나 그 마음가짐은 올곧지 못한 이를 벗하고, 짐짓 부드러운 태도로 그저 남의 비위를 맞추는 무골호인을 벗하며, 언변은 뛰어나나 내실이 없는 이를 벗하면 해롭다"(16-4)라고 한 가르침 등에 근거했을 것이다. 그리고 자장의 견해는 필시 공자가 일찍이 "관대하면 뭇사람의 지지를 받으며"(17-6), "군자가 사람을 대함에 사람 수가 많든 적든, 권세가 크든 작든 간에 감히 소홀히 하지 않는다면, 그 어찌 침착하고 의젓하되 교만하지 않은 것이 아니겠느냐?"(20-2)라고 한 가르침 등에 근거했을 것이다.

무릇 다른 사람을 사귀어 가까이 지내는 데에는 분명 일정한 원칙이 있어야 한다. 공자는 또 일찍이 이르기를 "뭇사람을 두루 사랑하되 인한 사람을 특히 가까이해야 한다"(1-6)고 했다. 여기서 자하는 신중히 가려서 사귈 것을 주장한 반면, 자장은 뭇사람을 두루 사귈 것을 주장했다. 전자가 '어진 사람을 특히 가까이함'이라면 후자는 '뭇사람을 두루 사랑함'이다. 또 전자가 '깊게 사귐'이라면 후자는 '넓게 사귐'이다. 한데 그 각각은 나름의 장단점이 있을 것이다. 그러므로 양자를 아울러 조화를 이루는 것이 마땅하고 옳을 듯하다. 그리하여 "세 사람이 함께 길을 가면 그 가운데에 반드시 나의 스승이 있나니, 그 언행이 선량한 사람을 골라 그대로 본받고, 그 언행이 불량한 사람을 골라 나의 허물을 고쳐야 할 것이다"(7-22)라고 한 공자의 일깨움을 그대로 실천한다면, 교우의 이로움이 한결 증대될 것이다.

19-4

자하가 말했다. "비록 작은 재주라 할지라도 반드시 볼 만한 것이 있을 것이다. 하지만 원대한 목표를 향해 나아가는 데 걸림돌이 될까 두렵기 때문에 군자는 그런 것을 하지 않는다."

子夏曰: "雖小道,¹ 必有可觀者焉²; 致遠恐泥,³ 是以⁴君子不爲也."
자 하 왈   수 소 도   필 유 가 관 자 언   치 원 공 니   시 이 군 자 불 위 야

주석

1 小道(소도): 작은 기예·재주.
2 焉(언): 어지於之의 합음자. 그 가운데에. 일설에는 긍정의 어조사라고 함.
3 致遠恐泥(치원공니): 원대한 목표를 실현하는 데 걸림돌이 될까 두려움. '치'는 이름(至), 도달함. 또 달성함, 실현함. '원'은 먼 곳. 곧 원대한 목표·이상을 이름. '공'

은 두려움. '니'는 진흙, 진창. 여기서는 막혀 통하지 않음. 곧 장애가 됨, 걸림돌
이 됨을 이름.

4 是以(시이): 그러므로, 그렇기 때문에.

구세의 원대한 이상을 실현하기 위해 동분서주했던 공자는 물론이거
니와, 고대의 유가 선비들은 대개 수신·제가·치국·평천하의 큰 꿈을
키워갔다. 그것이 바로 당시 유가 선비들이 일생 동안 끊임없이 고민
하고 추구했던 인생의 최대 요무要務이자 '대도大道'였다. 반면 여기서
말하는 '소도'는 주자가 이른 대로 곡식이나 채소 농사, 의술醫術, 복
술卜術(점술) 따위와 같은 잡다한 기예·재주들로, 큰 꿈을 이루려는 선
비들이 몰두할 일이 아닌, 하찮은 일들로 여겨졌다. 왜냐하면 그런 일
에 종사하다보면 아무래도 원대한 이상을 향해 나아가는 데에 지장이
있고, 방해가 되기 때문이라는 게 자하의 설명이다. '소도'에 대한 옛
날 사람들의 인식은 시대적 한계와 특징에 기인하는 만큼 굳이 여기
서 따져볼 필요는 없을 듯하다. 다만 사람은 큰일을 이루고자 한다면
심력을 최대한 그 큰일에 집중할 줄 알아야 한다. 지금 우리는 과연
얼마나 큰 꿈과 원대한 포부의 실현을 위해 나아가고 있는지 돌아볼
일이다.

19-5

자하가 말했다. "날마다 알지 못하던 것을 새롭게 알아가고, 달마다

이미 아는 것을 거듭 익혀 잊어버리지 않도록 한다면, 진정 배우기를 좋아한다고 할 수 있다."

子夏曰: "日知其所亡,¹ 月無忘其所能,² 可謂好學也已矣.³"
자 하 왈   일 지 기 소 무   월 무 망 기 소 능   가 위 호 학 야 이 의

주석

1 **其所亡**(기소무): 주자가 "자기가 아직 가지고 있지 않은 것(己之所未有)"이라고 했으니, 곧 자신이 미처 알지 못한 새로운 것을 이름. '무'는 무無와 같음.

2 **其所能**(기소능): 자신이 이미 배워서 알고, 능한 것.

3 **也已矣**(야이의): 복합 어조사. 보다 강한 긍정과 감탄의 어기를 나타냄.

해설

공자가 「태백편」에서 "배움이란 마치 앞선 것을 따라잡지 못할까봐 안달하듯이 하고, 또 따라잡은 뒤에는 그것을 잃어버리지나 않을까 두려워하듯이 하는 것이다"(8-17)라고 했다. 자하의 말도 그와 별반 다르지 않다. 배움에는 끊임없이 탐구해 새로운 것을 알아가고, 다시 그것을 거듭 익히는 노력이 있어야 한다. 이른바 '학이시습지學而時習之'(1-1)와 '온고지신溫故知新'(2-11)이 그것이다. 이는 진정 시공간을 초월해 언제 어디서나 효력을 발휘할 배움의 정도요, 대원칙이다.

19-6

자하가 말했다. "배우기를 넓게 하고 뜻을 돈독히 하며, 절실히 묻고 가까이 생각한다면, 인仁은 바로 그 가운데에 있도다."

子夏曰: "博學而篤志,¹ 切問²而近思,³ 仁在其中矣."
자하왈   박학이독지   절문 이근사   인재기중의

주석

1 篤志(독지): 뜻을 돈독히 함. 곧 입지立志 내지 의지意志가 확고 불변함을 이름.
2 切問(절문): 절실히 물음. 곧 간절하고 열렬한 향학심向學心을 두고 이름.
3 近思(근사): 가까이 생각함, 가까운 것을 생각함. 곧 현실적으로 가능하고, 적합한 것을 두고 이름.

해설

이는 곧 사람은 널리 배워 해박함과 융통성을 키우고, 뜻을 굳게 해 성취를 위한 동력을 갖추며, 이미 배웠으나 아직 깨닫지 못한 문제를 줄기차게 묻고, 스스로 할 수 있는 일들을 곰곰이 생각해야 한다는 것이니, 참으로 현실적인 가르침이다. 주자가 소식의 말을 빌려 이른 대로, "배우기를 넓게 하여도 뜻을 돈독히 하지 않으면 앎은 확대되지만 성취하는 바가 없고, 데면데면히 묻고 높고 멀리 비현실적인 것을 생각하면 애는 많이 쓰지만 별다른 공효가 없다[博學而志不篤, 則大而無成; 泛問遠思, 則勞而無功]." 그러므로 자하가 인은 결코 멀리 있지 않으며, 바로 우리 가까이 비근卑近함 속에 있음을 일깨운 것이다.

19-7

자하가 말했다. "온갖 장인은 자신의 작업장에 있음으로써 그들의 일을 완성하고, 군자는 배움으로써 그들의 이상을 실현한다."

子夏曰: "百工¹居肆²以成其事, 君子學以致其道.³"
자 하 왈   백 공 거 사 이 성 기 사   군 자 학 이 치 기 도

주석

1 百工(백공): 뭇 장인. 곧 온갖 분야·부류의 장인. '공'은 공장工匠, 즉 장인.
2 居肆(거사): 작업장에 거주함, 있음. '사'는 기물을 제작하는 곳, 곧 작업장.
3 道(도): 인생의 진리, 목표, 이상.

해설

이는 충실한 배움의 중요성을 역설한 것이다. 자하 당시는 물론, 예나 지금이나 많은 사람들은 스스로 배움을 한껏 착실히 해 인생의 진리에 대한 식견을 충실히 하고, 조예를 높고 깊게 하는 데에 심력을 다하지 않는다. 그러면서도 걸핏하면 인생이란 무엇이니, 도란 무엇이니 하며 장광설을 늘어놓고, 공리공론空理空論을 일삼는다. 마치 그들 스스로가 이미 유덕한 군자인 양하는 품새다. 이에 자하는 그처럼 실속 없이 겉만 화려한 허풍선이들을 비판하기 위해 장인을 예로 들었다.

장인이 기물을 만들기 위해서는 다른 데에 한눈팔지 말고 오로지 자신의 작업장을 굳게 지키며 열심히 일해야 한다. 기술이 높아야 함

은 물론이거니와 공을 더 들이고, 시간을 더 들이면 들일수록 그가 만들어낸 기물은 더욱 정미精美하고, 그 가치 또한 높을 것이다. 장인의 기물은 곧 그가 기울인 노력의 산물이요, 그만큼의 결과물이다. 그것은 결코 거짓말을 하지 않으며, 따라서 어느 누구도 속일 수 없다.

하지만 사람의 배움이란 쉬이 거짓될 수 있고, 또 왕왕 거짓스러운 양상을 띠지만, 오히려 좀처럼 '발각'되지 않는다. 주자가 이른 대로, "군자가 성심을 다해 배우지 않으면 외부적인 유혹에 미혹되어 배움의 뜻이 독실하지 않게 될 것이다(君子不學, 則奪於外誘而志不篤)." 다시 말해 사람이 외부적인 유혹에 미혹되면, 스스로 배움을 착실히 하기보다는 서둘러 자신을 드러내며 공명功名을 좇기 십상이니, 어찌 명실상부한 내실을 기하며, 인생의 진리와 원대한 이상을 말할 수 있겠는가? 사람은 무엇보다 먼저 배움에 정진 또 정진해 내실을 다지는 데 심혈을 기울여야 한다. 그것이야말로 진정 뭔가를 이루는 길이요, 또 진리에 이르는 길이다.

19-8

자하가 말했다. "소인은 잘못을 하면 반드시 그럴듯하게 꾸며서 가린다."

子夏曰: "小人之過¹也²必文.³"
자하왈　소인지과야필문

430

1 **小人之過**(소인지과): 이는 주술 구조이며, '지'는 어조사로, 주어와 술어 사이에서 양자의 연결을 강화함. 곧 '지'는 형태는 소유격이나 의미는 주격으로 풀이됨. ~ 은, 는, 이, 가.
2 **也**(야): 어조사로, 일시 멈춤의 어기를 나타냄.
3 **文**(문): 문식文飾, 즉 실수나 잘못을 그럴듯하게 꾸며서 가림.

해설

사람은 누구나 잘못을 할 수 있다. 문제는 잘못을 한 이후의 태도이다. 잘못을 대하는 태도는 바로 그 사람의 인격과 덕성이 어떠한지를 여실히 보여준다. 안회는 "같은 잘못을 두 번 저지르지 않았으며"(6-2), 증자는 "하루에 세 번 나 자신을 반성하였으니"(1-4), 모두 자신의 잘못을 고치는 데 대단히 적극적이었음을 알 수 있다. 진정 "군자는 일의 탓이나 해법을 자기에게서 찾는다"(15-21) 할 것이다.

반면 "일의 탓이나 해법을 남에게서 찾는"(15-21) 소인은 그와는 다르다. 그들은 일심으로 명리를 추구하며 환득환실患得患失(13-26 '해설' 참조)한다. 따라서 그들은 잘못을 하고 나면, 남들이 그것을 알게 되어 자신의 명리에 부정적인 영향을 끼칠까봐 몹시 두려워한다. 그 결과 그들은 자신의 잘못을 어떻게든 그럴듯하게 꾸며서 가린다. 게다가 그로써 스스로 총명하다 여기며 흡족해한다. 그야말로 잘못에 잘못을 더하며 자신을 속이고 남을 속이는 작태가 아닐 수 없다. 사람이 처음 잘못을 할 때는 대개 그다지 중대한 잘못이 아니어서 비교적 쉽게 고칠 수 있는 경우가 많다. 하지만 자신의 잘못을 '그럴듯하게 꾸며서 가리기' 시작하면 점차 악의 구렁으로 깊이 빠져들어 급기야 심각한 범죄로까지 이어질 공산이 크다. 공자가 「학이편」에서 군자가 "잘못이 있으면 고치기를 꺼리지 말아야 한다"(1-8)고 하더니, 「위영공편」에서는 또 "잘못을 하고도 고치지 않는 것, 그것이야말로 진정 잘못이라 할 것이다"(15-30) 하고 일깨운 것은 바로 그 때문이다.

19-9

자하가 말했다. "군자는 세 가지 변화를 보이나니, 그를 멀리서 바라보면 위엄이 넘치고, 가까이 다가가 보면 온화하며, 그의 말을 들어보면 엄정嚴正하다."

子夏曰: "君子有三變¹: 望之²儼然,³ 卽⁴之也溫, 聽其言也厲.⁵"
자하왈　군자유삼변　망지엄연　즉 지야온 청기언야려

주석

1 三變(삼변): 세 가지 변화. 이는 곧 다른 사람이 군자를 대하면서 받게 되는 느낌의 변화를 두고 하는 말임.
2 之(지): 지시대명사로, 군자를 가리킴.
3 儼然(엄연): 엄장嚴莊, 즉 엄숙하고 장중한 모양. 곧 위엄이 넘친다는 말임.
4 卽(즉): 접근함, 가까이 다가감.
5 厲(려): 엄려嚴厲함, 즉 규칙을 적용하는 따위가 매우 철저하고 바름. 여기서는 곧 (그 하는 말이) 엄정, 즉 엄격하고 바르다는 말임.

이는 군자 스스로의 변화가 아니라, 군자가 다른 사람에게 주는 다양한 인상으로, 그야말로 중화中和의 기상이 돋보인다. 자하가 스승 공자를 염두에 두고 한 말인지 어떤지는 알 수 없지만, 공자야말로 진정 그 같은 성덕盛德을 갖춘 군자임에 틀림이 없다. 「술이편」에서 "공자께서는 온화하면서도 엄숙하시고, 위엄하지만 사납지 않으시며, 공손하면서도 편안하셨다"(7-38)고 했으니, 자하가 말한 군자의 형상 바로 그것이나 다름이 없다. 주자 역시 정자의 말을 빌려 이르기를, 다른 보통 사람들은 위엄이 넘치면 온화하지 못하고, 또 온화하면 그 말이 엄정하지 못한데, 유독 공자만은 그 모든 것을 다 갖추었다고 했다. 사람으로서 가장 이상적인 인물 형상이란 분명 이런 것이리라.

19-10

자하가 말했다. "군자는 백성의 신뢰를 얻은 뒤에야 그들에게 일을 시키나니, 신뢰를 얻지 못하면 백성들이 자신들을 괴롭힌다고 여기기 때문이다. 군자는 또 군주의 신임을 받은 뒤에야 간언諫言하나니, 신임을 받지 못하면 군주가 자기를 헐뜯는다고 여기기 때문이다."

子夏曰: "君子^{1}信^{2}而後勞^{3}其民; 未信, 則以爲厲^{4}己也. 信^{5}而後諫;
자하왈   군자 신 이후로 기민 미신 즉이위려 기야   신 이후간
未信, 則以爲謗^{6}己也."
미신 즉이위방 기야

1 君子(군자): 여기서는 벼슬아치로, 위로는 임금을 섬기고, 아래로는 백성을 부리는 사대부 계층을 이름.
2 信(신): 이는 백성들의 신임, 신뢰를 두고 이름.
3 勞(로): 근로함, 일함. 여기서는 사역동사로 쓰임.
4 厲(려): 괴롭힘, 학대함.
5 信(신): 이는 군주를 비롯한 윗사람의 신임, 신뢰를 두고 이름.
6 謗(방): 비방함, 헐뜯음.

해설

신뢰는 모든 인간관계를 굳건히 하는 원동력이다. 한데 그런 신뢰·신임·신망이란 그냥 얻어지는 게 아니다. 그것은 반드시 평소 사람을 감동시킬 수 있는 구체적 사실과 실제적 언행에 기반해 얻어진다. 그리하여 특히 벼슬아치가 국정을 수행하고 나라를 다스리는 데에 있어서는, 그 정치적 행위의 효력을 배가할 수 있는 근거가 될 수 있다. 주자가, 윗사람을 섬기고 아랫사람을 부림에 있어서는, 하나같이 반드시 그 정성스러운 뜻이 상호 신뢰를 얻게 된 다음에야 비로소 일정한 성취가 있을 수 있다고 말한 것은 바로 그 때문이다.

19-11

자하가 말했다. "큰 덕행이 일정한 한도를 넘어서지 않으면, 사소한 언행은 다소 미흡함이 있어도 괜찮다."

子夏曰: "大德¹不踰²閑,³ 小德⁴出入⁵可也."
자 하 왈   대 덕 불 유 한   소 덕 출 입 가 야

주석

1 大德(대덕): 대절大節과 같은 말로, 크게 빛나는 덕행, 절조, 예컨대 충효忠孝와 같은 덕목을 이름.

2 踰(유): 유逾와 같음. (어떤 범위를) 넘음, 넘어섬.

3 閑(한): 문지방. 여기서는 이로써 일정한 한도, 범위, 기준을 이르는 것으로 이해됨.

4 小德(소덕): 소절小節과 같은 말로, 작은 일, 곧 일상의 사소한 언행 내지 예절을 이름.

5 出入(출입): 다소 밖으로 나가거나 안으로 들어감. 곧 일정한 한도와 범위를 크게 벗어나지 않는다는 말이니, 일정한 기준에 다소 미흡함을 이름.

해설

인생 만사는 각기 그 중요도를 달리한다. 그리하여 우리는 그 중요도에 걸맞게 신축성과 융통성을 발휘해 요구하고 임해야 한다. 인생의 중대한 의미와 가치를 지닌 강상綱常(삼강三綱과 오상五常을 아울러 이르는 말로, 곧 사람이 지켜야 할 기본 도리를 이름) 윤리와 연관된 큰 덕행은, 아무래도 이상 형상을 추구하고 요구하지 않을 수 없다. 반면에 대수롭지 않은 예절이나 대의에 뜻을 두지 않은 작은 덕행, 즉 일상의 사소한 언행까지 이상과 완벽을 추구하고 요구하며 얽매일 필요는 없다. 왜냐하면 사람은 그 누구도 완벽할 수가 없기 때문이다. 주자가 이른 대로, 사람이 먼저 인생의 중대한 의의가 있는 큰 덕목을 바르게 행할 수 있으면, 일상의 사소한 덕목은 설령 사리나 도리에 다소 부합하지

않더라도 크게 문제시할 것은 없다. 물론 이 같은 자하의 생각에 이론이 있을 수 있다. 흔히 하나를 보면 열을 안다고 하거늘, 작고 사소한 언행의 의미를 어찌 마냥 간과할 수 있겠는가?

19-12

자유가 말했다. "자하의 어린 제자들은 마당에 물을 뿌리고 비질을 하거나, 다른 사람에게 말로 응대하거나, 어른에게 나아가고 물러나는 것은 그런대로 잘한다. 하지만 그런 것들은 사소한 행실에 불과하다. 반면에 근본적인 것에 대해서는 오히려 배운 게 없는데, 어떻게 하겠다는 것인가?" 자하가 그 말을 듣고 말했다. "하! 언유의 말이 지나치구나! 군자의 도에서 어떤 것을 먼저 전수하고, 어떤 것을 나중으로 미루어 그 전수를 게을리하겠는가? 그것은 초목을 기르는 것에 비유되나니, 제자들의 자질을 구별하여 가르치고 기르기를 달리해야 할 것이다. 군자의 도를 어떻게 함부로 왜곡할 수 있겠는가? 가르침에 체계성을 갖춰 시작도 있고 마침도 있도록 하는 것은 아마도 성인뿐이리라!"

子游曰: "子夏之門人小子,[1] 當[2]洒掃[3]應對[4]進退, 則可矣, 抑[5]末[6]也.
자유왈   자하지문인소자   당 쇄소 응대 진퇴   즉가의 억 말야
本之[7]則無, 如之何?" 子夏聞之, 曰: "噫[8]! 言游[9]過[10]矣! 君子之道,
본지 즉무 여지하   자하문지 왈 희 언유 과 의 군자지도
孰[11]先傳焉? 孰後倦[12]焉? 譬諸草木, 區以別矣.[13] 君子之道, 焉[14]可
숙 선전언 숙후권 언 비저초목 구이별의   군자지도 언 가
誣[15]也? 有始有卒[16]者, 其[17]惟[18]聖人乎[19]!"
무 야 유시유졸 자 기 유 성인호

436

1 門人小子(문인소자): 문하의 어린 제자. 본디 '소자' 역시 문인, 즉 문하의 제자를
뜻하는데, 여기서 '문인소자'라 함은 곧 나이 어린 제자를 일컬은 말임.

2 當(당): 담당함, 맡아서 함.

3 灑掃(쇄소): (흙먼지가 날리지 않도록 땅바닥에) 물을 뿌리고 비질을 함. '쇄'는 쇄灑와
같음. 물을 뿌림. '소'는 (비 따위로) 掃, 소제掃除함.

4 應對(응대): 부름이나 물음 또는 요구 따위에 특히 말로 응하여 상대함.

5 抑(억): 하지만, 다만. 7-34 주석 3 참조.

6 末(말): 말절末節, 즉 사소하거나 자질구레한 일, 행실.

7 本之(본지): 그것(올바른 사람이 되는 근본 이치·도리)을 본원적으로 탐구함. 여기서
'본'은 동사로 쓰임.

8 噫(희): 감탄사로, 화가 나거나 한탄스러울 때 가볍게 내는 소리. 하!

9 言游(언유): 자유를 가리킴. 그의 성이 '언'이고, 자가 자유子游이므로 이같이 일컬
은 것임. 이는 마치 자가 자연子淵인 안회顏回를 흔히 안연顏淵이라고 하는 것과
같음.

10 過(과): 말이 지나침.

11 孰(숙): 누구. 여기서는 무엇, 어떤 것.

12 倦(권): 게을리함. 이는 앞에서 말한 '전傳', 즉 전수傳授함을 두고 이름.

13 "譬諸(비저)…"2구: 그것은 초목에 비유되며, 각각의 자질을 구별해 기르기를
달리해야 함. 곧 제자를 가르치는 것은 초목을 기르는 것에 비유되는데, 초목은
그 종류와 특성에 따라 다르게 길러야 하듯이, 제자 또한 그 재질에 따라 (구별
해) 다르게 가르쳐야 함을 이름. '비'는 비유함. '저'는 지어之於의 합음자. '구區'
는 구분함. '별別'은 유별類別함.

14 焉(언): 어찌, 어떻게.

15 誣(무): 속임, 더럽힘. 여기서는 왜곡함을 이름.

16 有始有卒(유시유졸): 시작도 있고 마침도 있음. 곧 체계성을 갖춤을 이름. '졸'은
종終, 즉 마침.

17 其(기): 추측과 판단의 어기 부사. 아마(도).

18 惟(유): 유唯와 같음. 오직, 오로지.

19 乎(호): 감탄의 어조사.

가르치고 배우는 방법에 대한 자유와 자하 두 사람의 견해차가 뚜렷하다. 자유는 말단을 경시하고 근본을 중시해야 하므로, "마당에 물을 뿌리고 비질을 하거나, 다른 사람에게 말로 응대하거나, 어른에게 나아가고 물러나는" 따위의 말절보다는, 인의仁義의 대도를 가르치는 데에 집중해야 한다고 주장한다. 반면 자하는 학생의 자질과 역량을 헤아려 천근淺近한 말단에서부터 점차 심오한 근본으로 나아가야 한다고 주장한다. 주자가 정자의 말을 빌려 이른 대로, 만사만물에는 본말本末이 있는 법이니, 본과 말을 나누어 두 가지 일로 여겨서는 안 된다. 물 뿌리고 비질하는 일들이 바로 그러한 것이니, 그런 것에도 반드시 소이연所以然이 있게 마련이다. 따라서 물 뿌리고 비질하는 일에서부터 향상 발전을 하면 능히 성인의 일에 이를 수 있다는 것이다.

양자를 비교해보면, 어느 한쪽도 버릴 수 없다는 견지에서 난이도에 따른 점진적 접근을 강조한 자하의 주장이 아무래도 더 설득력이 있어 보인다. 그뿐만 아니라 자하의 말 가운데에는 의미심장한 대목이 있어 주목을 끈다. 바로 성인은 사람을 가르침에 있어서 근본과 말단, 시작과 마침, 정밀함과 거침을 아울러 고려하며, 따라서 그야말로 대소大小도, 선후先後도, 시종始終도 없이 혼연일체를 이루면서 극한 체계성을 보인다는 것이다. 그것은 자유나 자하 자신들이 말하는 교육 원칙을 훨씬 넘어선, 한껏 차원 높고 우월한 것이다. 이는 필시 스승 공자를 염두에 두고 한 말이리라.

19-13

자하가 말했다. "벼슬을 하며 여유로워지면 공부를 하고, 공부를 하며 여유로워지면 벼슬을 할 것이다."

子夏曰: "仕而優¹則學, 學而優²則仕."
자 하 왈   사 이 우 즉 학   학 이 우 즉 사

주석

1 優(우): 넉넉함. 곧 벼슬살이에 여유로움이 생기고, 여력이 있음을 이름.
2 優(우): 이는 배움이 깊은 수준에 이르러 학문적으로 여유로움이 생김을 이름.

해설

예나 지금이나 배움이 무르익기도 전에 서둘러 벼슬길에 오르는 사람도 많고, 벼슬살이에 마냥 안주해 향상 진보를 위한 배움을 게을리하는 사람도 적지 않다. 물론 벼슬아치이든 배우는 사람이든 무엇보다 본분에 충실해야 한다. 그러다 벼슬살이에 상당한 조예와 식견을 갖추게 되면, 벼슬아치는 보충 학습을 통해 재능과 지혜를 더욱 증진해야 한다. 또 배움이 한껏 깊어져 학문적 여유로움을 갖게 되면, 배우는 사람은 비로소 세상에 나가 벼슬하며 인정 덕치를 펴는 데에 앞장서 "백성들에게 널리 은혜를 베풀고, 또한 능히 민중을 환난에서 구제"(6-28)해야 한다. 오늘날이라고 어찌 이와 다르겠는가?

19-14

자유가 말했다. "상을 당해서는 슬픔을 다하면 족하다."

子游曰: "喪致乎哀¹而止.²"
자 유 왈   상 치 호 애 이 지

주석

1 **致乎哀**(치호애): 슬픔을 다함. '치'는 다함, 극진히 함. '호'는 어於와 같음. ~(방면)에.
2 **止**(지): 그침, 멈춤. 곧 족함, 충분함을 이름.

해설

상사喪事에 외형적인 예절 의식의 성대함보다 더 중요한 것은 애통하기 그지없는 마음이다. 그것이면 족하다. 사람이 본질적인 문제보다 부차적이고 주변적인 것에 더 마음을 씀은 바람직하지 않다. 공자가 「팔일편」에서 예의 본질이 무엇인지를 묻는 임방에게 "예란 사치하기보다는 차라리 검소한 것이 낫다. 특히 상례에 있어서는 예법에 치중하기보다는 차라리 슬픔을 다하는 것이 낫다"(3-4) 하고 설명한 것은 바로 그 때문이다. 우리도 스스로를 돌이켜 볼 일이다.

19-15

자유가 말했다. "내 친구 자장은 그 풍모나 재능이 대단하기는 하나, 아직 인하지는 못하다."

子游曰: "吾友張¹也, 爲難能²也, 然而³未仁."
자유왈   오우장 야   위난능 야   연이 미인

주석

1 張(장): 자장을 일컬음.
2 難能(난능): 보통 사람이 능하기 어려운 경지. 곧 아주 대단하고 훌륭함을 이름.
   다만 그 말이 구체적이지 못해 아쉬운데, 포함과 황간은 그 풍모가 남달리 의젓
   하고 훌륭함을 이르는 것이라고 함. 이는 다음 19-16장에 의거하면 설득력이 있
   어 보임. 일설에는 또 그 재능과 도량이 뛰어남을 이른다고 하는데, 그 또한 따를
   만함.
3 然而(연이): 그러나, 그렇지만.

해설

공자의 문하에서 지혜나 재능, 도량, 풍모 등을 놓고 볼 때, 자장은 분
명 출중한 인물이다. 하지만 그가 스승 공자께 벼슬을 구하는 방도(2-
18 참조)나 명성을 떨치는 문제(12-20 참조)에 대해 여쭈며 관심을 가졌
음을 보면, 필시 인의仁義의 도를 닦고 행하는 데 힘쓰기보다는 명리
를 좇는 마음이 강했던 것으로 보인다. 바로 그런 연유로 자유가 친
구 자장의 위인爲人에 대해 아쉬운 마음을 드러내며 충고한 것이리라.
사람은 가까운 사람의 진심 어린 충고에 겸허히 귀 기울일 줄 알아야
한다.

19-16

증자가 말했다. "위풍당당하구나, 자장이여! 하지만 그대와 함께 인
을 행하기는 어렵도다."

曾子曰: "堂堂¹乎²張也, 難與竝³爲仁⁴矣."
증자왈　당당호장야　난여병위인의

주석

1 堂堂(당당): 이는 주자가 "용모가 장성壯盛한 것(容貌之盛)"이라 했으니, 곧 위풍당
　당함, 즉 풍채나 기세가 위엄 있고 떳떳해 매우 훌륭함을 이름.
2 乎(호): 어조사로, 감탄의 어기를 나타냄.
3 與竝(여병): ~와 더불어, 함께.
4 爲仁(위인): 행인行仁, 즉 인을 행함.

해설

군자는 "벗을 거울로 삼아 자신의 인덕을 기른다."(12-24) 일찍이 증자
가 한 말이다. 증자의 학문은 정심성의正心誠意, 즉 마음을 바르게 하고
뜻을 정성스럽게 함에 중점을 두었으니, '하루에 세 번 자기 자신을 반
성하는'(1-4 참조) 습관과 자세 또한 그 일환임은 두말할 나위가 없다.
그런 그가 볼 때, 자장은 향학向學과 구도求道를 함께하기에는 모자람
이 있다. 왜냐하면 주자가 이른 대로, 자장은 평소 주로 외모에 힘을
쏟으면서 스스로 흡족해하며 우쭐거린 탓에 자신의 인덕을 길러 인
도仁道를 행하지 못했을 뿐만 아니라, 다른 사람의 인덕을 기르는 데
도움을 주지도 못했기 때문이다.

공자는 「자로편」에서 "강직함과 과감함, 질박함, 어눌함은 모두 인에 가깝다"(13-27)고 했다. 다시 말하면 인덕이란 전적으로 심성의 함양과 수양에 달렸으며, 결코 외모의 꾸밈새와는 별다른 연관을 갖지 않는다. 그러므로 능히 인도를 행하는 사람은 대개 외모는 평범하지만 내면의 덕성은 오히려 충실하고 돈독한 까닭에, 진실로 "말이 충성스럽고 신실하며 행동이 돈독하고 정중하여"(15-6) 능히 다른 사람들과 더불어 인도를 행할 수가 있는 것이다. 반면에 평소 외모를 지나치게 중시한 자장의 '위풍당당함'은 필시 사람들에게 쉽게 접근하기 어렵다는 느낌을 주었을 것인바, 증자의 이 일침 또한 앞 장 자유의 충고와 일맥상통함을 알 수 있다.

19-17

증자가 말했다. "내가 선생님께 들기로, 사람이 평소 저절로 참되고 애틋한 마음을 다하는 경우는 없나니, 만약 있다면 그것은 분명 부모의 상을 당했을 때일 것이다."

曾子曰: "吾聞諸¹夫子: 人未有自致²者也, 必也³親喪⁴乎!"
증자왈   오문저부자 인미유자치자야 필야천상호

주석

1 諸(저): 지어之於의 합음자.

2 自致(자치): 저절로 진정眞情과 성의誠意, 또는 참되고 애틋한 마음을 다함. 사실

원문에는 '치'의 목적어가 생략되어 있는데, 아래의 문의文意에 의거하면 이같이 이해됨. '치'는 주자가 이른 대로, 지극함을 다하는 것임.

3 **也**(야): 어조사로, 일시 멈춤의 어기를 나타냄과 동시에 앞말 '필必'의 의미를 강조함.

4 **親喪**(친상): 부모의 상사喪事. '친'은 양친兩親, 부모.

해설

사람은 그 어떤 경우에도 저절로 진정을 다하는 경우가 드물지만, 유독 부모가 세상을 떠났을 때만은 누구나 그 진정을 억누르지 못하고 "저절로 참되고 애틋한 마음을 다하게" 된다는 게 공자의 설명이다. 증자는 효성이 지극하기로 이름난 사람이다. 그는 필시 스승 공자의 말에 깊이 공감했을 것이다. 한데 공자의 설명을 되새겨보면, 사람이 부모의 상을 당해서도 '저절로' 진정을 다하지 못해서는 안 된다는 얘기이니, 진실로 스스로를 돌아볼 일이다.

19-18

증자가 말했다. "내가 선생님께 들기로, 맹장자가 한 효도 가운데 다른 것은 다 할 수 있지만, 그 아버지의 신하와 정책을 바꾸지 않고 이어간 것은 참으로 하기 어려운 것이다."

曾子曰: "吾聞諸夫子: 孟莊子¹之孝也, 其他可能也; 其不改父之臣
증 자 왈   오 문 저 부 자   맹 장 자 지 효 야   기 타 가 능 야   기 불 개 부 지 신

與父之政, 是難能也."
여 부 지 정   시 난 능 야

1 孟莊子(맹장자): 노나라 대부로, 성은 중손仲孫, 이름은 속速. 그의 아버지 맹헌
자孟獻子 중손멸仲孫蔑은 현賢 대부로 이름이 남.

해설

사람은 아무리 부모 자식 사이일지라도 그 생각이나 입장이 다를 수가
있다. 맹장자의 효도는 그런 측면에서 볼 때, 아무나 하기 어려운 고귀
한 의의가 있다. 공자도 「학이편」에서 말했다. "아들이 죽은 아버지의
처사 원칙을 3년 동안은 고치지 않아야 비로소 효성스럽다고 할 수 있
다."(1-11) 이는 말하기는 쉬워도 행하기는 결코 쉽지 않은 일이다.

19-19

맹씨가 양부를 옥관의 장으로 임명하자, 양부가 증자에게 그 일을
어떻게 수행해야 하는지를 여쭈었다. 증자가 말했다. "윗자리에 있는
이들이 백성을 다스리는 바른 도를 잃어 민심이 어그러진 지 이미 오
래되었다. 그러니 만약 백성이 범죄를 저지른 정황을 알아내었다면,
마땅히 그를 애처롭고 가엾게 여겨야지, 절대로 스스로의 성과에 기
뻐해서는 아니 된다."

孟氏¹使²陽膚³爲士師,⁴問於曾子. 曾子曰: "上⁵失其道,⁶民散⁷久矣.
맹씨 사 양부 위사사   문어증자 증자왈   상 실기도   민산 구의
如⁸得其情,⁹則哀矜¹⁰而勿喜.¹¹"
여 득기정 즉애긍 이물희

1 孟氏(맹씨): 노나라 대부 맹손씨.

2 使(사): ~로 하여금 ~하게 함. 여기서는 곧 임명함을 이름.

3 陽膚(양부): 증자의 제자.

4 士師(사사): 옥관의 장. 18-2 주석 2 참조.

5 上(상): 임금을 비롯하여 윗자리에서 나라를 다스리는 위정자들을 이름.

6 其道(기도): 곧 치국·치민治民의 정도正道를 이름.

7 民散(민산): 민심이 산란散亂함, 어그러짐. 여기서는 이에 그렇기 때문에 쉽사리 범죄를 저지른다는 의미를 내포함.

8 如(여): 만약.

9 得其情(득기정): 백성이 범죄를 저지른 실제 정황을 알아냄. '득'은 얻음. 곧 조사해냄, 밝혀냄, 알아냄을 이름.

10 哀矜(애긍): 애처롭고 가엾게 여김. '애'는 (죄를 지은 백성이) 형벌을 받게 되는 것을 애통哀痛히 여김을 이름. '긍'은 (죄를 지은 백성의) 무지無知를 불쌍히 여김을 이름.

11 勿喜(물희): 기뻐하지 마라. 곧 자신이 사건을 해결한 것을 스스로 만족하며 기뻐하지 말라는 말임.

해설

춘추시대 말엽의 사회는 통치자들이 무도한 정치를 일삼으면서 백성들의 삶은 그야말로 말이 아니었다. 그 때문에 일부 백성들은 무지한 탓도 있겠으나, 어쩔 수 없이 범죄의 구렁으로 빠져들었다. 법을 집행하는 관리라면 반드시 이 같은 실정을 헤아려, 그들이 새사람으로 거듭날 수 있도록 이끌어야 할 것이다. 처벌도 처벌이지만, 무엇보다 교도矯導와 교정矯正에 힘쓰라는 가르침이다. 그야말로 그 스승에 그 제자로다. 시국에 대한 우려와 백성에 대한 동정이 어우러진 '측은지

심惻隱之心’으로 충만한 증자야말로 진정 공자의 제자다운 인자仁者였음은 틀림이 없다.

19-20

자공이 말했다. "사실 주왕의 악함이 오늘날 전해지는 것처럼 그렇게 심한 것은 아니었다. 그러므로 군자는 하류에 처하는 것을 싫어하나니, 천하의 죄악이 모두 그에게 뒤집어씌워지기 때문이다."

子貢曰: "紂¹之不善, 不如²是³之甚也. 是以君子惡⁴居下流,⁵ 天下
자 공 왈   주 지 불 선   불 여 시 지 심 야   시 이 군 자 오 거 하 류   천 하
之惡皆歸焉.⁶"
지 악 개 귀 언

주석

1 紂(주): 주왕. 은나라 마지막 임금. 하나라 걸왕과 함께 폭군으로 이름남. 선왕先
  王 제을帝乙의 아들로, 이름은 신辛, 자는 수受. '주'는 그의 시호. 주 무왕에게 정
  벌당하자, 스스로 목숨을 끊음.
2 不如(불여): ~와 같지 않음, ~처럼 ~하지 않음. 여기서는 ~만 못하다는 뜻이 아님.
3 是(시): 지시대명사. 이(此), 그(其). 여기서는 (전해지는 바와 같이) 그러함을 이름.
4 惡(오): 싫어함, 미워함.
5 下流(하류): 지세가 낮아 온갖 더러운 물이 다 모이는 곳. 여기서는 사람의 행위
  가 비루해 온갖 악명惡名, 즉 악하다는 더러운 이름을 뒤집어쓰게 됨을 비유함.
6 歸焉(귀언): (천하의 죄악이 모두) 그에게 귀결됨. 곧 그에게 뒤집어씌워짐을 이름.
  '언'은 어지於之의 합음자. 그 (자신)에게.

이는 자공이 주왕의 행위를 변호해 그 드높은 악명을 벗겨주려는 게 아니다. 오히려 사람들이 주왕의 경우를 거울삼아 절대로 추악한 행위를 일삼지 않아야 함을 일깨운 것이다. 왜냐하면 사람이 그렇게 인간 '하류'로 전락하게 되면, 세상의 온갖 악명을 뒤집어쓰는 불상사가 일어날 수 있기 때문이다. 사람이 악의 구렁에 빠지면 뭇사람의 따가운 눈총을 받으며, 온갖 화살의 표적이 될 수밖에 없다. 그러므로 사람은 항시 자중자애自重自愛하며 바른 길을 가야 한다. 반면 사람이 평소 선량한 행위로 시종 국가 사회에 많은 공헌과 이바지를 한다면, 세상의 온갖 칭송과 존숭이 그에게 집중될 수도 있다. 예컨대『열자列子』「양주편楊朱篇」에서 이른 대로, "천하의 미명美名은 순임금·우임금·주공·공자에게 집중되고, 천하의 악명은 하 걸왕과 은 주왕에게 집중되었다(天下之美, 歸之舜禹周孔; 天下之惡, 歸之桀紂)"는 것과 같다. 아무튼 사람은 악행을 멀리하고, 선행을 즐겨야 한다.

19-21

자공이 말했다. "군자가 하는 잘못은 일식이나 월식과 같아서, 잘못을 하면 사람들이 모두 그것을 바라다보고, 잘못을 고치면 사람들이 모두 그것을 우러러본다."

子貢曰: "君子之過¹也, 如日月之食²焉: 過也, 人皆見之; 更³也, 人
자공왈   군자지과 야   여일월지식 언   과야   인개견지   경 야   인
皆仰⁴之.⁵"
개 앙 지

1 過(과): 과실·과오·잘못을 범함.

2 食(식): 식蝕과 같음. 동사로, 갉아먹어 들어감. 이는 곧 일식·월식을 두고 이름.

3 更(경): 경개更改, 즉 고침.

4 仰(앙): 우러름, 즉 마음속으로 공경해 떠받듦. 앙망仰望함, 즉 존경하는 마음으로 우러러봄.

5 之(지): 지시대명사. 이를 흔히 군자를 가리키는 것으로 풀이하나, 군자가 잘못을 고친, 그 훌륭한 행위를 가리키는 것으로 이해함이 옳음. 이와 마찬가지로 앞 '인 개견지人皆見之'의 '지'도 군자가 저지른 잘못된 행위를 가리킴.

해설

사람은 누구나 잘못을 할 수 있다. 다만 군자는 잘못을 하면 드러내놓고 솔직히 인정하고, 그것을 고치는 데 주저하지 않는다. 반면 "소인은 잘못을 하면 반드시 그럴듯하게 꾸며서 가린다."(19-8) 사람은 가능한 한 잘못을 하지 않아야 하겠지만, 설령 잘못을 했다고 하더라도 진실로 뉘우치고 서둘러 고친다면, 그 또한 진정 훌륭하다 할 것이다.

19-22

위나라 공손조가 자공에게 물었다. "중니께서는 공부를 어떻게 하셨는가?" 자공이 말했다. "문왕과 무왕의 도가 아직은 완전히 사라지지 않고 세상에 남아 있습니다. 어진 사람들은 그 가운데 큰 부분을 기억하고, 어질지 못한 사람들은 그 가운데 작은 부분을 기억하고 있으니, 문왕·무왕의 성도聖道를 간직하고 있지 않은 이가 없습니다. 그

러니 선생님께서 어디에서든 배우지 않으셨으며, 또한 어찌 고정적인
스승이 있으셨겠습니까?"

衛公孫朝¹問於子貢曰: "仲尼²焉³學?" 子貢曰: "文武之道,⁴ 未墜
위공손조 문어자공왈   중니 언 학   자공왈   문무지도   미추
於地,⁵ 在人.⁶ 賢者識⁷其大者,⁸ 不賢者識其小者,⁹ 莫不有文武之道
어지   재인   현자지 기대자   불현자지기소자   막불유문무지도
焉.¹⁰ 夫子焉不學? 而亦何常師之有¹¹?"
언   부자언불학   이역하상사지유

주석

1 **公孫朝**(공손조): 衛위나라 대부.

2 **仲尼**(중니): 공자의 자.

3 **焉**(언): 의문사. 어디서, 누구에게서. 또 어떻게.

4 **文武之道**(문무지도): 주나라 개국의 성군인 문왕과 무왕의 치국지도治國之道. 곧
   두 임금이 건립한 덕행·공업功業과 제정한 예악 제도를 이름.

5 **未墜於地**(미추어지): 아직 땅에 떨어지지 않음. 곧 아직 완전히 사라지지 않았다
   는 말임. '추'는 추락墜落함.

6 **在人**(재인): 세상에 남아 있음. '인'은 인간人間, 즉 사람이 사는 세상을 이름.

7 **識**(지): 지誌와 같음. 기억함. 곧 「술이편」 "다견이지지多見而識之"(7-28)의 '지'와
   같음.

8 **大者**(대자): 중대한 부분. 곧 도덕의 정의精義·정치의 원리 등을 이름.

9 **小者**(소자): 미소微小한 부분, 예컨대 사물의 명칭과 특징에 관한 규정 따위를
   이름.

10 **焉**(언): 어조사. 강한 긍정의 어기를 나타냄. 일설에는 어지於之의 합음자.

11 **何常師之有**(하상사지유): '하유상사何有常師'의 도치. 목적어 '상사'를 강조하기
   위해 동사 '유' 앞으로 도치시킨 형식임. '상사'는 항상(고정적으로) 가르침을 받
   는 스승을 일컬음.

공자는 어려서부터 한없이 가난하고 고생스런 여건 속에서 성장했다. 그런데 어떻게 성인의 반열에까지 오를 수 있었을까? 그것은 예나 지금이나 많은 사람들이 궁금해하는 부분이 아닐 수 없다. 자공의 설명에 따르면, 공자의 학문적 성취는 '고정적인 스승'도 없이 오로지 호학, 즉 배우기를 좋아함에서 비롯된 것이었다. 사실 겸양이 몸에 밴 공자였지만, 호학함에 있어서만은 결코 겸양하지 않았을 뿐만 아니라, 오히려 "그 누구도 나만큼 배우기를 좋아하지는 못할 것"(5-28)이라며 강한 자부심을 드러내기도 했으니, 호학함이야말로 진정 공자의 학문 성취의 원동력이라 할 것이다.

당대唐代 대문호 한유韓愈가 「사설師說」에서 공자의 구사지도求師之道(스승을 찾아 배우는 이치)를 설명하며 말했다. "성인에게는 고정적인 스승이 없으니, 일찍이 공자는 담자郯子와 장홍萇弘, 사양師襄, 노담老聃(노자)을 두루 스승으로 삼은 적이 있다. 하지만 담자를 비롯한 이들 무리는 그 현덕이 공자에 미치지 못한다. 공자께서 말씀하셨다. '세 사람이 함께 길을 가면 그 가운데에 반드시 나의 스승이 있다.' 그러므로 제자가 반드시 스승만 못하지도 않고, 스승이 반드시 제자보다 낫지도 않다. 단지 도를 들어 앎에는 선후가 있고, 학술과 기예에는 전공專攻이 있을 뿐이니, 그 이치가 본시 이와 같을 따름이니라(聖人無常師. 孔子師郯子·萇弘·師襄·老聃. 郯子之徒, 其賢不及孔子. 孔子曰: '三人行, 則必有我師.' 是故弟子不必不如師, 師不必賢於弟子. 聞道有先後, 術業有專攻, 如是而已)." 공자에 대한 한유의 이해는 분명 참되고 명철하다.

19-23

숙손무숙이 조정에서 여러 대부들에게 말했다. "자공이 중니보다 낫소이다." 자복경백이 그 이야기를 자공에게 해주자, 자공이 말했다. "궁궐 담장에 비유하자면, 제 담장은 어깨 높이 정도여서 밖에서도 쉽게 가옥의 아름다움을 엿볼 수 있습니다. 하지만 선생님의 담장은 높이가 수數 길이나 되어서, 대문을 찾아 들어가지 않으면, 종묘의 아름다움이나 온갖 가옥들의 다채로움을 볼 수가 없습니다. 한데 그 대문을 찾아낸 사람은 아마 많지 않을 것입니다. 그러니 숙손 대부가 그렇게 말씀하시는 것도 당연하지 않겠습니까?"

叔孫武叔¹語²大夫於朝³曰: "子貢賢⁴於⁵仲尼." 子服景伯⁶以⁷告子
숙 손 무 숙 어 대 부 어 조 왈   자 공 현 어 중 니   자 복 경 백 이 고 자

貢. 子貢曰: "譬之宮牆⁸: 賜⁹之牆也及肩,¹⁰ 窺見¹¹室家之好; 夫子¹²
공 자 공 왈   비 지 궁 장   사 지 장 야 급 견   규 견 실 가 지 호 부 자

之牆數仞,¹³ 不得其門而入, 不見宗廟之美, 百官¹⁴之富. 得其門者
지 장 수 인 부 득 기 문 이 입 불 견 종 묘 지 미 백 관 지 부 득 기 문 자

或¹⁵寡¹⁶矣. 夫子¹⁷之¹⁸云, 不亦宜¹⁹乎?"
혹 과 의 부 자 지 운 불 역 의 호

주석

1 叔孫武叔(숙손무숙): 노나라 대부 숙손씨로, 이름은 주구州仇. '무'는 그의 시호이고, '숙'은 그의 자임.

2 語(어): 말함.

3 朝(조): 조정.

4 賢(현): 나음, 우수함.

5 於(어): ~보다.

6 子服景伯(자복경백): 노나라 대부. 14-37 주석 4 참조.

7 以(이): '이지以之'의 생략. 그것으로써, 그 이야기를.

452

8 宮牆(궁장): 궁궐 담장. 일설에는 여기서 '궁'은 주위를 둘러싼다는 뜻이며, '궁장'은 엔담, 즉 사방으로 빙 둘러쌓은 담을 이른다고 함.

9 賜(사): 자공의 이름.

10 及肩(급견): 어깨에 미침, 닿음. 곧 어깨 높이 정도라는 말.

11 窺見(규견): 몰래 엿봄, 훔쳐봄.

12 夫子(부자): 선생님. 곧 공자를 일컬음.

13 仞(인): 길이의 단위. 길. 옛날 7척尺 혹은 8척에 해당하는 길이라고 함.

14 百官(백관): 온갖 가옥家屋들, 건물들. '관'의 본의는 관관館과 같아서 가옥을 뜻하며, 여기서는 그런 뜻으로 쓰임. '관'이 관직을 뜻하는 것으로 파생 확대된 것은 나중의 일. '백관'을 일설에는 문무백관, 즉 조정의 뭇 신하들을 이른다고 함.

15 或(혹): 아마.

16 寡(과): 적음(少).

17 夫子(부자): 이는 대부 숙손무숙을 일컬음.

18 之(지): 그(其). 여기서는 '그렇게'라는 뜻임.

19 宜(의): 마땅함, 당연함.

해설

공자는 그 현덕이 생전에도 이미 상당한 존숭을 받기는 했으나, '만세 사표萬世師表'로 숭앙되는 사후死後의 드높은 명성에는 비할 수가 없었다. 공자 사후에는 제1대代 증자·자공·자하를 비롯한 직제자直弟子(문 한에서 직접 배운 제자)들, 제2대 자사, 제3대 맹자 등 여러 대의 제자들을 거쳐, 한漢 무제武帝 때 백가百家를 배척하고 오직 유가만을 존숭하면서 비로소 공자의 학설은 국가 통치 이념으로 확고히 자리를 잡았고, 공자 또한 명실상부한 '성인聖人'으로 추앙받기에 이르렀다.

자공은 공자의 제자 가운데서도 재능이 특히 뛰어난 인물이었다. 그리하여 당시에는 급기야 자공이 공자보다 낫다는 착각까지 나온

듯하다. 그건 필시 공자의 도가 가없이 넓고 깊어 아무나 쉽게 알 수 있는 바가 아닌 반면, 자공의 학문은 한번 넘겨다보면 금방 알 수 있는 탓에 빚어진 결과라는 것이, 자공의 설명이다. 적절한 비유로 듣는 이의 이해를 돕는 자공의 말솜씨가 탄성을 자아내게 한다. 자공의 재치 넘치는 표현력은 다음 두 장에서도 이어진다.

19-24

숙손무숙이 공자를 비방하자, 자공이 말했다. "그래봤자 아무 소용 없으리라! 우리 선생님은 비방할 수가 없도다. 다른 사람의 현덕은 언덕과 같아서 그래도 넘을 수 있지만, 선생님의 현덕은 해와 달과 같아서 도저히 넘을 수가 없다네. 사람들이 설사 해와 달을 헐뜯으며 스스로 관계를 끊으려고 한들, 그것이 해와 달에게 무슨 손상이 되겠는가? 단지 자기 분수도 모른다는 것을 드러낼 뿐이다."

叔孫武叔毀[1]仲尼. 子貢曰: "無以爲也[2]! 仲尼不可毀也. 他人之賢
숙 손 무 숙 훼 중 니   자 공 왈   무 이 위 야   중 니 불 가 훼 야   타 인 지 현
者, 丘陵[3]也, 猶[4]可踰[5]也; 仲尼, 日月也, 無得而[6]踰焉.[7] 人雖[8]欲自
자 구 릉 야 유 가 유 야   중 니 일 월 야 무 득 이 유 언   인 수 욕 자
絶,[9] 其何傷於日月乎? 多[10]見[11]其不知量[12]也.[13]"
절   기 하 상 어 일 월 호 다 현 기 부 지 량 야

주석

1 毀(훼): 훼방, 즉 남을 헐뜯어 비방함.
2 無以爲也(무이위야): 주자가 이른 대로, "그렇게 해도 아무 소용없다(無用爲此)"는

454

말임. '이'는 용用과 같음. 일설에는 이 구절을 '그렇게 하지 마시오'라는 뜻으로 풀이함. 그것은 곧 '무'는 무毋와 같고, '이'는 차此와 같이 보아 '이렇게', '그렇게'의 뜻으로 이해한 데에 따른 것임. 하지만 일설의 풀이는 자공의 뒷말에 비춰 보면 옳지 않음을 알 수 있음.

3 丘陵(구릉): 구릉, 언덕.

4 猶(유): 오히려, 그래도.

5 踰(유): 유逾와 같음. (뛰어)넘음, 넘어감.

6 得而(득이): 득이得以, 가이可以. ~할 수 있음.

7 焉(언): 지之와 같음. 지시대명사로, 곧 '해와 달과 같은' '선생님의 현덕'을 가리킴.

8 雖(수): 비록, 설사, 설령.

9 自絶(자절): (일월과의 관계를) 스스로 단절함. 이는 곧 공자를 비방함을 비유함.

10 多(다): 단지, 다만.

11 見(현): 드러냄, 나타냄.

12 量(량): 주자가 이른 대로, 분량分量, 분수를 이름. 황간은 이를 성인의 도량度量을 뜻하는 것으로 풀이함. 다만 숙손무숙에 대한 자공의 강력한 경고와 질타를 감안할 때, 주자의 풀이가 보다 적절한 것으로 판단됨.

13 也(야): 여기서는 이耳와 같음. ~뿐임, 따름임.

해설

공자의 학문 도덕은 더할 나위 없이 높아서 흡사 일월과도 같다. 행여 훼손하고픈 마음이 든다면, 그 시간에 그 빛나는 현덕을 제대로 알도록 공부나 더 할 일이다. 앞 장에서도 보았듯이, 숙손무숙은 자공을 높이고 공자를 낮추었다. 하지만 자공은 오히려 그가 성인 공자의 학문과 사상의 진수를 제대로 알지도 못하면서, 자기 분수도 모르고 주제넘게 군다고 편잔할 따름이다.

진자금이 자공에게 말했다. "그대는 참으로 겸손하고 공손하오. 아무리 중니이지만 어찌 그대보다 낫겠소?" 자공이 말했다. "무릇 군자는 말 한 마디로 지혜롭다고 여겨지기도 하고, 또 말 한 마디로 지혜롭지 않다고 여겨지기도 하는 만큼, 말을 신중히 하지 않으면 아니 됩니다. 우리가 감히 선생님께 미칠 수 없는 것은, 마치 하늘에 사다리를 타고 올라가지 못하는 것과 같습니다. 만약에 선생님께서 기회가 되어 나랏일을 보시면, 말 그대로 예의禮義로 백성들을 사회적으로 자립케 하면 그 교화를 받아 자립할 것이요, 도덕으로 백성들을 이끌면 그 감화를 받아 그대로 받들어 행할 것이요, 인정仁政으로 백성들을 편안케 하면 먼 곳에서도 달려와 붙좇을 것이요, 예악으로 백성들을 고무하면 모두가 화합할 것입니다. 그야말로 그분께서 살아계실 적에는 모두가 영예를 드리고, 돌아가시면 모두가 애도를 바칠 것이니, 우리가 어떻게 감히 그분께 미칠 수 있겠습니까?"

陳子禽[1] 謂子貢曰: "子[2]爲恭[3]也, 仲尼豈賢於子乎?" 子貢曰: "君子
진자금 위자공왈   자위공야 중니기현어자호   자공왈   군자

一言以爲知,[4] 一言以爲不知, 言不可不愼也. 夫子之不可及也, 猶[5]
일언이위지   일언이위부지 언불가불신야 부자지불가급야 유

天之不可階而升[6]也. 夫子之得邦家[7]者,[8] 所謂[9]立之斯立,[10] 道之斯
천지불가계이승 야 부자지득방가 자   소위 입지사립   도지사

行,[11] 綏之斯來,[12] 動之斯和.[13] 其生也榮, 其死也哀, 如之何[14]其可
행   수지사래   동지사화   기생야영 기사야애   여지하 기가

及也?"
급 야

1 陳子禽(진자금): 이를 흔히 공자의 제자 진항(1-10 주석 1 참조)으로 보나, 이론의 여지가 있음. 황간이 이른 대로, 그가 공자를 '중니'라고 칭하며 공자보다 자공을 높인 것으로 보아, 공자의 제자로 보기 어려움. 일설에는 자공의 제자라고 하나, 그 또한 같은 이유에서 가능성이 낮음. 결국 그는 공자의 제자 진항과 동명이인일 것으로 추정됨.

2 子(자): 그대, 당신. 곧 자공에 대한 존칭.

3 爲恭(위공): 겸공謙恭함, 즉 자신을 낮추고 남을 높이는 태도가 있음. 곧 스스로 겸공하여 사장師長(스승과 나이 많은 어른)을 존중함을 두고 이름.

4 一言以爲知(일언이위지): 말 한 마디를 했을 때, 그 말이 훌륭하면 다른 사람들이 그를 지혜롭다고 여김을 이름. '지'는 지智와 같음. 아래 '부지不知'의 '지'도 이와 같음.

5 猶(유): ~와 같음.

6 階而升(계이승): 사다리를 타고 올라감. '계'는 계단, 사다리. 여기서는 동사로 쓰임.

7 得邦家(득방가): 나라·나랏일을 관장管掌함. 곧 한 나라의 제후나 경대부가 되어 국정을 돌봄을 이름. '득'은 관장함, 돌봄을 이름. '방가'는 국가.

8 者(자): 어조사로, 가정문 끝에 쓰여 일시 멈춤과 가정의 어기를 나타냄.

9 所謂(소위): 세상 사람들이 말하듯이, 말 그대로.

10 立之斯立(입지사립): 곧 예의禮義로 백성들을 사회적으로 자립케 하면 그들이 그 교화를 받아 자립함을 이름. '입'은 사회적으로 자립함을 이름. '지'는 백성을 가리킴. 아래에서 '여지하如之何'의 '지'를 제외한 다른 '지'도 모두 이와 같음. '사'는 즉則과 같음. 아래의 '사'도 모두 이와 같음.

11 道之斯行(도지사행): 곧 도덕으로 백성들을 이끌면 그들이 그 감화를 받아 그대로 행함을 이름. '도'는 동사로, 곧 「위정편」의 "도지이덕道之以德"(2-3)과 같은 뜻으로 이해됨. '행'은 봉행奉行, 즉 받들어 행함.

12 綏之斯來(수지사래): 곧 인정仁政으로 백성들을 편안케 하면 먼 지역 백성들도 달려와 붙좇음을 이름. '수'는 수무綏撫, 즉 편안하게 하고 어루만져 달램. '래'는 「자로편」 "원자래遠者來"(13-16)의 '래'와 같음. 달려와 붙좇음.

13 動之斯和(동지사화): 곧 예악으로 백성들을 고무하면 모두가 화합함을 이름.

'동'은 주자가 이른 대로, 고무鼓舞함, 즉 힘을 내도록 격려해 용기를 북돋움.
'화'는 조화·화합·협동함.

14 如之何(여지하): 여하如何와 같음. 어찌, 어떻게.

해설

자공은 거듭 공자를 하늘에 비유하며, 그 성덕聖德의 위대함과 인격의 고상함, 재능의 탁월함을 찬미했는데, 스승에 대한 경외심이 어느 정도인지를 짐작케 한다. 여기서도 자공은 공자보다 자신을 높이는 진자금의 어불성설語不成說에 어이없다는 반응을 보이며, 말을 신중히 하라며 핀잔을 놓았다. 맹자가 말하지 않았던가? "바다를 본 사람에게 어지간한 물은 관심을 끌기 어렵고, 성인의 문하에서 노닌 사람에게 어지간한 말은 관심을 끌기 어렵다〔觀於海者難爲水, 遊於聖人之門者難爲言〕."(『맹자』「진심 상」)

제20편

요왈

堯曰

「요왈편」은 모두 3장으로 나뉘며, 대체로 고대 현군賢君의 선정善政 언론과 원칙 그리고 공자의 치국 이론과 이상을 설파했다.

20-1¹-1

요임금께서 말씀하셨다. "오, 그대 순이여! 하늘이 정한 제위帝位의 순서가 그대 자신에게 이르렀으니, 진실로 중정中正의 원칙을 받들어 행하도록 하라. 만약 천하 만백성이 곤궁해지면, 하늘이 준 제왕의 복록도 영원히 끝나리라." 훗날 순임금도 이 같은 말로 우를 훈계하셨다.

堯²曰: "咨³! 爾⁴舜⁵! 天之曆數⁶在爾躬,⁷ 允執其中.⁸ 四海⁹困窮, 天
요 왈   자   이 순   천 지 역 수 재 이 궁   윤 집 기 중   사 해 곤 궁 천
祿¹⁰永終." 舜亦以¹¹命¹²禹.¹³
록 영 종   순 역 이 명 우

주석

1 20-1:「요왈편」제1장은 한 사람이나 한 시기의 말도 아닌 데다 의미상 전후 관련성도 없어, 후세에 전해지는 과정에 빠져서 없어진 부분이 있을 것으로 추정됨. 따라서 편의상 여섯 소절小節로 나누어 풀이함.
2 堯(요): 요임금. 8-19 주석 1 참조.
3 咨(자): 찬탄하는 말. 오!

462

4 爾(이): 제이인칭대명사. 너, 그대.

5 舜(순): 순임금. 8-18 주석 2 참조.

6 曆數(역수): 천체의 운행과 기후의 변화가 철에 따라서 돌아가는 순서. 여기서는 이로써 하늘이 정한, 제왕이 왕위를 이어가는 순서를 이름. 옛날 사람들은, 제왕은 천명을 받아서 왕위에 올라 천하를 다스리게 된다고 여김.

7 爾躬(이궁): 그대의 몸. '궁'은 몸, 자신.

8 允執其中(윤집기중): 진실로 중정中正을 받들어 행함. '윤'은 진실로, 성실히. '집'은 집행함. 여기서는 봉행함을 이름. '중'은 중정으로, 곧 정사를 처리함에 있어서 어느 쪽으로도 치우치지 않고 한껏 공정·공평하며 지나치거나 모자람도 없는 최상의 위정爲政 원칙을 이름.

9 四海(사해): 온 세상, 천하. 여기서는 천하 만백성을 두고 이름. 12-5 주석 6 참조.

10 天祿(천록): 하늘이 준 복록, 즉 복과 작록爵祿(관작과 봉록). 곧 왕위, 제위를 두고 이름.

11 以(이): '이지以之'의 생략. 그(이) 같은 말로.

12 命(명): 훈계함.

13 禹(우): 우임금. 8-18 주석 3 참조.

해설

「요왈편」제1장의 앞 세 절節은 공자나 그 제자가 한 말이 아니다. 아마도 『상서』, 즉 『서경』에 수록되었던 글을 공자가 주목해 발굴해낸 것으로 보인다. 그 내용을 한마디로 요약하면 곧 역사 변천 과정에 작용해온 국운 흥망성쇠의 보편적 법칙이다. 공자는 평소 제자들에게 그와 관련된 이야기를 많이 들려줬을 것이고, 그 때문에 제자들이 여기에 특별히 수록해 『논어』의 궁극적 지향의 귀결歸結로 삼은 것이다.

이 제1절은 요임금이 순에게 제위를 물려주며 훈계한 말로, 핵심은 '중中', 즉 중정의 원칙이다. 순임금은 즉위 후 실제로 그 원칙을 충실히 따랐는데, 공자가 『중용』에서 말했다. "순임금은 필시 크게 지혜로운 분이셨으리라! 순임금께서는 다른 사람에게 묻기를 좋아하였을 뿐만 아니라, 다른 사람의 평범한 말도 자세히 헤아리기를 좋아하였는데, 이치에 맞지 않는 나쁜 말은 포용해 덮어주되, 이치에 맞는 좋은 말은 드러내어 널리 알리며, 양극단의 상반된 의견을 충분히 파악한 후 그 중용을 취해 백성들에게 시행하였나니, 그것이 바로 순임금이 능히 크게 지혜로운 순임금이 된 까닭이로다![舜其大知也與! 舜好問而好察邇言, 隱惡而揚善, 執其兩端, 用其中於民, 其斯以爲舜乎!]"(제6장) 이는 "진실로 중정의 원칙을 받들어 행하도록 하라"는 훈계의 의의를 충실히 밝혀 설명한 것으로, 곧 공자 '중용' 사상의 근원이나 다름이 없다. 이른바 '중정'은 천하를 다스리는 제왕에게만 요구되는 것이 아니다. 그것은 우리 모두가 생활 속에서 지키고 행해야 하는 고귀한 삶의 준칙임을 잊지 말아야 한다.

20-1-2

탕임금께서 말씀하셨다. "저 소자小子 리履는 감히 검은 황소를 바치며, 삼가 위대하신 하느님께 명명백백히 아뢰옵나이다. 죄 있는 자는 함부로 용서하지 않겠사오며, 하느님의 신하들은 결코 그 현능함을 가리지 않겠사옵나니, 사람을 징벌하고 등용함은 오로지 하느님의 뜻에 따를 뿐이옵니다. 만약 저 자신에게 죄가 있다면 천하 만백성은 연루시키지 마시옵고, 천하 만백성에게 죄가 있다면 그 죄는 저 한 몸에게로 돌리옵소서."

曰¹: "予小子履²敢用玄牡,³ 敢昭告⁴于皇皇后帝⁵: 有罪⁶不敢赦.⁷ 帝
왈　　여소자리 감용현모　감소고 우황황후제　유죄불감사　제
臣⁸不蔽,⁹ 簡在帝心.¹⁰ 朕躬¹¹有罪, 無¹²以¹³萬方¹⁴; 萬方有罪, 罪在
신 불폐,　간재제심　짐궁 유죄 무 이 만방　　만방유죄　죄재
朕躬."
짐궁

주석

1 曰(왈): 이는 뒤의 '여소자리予小子履'를 보면 상나라(나중에는 국호를 은나라로 바꿈. 2-23 주석 3 참조)의 개국 군주인 탕임금이 한 말임을 알 수 있음. 그래서 그 뜻을 번역문에 보충함. 탕임금의 이 말은 『서경』「상서商書·탕고湯誥」에도 보임.

2 予小子履(여소자리): 저 소자小子 리履. '여소자'는 상고시대 제왕의 자칭. 당시 제왕은 천자天子, 즉 하늘의 아들이라는 의식이 있었으므로, 스스로를 '소자'라고 칭한 것임. '여'는 제일인칭대명사. 나, 저. '리'는 탕임금의 이름. 원래 이름은 천을天乙이었는데, 왕위에 오른 뒤 이같이 개명했다고 함.

3 玄牡(현모): 검은 황소. 곧 제사의 희생을 이름. 하나라는 제사에 검은색을 숭상했는데, 상나라 탕임금도 처음에는 그 제도를 그대로 따랐으나, 나중에는 흰색을 숭상했다고 함.

4 昭告(소고): 명백히, 분명히 아룀. '소'는 밝음, 분명함.

5 皇皇后帝(황황후제): 위대한 하느님. '황'은 『설문해자』에서 크다(大)의 뜻이라고 했으니, '황황'는 곧 위대함을 이름. '후제'는 천제天帝, 즉 하느님에 대한 존칭. '후'는 본디 고대 씨족사회의 여성 추장을 일컬었으나, 나중에는 군주를 일컫게 되었고, 또 춘추전국시대 이후에는 오로지 제왕의 정처正妻, 즉 왕후를 일컬음.

6 有罪(유죄): 죄 있는 자. 곧 하나라 폭군 걸왕을 가리킴.

7 赦(사): 사면함, 용서함.

8 帝臣(제신): 천제의 신하. 곧 현인군자 같은 현능하고 선량한 벼슬아치를 일컫는데, 이는 하늘이 그들을 특별히 총애해 막중한 임무를 맡긴 것이라는 의식에 기인함.

9 不蔽(불폐): (그 현능함을) 가리어 막지 않음. 곧 반드시 등용할 것이라는 말임.

10 簡在帝心(간재제심): 죄 있는 자를 징벌하고, 현능한 이를 등용함은 오직 천제의

마음(뜻)에 따름. '간'은 검열함, 살펴봄. 곧 (정벌과 등용은 오직 천제의 마음을) 살펴서(읽어서/헤아려서) 하겠다는 말임.

11 朕躬(짐궁): 저 자신. '짐'은 본디 상고시대 사람들이 귀천貴賤을 불문하고 스스로를 일컫는 말이었으며, 진시황 때부터 비로소 제왕의 자칭이 됨. '궁'은 몸, 자신.

12 無(무): 毋와 같음. ~하지 마라.

13 以(이): 여기서는 동사로, 연루시킴을 이름.

14 萬方(만방): 천하. 여기서는 천하 만백성을 이름.

해설

탕임금은 자신이 걸왕을 정벌하고 제위에 오른 것은 천명을 받든 것이라는 전제하에, 천하를 다스림에 있어 오로지 하늘의 뜻을 좇아 충성을 다할 것이며, 무엇보다 일념으로 만백성을 위한 책임 정치를 할 것을 천명했다. 한편 그 진위 여부는 확실치 않으나, 『묵자墨子』「겸애편兼愛篇」과 『여씨춘추呂氏春秋』「순민편順民篇」에 따르면, 이는 곧 탕임금이 걸왕을 정벌한 후에 온 나라에 큰 가뭄이 들어 하늘에 기우제를 지내며 한 말이라고 한다. 그렇다면 국가적 재난을 만났을 때, 통치자군주가 재난 초래의 원인을 백성들에게 미루기보다는 자기 자신에게 돌림으로써 스스로 희생하고, 스스로 책임지는 모습을 보인 것이다. 예나 지금이나 훌륭한 통치자의 모습은 바로 이런 것이리라.

20-1-3[1]

주 무왕께서 말씀하셨다. "우리 주 왕조는 대대적으로 제후를 봉하였나니, 천하 경륜에 능한 이가 풍부한 까닭이로다. 내 비록 아주 가까운 친족이 있기는 하나, 이들처럼 인한 사람만은 못하다. 그리고 만약 백성들에게 죄가 있다면, 그 책임은 오로지 나 한 사람에게 있도다."

"周有大賚,² 善人³是富. 雖有周親,⁴ 不如仁人. 百姓有過, 在予一
주 유 대 뢰　선 인 시 부　수 유 주 친　불 여 인 인　백 성 유 과　재 여 일
人.⁵"
인

주석

1 이 단락은 전통적으로, 유보남이 송상봉宋翔鳳의 견해를 인용해 '수유주친雖有周親' 이하 네 구절은 주 무왕이 제후를 봉하고 한 말이며, 특히 강태공姜太公을 제나라에 봉하며 한 말 같다고 한 주장을 따름. 하지만 이 단락의 여섯 구절이 모두 무왕이 같은 때에 한 말임을 분명히 알 수 있기 때문에 '무왕왈武王曰'이라는 글귀를 생략한 것이라고 한, 다케조에(『회전』)의 견해가 오히려 더 무난하고 설득력이 있어 따르기로 함. 그래서 원문에는 없으나, 역문 첫머리에 "주 무왕께서 말씀하셨다"라는 말을 덧붙임.

2 周有大賚(주유대뢰): 주 왕조는 대대적으로 제후를 봉함. '대'는 크게, 대대적으로. '뢰'는 줌, 하사함. 곧 무왕이 제후를 봉한 것을 두고 이름. 『예기』「악기편樂記篇」에 따르면, 주 무왕은 은 주왕을 정벌하고 은나라 도읍에 이르러, 수레에서 내리기도 전에 황제黃帝의 후예를 계薊나라에, 요임금의 후예를 축祝나라에, 순임금의 후예를 진陳나라에 각각 봉했고, 수레에서 내린 후에는 하후씨夏后氏의 후예를 기杞나라에 봉하고, 은나라 유민들을 송나라로 이송했다고 함.

3 善人(선인): 선재善才, 즉 훌륭한 재능이 있는 사람. 여기서는 곧 세상 경륜에 뛰어난 인재를 이르는 것으로 이해됨.

4 周親(주친): 지친至親과 같은 말. '주'는 지至와 같음.

5 予一人(여일인): 나 한 사람. 이는 앞 단락의 '여소자予小子'와 마찬가지로 상고시대 제왕의 자칭임.

주 무왕 때는 그야말로 '천하 경륜에 능한' '인인仁人'들이 많았던 모양
이다. 「태백편」에서도, 주 무왕이 "우리 주 왕실에는 어지러운 세상을
능히 다스릴 신하 열 사람이 있도다"(8-20)라고 한 바 있다. 아무튼 주
무왕이 천하를 잘 다스릴 수 있었던 것은 바로 현능한 인재들이 많았
기 때문이다. 그뿐만 아니라 백성들이 죄를 저지르는 것을 자신의 탓
으로 돌리는 무왕 또한 현덕이 있었던 것으로 보인다. 아무튼 예나 지
금이나 중요한 것은 사람, 특히 어질고 유능한 인재다.

20-1-4[1]

도량형을 꼼꼼히 검정檢定하고, 예악 제도를 자세히 살피고, 오랫동
안 버려두어 유명무실해진 관직을 일일이 정비하면서, 사방의 정치가
두루 잘 시행되게 되었다. 이미 멸망했지만 죄 없는 제후국을 부흥시
키고, 이미 끊어졌지만 덕망 있는 경대부가의 세계世系를 잇게 하고,
세상에 버림을 받았지만 학덕이 뛰어난 인재를 등용하면서, 천하 만
백성들이 모두 기꺼운 마음으로 따르게 되었다.

謹權量,[2] 審法度,[3] 修廢官,[4] 四方之政行焉; 興滅國, 繼絶世, 擧[5]逸
근 권 량   심 법 도   수 폐 관   사 방 지 정 행 언 홍 멸 국 계 절 세 거 일
民,[6] 天下之民歸心[7]焉.
민   천 하 지 민 귀 심 언

1 20-1-4: 이 이하는 문장의 풍격으로 보아 상술한 요임금이 순에게 훈계한 것, 탕임금이 기우제를 지내며 말한 것, 주 무왕이 제후를 봉하며 말한 것들과는 확연히 다름. 그 때문에 역대 대부분의 주석가들은 이를 공자의 말이라고 여겨왔는데, 대체로 믿을 만한 주장으로 받아들여짐.

2 謹權量(근권량): '근'은 삼감, 조심함. 여기서는 곧 (권량을) 신중히 제정함, 검정함을 이름. '권'은 물건을 달아서 그 중량을 아는 표준으로, 냥兩·근斤·균鈞(30근) 등이 있음. '량'은 물건을 헤아려 그 용량을 아는 표준으로, 승升(되)·두斗(말)·곡斛(10말) 등이 있음. 여기서 '권량'은 곧 후세의 도량형을 이름.

3 審法度(심법도): '심'은 심찰審察, 즉 자세히 살핌. '법도'는 예악 제도를 이름.

4 修廢官(수폐관): '수'는 수보修補, 즉 허름한 데를 고치고 덜 갖춘 곳을 기움. 곧 정비함을 이름. '폐관'은 청대 조우趙佑의 『사서온고록四書溫故錄』의 설명에 따르면 직무는 있으나 관리가 없는 경우나, 관리는 있으나 그 직무를 수행하지 않는 경우를 이름. 여기서 '폐'는 폐지되었다는 뜻이 아니라, 광폐曠廢, 즉 오랫동안 돌보지 않고 버려뒀다는 뜻임.

5 擧(거): 거용함, 등용함.

6 逸民(일민): 세상에 버림을 받고 초야에 묻혀 살지만 학덕이 훌륭한 사람.

7 歸心(귀심): 진심으로 귀의歸依해 따름.

이는 공자가, 고대의 어진 제왕이 행한, 민심에 순응하는 정치적 조치를 개괄한 것이다. 물론 이는 공자의 이상 정치이기도 한데, 당시의 위정자들이 치국의 지침으로 삼도록 하고자 한 것이리라.

20-1-5

고대 제왕들이 중시한 것은 백성과 식량과 상례와 제례祭禮였다.

所重: 民食喪祭.
소중 민식상제

공안국이 이른 대로, 백성은 나라의 근본이요, 식량은 백성의 생명이요, 상례는 애도를 다함이요, 제례는 공경을 다함이다. 예로부터 "군왕은 백성을 하늘로 여기고, 백성은 식량을 하늘로 여긴다(王者以民人爲天, 而民人以食爲天)"(『사기』「역생육가열전酈生陸賈列傳」)는 의식 관념이 팽배했던 것은 바로 그 때문이다. 또한 고대국가는 대개 상례나 제례 같은 예법을 중시해 예절 의식을 강화함으로써 민정 풍속이 후덕한 사회를 만들고자 했다. 이는 사실상 나라에는 우선 충분한 인구가 있어야 하고, 그다음에는 그들이 풍족하게 살 수 있도록 해줘야 하며, 다시 그다음에는 그들을 잘 가르쳐 문명한 삶을 살도록 해줘야 한다는 공자의 치국 원칙(13-9 참조)과도 일맥상통한다.

20-1-6

군주가 심성이 너그럽고 후덕하면 민중의 지지를 받고, 태도가 정성스럽고 신실하면 백성의 신임을 얻으며, 일을 함에 부지런하고 재빠르면 공적을 쌓고, 행정 처사에 공정무사하면 백성들이 기쁘게 따를 것이다.

寬¹則得衆, 信²則民任焉, 敏³則有功, 公則說.⁴
관 즉득중 신 즉민임언 민 즉유공 공즉열

1 寬(관): 관후寬厚함, 즉 마음이 너그럽고 후덕함.

2 信(신): 성신誠信함, 즉 정성스럽고 신실함.

3 敏(민): 근민勤敏함, 즉 부지런하고 재빠름.

4 說(열): 열悅과 같음. 황간의 『의소』에는 이 '열' 자 앞에 '민民' 자가 있음. 그렇다면 곧 백성들이 열복悅服, 즉 기쁜 마음으로 복종함을 이름.

해설

이는 「양화편」(17-6)에서 공자가 자장의 질문에 답한 말과 대동소이하다. 하지만 그것은 일반 사람들이 인을 행함에 대해 말한 것이고, 이것은 제왕이 천하를 다스림에 대해 말한 것이다.

20-2

자장이 공자께 여쭈었다. "어떻게 해야 정치에 종사할 수 있습니까?" 공자께서 말씀하셨다. "다섯 가지 미덕을 높이 받들고, 네 가지 악덕을 없애면 정치에 종사할 수가 있다."

자장이 말했다. "다섯 가지 미덕이란 어떤 것을 말합니까?" 공자께서 말씀하셨다. "군자(위정자)가 백성들에게 은혜를 베풀되 스스로 낭비하지 않고, 백성들에게 일을 시키되 원망을 사지 않으며, 스스로 인을 행하려고 하되 탐욕을 부리지 않고, 침착하고 의젓하되 교만하지 않고, 위엄이 있으되 사납지 않은 것이다."

자장이 말했다. "백성들에게 은혜를 베풀되 스스로 낭비하지 않는 것은 어떻게 하는 것을 말합니까?" 공자께서 말씀하셨다. "백성들이 자신들에게 이익이 되는 일을 통해서 실제로 그 이익을 얻도록 한다면, 그 어찌 백성들에게 은혜를 베풀되 스스로 낭비하지 않는 것이 아니겠느냐? 노역할 만한 건장한 사람이나 농한기 같은 때를 골라서 노역하게 한다면, 또 어느 누구가 원망을 하겠느냐? 마음 깊이 인덕을 베풀고자 하여 실제로 인정仁政을 행해 그 효과를 얻는다면, 또 무엇을 더 탐하겠느냐? 군자가 사람을 대함에 사람 수가 많든 적든, 권세가 크든 작든 간에 감히 소홀히 하지 않는다면, 그 어찌 침착하고 의젓하되 교만하지 않은 것이 아니겠느냐? 군자가 의관을 정제하고 풍모를 존엄히 함으로써 한껏 위엄이 넘쳐 바라보는 사람들로 하여금 절로 경외케 한다면, 그 어찌 위엄이 있으되 사납지 않은 것이 아니겠느냐?"

자장이 말했다. "네 가지 악덕이란 어떤 것을 말합니까?" 공자께서 말씀하셨다. "백성들을 가르치지도 아니하고 죄를 지었다고 죽이는 것을 잔학하다 하고, 미리 일깨워주지도 아니하고 마냥 성과를 다그치는 것을 포악하다 하며, 명령은 느지막이 내어놓고 기한 내에 임무를 완수하라는 것을 사람을 못살게 괴롭히는 것이라 하고, 어차피 고르게 사람들에게 나누어 줘야 하는데도 재물을 내어주는 데 인색한 것을 창고지기 같은 낮은 벼슬아치의 옹졸함이라 한다."

子張問於孔子曰: "何如斯¹可以從政²矣?" 子曰: "尊³五美, 屛⁴四
자 장 문 어 공 자 왈　　하 여 사 가 이 종 정 의　　자 왈　　존 오 미 병 사
惡, 斯可以從政矣." 子張曰: "何謂五美?" 子曰: "君子⁵惠而不費,
악　사 가 이 종 정 의　　자 장 왈　　하 위 오 미　　자 왈　　군 자 혜 이 불 비
勞⁶而不怨, 欲而不貪,⁷ 泰⁸而不驕, 威而不猛." 子張曰: "何謂惠而
노 이 불 원　욕 이 불 탐　태 이 불 교　위 이 불 맹　　자 장 왈　　하 위 혜 이

不費?" 子曰: "因民之所利而利之,⁹ 斯¹⁰不亦惠而不費乎? 擇可勞¹¹
불비　자왈　인민지소리이리지　사　불역혜이불비호　택가로

而勞之, 又誰怨? 欲仁而得仁,¹² 又焉¹³貪? 君子無衆寡,¹⁴ 無小大,¹⁵
이로지　우수원　욕인이득인　우언탐　군자무중과　무소대

無敢慢,¹⁶ 斯不亦泰而不驕乎? 君子正其衣冠, 尊其瞻視,¹⁷ 儼然¹⁸
무감만　사불역태이불교호　군자정기의관　존기첨시　엄연

人望而畏之,¹⁹ 斯不亦威而不猛乎?" 子張曰: "何謂四惡?" 子曰:
인망이외지　사불역위이불맹호　자장왈　하위사악　자왈

"不敎²⁰而殺謂之虐,²¹ 不戒²²視成²³謂之暴, 慢令²⁴致期²⁵謂之賊,²⁶
불교　이살위지학　불계　시성　위지포　만령　치기　위지적

猶之與人²⁷也, 出納²⁸之吝,²⁹ 謂之有司.³⁰"
유지여인　야　출납　지린　위지유사

주석

1 斯(사): 즉則과 같음.

2 從政(종정): 정치·정사에 종사함, 참여함. 곧 위정 치국함을 이름.

3 尊(존): 존중함, 높이 받듦.

4 屛(병): 물리침, 제거함.

5 君子(군자): 높은 벼슬아치, 위정자. 19-10 주석 1 참조.

6 勞(로): 「자로편」 "선지로지先之勞之"(13-1)의 '로지'와 같은 뜻임. 아래 "택가로이
　　로지擇可勞而勞之"의 '로지'도 같음.

7 欲而不貪(욕이불탐): 스스로 인을 행하려고 하되 탐욕을 부리지 않음. 아래에
　　서 "욕인이득인, 우언탐?欲仁而得仁, 又焉貪"이라고 한 것을 보면, 여기서 '욕欲'은
　　인仁 내지 인의仁義 도덕을 행하려고 함을 두고 이르는 것임을 알 수 있음. 그러
　　므로 황간도 "인덕과 도의를 행하려는 사람은 청렴하고, 재물과 여색을 구하려
　　는 사람은 탐욕스럽다(欲仁義者爲廉, 欲財色者爲貪)"라고 함.

8 泰(태): 태연泰然함. 곧 침착하고 의젓함, 편안하고 여유로움을 이름. 13-26 주석
　　1 참조.

9 因民之所利而利之(인민지소리이리지): 백성들이 자신들에게 이익이 되는 일을 통
　　해서 실제로 그 이익을 얻게 함. 예를 들면 위정자가 직접 힘들이고 돈 들여서 고
　　기를 잡아주는 게 아니라, 백성들이 스스로 고기를 잡을 수 있도록 방법을 일러

주고 여건을 마련해줌으로써, 백성들이 실제로 그 이익을 얻어 누릴 수 있게 하는 것을 말함.

10 斯(사): 지시대명사. 이(此), 그(其).

11 可勞(가로): 노역하기에 적합한, 건장한 사람이나 농한기 같은 시기를 이름.

12 欲仁而得仁(욕인이득인): 인덕을 베풀고자 하여 실제로 그 인덕의 효과를 봄. 곧 백성을 인애하는 마음으로 인정 덕치를 펴서, 그 효과를 보고 보람을 느낌을 이름.

13 焉(언): 何何와 같음. 무엇.

14 無衆寡(무중과): 사람이 많고 적음을 막론함.

15 無小大(무소대): 권세가 크고 작음을 막론함.

16 無敢慢(무감만): 감히 소홀히 하지 않음. '만'은 태만함, 소홀함.

17 尊其瞻視(존기첨시): 풍모를 존엄히 함. '첨시'는 겉으로 드러나 보이는 모습·모양, 곧 외관·외모 내지 풍모를 이름. 주자도 『혹문或問』에서 이를 '용모와 안색'의 뜻으로 이해함.

18 儼然(엄연): 장엄·엄숙하여 위엄이 넘치는 모양.

19 人望而畏之(인망이외지): 사람들이 바라보면 곧 그를 경외하게 됨. '이'는 여기서는 즉則과 같음. '지'는 군자를 가리킴.

20 教(교): 백성들을 예의禮義로써 교화함.

21 虐(학): 잔학함, 잔혹함, 포학함.

22 戒(계): 훈계함. 여기서는 미리 일깨워줌, 주의를 줌을 이름.

23 視成(시성): (즉각적으로) 성과를 보고자 함. 곧 성과를 다그침을 이름.

24 慢令(만령): 명령을 늦게 내림. '만'은 게으름, 늦음.

25 致期(치기): 극기剋期, 즉 굳게 기한을 정함. 곧 기한 내에 임무를 완수하도록 다그침을 이름.

26 賊(적): 해침, 학대함. 곧 사람을 못살게 괴롭힘을 이름.

27 猶之與人(유지여인): 주자가 이른 대로, "'유지'는 그것(재물)을 똑같이(고르게) 나눈다는 말과 같으니, 이 구절('유지여인')은 곧 고르게 재물을 사람들에게 나누어준다는 것임[猶之, 猶言均之也, 均之以物與人]." '유'는 같음(如). '여'는 (나누어) 줌.

28 出納(출납): 내줌. 여기서는 편의사偏義詞로, '납'의 뜻은 없고 '출'의 뜻으로만 쓰임.

29 吝(린): 인색함.

30 有司(유사): 이는 직무상 관장하는 바가 있다는 뜻으로, 곧 어떤 일을 전담하는 낮은 벼슬아치를 일컬음. 여기서는 창고지기 같은 소리小吏를 이르는가 하면, 또 그러한 벼슬아치의 옹졸함을 두고 이름. '사'는 맡음, 담당함, 관장함.

해설

이는 곧 위정의 기본 원칙에 대한 설명이다. 『논어』에는 위정에 관한 언급이 다수 보이지만, 이만큼 자세하고 구체적인 경우는 없다. 공자가 말하는 위정의 원칙은 그야말로 민본과 애민의 사상을 기반으로 한다. 무릇 정치는 아무나 하는 게 아니며, 아무나 해서도 안 된다. 왜냐하면 정치는 수많은 사람들의 삶에 지대한 영향을 미치는 중차대한 것이기 때문이다. 위정자는 무엇보다 스스로 인덕을 닦아 갖추고, 진심으로 백성을 인애하고 존중하는 사람이어야 한다. 예나 지금이나 모든 사람은 바로 그런 위정자, 통치자를 고대한다. 하지만 현실적으로 그건 결코 쉬운 일이 아닌 듯해 아쉬움과 안타까움을 금할 길이 없다.

20-3

공자께서 말씀하셨다. "천명을 알지 못하면 군자가 될 수 없고, 예를 알지 못하면 세상에서 입신할 수 없으며, 다른 사람이 하는 말의 시비선악을 분별해 알지 못하면 그 사람의 됨됨이를 알 수가 없다."

孔子曰: "不知命,[1] 無以[2]爲君子也; 不知禮, 無以立也; 不知言,[3] 無
공자왈   부지명   무이 위군자야   부지례   무이립야   부지언   무
以知人[4]也."
이 지 인 야

주석

1 命(명): 천명, 즉 하늘이 사람에게 부여한 운명. 예를 들면 길흉화복吉凶禍福, 영
   욕榮辱 득실, 사생死生 궁통窮通 따위를 말함.
2 無以(무이): 불능不能과 같음.
3 知言(지언): 다른 사람이 하는 말을 분석해 그 시비선악을 분별해 앎.
4 知人(지인): 다른 사람의 됨됨이, 곧 그 시비선악을 분별해 앎.

해설

사람이 사람다운 사람으로 살아가기 위해 갖춰야 할 게 한두 가지가
아니겠으나, 공자는 '지명知命', '지례知禮', '지언知言'을 꼽았다. 사람이
천명을 알면, 세속적인 탐욕을 갖기보다는 천리天理와 사리事理에 따
라 의미 있고 가치 있는 삶을 살 것이다. 사람은 사회적 동물이다. 그
렇기 때문에 사람은 무엇보다 스스로 예의 규범에 밝아, 사람들로부
터 인간적 호감과 존중을 받아야 한다. 그렇지 않으면, 어떻게 세상에
서 당당히 발을 딛고, 떳떳한 자리를 차지해 살아갈 수 있겠는가? 우
리네 인생은 다양한 인간관계의 연속이다. 그러므로 우리는 사람의
됨됨이를 알아보는 예지와 혜안을 길러야 한다. 말은 마음의 소리다.
그 사람을 알고자 한다면, 그 사람이 하는 말의 시비선악을 분별하고,
진의를 파악할 줄 알아야 한다. 말의 진의 파악에는 그 말 자체의 내
용뿐만 아니라, 말하는 태도나 표정에서 묻어나는 의미나 감정까지도

고려되어야 한다. 공자가 이른 대로, "사람은 다른 사람이 나를 알아주지 않음을 걱정할 것이 아니라, 내가 다른 사람을 알지 못할까 걱정하여야 한다."(1-16)

참고 문헌

『논어』를 역주 해설하면서 직·간접적으로 참고하며 특히 많은 도움을 받은 문헌은 아래와 같다.(중국인의 이름은 편의상 청대 이전 사람은 한글 독음으로, 현대인은 중국어 독음으로 표기함)

고대 중국

위魏 하안何晏, 『논어집해論語集解』—『집해集解』(약칭, 필요한 경우 아래의 책들도 같은 방식으로 줄여 일컬음) •이는 정현鄭玄을 비롯해 공안국孔安國·포함包咸·주위周威·마융馬融·진군陳群·왕숙王肅·주생열周生烈 등 한漢·위대魏代 여러 명가名家의 고주古注를 집대성한, 현존 최고最古의 주석본임.

양梁 황간皇侃, 『논어집해의소論語集解義疏』—『의소義疏』

북송北宋 형병邢昺, 『논어주소해경論語註疏解經』—『주소註疏』

남송南宋 주자朱子, 『논어집주論語集註』—『집주集註』; 『사서혹문四書或問』—『혹문或問』; 『주자어류朱子語類』—『어류語類』

명明 호광胡廣 외外, 『논어집주대전論語集註大全』—『대전大全』

　　　장거정張居正, 『논어별재論語別裁』—『별재別裁』

청淸 유보남劉寶楠, 『논어정의論語正義』—『정의正義』

　　　모기령毛奇齡, 『논어잉언論語賸言』

　　　황식삼黃式三, 『논어후안論語後案』

현대 중국

샤오민위엔蕭民元, 『논어변혹論語辨惑』—『변혹辨惑』

478

안드어이安德義,『논어해독論語解讀』

양보어쥔楊伯峻,『논어역주論語譯注』―『역주譯注』

양쑤다楊樹達,『논어소증論語疏證』

우신청吳新成,『논어이독論語易讀』

우크어창吳克强·장슈에셴張學賢·마오싸이춘毛賽春,『논어열독여감상論語閱讀與鑑賞』

자오싱건趙杏根,『논어신해論語新解』―『조해趙解』

청스취엔程石泉,『논어독훈論語讀訓』

청쑤드어程樹德,『논어집석論語集釋』―『집석集釋』

첸무錢穆,『논어신해論語新解』―『신해新解』

한국·대만·일본

한국 조선 다산茶山 정약용丁若鏞,『논어고금주論語古今註』―『고금주古今註』

타이완臺灣 왕시위엔王熙元,『논어통석論語通釋』―『통석通釋』

일본 메이지明治시대 다케조에 고코竹添光鴻,『논어회전論語會箋』―『회전會箋』

이 밖에도 국내외의 많은『논어』역주본과『상서尙書』,『주역周易』, 『예기禮記』,『대학大學』,『중용中庸』,『효경孝經』,『순자荀子』,『사기史記』, 『정관정요貞觀政要』, 왕충王充의『논형論衡』, 허신許愼의『설문해자說文解字』, 육덕명陸德明의『경전석문經典釋文』, 왕염손王念孫의『광아소증廣雅疏證』, 왕인지王引之의『경전석사經傳釋詞』·『경의술문經義述聞』, 송상봉宋翔鳳의『박학재찰기樸學齋札記』, 전조망全祖望의『경사문답經史問答』을 비롯한 다수의 고금 전적典籍을 직·간접적으로 참고했다.

옮긴이 **박삼수**

경북 예천에서 태어났다. 경북대학교, 타이완대학교, 성균관대학교에서 각각
중문학 학사, 석사, 박사 학위를 받았다. 울산대학교 중문학과 교수와 출판부
장, 미국 메릴랜드대학교 동아시아언어학과 방문교수를 거쳤다. 현재 울산대
학교 명예교수로 있으며, 중국 산동사범대학교 대학원 교외 논문 지도교수를
겸임하고 있다. 옮긴 책으로는 『장자: 쉽고 바르게 읽는 고전』, 『손자병법: 쉽고
바르게 읽는 고전』, 『쉽고 바르게 읽는 노자』, 『왕유 시전집』, 『왕유 시선』, 『주
역: 자연법칙에서 인생철학까지』, 『맹자의 왕도주의』 등이 있으며, 지은 책으
로는 『공자와 논어, 얼마나 바르게 알고 있는가?』, 『논어 읽기』, 『당시의 거장
왕유의 시세계』, 『고문진보의 이해와 감상』, 『동양의 고전을 읽는다 3』(공저) 등
이 있다.
이메일 sspark@ulsan.ac.kr

쉽고 바르게 읽는 고전

논어 하

1판 1쇄 인쇄 2021년 6월 22일
1판 1쇄 발행 2021년 6월 30일

지은이 공자
옮긴이 박삼수
펴낸곳 (주)문예출판사 ┃ **펴낸이** 전준배
출판등록 1966. 12. 2. 제1-134호
주소 03992 서울시 마포구 월드컵북로 6길 30
전화 393-5681 ┃ **팩스** 393-5685
홈페이지 www.moonye.com ┃ **블로그** blog.naver.com/imoonye
페이스북 www.facebook.com/moonyepublishing ┃ **이메일** info@moonye.com

ISBN 978-89-310-2216-2
ISBN 978-89-310-2214-8 (04150) 세트